우리 Mom의
말씀기도 365

단현국(段鉉國)

이 책에 실은 말씀을 엮고 글을 지은 이, 단현국은 가정과 교회와 학교 그리고 직장(현재 한국 교원대학교 유아교육과 교수로 재직 중)에서 사랑과 생활을 일깨우는 이들과의 다양한 인간관계와 세심하고 진지한 상호수용을 통하여 믿음을 얻었습니다. 가르침을 얻었습니다. 배움을 얻었습니다. 이에 감사의 마음과 신앙고백을 담아 세상에 태어난 자신의 삶을 사랑하고 즐기며 하나님의 자녀로 다시 태어난 삶을 살아낼 수 있었습니다. 그것은 하나님께서 함께 하도록 은총으로 내 곁에 두신 부모 형제와 목자들과 스승들과 이웃들이 그리하였고 지금도 그리하고 있는 것처럼, 하늘로부터 받은 '사랑과 생활을 일깨우라'는 소명에 응답하며 다음 세대를 섬기는 사명감을 준비시켰습니다.

우리 Mom의 말씀기도 365

2013년 12월 24일 초판 인쇄
2013년 12월 25일 초판 발행

지은이 | 단현국
펴낸이 | 이찬규
펴낸곳 | 북코리아
등록번호 | 제03-01240호
주소 | 462-807 경기도 성남시 중원구 상대원동 146-8
　　　우림2차 A동 1007호
전화 | 02-704-7840
팩스 | 02-704-7848
이메일 | sunhaksa@korea.com
홈페이지 | www.bookorea.co.kr
ISBN | 978-89-6324-344-3 (13370)

값 20,000원

* 본서의 무단복제를 금하며, 잘못된 책은 바꾸어 드립니다.
* 이 책에서 사용한 성경말씀은 개역개정판(대한성서공회)을 기준으로 삼았습니다.
* 이 도서의 국립중앙도서관 출판시도서목록(CIP)은 서지정보유통지원시스템 홈페이지(http://seoji.nl.go.kr)와
　국가자료공동목록시스템(http://www.nl.go.kr/kolisnet)에서 이용하실 수 있습니다.
　(CIP제어번호: CIP2013028441)

우리 Mom의 말씀기도 365

단현국 지음

북코리아

차례

감사의 글

하나님 찬양합니다!
하나님 사랑합니다!
하나님 감사합니다!

이 책에 실은 말씀을 엮고 글을 지은 이, 단현국은 가정과 교회와 학교 그리고 직장(현재 한국교원대학교 유아교육과 교수로 재직 중)에서 사랑과 생활을 일깨우는 이들과의 다양한 인간관계와 세심하고 진지한 상호수용을 통하여 믿음을 얻었습니다. 가르침을 얻었습니다. 배움을 얻었습니다. 이에 감사의 마음과 신앙고백을 담아 세상에 태어난 자신의 삶을 사랑하고 즐기며 하나님의 자녀로 다시 태어난 삶을 살아낼 수 있었습니다. 그것은 하나님께서 함께 하도록 은총으로 내 곁에 두신 부모 형제와 목자들과 스승들과 이웃들이 그리하였고 지금도 그리하고 있는 것처럼, 하늘로부터 받은 '사랑과 생활을 일깨우라'는 소명에 응답하며 다음 세대를 섬기는 사명감을 준비시켰습니다.

두렵고 떨리는 마음이 크지만 '인간의 전인(항상 기뻐하고, 쉬지 말고 기도하며, 범사에 감사하는 사람) 발달은 하나님의 뜻'이며, 하나님께서 그것을 이끄시는 구체적인 방법에 대하여 '말씀으로' 우리에게 들려주고 계심을 30여 년간의 교직생활에서 확실히 깨달았습니다. 그리하여 이 사실을 교육의 문제로

고뇌하는 이들과 나누어야 하겠다는 열망을 갖게 되었습니다.

이 열망을 열납해 주실 하나님의 사랑만을 믿고 의지하며, 부족하지만 한 사람의 교육자로서 성도로서 온 정성을 모아 유아교육과 발달심리에 대한 학문적 지식을 말씀에 비추어 정리한 것을 세상에 펼쳐놓는 용기를 내어봅니다.

하나님의 특별하신 은혜 중에 사랑과 생활을 일깨우라는 소명에 응답하고자 하는 열망이 성취되도록 여러 모습으로 여기까지 함께 해주시는 모든 분들께 한 분 한 분 마음 모아 깊은 감사를 드립니다.

오직 하나님의 영광을 위하여!
이 책이 쓰이기를 간절히 기도합니다.

2013년 추수의 절기에
하나님의 자녀
현국

여는 마음 글

들어가는 글

한 소녀에게 비밀스런 의식儀式이 있었습니다.

매일 아침 잠에서 깨어난 소녀는 방문을 열고 나와 부엌 쪽으로 먼저 갑니다. 식탁 위에 펴 있는 어머니의 성경을 확인합니다. 그리고 마음 깊은 곳으로부터 미소를 머금고 중얼거립니다.
'아! 엄마가 오늘도 성경을 읽고 기도를 드리셨네……!'

사계절의 변화를 따라 세월이 흐르고 그 소녀는 지금 가르침을 주고받으며 지내는 학생들로부터 종종 유치하다는 평을 들을 정도로 어린애 같은 순수함을 잃지 않고 노년을 준비하고 있습니다.

어머니의 말씀기도에 대한 확인 의식이, 소녀로 하여금 때로 궁핍함이 있을 때도 실패했을 때도 무엇이 가난한지 무엇이 낙담인지…… 고통이나 두려움에 온 마음 저리게 상대적 빈곤감으로 세상일에 뒤틀리며 찌들지 않고, 하루하루를 밝게 지낼 수 있게 해주었습니다. 작은 것에도 만족해하며 열심히 오늘을 살고 내일을 꿈꾸게 되었습니다. 견디는 용기를 갖게 되었습니다. 노력하게 되었습니다.

이제 환갑을 넘긴 그 소녀는 지난 60년의 시간을 되돌아봅니다.

어머니의 신앙을 통해 말씀기도의 예배가 있는 하나님과 함께 하는 삶을 소개 받고 어머니처럼 내 것으로 받아들였고, 주 예수 그리스도 안에서 자신의 존재를 사랑하며 확신 있는 믿음으로 부지런히 살아내고 있습니다. 구순을 바라보며 다소 과장된 초연함(?)으로 늙음은 은총이라며 노년의 남은 인생을 살아가시는 어머니 곁에서, 오늘의 나됨을 하나님께 있는 그대로 감사할 수 있기에, 하나의 고백을 펼쳐내기로 마음을 기울여 보았습니다.

30년이 넘도록 가슴으로만 자녀를 낳아 기르고 있으나, 이 세상의 어머니들에게 꿈이 있는 자녀 교육에는 진자리 마른자리의 수고가 꼭 필요함과 그 자리에 말씀기도가 있으면 훨씬 쉬운 자리가 될 수 있다는 것을 증명해 드리고 싶어 합니다. 그리하여 많은 이웃들이 말씀의 능력을 믿고 자녀들을 잉태하고 양육하기로 책임 있게 선택하는 일에 보탬이 되기를 바람해 봅니다.

이 지면을 통하여 가슴으로 낳고 키울 수 있도록 어머니됨의 기회를 누리게 해 준, 나를 신뢰하고 존중하며 함께 참아내 준 교육현장의 자녀들에게 고마운 마음을 전합니다.

한 소녀가 노년을 맞으며 드리는 증인된 고백과 용기가 하나님의 뜻에 합당하며 하나님을 기쁘시게 하고 하나님께 영광되기를 간절히 기도합니다.

우리에게는 부모나 교사로서 자녀를 위한 교육을 생각하며 꿈꾸는 세상이 있습니다. 그것은 우리의 자녀가 자기실현과 인류공영의 이상실현을 이루어 인류복지에 기여하는 전인으로의 발달을 이룸으로 행복한 세상에서 살게 되는 것입니다. 전인(항상 기뻐하고, 쉬지 말고 기도하며, 범사에 감사하는 사람)으로의 발달은 성경말씀으로 이끌어집니다.

매일매일 몸을 위해 일용할 양식을 먹듯이 영혼을 위해 일용할 말씀을 묵상하다보면, 말씀으로 전해지는 삶의 이야기 속에 담겨 있는 참된 행복의 본질과 기본을 깨달아 알게 됩니다. 나아가 이를 생활로 체득하게 되는 수준으로 성숙해지면 하늘나라와 이 땅에서 건강한 하나 됨을 보이며 천국시민과 인류시민으로 살아갈 수 있습니다.

그리스도 우리 주 안에서 맺게 되는 하나님과 나와의 하나 됨, 이웃과 나와의 하나 됨, 나와 나와의 하나 됨을 위한 행복의 비밀은 말씀에 있습니다. 하나님은 생명과 능력을 부여하시는 말씀을 통해 하나님과 교제할 수 있도록 우리를 부르십니다. 그러므로 우리에게는 말씀에 거하는 훈련이 필요합니다. 이는 주를 경외하며 '하나님 나라의 언어, 교회의 언어, 복음의 언어'로 말씀에 우리 마음의 중심을 고정시키고 말씀을 들으며 말씀과 호흡하는 것입니다. 그리하여 말씀의 능력을 힘입음으로 하나님과 만남을 가지는 생활을 하는 것입니다. 하나님의 자녀로서 하나님 아버지와의 만남을 갈망하며 날마다 구별된 시간에, 반복하여 말씀을 대하는 —— 듣고, 읽고, 묵상하고, 쓰고, 기도하고, 결단하는 —— 경건생활의 일상화로, 하나님의 사랑과 은혜의 임재를 확증하며 기쁨과 평강을 맛보게 됩니다. 믿음에 굳게 서게 되며 범사에 감사하는 생활로의 회복이 이루어집니다. 이와 같이 부모와 교사는 21세기 융합의 시대에 서로 사랑으로 함께하는 세상에서, 우리의 자녀가 '말씀으로' 건강하고 행복하게 살아가기를 바라는 소망을 담아 하나님께 온전히 위탁하며 늘 기도합니다.

이 글의 지은이는 부모와 교사가 부모됨과 교사됨을 위해, 자녀를 위해, 자녀와 함께하는, 말씀기도를 활용할 수 있는 경건생활의 일상화 로드맵을 다음과 같이 안내합니다.

① 오늘은?: 날수 헤아리기 → ② 삶의 목적 고백하기 → ③ 오늘의 말씀 듣기 → ④ 말씀에 따른 생활 속 핵심주제 만나기 → ⑤ 말씀의 삶 결단하기 → ⑥ 하나님께 자녀의 삶 위탁하기 → ⑦ 말씀과 핵심주제 묵상하기 → ⑧ 아이 · 부모 · 교사의 일상생활 과업 찾기, 실현하기

'말씀기도' 활용 ROAD MAP

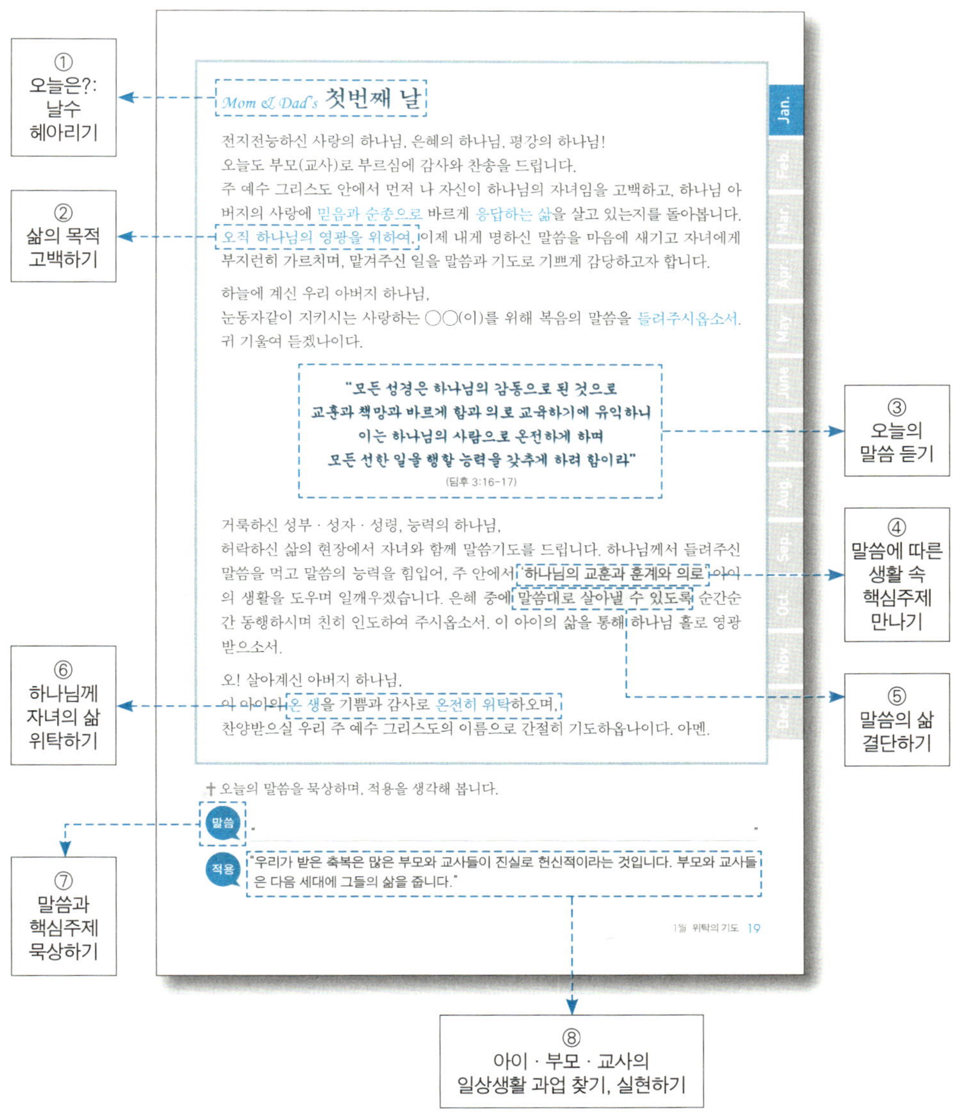

1 Jan.

위탁의 기도

"하늘에 계신 너희 아버지의 온전하심과 같이
너희도 온전하라"

(마 5:48)

Mom & Dad's 첫번째 날

전지전능하신 사랑의 하나님, 은혜의 하나님, 평강의 하나님!
오늘도 부모(교사)로 부르심에 감사와 찬송을 드립니다.
주 예수 그리스도 안에서 먼저 나 자신이 하나님의 자녀임을 고백하고, 하나님 아버지의 사랑에 믿음과 순종으로 바르게 응답하는 삶을 살고 있는지를 돌아봅니다.
오직 하나님의 영광을 위하여, 이제 내게 명하신 말씀을 마음에 새기고 자녀에게 부지런히 가르치며, 맡겨주신 일을 말씀과 기도로 기쁘게 감당하고자 합니다.

하늘에 계신 우리 아버지 하나님,
눈동자같이 지키시는 사랑하는 ○○(이)를 위해 복음의 말씀을 들려주시옵소서.
귀 기울여 듣겠나이다.

> **"모든 성경은 하나님의 감동으로 된 것으로
> 교훈과 책망과 바르게 함과 의로 교육하기에 유익하니
> 이는 하나님의 사람으로 온전하게 하며
> 모든 선한 일을 행할 능력을 갖추게 하려 함이라"**
>
> (딤후 3:16-17)

거룩하신 성부 · 성자 · 성령, 능력의 하나님,
허락하신 삶의 현장에서 자녀와 함께 말씀기도를 드립니다. 하나님께서 들려주신 말씀을 먹고 말씀의 능력을 힘입어, 주 안에서 '하나님의 교훈과 훈계와 의로' 아이의 생활을 도우며 일깨우겠습니다. 은혜 중에 말씀대로 살아낼 수 있도록 순간순간 동행하시며 친히 인도하여 주시옵소서. 이 아이의 삶을 통해 하나님 홀로 영광 받으소서.

오! 살아계신 아버지 하나님,
이 아이의 온 생을 기쁨과 감사로 온전히 위탁하오며,
찬양받으실 우리 주 예수 그리스도의 이름으로 간절히 기도하옵나이다. 아멘.

✝ 오늘의 말씀을 묵상하며, 적용을 생각해 봅니다.

말씀 "   "

적용 "우리가 받은 축복은 많은 부모와 교사들이 진실로 헌신적이라는 것입니다. 부모와 교사들은 다음 세대에 그들의 삶을 줍니다."

Mom & Dad's 두번째 날

전지전능하신 사랑의 하나님, 은혜의 하나님, 평강의 하나님!
오늘도 부모(교사)로 부르심에 감사와 찬송을 드립니다.
주 예수 그리스도 안에서 먼저 나 자신이 하나님의 자녀임을 고백하고, 하나님 아버지의 사랑에 믿음과 순종으로 바르게 응답하는 삶을 살고 있는지를 돌아봅니다.
오직 하나님의 영광을 위하여, 이제 내게 명하신 말씀을 마음에 새기고 자녀에게 부지런히 가르치며, 맡겨주신 일을 말씀과 기도로 기쁘게 감당하고자 합니다.

온 누리를 다스리시는 만왕의 하나님,
눈동자같이 지키시는 사랑하는 ○○(이)를 위해 복음의 말씀을 들려주시옵소서.
귀 기울여 듣겠나이다.

> **"이르되 주 예수를 믿으라
> 그리하면 너와 네 집이 구원을 받으리라 하고"**
>
> (행 16:31)

거룩하신 성부·성자·성령, 능력의 하나님,
허락하신 삶의 현장에서 자녀와 함께 말씀기도를 드립니다. 하나님께서 들려주신 말씀을 먹고 말씀의 능력을 힘입어, 주 안에서 '믿음으로' 아이의 생활을 도우며 일깨우겠습니다. 은혜 중에 말씀대로 살아낼 수 있도록 순간순간 동행하시며 친히 인도하여 주시옵소서. 이 아이의 삶을 통해 하나님 홀로 영광 받으소서.

오! 살아계신 아버지 하나님,
이 아이의 온 생을 기쁨과 감사로 온전히 위탁하오며,
찬양받으실 우리 주 예수 그리스도의 이름으로 간절히 기도하옵나이다. 아멘.

 오늘의 말씀을 묵상하며, 적용을 생각해 봅니다.

말씀 "   "

적용 "부모는 자녀의 마음속 정원에서 자라고 있는 기쁨, 사랑, 열정, 희망, 믿음, 평화의 꿈나무들을 자녀와 함께 정성스럽게 가꾸어 주어야 합니다."

Mom & Dad's 세번째 날

전지전능하신 사랑의 하나님, 은혜의 하나님, 평강의 하나님!
오늘도 부모(교사)로 부르심에 감사와 찬송을 드립니다.
주 예수 그리스도 안에서 먼저 나 자신이 하나님의 자녀임을 고백하고, 하나님 아버지의 사랑에 믿음과 순종으로 바르게 응답하는 삶을 살고 있는지를 돌아봅니다.
오직 하나님의 영광을 위하여, 이제 내게 명하신 말씀을 마음에 새기고 자녀에게 부지런히 가르치며, 맡겨주신 일을 말씀과 기도로 기쁘게 감당하고자 합니다.

사랑이 충만하신 하나님,
눈동자같이 지키시는 사랑하는 ○○(이)를 위해 복음의 말씀을 들려주시옵소서.
귀 기울여 듣겠나이다.

> **"그런즉 믿음, 소망, 사랑,**
> **이 세 가지는 항상 있을 것인데**
> **그중의 제일은 사랑이라"**
>
> (고전 13:13)

거룩하신 성부 · 성자 · 성령, 능력의 하나님,
허락하신 삶의 현장에서 자녀와 함께 말씀기도를 드립니다. 하나님께서 들려주신 말씀을 먹고 말씀의 능력을 힘입어, 주 안에서 '**사랑으로**' 아이의 생활을 도우며 일깨우겠습니다. 은혜 중에 말씀대로 살아낼 수 있도록 순간순간 동행하시며 친히 인도하여 주시옵소서. 이 아이의 삶을 통해 하나님 홀로 영광 받으소서.

오! 살아계신 아버지 하나님,
이 아이의 온 생을 기쁨과 감사로 온전히 위탁하오며,
찬양받으실 우리 주 예수 그리스도의 이름으로 간절히 기도하옵나이다. 아멘.

✝ 오늘의 말씀을 묵상하며, 적용을 생각해 봅니다.

 **말씀** "________________________"

 **적용** "가정이란 부모와 형제자매들이 사랑으로 맺어져 서로의 삶을 선하고 아름답게 품어주는 곳입니다."

전지전능하신 사랑의 하나님, 은혜의 하나님, 평강의 하나님!
오늘도 부모(교사)로 부르심에 감사와 찬송을 드립니다.
주 예수 그리스도 안에서 먼저 나 자신이 하나님의 자녀임을 고백하고, 하나님 아버지의 사랑에 믿음과 순종으로 바르게 응답하는 삶을 살고 있는지를 돌아봅니다.
오직 하나님의 영광을 위하여, 이제 내게 명하신 말씀을 마음에 새기고 자녀에게 부지런히 가르치며, 맡겨주신 일을 말씀과 기도로 기쁘게 감당하고자 합니다.

우리를 품에 늘 안아주시는 하나님,
눈동자같이 지키시는 사랑하는 ○○(이)를 위해 복음의 말씀을 들려주시옵소서.
귀 기울여 듣겠나이다.

> **"그에게서 온몸이 각 마디를 통하여
> 도움을 받음으로 연결되고 결합되어
> 각 지체의 분량대로 역사하여 그 몸을 자라게 하며
> 사랑 안에서 스스로 세우느니라"**
>
> (엡 4:16)

거룩하신 성부 · 성자 · 성령, 능력의 하나님,
허락하신 삶의 현장에서 자녀와 함께 말씀기도를 드립니다. 하나님께서 들려주신 말씀을 먹고 말씀의 능력을 힘입어, 주 안에서 '서로를 품어주는 성숙함이 있도록' 아이의 생활을 도우며 일깨우겠습니다. 은혜 중에 말씀대로 살아낼 수 있도록 순간순간 동행하시며 친히 인도하여 주시옵소서. 이 아이의 삶을 통해 하나님 홀로 영광 받으소서.

오! 살아계신 아버지 하나님,
이 아이의 온 생을 기쁨과 감사로 온전히 위탁하오며,
찬양받으실 우리 주 예수 그리스도의 이름으로 간절히 기도하옵나이다. 아멘.

✝ 오늘의 말씀을 묵상하며, 적용을 생각해 봅니다.

말씀 "＿＿＿＿＿＿＿＿＿＿＿＿＿＿＿＿＿＿＿＿＿＿＿"

적용 "부모가 자녀에게 사랑의 기술을 가르치는 것은 인류복지를 위한 위대한 프로젝트입니다."

Mom & Dad's 다섯번째 날

전지전능하신 사랑의 하나님, 은혜의 하나님, 평강의 하나님!
오늘도 부모(교사)로 부르심에 감사와 찬송을 드립니다.
주 예수 그리스도 안에서 먼저 나 자신이 하나님의 자녀임을 고백하고, 하나님 아
버지의 사랑에 믿음과 순종으로 바르게 응답하는 삶을 살고 있는지를 돌아봅니다.
오직 하나님의 영광을 위하여, 이제 내게 명하신 말씀을 마음에 새기고 자녀에게
부지런히 가르치며, 맡겨주신 일을 말씀과 기도로 기쁘게 감당하고자 합니다.

인자와 자비가 풍성하신 하나님,
눈동자같이 지키시는 사랑하는 ○○(이)를 위해 복음의 말씀을 들려주시옵소서.
귀 기울여 듣겠나이다.

> **"아침에 나로 하여금 주의 인자한 말씀을 듣게 하소서**
> **내가 주를 의뢰함이니이다**
> **내가 다닐 길을 알게 하소서**
> **내가 영혼을 주께 드림이니이다"**
>
> (시 143:8)

거룩하신 성부 · 성자 · 성령, 능력의 하나님,
허락하신 삶의 현장에서 자녀와 함께 말씀기도를 드립니다. 하나님께서 들려주신
말씀을 먹고 말씀의 능력을 힘입어, 주 안에서 '축복함으로' 아이의 생활을 도우며
일깨우겠습니다. 은혜 중에 말씀대로 살아낼 수 있도록 순간순간 동행하시며 친히
인도하여 주시옵소서. 이 아이의 삶을 통해 하나님 홀로 영광 받으소서.

오! 살아계신 아버지 하나님,
이 아이의 온 생을 기쁨과 감사로 온전히 위탁하오며,
찬양받으실 우리 주 예수 그리스도의 이름으로 간절히 기도하옵나이다. 아멘.

✝ 오늘의 말씀을 묵상하며, 적용을 생각해 봅니다.

말씀   "   "

적용   "온 가족이 밝은 아침 인사를 나누며 서로에게 신나는 하루를 축복합니다."

전지전능하신 사랑의 하나님, 은혜의 하나님, 평강의 하나님!
오늘도 부모(교사)로 부르심에 감사와 찬송을 드립니다.
주 예수 그리스도 안에서 먼저 나 자신이 하나님의 자녀임을 고백하고, 하나님 아버지의 사랑에 믿음과 순종으로 바르게 응답하는 삶을 살고 있는지를 돌아봅니다.
오직 하나님의 영광을 위하여, 이제 내게 명하신 말씀을 마음에 새기고 자녀에게 부지런히 가르치며, 맡겨주신 일을 말씀과 기도로 기쁘게 감당하고자 합니다.

우리와 늘 함께 하시는 하나님,
눈동자같이 지키시는 사랑하는 ○○(이)를 위해 복음의 말씀을 들려주시옵소서.
귀 기울여 듣겠나이다.

> **"범사에 기한이 있고**
> **천하 만사가 다 때가 있나니"**
>
> (전 3:1)

거룩하신 성부 · 성자 · 성령, 능력의 하나님,
허락하신 삶의 현장에서 자녀와 함께 말씀기도를 드립니다. 하나님께서 들려주신 말씀을 먹고 말씀의 능력을 힘입어, 주 안에서 '때에 맞추어 규칙적으로 생활하도록' 아이의 생활을 도우며 일깨우겠습니다. 은혜 중에 말씀대로 살아낼 수 있도록 순간순간 동행하시며 친히 인도하여 주시옵소서. 이 아이의 삶을 통해 하나님 홀로 영광 받으소서.

오! 살아계신 아버지 하나님,
이 아이의 온 생을 기쁨과 감사로 온전히 위탁하오며,
찬양받으실 우리 주 예수 그리스도의 이름으로 간절히 기도하옵나이다. 아멘.

✝ 오늘의 말씀을 묵상하며, 적용을 생각해 봅니다.

말씀 "   "

적용 "규칙적인 생활습관은 건전한 생활을 위한 힘이 됩니다."

Mom & Dad's 일곱번째 날

전지전능하신 사랑의 하나님, 은혜의 하나님, 평강의 하나님!
오늘도 부모(교사)로 부르심에 감사와 찬송을 드립니다.
주 예수 그리스도 안에서 먼저 나 자신이 하나님의 자녀임을 고백하고, 하나님 아
버지의 사랑에 믿음과 순종으로 바르게 응답하는 삶을 살고 있는지를 돌아봅니다.
오직 하나님의 영광을 위하여, 이제 내게 명하신 말씀을 마음에 새기고 자녀에게
부지런히 가르치며, 맡겨주신 일을 말씀과 기도로 기쁘게 감당하고자 합니다.

인애하신 구세주 예수님,
눈동자같이 지키시는 사랑하는 ○○(이)를 위해 복음의 말씀을 들려주시옵소서.
귀 기울여 듣겠나이다.

> **"마음의 즐거움은 양약이라도**
> **심령의 근심은 뼈를 마르게 하느니라"**
>
> (잠 17:22)

거룩하신 성부 · 성자 · 성령, 능력의 하나님,
허락하신 삶의 현장에서 자녀와 함께 말씀기도를 드립니다. 하나님께서 들려주신
말씀을 먹고 말씀의 능력을 힘입어, 주 안에서 '웃음을 잃지 않고' 아이의 생활을 도
우며 일깨우겠습니다. 은혜 중에 말씀대로 살아낼 수 있도록 순간순간 동행하시며
친히 인도하여 주시옵소서. 이 아이의 삶을 통해 하나님 홀로 영광 받으소서.

오! 살아계신 아버지 하나님,
이 아이의 온 생을 기쁨과 감사로 온전히 위탁하오며,
찬양받으실 우리 주 예수 그리스도의 이름으로 간절히 기도하옵나이다. 아멘.

✝ 오늘의 말씀을 묵상하며, 적용을 생각해 봅니다.

 **말씀** "   "

 **적용** "웃음은 영혼과 마음으로 만들어내는 명약 중의 명약입니다."

전지전능하신 사랑의 하나님, 은혜의 하나님, 평강의 하나님!
오늘도 부모(교사)로 부르심에 감사와 찬송을 드립니다.
주 예수 그리스도 안에서 먼저 나 자신이 하나님의 자녀임을 고백하고, 하나님 아버지의 사랑에 믿음과 순종으로 바르게 응답하는 삶을 살고 있는지를 돌아봅니다.
오직 하나님의 영광을 위하여, 이제 내게 명하신 말씀을 마음에 새기고 자녀에게 부지런히 가르치며, 맡겨주신 일을 말씀과 기도로 기쁘게 감당하고자 합니다.

여호와를 앙망하는 자에게 새 힘을 주시는 하나님,
눈동자같이 지키시는 사랑하는 ○○(이)를 위해 복음의 말씀을 들려주시옵소서.
귀 기울여 듣겠나이다.

> **"모든 사람의 눈이 주를 앙망하오니**
> **주는 때를 따라 그들에게 먹을 것을 주시며**
> **손을 펴사 모든 생물의 소원을 만족하게 하시나이다"**
>
> (시 145:15-16)

거룩하신 성부 · 성자 · 성령, 능력의 하나님,
허락하신 삶의 현장에서 자녀와 함께 말씀기도를 드립니다. 하나님께서 들려주신 말씀을 먹고 말씀의 능력을 힘입어, 주 안에서 '**평안함으로**' 아이의 생활을 도우며 일깨우겠습니다. 은혜 중에 말씀대로 살아낼 수 있도록 순간순간 동행하시며 친히 인도하여 주시옵소서. 이 아이의 삶을 통해 하나님 홀로 영광 받으소서.

오! 살아계신 아버지 하나님,
이 아이의 온 생을 기쁨과 감사로 온전히 위탁하오며,
찬양받으실 우리 주 예수 그리스도의 이름으로 간절히 기도하옵나이다. 아멘.

✝ 오늘의 말씀을 묵상하며, 적용을 생각해 봅니다.

말씀 " "

적용 "감사하는 마음으로 하는 식사는 아이에게 생활 속에서 감사를 배우게 합니다."

Mom & Dad's 아홉번째 날

전지전능하신 사랑의 하나님, 은혜의 하나님, 평강의 하나님!
오늘도 부모(교사)로 부르심에 감사와 찬송을 드립니다.
주 예수 그리스도 안에서 먼저 나 자신이 하나님의 자녀임을 고백하고, 하나님 아버지의 사랑에 믿음과 순종으로 바르게 응답하는 삶을 살고 있는지를 돌아봅니다.
오직 하나님의 영광을 위하여, 이제 내게 명하신 말씀을 마음에 새기고 자녀에게 부지런히 가르치며, 맡겨주신 일을 말씀과 기도로 기쁘게 감당하고자 합니다.

받은 사랑 전하며 순종케 하시는 하나님,
눈동자같이 지키시는 사랑하는 ○○(이)를 위해 복음의 말씀을 들려주시옵소서.
귀 기울여 듣겠나이다.

"너희 모든 일을 사랑으로 행하라"

(고전 16:14)

거룩하신 성부 · 성자 · 성령, 능력의 하나님,
허락하신 삶의 현장에서 자녀와 함께 말씀기도를 드립니다. 하나님께서 들려주신 말씀을 먹고 말씀의 능력을 힘입어, 주 안에서 '화목함으로' 아이의 생활을 도우며 일깨우겠습니다. 은혜 중에 말씀대로 살아낼 수 있도록 순간순간 동행하시며 친히 인도하여 주시옵소서. 이 아이의 삶을 통해 하나님 홀로 영광 받으소서.

오! 살아계신 아버지 하나님,
이 아이의 온 생을 기쁨과 감사로 온전히 위탁하오며,
찬양받으실 우리 주 예수 그리스도의 이름으로 간절히 기도하옵나이다. 아멘.

✝ 오늘의 말씀을 묵상하며, 적용을 생각해 봅니다.

말씀 "   "

적용 "가족이 함께 하는 시간에 아이의 꿈과 일상에 대해 이야기를 나누는 것은 가족 모두에게 의미 있는 시간이 됩니다."

전지전능하신 사랑의 하나님, 은혜의 하나님, 평강의 하나님!
오늘도 부모(교사)로 부르심에 감사와 찬송을 드립니다.
주 예수 그리스도 안에서 먼저 나 자신이 하나님의 자녀임을 고백하고, 하나님 아버지의 사랑에 믿음과 순종으로 바르게 응답하는 삶을 살고 있는지를 돌아봅니다.
오직 하나님의 영광을 위하여, 이제 내게 명하신 말씀을 마음에 새기고 자녀에게 부지런히 가르치며, 맡겨주신 일을 말씀과 기도로 기쁘게 감당하고자 합니다.

경배 받으시는 하나님,
눈동자같이 지키시는 사랑하는 ○○(이)를 위해 복음의 말씀을 들려주시옵소서.
귀 기울여 듣겠나이다.

> **"나의 생전에 여호와를 찬양하며**
> **나의 평생에 내 하나님을 찬송하리로다"**
>
> (시 146:2)

거룩하신 성부 · 성자 · 성령, 능력의 하나님,
허락하신 삶의 현장에서 자녀와 함께 말씀기도를 드립니다. 하나님께서 들려주신 말씀을 먹고 말씀의 능력을 힘입어, 주 안에서 '꿈을 가지도록' 아이의 생활을 도우며 일깨우겠습니다. 은혜 중에 말씀대로 살아낼 수 있도록 순간순간 동행하시며 친히 인도하여 주시옵소서. 이 아이의 삶을 통해 하나님 홀로 영광 받으소서.

오! 살아계신 아버지 하나님,
이 아이의 온 생을 기쁨과 감사로 온전히 위탁하오며,
찬양받으실 우리 주 예수 그리스도의 이름으로 간절히 기도하옵나이다. 아멘.

✚ 오늘의 말씀을 묵상하며, 적용을 생각해 봅니다.

말씀 " ____ "

적용 "아이에게 꿈을 갖게 하는 것은 지식을 가르쳐주는 것 보다 더 중요합니다."

Mom & Dad's 열한번째 날

전지전능하신 사랑의 하나님, 은혜의 하나님, 평강의 하나님!
오늘도 부모(교사)로 부르심에 감사와 찬송을 드립니다.
주 예수 그리스도 안에서 먼저 나 자신이 하나님의 자녀임을 고백하고, 하나님 아버지의 사랑에 믿음과 순종으로 바르게 응답하는 삶을 살고 있는지를 돌아봅니다.
오직 하나님의 영광을 위하여, 이제 내게 명하신 말씀을 마음에 새기고 자녀에게 부지런히 가르치며, 맡겨주신 일을 말씀과 기도로 기쁘게 감당하고자 합니다.

나를 일꾼 삼으신 주님,
눈동자같이 지키시는 사랑하는 ○○(이)를 위해 복음의 말씀을 들려주시옵소서.
귀 기울여 듣겠나이다.

> **"사람마다 먹고 마시는 것과
> 수고함으로 낙을 누리는 그것이
> 하나님의 선물인 줄도 또한 알았도다"**
>
> (전 3:13)

거룩하신 성부 · 성자 · 성령, 능력의 하나님,
허락하신 삶의 현장에서 자녀와 함께 말씀기도를 드립니다. 하나님께서 들려주신 말씀을 먹고 말씀의 능력을 힘입어, 주 안에서 '즐기는 마음으로' 아이의 생활을 도우며 일깨우겠습니다. 은혜 중에 말씀대로 살아낼 수 있도록 순간순간 동행하시며 친히 인도하여 주시옵소서. 이 아이의 삶을 통해 하나님 홀로 영광 받으소서.

오! 살아계신 아버지 하나님,
이 아이의 온 생을 기쁨과 감사로 온전히 위탁하오며,
찬양받으실 우리 주 예수 그리스도의 이름으로 간절히 기도하옵나이다. 아멘.

✝ 오늘의 말씀을 묵상하며, 적용을 생각해 봅니다.

 **말씀** "   "

 **적용** "일을 즐기는 것, 사람을 사랑하는 것, 희망을 가지는 것은 인간에게 가장 성스러운 즐거움입니다."

Mom & Dad's 열두번째 날

전지전능하신 사랑의 하나님, 은혜의 하나님, 평강의 하나님!
오늘도 부모(교사)로 부르심에 감사와 찬송을 드립니다.
주 예수 그리스도 안에서 먼저 나 자신이 하나님의 자녀임을 고백하고, 하나님 아버지의 사랑에 믿음과 순종으로 바르게 응답하는 삶을 살고 있는지를 돌아봅니다.
오직 하나님의 영광을 위하여, 이제 내게 명하신 말씀을 마음에 새기고 자녀에게 부지런히 가르치며, 맡겨주신 일을 말씀과 기도로 기쁘게 감당하고자 합니다.

안식을 주시는 아버지 하나님,
눈동자같이 지키시는 사랑하는 ○○(이)를 위해 복음의 말씀을 들려주시옵소서.
귀 기울여 듣겠나이다.

> **"보라 형제가 연합하여 동거함이
> 어찌 그리 선하고 아름다운고"**
>
> (시 133:1)

거룩하신 성부 · 성자 · 성령, 능력의 하나님,
허락하신 삶의 현장에서 자녀와 함께 말씀기도를 드립니다. 하나님께서 들려주신 말씀을 먹고 말씀의 능력을 힘입어, 주 안에서 '**열린 마음으로**' 아이의 생활을 도우며 일깨우겠습니다. 은혜 중에 말씀대로 살아낼 수 있도록 순간순간 동행하시며 친히 인도하여 주시옵소서. 이 아이의 삶을 통해 하나님 홀로 영광 받으소서.

오! 살아계신 아버지 하나님,
이 아이의 온 생을 기쁨과 감사로 온전히 위탁하오며,
찬양받으실 우리 주 예수 그리스도의 이름으로 간절히 기도하옵나이다. 아멘.

✝ 오늘의 말씀을 묵상하며, 적용을 생각해 봅니다.

 "   "

 "가족과 함께 하는 장소는 에티켓 교실이요, 열린 토론 광장입니다."

Mom & Dad's 열세번째 날

전지전능하신 사랑의 하나님, 은혜의 하나님, 평강의 하나님!
오늘도 부모(교사)로 부르심에 감사와 찬송을 드립니다.
주 예수 그리스도 안에서 먼저 나 자신이 하나님의 자녀임을 고백하고, 하나님 아버지의 사랑에 믿음과 순종으로 바르게 응답하는 삶을 살고 있는지를 돌아봅니다.
오직 하나님의 영광을 위하여, 이제 내게 명하신 말씀을 마음에 새기고 자녀에게 부지런히 가르치며, 맡겨주신 일을 말씀과 기도로 기쁘게 감당하고자 합니다.

나를 청지기로 부르시는 일하시는 주님,
눈동자같이 지키시는 사랑하는 ○○(이)를 위해 복음의 말씀을 들려주시옵소서.
귀 기울여 듣겠나이다.

> **"네가 네 손이 수고한 대로 먹을 것이라
> 네가 복되고 형통하리로다"**
>
> (시 128:2)

거룩하신 성부 · 성자 · 성령, 능력의 하나님,
허락하신 삶의 현장에서 자녀와 함께 말씀기도를 드립니다. 하나님께서 들려주신 말씀을 먹고 말씀의 능력을 힘입어, 주 안에서 '**수고함으로**' 아이의 생활을 도우며 일깨우겠습니다. 은혜 중에 말씀대로 살아낼 수 있도록 순간순간 동행하시며 친히 인도하여 주시옵소서. 이 아이의 삶을 통해 하나님 홀로 영광 받으소서.

오! 살아계신 아버지 하나님,
이 아이의 온 생을 기쁨과 감사로 온전히 위탁하오며,
찬양받으실 우리 주 예수 그리스도의 이름으로 간절히 기도하옵나이다. 아멘.

✝ 오늘의 말씀을 묵상하며, 적용을 생각해 봅니다.

말씀　"　　　　　　　　　　　　　　　　　　"

적용　"어릴 때에 배우는 식사예절은 멋진 미래의 지도자를 위한 준비입니다."

전지전능하신 사랑의 하나님, 은혜의 하나님, 평강의 하나님!
오늘도 부모(교사)로 부르심에 감사와 찬송을 드립니다.
주 예수 그리스도 안에서 먼저 나 자신이 하나님의 자녀임을 고백하고, 하나님 아버지의 사랑에 믿음과 순종으로 바르게 응답하는 삶을 살고 있는지를 돌아봅니다. 오직 하나님의 영광을 위하여, 이제 내게 명하신 말씀을 마음에 새기고 자녀에게 부지런히 가르치며, 맡겨주신 일을 말씀과 기도로 기쁘게 감당하고자 합니다.

나의 후원자이신 하나님 아버지,
눈동자같이 지키시는 사랑하는 ○○(이)를 위해 복음의 말씀을 들려주시옵소서.
귀 기울여 듣겠나이다.

**"볼지어다 나와 및 하나님께서
내게 주신 자녀라 하셨으니"**

(히 2:13하)

거룩하신 성부 · 성자 · 성령, 능력의 하나님,
허락하신 삶의 현장에서 자녀와 함께 말씀기도를 드립니다. 하나님께서 들려주신 말씀을 먹고 말씀의 능력을 힘입어, 주 안에서 '**온 정성을 다하여**' 아이의 생활을 도우며 일깨우겠습니다. 은혜 중에 말씀대로 살아낼 수 있도록 순간순간 동행하시며 친히 인도하여 주시옵소서. 이 아이의 삶을 통해 하나님 홀로 영광 받으소서.

오! 살아계신 아버지 하나님,
이 아이의 온 생을 기쁨과 감사로 온전히 위탁하오며,
찬양받으실 우리 주 예수 그리스도의 이름으로 간절히 기도하옵나이다. 아멘.

✝ 오늘의 말씀을 묵상하며, 적용을 생각해 봅니다.

말씀 " ____ "

적용 "자녀는 우리의 소유가 아니라 하늘이 맡겨주신 보배로운 선물입니다."

Mom & Dad's 열다섯번째 날

전지전능하신 사랑의 하나님, 은혜의 하나님, 평강의 하나님!
오늘도 부모(교사)로 부르심에 감사와 찬송을 드립니다.
주 예수 그리스도 안에서 먼저 나 자신이 하나님의 자녀임을 고백하고, 하나님 아버지의 사랑에 믿음과 순종으로 바르게 응답하는 삶을 살고 있는지를 돌아봅니다.
오직 하나님의 영광을 위하여, 이제 내게 명하신 말씀을 마음에 새기고 자녀에게 부지런히 가르치며, 맡겨주신 일을 말씀과 기도로 기쁘게 감당하고자 합니다.

내 맘에 늘 살아계신 주님,
눈동자같이 지키시는 사랑하는 ○○(이)를 위해 복음의 말씀을 들려주시옵소서.
귀 기울여 듣겠나이다.

> **"여호와와 그의 능력을 구할지어다**
> **항상 그의 얼굴을 찾을지어다"**
>
> (대상 16:11)

거룩하신 성부 · 성자 · 성령, 능력의 하나님,
허락하신 삶의 현장에서 자녀와 함께 말씀기도를 드립니다. 하나님께서 들려주신 말씀을 먹고 말씀의 능력을 힘입어, 주 안에서 '바라보는 마음으로' 아이의 생활을 도우며 일깨우겠습니다. 은혜 중에 말씀대로 살아낼 수 있도록 순간순간 동행하시며 친히 인도하여 주시옵소서. 이 아이의 삶을 통해 하나님 홀로 영광 받으소서.

오! 살아계신 아버지 하나님,
이 아이의 온 생을 기쁨과 감사로 온전히 위탁하오며,
찬양받으실 우리 주 예수 그리스도의 이름으로 간절히 기도하옵나이다. 아멘.

✝ 오늘의 말씀을 묵상하며, 적용을 생각해 봅니다.

말씀　"＿＿＿＿＿＿＿＿＿＿＿＿＿＿＿＿＿＿＿＿＿＿"

적용　"부모와의 따뜻한 눈 맞춤을 통해 아이는 지혜를 배웁니다."

Mom & Dad's 열여섯번째 날

전지전능하신 사랑의 하나님, 은혜의 하나님, 평강의 하나님!
오늘도 부모(교사)로 부르심에 감사와 찬송을 드립니다.
주 예수 그리스도 안에서 먼저 나 자신이 하나님의 자녀임을 고백하고, 하나님 아
버지의 사랑에 믿음과 순종으로 바르게 응답하는 삶을 살고 있는지를 돌아봅니다.
오직 하나님의 영광을 위하여, 이제 내게 명하신 말씀을 마음에 새기고 자녀에게
부지런히 가르치며, 맡겨주신 일을 말씀과 기도로 기쁘게 감당하고자 합니다.

내 소망되신 하나님,
눈동자같이 지키시는 사랑하는 ○○(이)를 위해 복음의 말씀을 들려주시옵소서.
귀 기울여 듣겠나이다.

> **"내가 기도하노라 너희 사랑을**
> **지식과 모든 총명으로 점점 더 풍성하게 하사 너희로 지극히 선한 것을 분별하며**
> **또 진실하여 허물없이 그리스도의 날까지 이르고**
> **예수 그리스도로 말미암아**
> **의의 열매가 가득하여 하나님의 영광과 찬송이 되기를 원하노라"**
>
> (빌 1:9-11)

거룩하신 성부 · 성자 · 성령, 능력의 하나님,
허락하신 삶의 현장에서 자녀와 함께 말씀기도를 드립니다. 하나님께서 들려주신
말씀을 먹고 말씀의 능력을 힘입어, 주 안에서 '분별력을 키우도록' 아이의 생활을
도우며 일깨우겠습니다. 은혜 중에 말씀대로 살아낼 수 있도록 순간순간 동행하시
며 친히 인도하여 주시옵소서. 이 아이의 삶을 통해 하나님 홀로 영광 받으소서.

오! 살아계신 아버지 하나님,
이 아이의 온 생을 기쁨과 감사로 온전히 위탁하오며,
찬양받으실 우리 주 예수 그리스도의 이름으로 간절히 기도하옵나이다. 아멘.

✝ 오늘의 말씀을 묵상하며, 적용을 생각해 봅니다.

말씀 "   "

적용 "자녀에게 물려줄 소중한 재산은 사람이 귀하다는 것과 시간이 소중하다는 것을 가르쳐 주
는 것입니다."

Mom & Dad's 열일곱번째 날

전지전능하신 사랑의 하나님, 은혜의 하나님, 평강의 하나님!
오늘도 부모(교사)로 부르심에 감사와 찬송을 드립니다.
주 예수 그리스도 안에서 먼저 나 자신이 하나님의 자녀임을 고백하고, 하나님 아버지의 사랑에 믿음과 순종으로 바르게 응답하는 삶을 살고 있는지를 돌아봅니다.
오직 하나님의 영광을 위하여, 이제 내게 명하신 말씀을 마음에 새기고 자녀에게 부지런히 가르치며, 맡겨주신 일을 말씀과 기도로 기쁘게 감당하고자 합니다.

나를 돌보시는 하나님,
눈동자같이 지키시는 사랑하는 ○○(이)를 위해 복음의 말씀을 들려주시옵소서.
귀 기울여 듣겠나이다.

**"자기 집을 잘 다스려
자녀들로 모든 공손함으로 복종하게 하는 자라야 할지며"**

(딤전 3:4)

거룩하신 성부 · 성자 · 성령, 능력의 하나님,
허락하신 삶의 현장에서 자녀와 함께 말씀기도를 드립니다. 하나님께서 들려주신 말씀을 먹고 말씀의 능력을 힘입어, 주 안에서 '세심함으로 함께하는 시간을 가지며' 아이의 생활을 돕고 일깨우겠습니다. 은혜 중에 말씀대로 살아낼 수 있도록 순간순간 동행하시며 친히 인도하여 주시옵소서. 이 아이의 삶을 통해 하나님 홀로 영광 받으소서.

오! 살아계신 아버지 하나님,
이 아이의 온 생을 기쁨과 감사로 온전히 위탁하오며,
찬양받으실 우리 주 예수 그리스도의 이름으로 간절히 기도하옵나이다. 아멘.

✝ 오늘의 말씀을 묵상하며, 적용을 생각해 봅니다.

 "   "

 "자녀에 대한 진정한 사랑은 세심한 관심과 이해에서 시작됩니다. 자녀는 부모와 함께하는 시간을 필요로 합니다."

전지전능하신 사랑의 하나님, 은혜의 하나님, 평강의 하나님!
오늘도 부모(교사)로 부르심에 감사와 찬송을 드립니다.
주 예수 그리스도 안에서 먼저 나 자신이 하나님의 자녀임을 고백하고, 하나님 아버지의 사랑에 믿음과 순종으로 바르게 응답하는 삶을 살고 있는지를 돌아봅니다. 오직 하나님의 영광을 위하여, 이제 내게 명하신 말씀을 마음에 새기고 자녀에게 부지런히 가르치며, 맡겨주신 일을 말씀과 기도로 기쁘게 감당하고자 합니다.

대대에 우리의 거처가 되시는 하나님,
눈동자같이 지키시는 사랑하는 ○○(이)를 위해 복음의 말씀을 들려주시옵소서.
귀 기울여 듣겠나이다.

> **"이들은 이스라엘의 열두 지파라
> 이와 같이 그들의 아버지가 그들에게 말하고
> 그들에게 축복하였으니
> 곧 그들 각 사람의 분량대로 축복하였더라"**
>
> (창 49:28)

거룩하신 성부 · 성자 · 성령, 능력의 하나님,
허락하신 삶의 현장에서 자녀와 함께 말씀기도를 드립니다. 하나님께서 들려주신 말씀을 먹고 말씀의 능력을 힘입어, 주 안에서 '인정하고 지원하며' 아이의 생활을 돕고 일깨우겠습니다. 은혜 중에 말씀대로 살아낼 수 있도록 순간순간 동행하시며 친히 인도하여 주시옵소서. 이 아이의 삶을 통해 하나님 홀로 영광 받으소서.

오! 살아계신 아버지 하나님,
이 아이의 온 생을 기쁨과 감사로 온전히 위탁하오며,
찬양받으실 우리 주 예수 그리스도의 이름으로 간절히 기도하옵나이다. 아멘.

✝ 오늘의 말씀을 묵상하며, 적용을 생각해 봅니다.

말씀 " ____ "

적용 "부모로부터 들은 '~할 수 있다', '~될 수 있다'라는 축복의 말은 자녀에게 실현시키고 싶은 꿈이 됩니다."

Mom & Dad's 열아홉번째 날

전지전능하신 사랑의 하나님, 은혜의 하나님, 평강의 하나님!
오늘도 부모(교사)로 부르심에 감사와 찬송을 드립니다.
주 예수 그리스도 안에서 먼저 나 자신이 하나님의 자녀임을 고백하고, 하나님 아
버지의 사랑에 믿음과 순종으로 바르게 응답하는 삶을 살고 있는지를 돌아봅니다.
오직 하나님의 영광을 위하여, 이제 내게 명하신 말씀을 마음에 새기고 자녀에게
부지런히 가르치며, 맡겨주신 일을 말씀과 기도로 기쁘게 감당하고자 합니다.

나의 노래이신 여호와 하나님,
눈동자같이 지키시는 사랑하는 ○○(이)를 위해 복음의 말씀을 들려주시옵소서.
귀 기울여 듣겠나이다.

> **"여호와여 내 입에 파수꾼을 세우시고**
> **내 입술의 문을 지키소서"**
>
> (시 141:3)

거룩하신 성부·성자·성령, 능력의 하나님,
허락하신 삶의 현장에서 자녀와 함께 말씀기도를 드립니다. 하나님께서 들려주신
말씀을 먹고 말씀의 능력을 힘입어, 주 안에서 '**좋은 말로**' 아이의 생활을 도우며
일깨우겠습니다. 은혜 중에 말씀대로 살아낼 수 있도록 순간순간 동행하시며 친히
인도하여 주시옵소서. 이 아이의 삶을 통해 하나님 홀로 영광 받으소서.

오! 살아계신 아버지 하나님,
이 아이의 온 생을 기쁨과 감사로 온전히 위탁하오며,
찬양받으실 우리 주 예수 그리스도의 이름으로 간절히 기도하옵나이다. 아멘.

✝ 오늘의 말씀을 묵상하며, 적용을 생각해 봅니다.

말씀 "____"

적용 "자녀에게 어릴 때부터 존댓말과 고운말을 사용하는 습관을 꼭 길러주어야 합니다."

Mom & Dad's 스무번째 날

전지전능하신 사랑의 하나님, 은혜의 하나님, 평강의 하나님!
오늘도 부모(교사)로 부르심에 감사와 찬송을 드립니다.
주 예수 그리스도 안에서 먼저 나 자신이 하나님의 자녀임을 고백하고, 하나님 아버지의 사랑에 믿음과 순종으로 바르게 응답하는 삶을 살고 있는지를 돌아봅니다. 오직 하나님의 영광을 위하여, 이제 내게 명하신 말씀을 마음에 새기고 자녀에게 부지런히 가르치며, 맡겨주신 일을 말씀과 기도로 기쁘게 감당하고자 합니다.

나의 머리를 드시는 지극히 높으신 하나님,
눈동자같이 지키시는 사랑하는 ○○(이)를 위해 복음의 말씀을 들려주시옵소서.
귀 기울여 듣겠나이다.

> **"우리가 그 안에서 그를 믿음으로 말미암아**
> **담대함과 확신을 가지고**
> **하나님께 나아감을 얻느니라"**
>
> (엡 3:12)

거룩하신 성부·성자·성령, 능력의 하나님,
허락하신 삶의 현장에서 자녀와 함께 말씀기도를 드립니다. 하나님께서 들려주신 말씀을 먹고 말씀의 능력을 힘입어, 주 안에서 '영접하는 마음으로' 아이의 생활을 도우며 일깨우겠습니다. 은혜 중에 말씀대로 살아낼 수 있도록 순간순간 동행하시며 친히 인도하여 주시옵소서. 이 아이의 삶을 통해 하나님 홀로 영광 받으소서.

오! 살아계신 아버지 하나님,
이 아이의 온 생을 기쁨과 감사로 온전히 위탁하오며,
찬양받으실 우리 주 예수 그리스도의 이름으로 간절히 기도하옵나이다. 아멘.

✝ 오늘의 말씀을 묵상하며, 적용을 생각해 봅니다.

말씀 "   "

적용 "어린 시절부터 배워야 하는 일 중의 하나는 정정당당하게 행동하는 것입니다."

Mom & Dad's 스물한번째 날

전지전능하신 사랑의 하나님, 은혜의 하나님, 평강의 하나님!
오늘도 부모(교사)로 부르심에 감사와 찬송을 드립니다.
주 예수 그리스도 안에서 먼저 나 자신이 하나님의 자녀임을 고백하고, 하나님 아
버지의 사랑에 믿음과 순종으로 바르게 응답하는 삶을 살고 있는지를 돌아봅니다.
오직 하나님의 영광을 위하여, 이제 내게 명하신 말씀을 마음에 새기고 자녀에게
부지런히 가르치며, 맡겨주신 일을 말씀과 기도로 기쁘게 감당하고자 합니다.

영원토록 우리를 다스리시는 하나님,
눈동자같이 지키시는 사랑하는 ○○(이)를 위해 복음의 말씀을 들려주시옵소서.
귀 기울여 듣겠나이다.

> **"너희 중에는 그렇지 않을지니
> 너희 중에 누구든지 크고자 하는 자는 너희를 섬기는 자가 되고
> 너희 중에 누구든지 으뜸이 되고자 하는 자는
> 모든 사람의 종이 되어야 하리라"**
>
> (막 10:43-44)

거룩하신 성부 · 성자 · 성령, 능력의 하나님,
허락하신 삶의 현장에서 자녀와 함께 말씀기도를 드립니다. 하나님께서 들려주신
말씀을 먹고 말씀의 능력을 힘입어, 주 안에서 '섬기는 마음과 자세를 보이며' 아이
의 생활을 돕고 일깨우겠습니다. 은혜 중에 말씀대로 살아낼 수 있도록 순간순간
동행하시며 친히 인도하여 주시옵소서. 이 아이의 삶을 통해 하나님 홀로 영광 받
으소서.

오! 살아계신 아버지 하나님,
이 아이의 온 생을 기쁨과 감사로 온전히 위탁하오며,
찬양받으실 우리 주 예수 그리스도의 이름으로 간절히 기도하옵나이다. 아멘.

✝ 오늘의 말씀을 묵상하며, 적용을 생각해 봅니다.

 **말씀** "＿＿＿＿＿＿＿＿＿＿＿＿＿＿＿＿＿＿＿"

 **적용** "자녀를 지도자로 세우고 싶은 부모는 섬김을 먼저 가르칩니다."

전지전능하신 사랑의 하나님, 은혜의 하나님, 평강의 하나님!
오늘도 부모(교사)로 부르심에 감사와 찬송을 드립니다.
주 예수 그리스도 안에서 먼저 나 자신이 하나님의 자녀임을 고백하고, 하나님 아
버지의 사랑에 믿음과 순종으로 바르게 응답하는 삶을 살고 있는지를 돌아봅니다.
오직 하나님의 영광을 위하여, 이제 내게 명하신 말씀을 마음에 새기고 자녀에게
부지런히 가르치며, 맡겨주신 일을 말씀과 기도로 기쁘게 감당하고자 합니다.

영화로우신 주 하나님,
눈동자같이 지키시는 사랑하는 ○○(이)를 위해 복음의 말씀을 들려주시옵소서.
귀 기울여 듣겠나이다.

> **"소망의 하나님이
> 모든 기쁨과 평강을 믿음 안에서 너희에게 충만하게 하사
> 성령의 능력으로
> 소망이 넘치게 하시기를 원하노라"**
>
> (롬 15:13)

거룩하신 성부 · 성자 · 성령, 능력의 하나님,
허락하신 삶의 현장에서 자녀와 함께 말씀기도를 드립니다. 하나님께서 들려주신
말씀을 먹고 말씀의 능력을 힘입어, 주 안에서 '사람을 얻는 마음이 풍족해지도록'
아이의 생활을 도우며 일깨우겠습니다. 은혜 중에 말씀대로 살아낼 수 있도록 순
간순간 동행하시며 친히 인도하여 주시옵소서. 이 아이의 삶을 통해 하나님 홀로
영광 받으소서.

오! 살아계신 아버지 하나님,
이 아이의 온 생을 기쁨과 감사로 온전히 위탁하오며,
찬양받으실 우리 주 예수 그리스도의 이름으로 간절히 기도하옵나이다. 아멘.

✝ 오늘의 말씀을 묵상하며, 적용을 생각해 봅니다.

말씀 " "

적용 "세상에서 사람을 얻는 마음은 진실한 마음, 부드러운 마음, 용감한 마음, 넉넉한 마음입
니다."

Mom & Dad's 스물세번째 날

전지전능하신 사랑의 하나님, 은혜의 하나님, 평강의 하나님!
오늘도 부모(교사)로 부르심에 감사와 찬송을 드립니다.
주 예수 그리스도 안에서 먼저 나 자신이 하나님의 자녀임을 고백하고, 하나님 아버지의 사랑에 믿음과 순종으로 바르게 응답하는 삶을 살고 있는지를 돌아봅니다. 오직 하나님의 영광을 위하여, 이제 내게 명하신 말씀을 마음에 새기고 자녀에게 부지런히 가르치며, 맡겨주신 일을 말씀과 기도로 기쁘게 감당하고자 합니다.

마음의 눈을 밝게 해주시는 주님,
눈동자같이 지키시는 사랑하는 ○○(이)를 위해 복음의 말씀을 들려주시옵소서.
귀 기울여 듣겠나이다.

> **"내가 주께 대하여 귀로 듣기만 하였사오나
> 이제는 눈으로 주를 뵈옵나이다"**
>
> (욥 42:5)

거룩하신 성부 · 성자 · 성령, 능력의 하나님,
허락하신 삶의 현장에서 자녀와 함께 말씀기도를 드립니다. 하나님께서 들려주신 말씀을 먹고 말씀의 능력을 힘입어, 주 안에서 '찾아가는 마음으로' 아이의 생활을 도우며 일깨우겠습니다. 은혜 중에 말씀대로 살아낼 수 있도록 순간순간 동행하시며 친히 인도하여 주시옵소서. 이 아이의 삶을 통해 하나님 홀로 영광 받으소서.

오! 살아계신 아버지 하나님,
이 아이의 온 생을 기쁨과 감사로 온전히 위탁하오며,
찬양받으실 우리 주 예수 그리스도의 이름으로 간절히 기도하옵나이다. 아멘.

✝ 오늘의 말씀을 묵상하며, 적용을 생각해 봅니다.

말씀 "   "

적용 "우리 아이들의 반짝거리는 눈빛은 무엇인가를 알아가고 있다는 신호입니다."

Mom & Dad's 스물네번째 날

전지전능하신 사랑의 하나님, 은혜의 하나님, 평강의 하나님!
오늘도 부모(교사)로 부르심에 감사와 찬송을 드립니다.
주 예수 그리스도 안에서 먼저 나 자신이 하나님의 자녀임을 고백하고, 하나님 아버지의 사랑에 믿음과 순종으로 바르게 응답하는 삶을 살고 있는지를 돌아봅니다.
오직 하나님의 영광을 위하여, 이제 내게 명하신 말씀을 마음에 새기고 자녀에게 부지런히 가르치며, 맡겨주신 일을 말씀과 기도로 기쁘게 감당하고자 합니다.

만유의 주 하나님,
눈동자같이 지키시는 사랑하는 ○○(이)를 위해 복음의 말씀을 들려주시옵소서.
귀 기울여 듣겠나이다.

> **"사람아 주께서 선한 것이 무엇임을 네게 보이셨나니
> 여호와께서 네게 구하시는 것은
> 오직 정의를 행하며 인자를 사랑하며 겸손하게
> 네 하나님과 함께 행하는 것이 아니냐"**
>
> (미 6:8)

거룩하신 성부 · 성자 · 성령, 능력의 하나님,
허락하신 삶의 현장에서 자녀와 함께 말씀기도를 드립니다. 하나님께서 들려주신 말씀을 먹고 말씀의 능력을 힘입어, 주 안에서 '**진실함으로**' 아이의 생활을 도우며 일깨우겠습니다. 은혜 중에 말씀대로 살아낼 수 있도록 순간순간 동행하시며 친히 인도하여 주시옵소서. 이 아이의 삶을 통해 하나님 홀로 영광 받으소서.

오! 살아계신 아버지 하나님,
이 아이의 온 생을 기쁨과 감사로 온전히 위탁하오며,
찬양받으실 우리 주 예수 그리스도의 이름으로 간절히 기도하옵나이다. 아멘.

✝ 오늘의 말씀을 묵상하며, 적용을 생각해 봅니다.

말씀 "   "

적용 "세상은 진리를 추구하며, 진실, 법, 평화의 바탕 위에 있습니다."

Mom & Dad's 스물다섯번째 날

전지전능하신 사랑의 하나님, 은혜의 하나님, 평강의 하나님!
오늘도 부모(교사)로 부르심에 감사와 찬송을 드립니다.
주 예수 그리스도 안에서 먼저 나 자신이 하나님의 자녀임을 고백하고, 하나님 아버지의 사랑에 믿음과 순종으로 바르게 응답하는 삶을 살고 있는지를 돌아봅니다.
오직 하나님의 영광을 위하여, 이제 내게 명하신 말씀을 마음에 새기고 자녀에게 부지런히 가르치며, 맡겨주신 일을 말씀과 기도로 기쁘게 감당하고자 합니다.

공의로 심판하시는 하나님,
눈동자같이 지키시는 사랑하는 ○○(이)를 위해 복음의 말씀을 들려주시옵소서.
귀 기울여 듣겠나이다.

> **"내가 공의로 그를 일으킨지라
> 그의 모든 길을 곧게 하리니
> 그가 나의 성읍을 건축할 것이며"**
>
> (사 45:13상)

거룩하신 성부 · 성자 · 성령, 능력의 하나님,
허락하신 삶의 현장에서 자녀와 함께 말씀기도를 드립니다. 하나님께서 들려주신 말씀을 먹고 말씀의 능력을 힘입어, 주 안에서 '곧은 마음으로' 아이의 생활을 도우며 일깨우겠습니다. 은혜 중에 말씀대로 살아낼 수 있도록 순간순간 동행하시며 친히 인도하여 주시옵소서. 이 아이의 삶을 통해 하나님 홀로 영광 받으소서.

오! 살아계신 아버지 하나님,
이 아이의 온 생을 기쁨과 감사로 온전히 위탁하오며,
찬양받으실 우리 주 예수 그리스도의 이름으로 간절히 기도하옵나이다. 아멘.

✝ 오늘의 말씀을 묵상하며, 적용을 생각해 봅니다.

"   "

"올곧게 자란 아이가 세상의 기둥이 됩니다."

전지전능하신 사랑의 하나님, 은혜의 하나님, 평강의 하나님!
오늘도 부모(교사)로 부르심에 감사와 찬송을 드립니다.
주 예수 그리스도 안에서 먼저 나 자신이 하나님의 자녀임을 고백하고, 하나님 아버지의 사랑에 믿음과 순종으로 바르게 응답하는 삶을 살고 있는지를 돌아봅니다. 오직 하나님의 영광을 위하여, 이제 내게 명하신 말씀을 마음에 새기고 자녀에게 부지런히 가르치며, 맡겨주신 일을 말씀과 기도로 기쁘게 감당하고자 합니다.

내 마음을 저울질 하시는 하나님,
눈동자같이 지키시는 사랑하는 ○○(이)를 위해 복음의 말씀을 들려주시옵소서.
귀 기울여 듣겠나이다.

> **"너는 마음을 다하여 여호와를 신뢰하고**
> **네 명철을 의지하지 말라**
> **너는 범사에 그를 인정하라**
> **그리하면 네 길을 지도하시리라"**
>
> (잠 3:5-6)

거룩하신 성부 · 성자 · 성령, 능력의 하나님,
허락하신 삶의 현장에서 자녀와 함께 말씀기도를 드립니다. 하나님께서 들려주신 말씀을 먹고 말씀의 능력을 힘입어, 주 안에서 '**바르게 생각하고 행하도록**' 아이의 생활을 도우며 일깨우겠습니다. 은혜 중에 말씀대로 살아낼 수 있도록 순간순간 동행하시며 친히 인도하여 주시옵소서. 이 아이의 삶을 통해 하나님 홀로 영광 받으소서.

오! 살아계신 아버지 하나님,
이 아이의 온 생을 기쁨과 감사로 온전히 위탁하오며,
찬양받으실 우리 주 예수 그리스도의 이름으로 간절히 기도하옵나이다. 아멘.

✝ 오늘의 말씀을 묵상하며, 적용을 생각해 봅니다.

 **말씀** "   "

 **적용** "바른 행동은 바른 생각에서 비롯되며, 바른 생각은 바른 행동을 이끕니다."

Mom & Dad's 스물일곱번째 날

전지전능하신 사랑의 하나님, 은혜의 하나님, 평강의 하나님!
오늘도 부모(교사)로 부르심에 감사와 찬송을 드립니다.
주 예수 그리스도 안에서 먼저 나 자신이 하나님의 자녀임을 고백하고, 하나님 아버지의 사랑에 믿음과 순종으로 바르게 응답하는 삶을 살고 있는지를 돌아봅니다.
오직 하나님의 영광을 위하여, 이제 내게 명하신 말씀을 마음에 새기고 자녀에게 부지런히 가르치며, 맡겨주신 일을 말씀과 기도로 기쁘게 감당하고자 합니다.

자유와 정의의 하나님,
눈동자같이 지키시는 사랑하는 ○○(이)를 위해 복음의 말씀을 들려주시옵소서.
귀 기울여 듣겠나이다.

> "그는 반석이시니 그가 하신 일이 완전하고
> 그의 모든 길이 정의롭고 진실하고
> 거짓이 없으신 하나님이시니
> 공의로우시고 바르시도다"
>
> (신 32:4)

거룩하신 성부 · 성자 · 성령, 능력의 하나님,
허락하신 삶의 현장에서 자녀와 함께 말씀기도를 드립니다. 하나님께서 들려주신 말씀을 먹고 말씀의 능력을 힘입어, 주 안에서 '정직한 마음으로' 아이의 생활을 도우며 일깨우겠습니다. 은혜 중에 말씀대로 살아낼 수 있도록 순간순간 동행하시며 친히 인도하여 주시옵소서. 이 아이의 삶을 통해 하나님 홀로 영광 받으소서.

오! 살아계신 아버지 하나님,
이 아이의 온 생을 기쁨과 감사로 온전히 위탁하오며,
찬양받으실 우리 주 예수 그리스도의 이름으로 간절히 기도하옵나이다. 아멘.

✝ 오늘의 말씀을 묵상하며, 적용을 생각해 봅니다.

 **말씀** " _______________________________ "

 **적용** "정직함은 진실을 사랑하는 마음에서 나옵니다."

전지전능하신 사랑의 하나님, 은혜의 하나님, 평강의 하나님!
오늘도 부모(교사)로 부르심에 감사와 찬송을 드립니다.
주 예수 그리스도 안에서 먼저 나 자신이 하나님의 자녀임을 고백하고, 하나님 아버지의 사랑에 믿음과 순종으로 바르게 응답하는 삶을 살고 있는지를 돌아봅니다.
오직 하나님의 영광을 위하여, 이제 내게 명하신 말씀을 마음에 새기고 자녀에게 부지런히 가르치며, 맡겨주신 일을 말씀과 기도로 기쁘게 감당하고자 합니다.

미쁘신 하나님,
눈동자같이 지키시는 사랑하는 ○○(이)를 위해 복음의 말씀을 들려주시옵소서.
귀 기울여 듣겠나이다.

> **"그가 경건하여
> 온 집안과 더불어 하나님을 경외하며
> 백성을 많이 구제하고
> 하나님께 항상 기도하더니"**
>
> (행 10:2)

거룩하신 성부 · 성자 · 성령, 능력의 하나님,
허락하신 삶의 현장에서 자녀와 함께 말씀기도를 드립니다. 하나님께서 들려주신 말씀을 먹고 말씀의 능력을 힘입어, 주 안에서 '경건함으로' 아이의 생활을 도우며 일깨우겠습니다. 은혜 중에 말씀대로 살아낼 수 있도록 순간순간 동행하시며 친히 인도하여 주시옵소서. 이 아이의 삶을 통해 하나님 홀로 영광 받으소서.

오! 살아계신 아버지 하나님,
이 아이의 온 생을 기쁨과 감사로 온전히 위탁하오며,
찬양받으실 우리 주 예수 그리스도의 이름으로 간절히 기도하옵나이다. 아멘.

✝ 오늘의 말씀을 묵상하며, 적용을 생각해 봅니다.

말씀 " ____ "

적용 "부모와 교사는 이 세상에서 아이들이 신중함과 의로움과 경건함으로 살아가도록 양육하고, 교육해야 합니다."

Mom & Dad's 스물아홉번째 날

전지전능하신 사랑의 하나님, 은혜의 하나님, 평강의 하나님!
오늘도 부모(교사)로 부르심에 감사와 찬송을 드립니다.
주 예수 그리스도 안에서 먼저 나 자신이 하나님의 자녀임을 고백하고, 하나님 아버지의 사랑에 믿음과 순종으로 바르게 응답하는 삶을 살고 있는지를 돌아봅니다.
오직 하나님의 영광을 위하여, 이제 내게 명하신 말씀을 마음에 새기고 자녀에게 부지런히 가르치며, 맡겨주신 일을 말씀과 기도로 기쁘게 감당하고자 합니다.

나의 영혼을 살아있게 하시는 하나님,
눈동자같이 지키시는 사랑하는 ○○(이)를 위해 복음의 말씀을 들려주시옵소서.
귀 기울여 듣겠나이다.

> **"갓난 아기들같이 순전하고 신령한 젖을 사모하라**
> **이는 그로 말미암아**
> **너희로 구원에 이르도록 자라게 하려 함이라"**
>
> (벧전 2:2)

거룩하신 성부 · 성자 · 성령, 능력의 하나님,
허락하신 삶의 현장에서 자녀와 함께 말씀기도를 드립니다. 하나님께서 들려주신 말씀을 먹고 말씀의 능력을 힘입어, 주 안에서 '**순전함으로**' 아이의 생활을 도우며 일깨우겠습니다. 은혜 중에 말씀대로 살아낼 수 있도록 순간순간 동행하시며 친히 인도하여 주시옵소서. 이 아이의 삶을 통해 하나님 홀로 영광 받으소서.

오! 살아계신 아버지 하나님,
이 아이의 온 생을 기쁨과 감사로 온전히 위탁하오며,
찬양받으실 우리 주 예수 그리스도의 이름으로 간절히 기도하옵나이다. 아멘.

✝ 오늘의 말씀을 묵상하며, 적용을 생각해 봅니다.

말씀 "____"

적용 "부모와 교사는 아이들의 순수함을 지켜야 합니다. 우리가 아이들을 키우고 가르치는 것이 아니라, 그들의 순수함이 우리를 살아가게 합니다."

전지전능하신 사랑의 하나님, 은혜의 하나님, 평강의 하나님!
오늘도 부모(교사)로 부르심에 감사와 찬송을 드립니다.
주 예수 그리스도 안에서 먼저 나 자신이 하나님의 자녀임을 고백하고, 하나님 아버지의 사랑에 믿음과 순종으로 바르게 응답하는 삶을 살고 있는지를 돌아봅니다.
오직 하나님의 영광을 위하여, 이제 내게 명하신 말씀을 마음에 새기고 자녀에게 부지런히 가르치며, 맡겨주신 일을 말씀과 기도로 기쁘게 감당하고자 합니다.

진리의 원천이신 아버지 하나님,
눈동자같이 지키시는 사랑하는 ○○(이)를 위해 복음의 말씀을 들려주시옵소서.
귀 기울여 듣겠나이다.

> **"여호와여 주의 도를 내게 보이시고**
> **주의 길을 내게 가르치소서**
> **주의 진리로 나를 지도하시고 교훈하소서**
> **주는 내 구원의 하나님이시니**
> **내가 종일 주를 기다리나이다"**
>
> (시 25:4-5)

거룩하신 성부 · 성자 · 성령, 능력의 하나님,
허락하신 삶의 현장에서 자녀와 함께 말씀기도를 드립니다. 하나님께서 들려주신 말씀을 먹고 말씀의 능력을 힘입어, 주 안에서 '주의 법도를 따라' 아이의 생활을 도우며 일깨우겠습니다. 은혜 중에 말씀대로 살아낼 수 있도록 순간순간 동행하시며 친히 인도하여 주시옵소서. 이 아이의 삶을 통해 하나님 홀로 영광 받으소서.

오! 살아계신 아버지 하나님,
이 아이의 온 생을 기쁨과 감사로 온전히 위탁하오며,
찬양받으실 우리 주 예수 그리스도의 이름으로 간절히 기도하옵나이다. 아멘.

✝ 오늘의 말씀을 묵상하며, 적용을 생각해 봅니다.

말씀 "＿＿＿＿＿＿＿＿＿＿＿＿＿＿＿＿＿＿＿＿＿＿＿"

적용 "교육은 인간으로 하여금 성실한 삶, 순수한 삶, 신성한 삶, 그리고 거룩한 삶을 실현하게 합니다."

Mom & Dad's 서른한번째 날

전지전능하신 사랑의 하나님, 은혜의 하나님, 평강의 하나님!
오늘도 부모(교사)로 부르심에 감사와 찬송을 드립니다.
주 예수 그리스도 안에서 먼저 나 자신이 하나님의 자녀임을 고백하고, 하나님 아버지의 사랑에 믿음과 순종으로 바르게 응답하는 삶을 살고 있는지를 돌아봅니다.
오직 하나님의 영광을 위하여, 이제 내게 명하신 말씀을 마음에 새기고 자녀에게 부지런히 가르치며, 맡겨주신 일을 말씀과 기도로 기쁘게 감당하고자 합니다.

오직 내가 의지할 여호와 하나님,
눈동자같이 지키시는 사랑하는 ○○(이)를 위해 복음의 말씀을 들려주시옵소서.
귀 기울여 듣겠나이다.

> **"너희는 이 세대를 본받지 말고
> 오직 마음을 새롭게 함으로 변화를 받아
> 하나님의 선하시고 기뻐하시고 온전하신 뜻이 무엇인지
> 분별하도록 하라"**
>
> (롬 12:2)

거룩하신 성부 · 성자 · 성령, 능력의 하나님,
허락하신 삶의 현장에서 자녀와 함께 말씀기도를 드립니다. 하나님께서 들려주신 말씀을 먹고 말씀의 능력을 힘입어, 주 안에서 '늘 새로운 마음으로' 아이의 생활을 도우며 일깨우겠습니다. 은혜 중에 말씀대로 살아낼 수 있도록 순간순간 동행하시며 친히 인도하여 주시옵소서. 이 아이의 삶을 통해 하나님 홀로 영광 받으소서.

오! 살아계신 아버지 하나님,
이 아이의 온 생을 기쁨과 감사로 온전히 위탁하오며,
찬양받으실 우리 주 예수 그리스도의 이름으로 간절히 기도하옵나이다. 아멘.

✝ 오늘의 말씀을 묵상하며, 적용을 생각해 봅니다.

말씀 "   "

적용 "발달은 성숙한 남녀의 만남을 통해 잉태되는 한 인간의 전 생애에 걸쳐 일어나는 점진적이며 연속적인 적응의 변화 과정입니다."

"아이를 잉태하고 열 달 남짓의 시간 동안 부모는 참으로 여러 가지 생각과 마음을 갖게 됩니다. 또한 힘겨운 출산의 과정을 통해서 만나게 되는 부모에게 세상의 모든 일들을 함께 하겠다고, 내가 힘이 되어 주겠다고 다짐을 하게 합니다. 그러나 예상치 못한 수많은 일들을 만나게 되면서 자녀에 대한 걱정과 살핌은 끝이 보이지 않는 것 같습니다. 순간순간 양육자로서의 마땅한 마음가짐들을 다잡고 가족과 이웃과 함께 말씀을 벗 삼고 나누며 묵상할 수 있다면……
함께 시작해 보실까요?"

엄마 1/ 미향

2 Feb.

부르심의 기도

“너희는 가서 모든 민족을 제자로 삼아
아버지와 아들과 성령의 이름으로 세례를 베풀고
내가 너희에게 분부한 모든 것을 가르쳐 지키게 하라
볼지어다 내가 세상 끝날까지
너희와 항상 함께 있으리라 하시니라”

(마 28:19-20)

Mom & Dad's 첫번째 날

전지전능하신 사랑의 하나님, 은혜의 하나님, 평강의 하나님!
오늘도 부모(교사)로 부르심에 감사와 찬송을 드립니다.
주 예수 그리스도 안에서 먼저 나 자신이 하나님의 자녀임을 고백하고, 하나님 아버지의 사랑에 믿음과 순종으로 바르게 응답하는 삶을 살고 있는지를 돌아봅니다.
오직 하나님의 영광을 위하여, 이제 내게 명하신 말씀을 마음에 새기고 자녀에게 부지런히 가르치며, 맡겨주신 일을 말씀과 기도로 기쁘게 감당하고자 합니다.

만복의 근원 하나님,
눈동자같이 지키시는 사랑하는 ○○(이)를 위해 복음의 말씀을 들려주시옵소서.
귀 기울여 듣겠나이다.

> **"나의 자녀들아 너희 속에**
> **그리스도의 형상을 이루기까지**
> **다시 너희를 위하여 해산하는 수고를 하노니"**
>
> (갈 4:19)

거룩하신 성부·성자·성령, 능력의 하나님,
허락하신 삶의 현장에서 자녀와 함께 말씀기도를 드립니다. 하나님께서 들려주신 말씀을 먹고 말씀의 능력을 힘입어, 주 안에서 '하나님께 순종하는 믿음으로' 아이의 생활을 도우며 일깨우겠습니다. 은혜 중에 말씀대로 살아낼 수 있도록 순간순간 동행하시며 친히 인도하여 주시옵소서. 이 아이의 삶을 통해 하나님 홀로 영광 받으소서.

오! 살아계신 아버지 하나님,
이 아이가 하나님의 사람으로 부르심을 입을 수 있도록 기쁨과 감사로 온전히 위탁하오며, 찬양받으실 우리 주 예수 그리스도의 이름으로 기도하옵나이다. 아멘.

✝ 오늘의 말씀을 묵상하며, 적용을 생각해 봅니다.

말씀 "   "

적용 "우리가 받은 축복은 많은 교사와 부모들이 진실로 헌신적이라는 것입니다. 교사와 부모들은 다음 세대에 그들의 삶을 줍니다."

전지전능하신 사랑의 하나님, 은혜의 하나님, 평강의 하나님!
오늘도 부모(교사)로 부르심에 감사와 찬송을 드립니다.
주 예수 그리스도 안에서 먼저 나 자신이 하나님의 자녀임을 고백하고, 하나님 아버지의 사랑에 믿음과 순종으로 바르게 응답하는 삶을 살고 있는지를 돌아봅니다.
오직 하나님의 영광을 위하여, 이제 내게 명하신 말씀을 마음에 새기고 자녀에게 부지런히 가르치며, 맡겨주신 일을 말씀과 기도로 기쁘게 감당하고자 합니다.

말씀으로 나를 낳으신 아버지 하나님,
눈동자같이 지키시는 사랑하는 ○○(이)를 위해 복음의 말씀을 들려주시옵소서.
귀 기울여 듣겠나이다.

> **"그리스도 안에서 일만 스승이 있으되**
> **아버지는 많지 아니하니**
> **그리스도 예수 안에서**
> **내가 복음으로써 너희를 낳았음이라"**
>
> (고전 4:15)

거룩하신 성부 · 성자 · 성령, 능력의 하나님,
허락하신 삶의 현장에서 자녀와 함께 말씀기도를 드립니다. 하나님께서 들려주신 말씀을 먹고 말씀의 능력을 힘입어, 주 안에서 '복음으로' 아이의 생활을 도우며 일깨우겠습니다. 은혜 중에 말씀대로 살아낼 수 있도록 순간순간 동행하시며 친히 인도하여 주시옵소서. 이 아이의 삶을 통해 하나님 홀로 영광 받으소서.

오! 살아계신 아버지 하나님,
이 아이가 하나님의 사람으로 부르심을 입을 수 있도록 기쁨과 감사로 온전히 위탁하오며, 찬양받으실 우리 주 예수 그리스도의 이름으로 기도하옵나이다. 아멘.

✝ 오늘의 말씀을 묵상하며, 적용을 생각해 봅니다.

말씀 " "

적용 "인생에서 꼭 필요한 스승은 좋은 부모와 좋은 교사입니다."

Mom & Dad's 세번째 날

전지전능하신 사랑의 하나님, 은혜의 하나님, 평강의 하나님!
오늘도 부모(교사)로 부르심에 감사와 찬송을 드립니다.
주 예수 그리스도 안에서 먼저 나 자신이 하나님의 자녀임을 고백하고, 하나님 아버지의 사랑에 믿음과 순종으로 바르게 응답하는 삶을 살고 있는지를 돌아봅니다.
오직 하나님의 영광을 위하여, 이제 내게 명하신 말씀을 마음에 새기고 자녀에게 부지런히 가르치며, 맡겨주신 일을 말씀과 기도로 기쁘게 감당하고자 합니다.

보혜사 성령 하나님,
눈동자같이 지키시는 사랑하는 ○○(이)를 위해 복음의 말씀을 들려주시옵소서.
귀 기울여 듣겠나이다.

> "그리하면 여호와 그가 네 앞에서 가시며
> 너와 함께 하사
> 너를 떠나지 아니하시며 버리지 아니하시리니
> 너는 두려워하지 말라 놀라지 말라"
>
> (신 31:8)

거룩하신 성부 · 성자 · 성령, 능력의 하나님,
허락하신 삶의 현장에서 자녀와 함께 말씀기도를 드립니다. 하나님께서 들려주신 말씀을 먹고 말씀의 능력을 힘입어, 주 안에서 아이의 생활을 '안내하고' 도우며 일깨우겠습니다. 은혜 중에 말씀대로 살아낼 수 있도록 순간순간 동행하시며 친히 인도하여 주시옵소서. 이 아이의 삶을 통해 하나님 홀로 영광 받으소서.

오! 살아계신 아버지 하나님,
이 아이가 하나님의 사람으로 부르심을 입을 수 있도록 기쁨과 감사로 온전히 위탁하오며, 찬양받으실 우리 주 예수 그리스도의 이름으로 기도하옵나이다. 아멘.

✝ 오늘의 말씀을 묵상하며, 적용을 생각해 봅니다.

말씀 "　　　　　　　　　　　　　　　　　　　　　"

적용 "부모와 교사는 인생의 멘토입니다."

전지전능하신 사랑의 하나님, 은혜의 하나님, 평강의 하나님!
오늘도 부모(교사)로 부르심에 감사와 찬송을 드립니다.
주 예수 그리스도 안에서 먼저 나 자신이 하나님의 자녀임을 고백하고, 하나님 아버지의 사랑에 믿음과 순종으로 바르게 응답하는 삶을 살고 있는지를 돌아봅니다.
오직 하나님의 영광을 위하여, 이제 내게 명하신 말씀을 마음에 새기고 자녀에게 부지런히 가르치며, 맡겨주신 일을 말씀과 기도로 기쁘게 감당하고자 합니다.

영혼의 햇빛 되신 예수님,
눈동자같이 지키시는 사랑하는 ○○(이)를 위해 복음의 말씀을 들려주시옵소서.
귀 기울여 듣겠나이다.

> **"그러나 너희는 택하신 족속이요
> 왕 같은 제사장들이요 거룩한 나라요 그의 소유가 된 백성이니
> 이는 너희를 어두운 데서 불러 내어 그의 기이한 빛에 들어가게 하신 이의
> 아름다운 덕을 선포하게 하려 하심이라"**
>
> (벧전 2:9)

거룩하신 성부 · 성자 · 성령, 능력의 하나님,
허락하신 삶의 현장에서 자녀와 함께 말씀기도를 드립니다. 하나님께서 들려주신 말씀을 먹고 말씀의 능력을 힘입어, 주 안에서 '희망을 품도록' 아이의 생활을 도우며 일깨우겠습니다. 은혜 중에 말씀대로 살아낼 수 있도록 순간순간 동행하시며 친히 인도하여 주시옵소서. 이 아이의 삶을 통해 하나님 홀로 영광 받으소서.

오! 살아계신 아버지 하나님,
이 아이가 하나님의 사람으로 부르심을 입을 수 있도록 기쁨과 감사로 온전히 위탁하오며, 찬양받으실 우리 주 예수 그리스도의 이름으로 기도하옵나이다. 아멘.

✝ 오늘의 말씀을 묵상하며, 적용을 생각해 봅니다.

"   "

"멘토로서 부모와 교사가 심어주는 비전은 아이들에게 인생의 지표가 됩니다."

다섯번째 날

전지전능하신 사랑의 하나님, 은혜의 하나님, 평강의 하나님!
오늘도 부모(교사)로 부르심에 감사와 찬송을 드립니다.
주 예수 그리스도 안에서 먼저 나 자신이 하나님의 자녀임을 고백하고, 하나님 아버지의 사랑에 믿음과 순종으로 바르게 응답하는 삶을 살고 있는지를 돌아봅니다.
오직 하나님의 영광을 위하여, 이제 내게 명하신 말씀을 마음에 새기고 자녀에게 부지런히 가르치며, 맡겨주신 일을 말씀과 기도로 기쁘게 감당하고자 합니다.

나의 보배이신 예수님,
눈동자같이 지키시는 사랑하는 ○○(이)를 위해 복음의 말씀을 들려주시옵소서.
귀 기울여 듣겠나이다.

> **"그들에게 이르시되**
> **누구든지 내 이름으로 이런 어린아이를 영접하면**
> **곧 나를 영접함이요"**
>
> (눅 9:48상)

거룩하신 성부 · 성자 · 성령, 능력의 하나님,
허락하신 삶의 현장에서 자녀와 함께 말씀기도를 드립니다. 하나님께서 들려주신 말씀을 먹고 말씀의 능력을 힘입어, 주 안에서 '**인격적으로**' 아이의 생활을 도우며 일깨우겠습니다. 은혜 중에 말씀대로 살아낼 수 있도록 순간순간 동행하시며 친히 인도하여 주시옵소서. 이 아이의 삶을 통해 하나님 홀로 영광 받으소서.

오! 살아계신 아버지 하나님,
이 아이가 하나님의 사람으로 부르심을 입을 수 있도록 기쁨과 감사로 온전히 위탁하오며, 찬양받으실 우리 주 예수 그리스도의 이름으로 기도하옵나이다. 아멘.

✝ 오늘의 말씀을 묵상하며, 적용을 생각해 봅니다.

말씀 " "

적용 "부모와 교사는 아이들을 인격적으로 대해 주어야 합니다."

전지전능하신 사랑의 하나님, 은혜의 하나님, 평강의 하나님!
오늘도 부모(교사)로 부르심에 감사와 찬송을 드립니다.
주 예수 그리스도 안에서 먼저 나 자신이 하나님의 자녀임을 고백하고, 하나님 아버지의 사랑에 믿음과 순종으로 바르게 응답하는 삶을 살고 있는지를 돌아봅니다.
오직 하나님의 영광을 위하여, 이제 내게 명하신 말씀을 마음에 새기고 자녀에게 부지런히 가르치며, 맡겨주신 일을 말씀과 기도로 기쁘게 감당하고자 합니다.

우리를 주의 사람으로 충성케 하시는 하나님,
눈동자같이 지키시는 사랑하는 ○○(이)를 위해 복음의 말씀을 들려주시옵소서.
귀 기울여 듣겠나이다.

> **"선을 행하고 선한 사업을 많이 하고**
> **나누어 주기를 좋아하며**
> **너그러운 자가 되게 하라"**
>
> (딤전 6:18)

거룩하신 성부 · 성자 · 성령, 능력의 하나님,
허락하신 삶의 현장에서 자녀와 함께 말씀기도를 드립니다. 하나님께서 들려주신 말씀을 먹고 말씀의 능력을 힘입어, 주 안에서 '옳게 행하도록' 아이의 생활을 도우며 일깨우겠습니다. 은혜 중에 말씀대로 살아낼 수 있도록 순간순간 동행하시며 친히 인도하여 주시옵소서. 이 아이의 삶을 통해 하나님 홀로 영광 받으소서.

오! 살아계신 아버지 하나님,
이 아이가 하나님의 사람으로 부르심을 입을 수 있도록 기쁨과 감사로 온전히 위탁하오며, 찬양받으실 우리 주 예수 그리스도의 이름으로 기도하옵나이다. 아멘.

✝ 오늘의 말씀을 묵상하며, 적용을 생각해 봅니다.

 "____________________"

 "부모와 교사는 아이들이 나쁜 습관에 물들지 않도록 해야 합니다. 자신이 재미있다고 다른 사람을 괴롭히거나 아프게 하는 행동, 거짓, 속임수를 보일 때는 단호하게 훈육합니다."

전지전능하신 사랑의 하나님, 은혜의 하나님, 평강의 하나님!
오늘도 부모(교사)로 부르심에 감사와 찬송을 드립니다.
주 예수 그리스도 안에서 먼저 나 자신이 하나님의 자녀임을 고백하고, 하나님 아버지의 사랑에 믿음과 순종으로 바르게 응답하는 삶을 살고 있는지를 돌아봅니다.
오직 하나님의 영광을 위하여, 이제 내게 명하신 말씀을 마음에 새기고 자녀에게 부지런히 가르치며, 맡겨주신 일을 말씀과 기도로 기쁘게 감당하고자 합니다.

빛의 근원이신 하나님,
눈동자같이 지키시는 사랑하는 ○○(이)를 위해 복음의 말씀을 들려주시옵소서.
귀 기울여 듣겠나이다.

> **"청년이 무엇으로 그의 행실을 깨끗하게 하리이까
> 주의 말씀만 지킬 따름이니이다"**
>
> (시 119:9)

거룩하신 성부 · 성자 · 성령, 능력의 하나님,
허락하신 삶의 현장에서 자녀와 함께 말씀기도를 드립니다. 하나님께서 들려주신 말씀을 먹고 말씀의 능력을 힘입어, 주 안에서 '건전함을 살피며' 아이의 생활을 돕고 일깨우겠습니다. 은혜 중에 말씀대로 살아낼 수 있도록 순간순간 동행하시며 친히 인도하여 주시옵소서. 이 아이의 삶을 통해 하나님 홀로 영광 받으소서.

오! 살아계신 아버지 하나님,
이 아이가 하나님의 사람으로 부르심을 입을 수 있도록 기쁨과 감사로 온전히 위탁하오며, 찬양받으실 우리 주 예수 그리스도의 이름으로 기도하옵나이다. 아멘.

✝ 오늘의 말씀을 묵상하며, 적용을 생각해 봅니다.

말씀 " ____ "

적용 "몸과 마음의 건강을 위하여 아이에게 매일매일 거울을 보는 습관을 갖도록 합니다."

 # 여덟번째 날

전지전능하신 사랑의 하나님, 은혜의 하나님, 평강의 하나님!
오늘도 부모(교사)로 부르심에 감사와 찬송을 드립니다.
주 예수 그리스도 안에서 먼저 나 자신이 하나님의 자녀임을 고백하고, 하나님 아버지의 사랑에 믿음과 순종으로 바르게 응답하는 삶을 살고 있는지를 돌아봅니다. 오직 하나님의 영광을 위하여, 이제 내게 명하신 말씀을 마음에 새기고 자녀에게 부지런히 가르치며, 맡겨주신 일을 말씀과 기도로 기쁘게 감당하고자 합니다.

나의 연약한 의지를 다스려 주시는 하나님,
눈동자같이 지키시는 사랑하는 ○○(이)를 위해 복음의 말씀을 들려주시옵소서.
귀 기울여 듣겠나이다.

> **"지극히 작은 것에 충성된 자는 큰 것에도 충성되고
> 지극히 작은 것에 불의한 자는 큰 것에도 불의하니라"**
>
> (눅 16:10)

거룩하신 성부 · 성자 · 성령, 능력의 하나님,
허락하신 삶의 현장에서 자녀와 함께 말씀기도를 드립니다. 하나님께서 들려주신 말씀을 먹고 말씀의 능력을 힘입어, 주 안에서 아이의 생활을 '책임감을 갖도록' 도우며 일깨우겠습니다. 은혜 중에 말씀대로 살아낼 수 있도록 순간순간 동행하시며 친히 인도하여 주시옵소서. 이 아이의 삶을 통해 하나님 홀로 영광 받으소서.

오! 살아계신 아버지 하나님,
이 아이가 하나님의 사람으로 부르심을 입을 수 있도록 기쁨과 감사로 온전히 위탁하오며, 찬양받으실 우리 주 예수 그리스도의 이름으로 기도하옵나이다. 아멘.

✝ 오늘의 말씀을 묵상하며, 적용을 생각해 봅니다.

말씀 "   "

적용 "물건을 제자리에 놓고 어지럽힌 것을 스스로 치워야 함을 몸으로 익히는 것은 인과 개념과 책임감을 배우는 기술입니다."

 # 아홉번째 날

전지전능하신 사랑의 하나님, 은혜의 하나님, 평강의 하나님!
오늘도 부모(교사)로 부르심에 감사와 찬송을 드립니다.
주 예수 그리스도 안에서 먼저 나 자신이 하나님의 자녀임을 고백하고, 하나님 아
버지의 사랑에 믿음과 순종으로 바르게 응답하는 삶을 살고 있는지를 돌아봅니다.
오직 하나님의 영광을 위하여, 이제 내게 명하신 말씀을 마음에 새기고 자녀에게
부지런히 가르치며, 맡겨주신 일을 말씀과 기도로 기쁘게 감당하고자 합니다.

날마다 우리 짐을 함께 지시는 주님,
눈동자같이 지키시는 사랑하는 ○○(이)를 위해 복음의 말씀을 들려주시옵소서.
귀 기울여 듣겠나이다.

> **"내가 네 갈 길을 가르쳐 보이고
> 너를 주목하여 훈계하리로다"**
>
> (시 32:8)

거룩하신 성부 · 성자 · 성령, 능력의 하나님,
허락하신 삶의 현장에서 자녀와 함께 말씀기도를 드립니다. 하나님께서 들려주신
말씀을 먹고 말씀의 능력을 힘입어, 주 안에서 '주목하여 보며' 아이의 생활을 돕고
일깨우겠습니다. 은혜 중에 말씀대로 살아낼 수 있도록 순간순간 동행하시며 친히
인도하여 주시옵소서. 이 아이의 삶을 통해 하나님 홀로 영광 받으소서.

오! 살아계신 아버지 하나님,
이 아이가 하나님의 사람으로 부르심을 입을 수 있도록 기쁨과 감사로 온전히 위
탁하오며, 찬양받으실 우리 주 예수 그리스도의 이름으로 기도하옵나이다. 아멘.

✝ 오늘의 말씀을 묵상하며, 적용을 생각해 봅니다.

말씀 "   "

적용 "부모와 교사는 아이들이 위험한 물건과 상황에서 스스로 자신을 보호하고, 대처할 수 있도
록 구체적으로 가르쳐야 합니다."

 # 열번째 날

전지전능하신 사랑의 하나님, 은혜의 하나님, 평강의 하나님!
오늘도 부모(교사)로 부르심에 감사와 찬송을 드립니다.
주 예수 그리스도 안에서 먼저 나 자신이 하나님의 자녀임을 고백하고, 하나님 아버지의 사랑에 믿음과 순종으로 바르게 응답하는 삶을 살고 있는지를 돌아봅니다.
오직 하나님의 영광을 위하여, 이제 내게 명하신 말씀을 마음에 새기고 자녀에게 부지런히 가르치며, 맡겨주신 일을 말씀과 기도로 기쁘게 감당하고자 합니다.

하나님 우편에서 우리를 위해 늘 기도하시는 예수님,
눈동자같이 지키시는 사랑하는 ○○(이)를 위해 복음의 말씀을 들려주시옵소서.
귀 기울여 듣겠나이다.

> **"여호와께서 자기를 위하여
> 경건한 자를 택하신 줄 너희가 알지어다
> 내가 그를 부를 때에 여호와께서 들으시리로다"**
>
> (시 4:3)

거룩하신 성부 · 성자 · 성령, 능력의 하나님,
허락하신 삶의 현장에서 자녀와 함께 말씀기도를 드립니다. 하나님께서 들려주신 말씀을 먹고 말씀의 능력을 힘입어, 주 안에서 '듣는 마음으로' 아이의 생활을 도우며 일깨우겠습니다. 은혜 중에 말씀대로 살아낼 수 있도록 순간순간 동행하시며 친히 인도하여 주시옵소서. 이 아이의 삶을 통해 하나님 홀로 영광 받으소서.

오! 살아계신 아버지 하나님,
이 아이가 하나님의 사람으로 부르심을 입을 수 있도록 기쁨과 감사로 온전히 위탁하오며, 찬양받으실 우리 주 예수 그리스도의 이름으로 기도하옵나이다. 아멘.

✝ 오늘의 말씀을 묵상하며, 적용을 생각해 봅니다.

말씀 "＿＿＿＿＿＿＿＿＿＿＿＿＿＿＿＿＿＿＿＿"

적용 "자녀의 말은 부모가 두 귀와 온 마음으로 들을 때 정확하게 분별할 수 있습니다."

 열한번째 날

전지전능하신 사랑의 하나님, 은혜의 하나님, 평강의 하나님!
오늘도 부모(교사)로 부르심에 감사와 찬송을 드립니다.
주 예수 그리스도 안에서 먼저 나 자신이 하나님의 자녀임을 고백하고, 하나님 아버지의 사랑에 믿음과 순종으로 바르게 응답하는 삶을 살고 있는지를 돌아봅니다.
오직 하나님의 영광을 위하여, 이제 내게 명하신 말씀을 마음에 새기고 자녀에게 부지런히 가르치며, 맡겨주신 일을 말씀과 기도로 기쁘게 감당하고자 합니다.

영원히 사모할 주님,
눈동자같이 지키시는 사랑하는 ○○(이)를 위해 복음의 말씀을 들려주시옵소서.
귀 기울여 듣겠나이다.

**"내 눈을 열어서
주의 율법에서 놀라운 것을 보게 하소서"**

(시 119:18)

거룩하신 성부 · 성자 · 성령, 능력의 하나님,
허락하신 삶의 현장에서 자녀와 함께 말씀기도를 드립니다. 하나님께서 들려주신 말씀을 먹고 말씀의 능력을 힘입어, 주 안에서 '눈을 열고 마음으로' 아이의 생활을 도우며 일깨우겠습니다. 은혜 중에 말씀대로 살아낼 수 있도록 순간순간 동행하시며 친히 인도하여 주시옵소서. 이 아이의 삶을 통해 하나님 홀로 영광 받으소서.

오! 살아계신 아버지 하나님,
이 아이가 하나님의 사람으로 부르심을 입을 수 있도록 기쁨과 감사로 온전히 위탁하오며, 찬양받으실 우리 주 예수 그리스도의 이름으로 기도하옵나이다. 아멘.

✝ 오늘의 말씀을 묵상하며, 적용을 생각해 봅니다.

 말씀 "   "

 적용 "아이와 대화할 때는 눈 높이, 마음 높이를 맞춥니다."

Mom & Dad's 열두번째 날

전지전능하신 사랑의 하나님, 은혜의 하나님, 평강의 하나님!
오늘도 부모(교사)로 부르심에 감사와 찬송을 드립니다.
주 예수 그리스도 안에서 먼저 나 자신이 하나님의 자녀임을 고백하고, 하나님 아버지의 사랑에 믿음과 순종으로 바르게 응답하는 삶을 살고 있는지를 돌아봅니다.
오직 하나님의 영광을 위하여, 이제 내게 명하신 말씀을 마음에 새기고 자녀에게 부지런히 가르치며, 맡겨주신 일을 말씀과 기도로 기쁘게 감당하고자 합니다.

내 마음을 연단시키시는 아버지 하나님,
눈동자같이 지키시는 사랑하는 ○○(이)를 위해 복음의 말씀을 들려주시옵소서.
귀 기울여 듣겠나이다.

> **"훈계를 굳게 잡아 놓치지 말고 지키라
> 이것이 네 생명이니라"**
>
> (잠 4:13)

거룩하신 성부 · 성자 · 성령, 능력의 하나님,
허락하신 삶의 현장에서 자녀와 함께 말씀기도를 드립니다. 하나님께서 들려주신 말씀을 먹고 말씀의 능력을 힘입어, 주 안에서 '훈계로' 아이의 생활을 도우며 일깨우겠습니다. 은혜 중에 말씀대로 살아낼 수 있도록 순간순간 동행하시며 친히 인도하여 주시옵소서. 이 아이의 삶을 통해 하나님 홀로 영광 받으소서.

오! 살아계신 아버지 하나님,
이 아이가 하나님의 사람으로 부르심을 입을 수 있도록 기쁨과 감사로 온전히 위탁하오며, 찬양받으실 우리 주 예수 그리스도의 이름으로 기도하옵나이다. 아멘.

✝ 오늘의 말씀을 묵상하며, 적용을 생각해 봅니다.

말씀 "   "

적용 "자녀를 사랑하는 부모는 훈계를 게을리 하지 않습니다. 훈계는 미래를 준비시킵니다."

Mom & Dad's 열세번째 날

전지전능하신 사랑의 하나님, 은혜의 하나님, 평강의 하나님!
오늘도 부모(교사)로 부르심에 감사와 찬송을 드립니다.
주 예수 그리스도 안에서 먼저 나 자신이 하나님의 자녀임을 고백하고, 하나님 아버지의 사랑에 믿음과 순종으로 바르게 응답하는 삶을 살고 있는지를 돌아봅니다.
오직 하나님의 영광을 위하여, 이제 내게 명하신 말씀을 마음에 새기고 자녀에게 부지런히 가르치며, 맡겨주신 일을 말씀과 기도로 기쁘게 감당하고자 합니다.

노하기를 더디하시며 사유하시는 하나님,
눈동자같이 지키시는 사랑하는 ○○(이)를 위해 복음의 말씀을 들려주시옵소서.
귀 기울여 듣겠나이다.

> **"대저 여호와께서**
> **그 사랑하시는 자를 징계하시기를**
> **마치 아비가 그 기뻐하는 아들을 징계함같이 하시느니라"**
>
> (잠 3:12)

거룩하신 성부 · 성자 · 성령, 능력의 하나님,
허락하신 삶의 현장에서 자녀와 함께 말씀기도를 드립니다. 하나님께서 들려주신 말씀을 먹고 말씀의 능력을 힘입어, 주 안에서 '**친절함으로**' 아이의 생활을 도우며 일깨우겠습니다. 은혜 중에 말씀대로 살아낼 수 있도록 순간순간 동행하시며 친히 인도하여 주시옵소서. 이 아이의 삶을 통해 하나님 홀로 영광 받으소서.

오! 살아계신 아버지 하나님,
이 아이가 하나님의 사람으로 부르심을 입을 수 있도록 기쁨과 감사로 온전히 위탁하오며, 찬양받으실 우리 주 예수 그리스도의 이름으로 기도하옵나이다. 아멘.

✝ 오늘의 말씀을 묵상하며, 적용을 생각해 봅니다.

 **말씀** "   "

 **적용** "권위 있는 부모는 자녀에게 해야 할 것과 하지 말아야 할 것을 분명히 하고, 그 이유를 반드시 설명해 줍니다."

전지전능하신 사랑의 하나님, 은혜의 하나님, 평강의 하나님!
오늘도 부모(교사)로 부르심에 감사와 찬송을 드립니다.
주 예수 그리스도 안에서 먼저 나 자신이 하나님의 자녀임을 고백하고, 하나님 아버지의 사랑에 믿음과 순종으로 바르게 응답하는 삶을 살고 있는지를 돌아봅니다. 오직 하나님의 영광을 위하여, 이제 내게 명하신 말씀을 마음에 새기고 자녀에게 부지런히 가르치며, 맡겨주신 일을 말씀과 기도로 기쁘게 감당하고자 합니다.

영생의 양식을 풍족히 나누어 주시는 예수님,
눈동자같이 지키시는 사랑하는 ○○(이)를 위해 복음의 말씀을 들려주시옵소서.
귀 기울여 듣겠나이다.

> **"남에게 대접을 받고자 하는 대로
> 너희도 남을 대접하라"**
>
> (눅 6:31)

거룩하신 성부 · 성자 · 성령, 능력의 하나님,
허락하신 삶의 현장에서 자녀와 함께 말씀기도를 드립니다. 하나님께서 들려주신 말씀을 먹고 말씀의 능력을 힘입어, 주 안에서 '진솔한 마음으로 대접하며' 아이의 생활을 돕고 일깨우겠습니다. 은혜 중에 말씀대로 살아낼 수 있도록 순간순간 동행하시며 친히 인도하여 주시옵소서. 이 아이의 삶을 통해 하나님 홀로 영광 받으소서.

오! 살아계신 아버지 하나님,
이 아이가 하나님의 사람으로 부르심을 입을 수 있도록 기쁨과 감사로 온전히 위탁하오며, 찬양받으실 우리 주 예수 그리스도의 이름으로 기도하옵나이다. 아멘.

✝ 오늘의 말씀을 묵상하며, 적용을 생각해 봅니다.

 " ____________________ "

 "'안녕하십니까, 고맙습니다, 미안합니다.'라고 부모가 인사하는 모습을 보고 자란 아이는 친구에게 진솔한 마음을 먼저 표현할 줄 압니다."

Mom & Dad's 열다섯번째 날

전지전능하신 사랑의 하나님, 은혜의 하나님, 평강의 하나님!
오늘도 부모(교사)로 부르심에 감사와 찬송을 드립니다.
주 예수 그리스도 안에서 먼저 나 자신이 하나님의 자녀임을 고백하고, 하나님 아버지의 사랑에 믿음과 순종으로 바르게 응답하는 삶을 살고 있는지를 돌아봅니다.
오직 하나님의 영광을 위하여, 이제 내게 명하신 말씀을 마음에 새기고 자녀에게 부지런히 가르치며, 맡겨주신 일을 말씀과 기도로 기쁘게 감당하고자 합니다.

나를 친구라 불러주시는 주님,
눈동자같이 지키시는 사랑하는 ○○(이)를 위해 복음의 말씀을 들려주시옵소서.
귀 기울여 듣겠나이다.

> **"바나바는 착한 사람이요 성령과 믿음이 충만한 사람이라**
> **이에 큰 무리가 주께 더하여지더라**
> **바나바가 사울을 찾으러 다소에 가서 만나매 안디옥에 데리고 와서**
> **둘이 교회에 일 년간 모여 있어 큰 무리를 가르쳤고**
> **제자들이 안디옥에서 비로소 그리스도인이라 일컬음을 받게 되었더라"**
>
> (행 11:24-26)

거룩하신 성부·성자·성령, 능력의 하나님,
허락하신 삶의 현장에서 자녀와 함께 말씀기도를 드립니다. 하나님께서 들려주신 말씀을 먹고 말씀의 능력을 힘입어, 주 안에서 '배움을 가지며' 아이의 생활을 돕고 일깨우겠습니다. 은혜 중에 말씀대로 살아낼 수 있도록 순간순간 동행하시며 친히 인도하여 주시옵소서. 이 아이의 삶을 통해 하나님 홀로 영광 받으소서.

오! 살아계신 아버지 하나님,
이 아이가 하나님의 사람으로 부르심을 입을 수 있도록 기쁨과 감사로 온전히 위탁하오며, 찬양받으실 우리 주 예수 그리스도의 이름으로 기도하옵나이다. 아멘.

✝ 오늘의 말씀을 묵상하며, 적용을 생각해 봅니다.

 "   "

 "부모는 자녀의 원만한 인간관계를 도울 수 있는 대화 기술을 배우고 연마해야 합니다."

전지전능하신 사랑의 하나님, 은혜의 하나님, 평강의 하나님!
오늘도 부모(교사)로 부르심에 감사와 찬송을 드립니다.
주 예수 그리스도 안에서 먼저 나 자신이 하나님의 자녀임을 고백하고, 하나님 아버지의 사랑에 믿음과 순종으로 바르게 응답하는 삶을 살고 있는지를 돌아봅니다.
오직 하나님의 영광을 위하여, 이제 내게 명하신 말씀을 마음에 새기고 자녀에게 부지런히 가르치며, 맡겨주신 일을 말씀과 기도로 기쁘게 감당하고자 합니다.

온유한 음성으로 내 귀에 속삭이시는 주님,
눈동자같이 지키시는 사랑하는 ○○(이)를 위해 복음의 말씀을 들려주시옵소서.
귀 기울여 듣겠나이다.

> **"잠언과 비유와 지혜 있는 자의 말과
> 그 오묘한 말을 깨달으리라"**
>
> (잠 1:6)

거룩하신 성부 · 성자 · 성령, 능력의 하나님,
허락하신 삶의 현장에서 자녀와 함께 말씀기도를 드립니다. 하나님께서 들려주신 말씀을 먹고 말씀의 능력을 힘입어, 주 안에서 '깨달음을 나누며' 아이의 생활을 돕고 일깨우겠습니다. 은혜 중에 말씀대로 살아낼 수 있도록 순간순간 동행하시며 친히 인도하여 주시옵소서. 이 아이의 삶을 통해 하나님 홀로 영광 받으소서.

오! 살아계신 아버지 하나님,
이 아이가 하나님의 사람으로 부르심을 입을 수 있도록 기쁨과 감사로 온전히 위탁하오며, 찬양받으실 우리 주 예수 그리스도의 이름으로 기도하옵나이다. 아멘.

✝ 오늘의 말씀을 묵상하며, 적용을 생각해 봅니다.

말씀 "   "

적용 "이야기를 재미있게 들려주는 사람이 있다는 것은 행운입니다. 그런 사람과 함께 지낸 아이는 명철을 얻습니다."

열일곱번째 날

전지전능하신 사랑의 하나님, 은혜의 하나님, 평강의 하나님!
오늘도 부모(교사)로 부르심에 감사와 찬송을 드립니다.
주 예수 그리스도 안에서 먼저 나 자신이 하나님의 자녀임을 고백하고, 하나님 아버지의 사랑에 믿음과 순종으로 바르게 응답하는 삶을 살고 있는지를 돌아봅니다.
오직 하나님의 영광을 위하여, 이제 내게 명하신 말씀을 마음에 새기고 자녀에게 부지런히 가르치며, 맡겨주신 일을 말씀과 기도로 기쁘게 감당하고자 합니다.

지혜의 참 근원이신 주님,
눈동자같이 지키시는 사랑하는 ○○(이)를 위해 복음의 말씀을 들려주시옵소서.
귀 기울여 듣겠나이다.

> **"하나님이
> 이 네 소년에게 학문을 주시고
> 모든 서적을 깨닫게 하시고 지혜를 주셨으니
> 다니엘은 또 모든 환상과 꿈을 깨달아 알더라"**
>
> (단 1:17)

거룩하신 성부 · 성자 · 성령, 능력의 하나님,
허락하신 삶의 현장에서 자녀와 함께 말씀기도를 드립니다. 하나님께서 들려주신 말씀을 먹고 말씀의 능력을 힘입어, 주 안에서 '독서를 통해 신선한 눈으로 세상을 볼 수 있도록' 아이의 생활을 도우며 일깨우겠습니다. 은혜 중에 말씀대로 살아낼 수 있도록 순간순간 동행하시며 친히 인도하여 주시옵소서. 이 아이의 삶을 통해 하나님 홀로 영광 받으소서.

오! 살아계신 아버지 하나님,
이 아이가 하나님의 사람으로 부르심을 입을 수 있도록 기쁨과 감사로 온전히 위탁하오며, 찬양받으실 우리 주 예수 그리스도의 이름으로 기도하옵나이다. 아멘.

✝ 오늘의 말씀을 묵상하며, 적용을 생각해 봅니다.

말씀 "＿＿＿＿＿＿＿＿＿＿＿＿＿＿＿＿＿＿＿＿＿＿＿"

적용 "자녀에게 책 읽는 습관을 길러주는 것은 세상의 문을 여는 열쇠를 쥐어주는 것입니다."

전지전능하신 사랑의 하나님, 은혜의 하나님, 평강의 하나님!
오늘도 부모(교사)로 부르심에 감사와 찬송을 드립니다.
주 예수 그리스도 안에서 먼저 나 자신이 하나님의 자녀임을 고백하고, 하나님 아버지의 사랑에 믿음과 순종으로 바르게 응답하는 삶을 살고 있는지를 돌아봅니다. 오직 하나님의 영광을 위하여, 이제 내게 명하신 말씀을 마음에 새기고 자녀에게 부지런히 가르치며, 맡겨주신 일을 말씀과 기도로 기쁘게 감당하고자 합니다.

내 모습 이대로 받아주시는 주님,
눈동자같이 지키시는 사랑하는 ○○(이)를 위해 복음의 말씀을 들려주시옵소서.
귀 기울여 듣겠나이다.

> **"베드로가 입을 열어 말하되**
> **내가 참으로 하나님은 사람의 외모를 보지 아니하시고**
> **각 나라 중 하나님을 경외하며**
> **의를 행하는 사람은 다 받으시는 줄 깨달았도다"**
>
> (행 10:34-35)

거룩하신 성부 · 성자 · 성령, 능력의 하나님,
허락하신 삶의 현장에서 자녀와 함께 말씀기도를 드립니다. 하나님께서 들려주신 말씀을 먹고 말씀의 능력을 힘입어, 주 안에서 '존중하는 마음으로' 아이의 생활을 도우며 일깨우겠습니다. 은혜 중에 말씀대로 살아낼 수 있도록 순간순간 동행하시며 친히 인도하여 주시옵소서. 이 아이의 삶을 통해 하나님 홀로 영광 받으소서.

오! 살아계신 아버지 하나님,
이 아이가 하나님의 사람으로 부르심을 입을 수 있도록 기쁨과 감사로 온전히 위탁하오며, 찬양받으실 우리 주 예수 그리스도의 이름으로 기도하옵나이다. 아멘.

✝ 오늘의 말씀을 묵상하며, 적용을 생각해 봅니다.

"____"

"아이가 생활 속에서 다양한 사회의 특성과 문화를 경험해 보는 것은 공동체 의식과 다문화에 대한 이해와 존중감을 갖게 합니다."

Mom & Dad's 열아홉번째 날

전지전능하신 사랑의 하나님, 은혜의 하나님, 평강의 하나님!
오늘도 부모(교사)로 부르심에 감사와 찬송을 드립니다.
주 예수 그리스도 안에서 먼저 나 자신이 하나님의 자녀임을 고백하고, 하나님 아버지의 사랑에 믿음과 순종으로 바르게 응답하는 삶을 살고 있는지를 돌아봅니다. 오직 하나님의 영광을 위하여, 이제 내게 명하신 말씀을 마음에 새기고 자녀에게 부지런히 가르치며, 맡겨주신 일을 말씀과 기도로 기쁘게 감당하고자 합니다.

지혜로 선한 자의 길을 가게 하시는 하나님,
눈동자같이 지키시는 사랑하는 ○○(이)를 위해 복음의 말씀을 들려주시옵소서.
귀 기울여 듣겠나이다.

> **"이는 내 생각이 너희의 생각과 다르며
> 내 길은 너희의 길과 다름이니라
> 여호와의 말씀이니라"**
>
> (사 55:8)

거룩하신 성부 · 성자 · 성령, 능력의 하나님,
허락하신 삶의 현장에서 자녀와 함께 말씀기도를 드립니다. 하나님께서 들려주신 말씀을 먹고 말씀의 능력을 힘입어, 주 안에서 '옳음과 그 뜻을 인정하는 마음으로' 아이의 생활을 도우며 일깨우겠습니다. 은혜 중에 말씀대로 살아낼 수 있도록 순간순간 동행하시며 친히 인도하여 주시옵소서. 이 아이의 삶을 통해 하나님 홀로 영광 받으소서.

오! 살아계신 아버지 하나님,
이 아이가 하나님의 사람으로 부르심을 입을 수 있도록 기쁨과 감사로 온전히 위탁하오며, 찬양받으실 우리 주 예수 그리스도의 이름으로 기도하옵나이다. 아멘.

✝ 오늘의 말씀을 묵상하며, 적용을 생각해 봅니다.

 **말씀** "________________________"

 **적용** "다르다는 것은 틀린 것이 아닙니다. 단지 다를 뿐입니다."

전지전능하신 사랑의 하나님, 은혜의 하나님, 평강의 하나님!
오늘도 부모(교사)로 부르심에 감사와 찬송을 드립니다.
주 예수 그리스도 안에서 먼저 나 자신이 하나님의 자녀임을 고백하고, 하나님 아버지의 사랑에 믿음과 순종으로 바르게 응답하는 삶을 살고 있는지를 돌아봅니다.
오직 하나님의 영광을 위하여, 이제 내게 명하신 말씀을 마음에 새기고 자녀에게 부지런히 가르치며, 맡겨주신 일을 말씀과 기도로 기쁘게 감당하고자 합니다.

말씀으로 갈 길을 밝히 보여주시는 하나님,
눈동자같이 지키시는 사랑하는 ○○(이)를 위해 복음의 말씀을 들려주시옵소서.
귀 기울여 듣겠나이다.

> **"내가 주 여호와의 능하신 행적을 가지고 오겠사오며**
> **주의 공의만 전하겠나이다**
> **하나님이여 나를 어려서부터 교훈하셨으므로**
> **내가 지금까지 주의 기이한 일들을 전하였나이다"**
>
> (시 71:16-17)

거룩하신 성부 · 성자 · 성령, 능력의 하나님,
허락하신 삶의 현장에서 자녀와 함께 말씀기도를 드립니다. 하나님께서 들려주신 말씀을 먹고 말씀의 능력을 힘입어, 주 안에서 '인도하는 마음으로' 아이의 생활을 도우며 일깨우겠습니다. 은혜 중에 말씀대로 살아낼 수 있도록 순간순간 동행하시며 친히 인도하여 주시옵소서. 이 아이의 삶을 통해 하나님 홀로 영광 받으소서.

오! 살아계신 아버지 하나님,
이 아이가 하나님의 사람으로 부르심을 입을 수 있도록 기쁨과 감사로 온전히 위탁하오며, 찬양받으실 우리 주 예수 그리스도의 이름으로 기도하옵나이다. 아멘.

✝ 오늘의 말씀을 묵상하며, 적용을 생각해 봅니다.

 말씀 "________________________"

 적용 "어린 자녀의 교육을 위해 본질적인 교육에 대한 신념을 확고히 해야 함을 명심하고, 교육의 함정이 될 수 있는 유행하는 교육에 마음이 위험하게 흔들리지 않도록 주의해야 합니다."

전지전능하신 사랑의 하나님, 은혜의 하나님, 평강의 하나님!
오늘도 부모(교사)로 부르심에 감사와 찬송을 드립니다.
주 예수 그리스도 안에서 먼저 나 자신이 하나님의 자녀임을 고백하고, 하나님 아버지의 사랑에 믿음과 순종으로 바르게 응답하는 삶을 살고 있는지를 돌아봅니다.
오직 하나님의 영광을 위하여, 이제 내게 명하신 말씀을 마음에 새기고 자녀에게 부지런히 가르치며, 맡겨주신 일을 말씀과 기도로 기쁘게 감당하고자 합니다.

내 맘에 솟는 영생수이신 주님,
눈동자같이 지키시는 사랑하는 ○○(이)를 위해 복음의 말씀을 들려주시옵소서.
귀 기울여 듣겠나이다.

**"이것이 네 몸에 양약이 되어
네 골수를 윤택하게 하리라"**

(잠 3:8)

거룩하신 성부 · 성자 · 성령, 능력의 하나님,
허락하신 삶의 현장에서 자녀와 함께 말씀기도를 드립니다. 하나님께서 들려주신 말씀을 먹고 말씀의 능력을 힘입어, 주 안에서 아이의 생활을 '**공급하는 마음으로**' 도우며 일깨우겠습니다. 은혜 중에 말씀대로 살아낼 수 있도록 순간순간 동행하시며 친히 인도하여 주시옵소서. 이 아이의 삶을 통해 하나님 홀로 영광 받으소서.

오! 살아계신 아버지 하나님,
이 아이가 하나님의 사람으로 부르심을 입을 수 있도록 기쁨과 감사로 온전히 위탁하오며, 찬양받으실 우리 주 예수 그리스도의 이름으로 기도하옵나이다. 아멘.

✝ 오늘의 말씀을 묵상하며, 적용을 생각해 봅니다.

 " "

 "유쾌한 대화, 충분한 영양 공급, 활기찬 운동, 적절한 수면은 아이의 뇌 발달을 돕습니다."

전지전능하신 사랑의 하나님, 은혜의 하나님, 평강의 하나님!
오늘도 부모(교사)로 부르심에 감사와 찬송을 드립니다.
주 예수 그리스도 안에서 먼저 나 자신이 하나님의 자녀임을 고백하고, 하나님 아버지의 사랑에 믿음과 순종으로 바르게 응답하는 삶을 살고 있는지를 돌아봅니다.
오직 하나님의 영광을 위하여, 이제 내게 명하신 말씀을 마음에 새기고 자녀에게 부지런히 가르치며, 맡겨주신 일을 말씀과 기도로 기쁘게 감당하고자 합니다.

만물의 조성자이신 하나님,
눈동자같이 지키시는 사랑하는 ○○(이)를 위해 복음의 말씀을 들려주시옵소서.
귀 기울여 듣겠나이다.

> **"너희가 어찌 의복을 위하여 염려하느냐**
> **들의 백합화가 어떻게 자라는가 생각하여 보라**
> **수고도 아니 하고 길쌈도 아니 하느니라"**
>
> (마 6:28)

거룩하신 성부 · 성자 · 성령, 능력의 하나님,
허락하신 삶의 현장에서 자녀와 함께 말씀기도를 드립니다. 하나님께서 들려주신 말씀을 먹고 말씀의 능력을 힘입어, 주 안에서 아이의 생활을 '**적응과정을 지켜보며**' 돕고 일깨우겠습니다. 은혜 중에 말씀대로 살아낼 수 있도록 순간순간 동행하시며 친히 인도하여 주시옵소서. 이 아이의 삶을 통해 하나님 홀로 영광 받으소서.

오! 살아계신 아버지 하나님,
이 아이가 하나님의 사람으로 부르심을 입을 수 있도록 기쁨과 감사로 온전히 위탁하오며, 찬양받으실 우리 주 예수 그리스도의 이름으로 기도하옵나이다. 아멘.

✝ 오늘의 말씀을 묵상하며, 적용을 생각해 봅니다.

말씀 " ____ "

적용 "아이들은 놀이감을 가지고 놀면서 자기방식에 따라 즐겁게 사물에 대해 배웁니다."

 # 스물세번째 날

전지전능하신 사랑의 하나님, 은혜의 하나님, 평강의 하나님!
오늘도 부모(교사)로 부르심에 감사와 찬송을 드립니다.
주 예수 그리스도 안에서 먼저 나 자신이 하나님의 자녀임을 고백하고, 하나님 아버지의 사랑에 믿음과 순종으로 바르게 응답하는 삶을 살고 있는지를 돌아봅니다.
오직 하나님의 영광을 위하여, 이제 내게 명하신 말씀을 마음에 새기고 자녀에게 부지런히 가르치며, 맡겨주신 일을 말씀과 기도로 기쁘게 감당하고자 합니다.

날 먼저 사랑해주시는 예수님,
눈동자같이 지키시는 사랑하는 ○○(이)를 위해 복음의 말씀을 들려주시옵소서.
귀 기울여 듣겠나이다.

> **"하나님이 이르시되**
> **그가 나를 사랑한즉 내가 그를 건지리라**
> **그가 내 이름을 안즉 내가 그를 높이리라"**
>
> (시 91:14)

거룩하신 성부 · 성자 · 성령, 능력의 하나님,
허락하신 삶의 현장에서 자녀와 함께 말씀기도를 드립니다. 하나님께서 들려주신 말씀을 먹고 말씀의 능력을 힘입어, 주 안에서 아이의 생활을 '따뜻한 관심을 보이며' 돕고 일깨우겠습니다. 은혜 중에 말씀대로 살아낼 수 있도록 순간순간 동행하시며 친히 인도하여 주시옵소서. 이 아이의 삶을 통해 하나님 홀로 영광 받으소서.

오! 살아계신 아버지 하나님,
이 아이가 하나님의 사람으로 부르심을 입을 수 있도록 기쁨과 감사로 온전히 위탁하오며, 찬양받으실 우리 주 예수 그리스도의 이름으로 기도하옵나이다. 아멘.

✝ 오늘의 말씀을 묵상하며, 적용을 생각해 봅니다.

 **말씀** "   "

 **적용** "부모와 자녀가 서로서로 존중할 때 만들어지는 가정의 따뜻함은 생명력을 공급해 주는 에너지입니다."

전지전능하신 사랑의 하나님, 은혜의 하나님, 평강의 하나님!
오늘도 부모(교사)로 부르심에 감사와 찬송을 드립니다.
주 예수 그리스도 안에서 먼저 나 자신이 하나님의 자녀임을 고백하고, 하나님 아버지의 사랑에 믿음과 순종으로 바르게 응답하는 삶을 살고 있는지를 돌아봅니다.
오직 하나님의 영광을 위하여, 이제 내게 명하신 말씀을 마음에 새기고 자녀에게 부지런히 가르치며, 맡겨주신 일을 말씀과 기도로 기쁘게 감당하고자 합니다.

나를 일으켜 세우시는 아버지 하나님,
눈동자같이 지키시는 사랑하는 ○○(이)를 위해 복음의 말씀을 들려주시옵소서.
귀 기울여 듣겠나이다.

> **"너희가 내게 부르짖으며 내게 와서 기도하면
> 내가 너희들의 기도를 들을 것이요
> 너희가 온 마음으로 나를 구하면
> 나를 찾을 것이요 나를 만나리라"**
>
> (렘 29:12-13)

거룩하신 성부 · 성자 · 성령, 능력의 하나님,
허락하신 삶의 현장에서 자녀와 함께 말씀기도를 드립니다. 하나님께서 들려주신 말씀을 먹고 말씀의 능력을 힘입어, 주 안에서 '**기대감을 갖도록**' 아이의 생활을 도우며 일깨우겠습니다. 은혜 중에 말씀대로 살아낼 수 있도록 순간순간 동행하시며 친히 인도하여 주시옵소서. 이 아이의 삶을 통해 하나님 홀로 영광 받으소서.

오! 살아계신 아버지 하나님,
이 아이가 하나님의 사람으로 부르심을 입을 수 있도록 기쁨과 감사로 온전히 위탁하오며, 찬양받으실 우리 주 예수 그리스도의 이름으로 기도하옵나이다. 아멘.

✝ 오늘의 말씀을 묵상하며, 적용을 생각해 봅니다.

말씀 "   "

적용 "아버지는 무엇이든 할 수 있다고 믿는 아이의 기대감은 세상의 어려움을 이겨낼 수 있게 하는 큰 힘이 됩니다."

 ## 스물다섯번째 날

전지전능하신 사랑의 하나님, 은혜의 하나님, 평강의 하나님!
오늘도 부모(교사)로 부르심에 감사와 찬송을 드립니다.
주 예수 그리스도 안에서 먼저 나 자신이 하나님의 자녀임을 고백하고, 하나님 아버지의 사랑에 믿음과 순종으로 바르게 응답하는 삶을 살고 있는지를 돌아봅니다.
오직 하나님의 영광을 위하여, 이제 내게 명하신 말씀을 마음에 새기고 자녀에게 부지런히 가르치며, 맡겨주신 일을 말씀과 기도로 기쁘게 감당하고자 합니다.

하늘에 가득 찬 영광의 하나님,
눈동자같이 지키시는 사랑하는 ○○(이)를 위해 복음의 말씀을 들려주시옵소서.
귀 기울여 듣겠나이다.

> **"그런즉 너희는 먼저 그의 나라와 그의 의를 구하라**
> **그리하면 이 모든 것을 너희에게 더하시리라"**
>
> (마 6:33)

거룩하신 성부 · 성자 · 성령, 능력의 하나님,
허락하신 삶의 현장에서 자녀와 함께 말씀기도를 드립니다. 하나님께서 들려주신 말씀을 먹고 말씀의 능력을 힘입어, 주 안에서 '첨경으로 인도하며' 아이의 생활을 돕고 일깨우겠습니다. 은혜 중에 말씀대로 살아낼 수 있도록 순간순간 동행하시며 친히 인도하여 주시옵소서. 이 아이의 삶을 통해 하나님 홀로 영광 받으소서.

오! 살아계신 아버지 하나님,
이 아이가 하나님의 사람으로 부르심을 입을 수 있도록 기쁨과 감사로 온전히 위탁하오며, 찬양받으실 우리 주 예수 그리스도의 이름으로 기도하옵나이다. 아멘.

✝ 오늘의 말씀을 묵상하며, 적용을 생각해 봅니다.

말씀 "   "

적용 "부모가 먼저 경건하고 바르게 사는 것을 보여주는 것은 아이들이 오염되지 않게 하는 첨경입니다."

Mom & Dad's 스물여섯번째 날

전지전능하신 사랑의 하나님, 은혜의 하나님, 평강의 하나님!
오늘도 부모(교사)로 부르심에 감사와 찬송을 드립니다.
주 예수 그리스도 안에서 먼저 나 자신이 하나님의 자녀임을 고백하고, 하나님 아버지의 사랑에 믿음과 순종으로 바르게 응답하는 삶을 살고 있는지를 돌아봅니다.
오직 하나님의 영광을 위하여, 이제 내게 명하신 말씀을 마음에 새기고 자녀에게 부지런히 가르치며, 맡겨주신 일을 말씀과 기도로 기쁘게 감당하고자 합니다.

친절한 팔을 내어주시는 주님,
눈동자같이 지키시는 사랑하는 ○○(이)를 위해 복음의 말씀을 들려주시옵소서.
귀 기울여 듣겠나이다.

> **"여호와의 산에 오를 자가 누구며**
> **그의 거룩한 곳에 설 자가 누구인가**
> **곧 손이 깨끗하며 마음이 청결하며**
> **뜻을 허탄한 데에 두지 아니하며 거짓 맹세하지 아니하는 자로다"**
>
> (시 24:3-4)

거룩하신 성부·성자·성령, 능력의 하나님,
허락하신 삶의 현장에서 자녀와 함께 말씀기도를 드립니다. 하나님께서 들려주신 말씀을 먹고 말씀의 능력을 힘입어, 주 안에서 '믿어주는 마음으로' 아이의 생활을 도우며 일깨우겠습니다. 은혜 중에 말씀대로 살아낼 수 있도록 순간순간 동행하시며 친히 인도하여 주시옵소서. 이 아이의 삶을 통해 하나님 홀로 영광 받으소서.

오! 살아계신 아버지 하나님,
이 아이가 하나님의 사람으로 부르심을 입을 수 있도록 기쁨과 감사로 온전히 위탁하오며, 찬양받으실 우리 주 예수 그리스도의 이름으로 기도하옵나이다. 아멘.

✝ 오늘의 말씀을 묵상하며, 적용을 생각해 봅니다.

 **말씀**
"   "

 **적용**
"아이들은 누구나 자신들의 삶을 관리할 수 있는 능력 개발의 욕구와 의지를 천성적으로 가지고 태어납니다. 이것을 부모가 대신해 줄 필요는 없습니다."

Mom & Dad's 스물일곱번째 날

전지전능하신 사랑의 하나님, 은혜의 하나님, 평강의 하나님!
오늘도 부모(교사)로 부르심에 감사와 찬송을 드립니다.
주 예수 그리스도 안에서 먼저 나 자신이 하나님의 자녀임을 고백하고, 하나님 아버지의 사랑에 믿음과 순종으로 바르게 응답하는 삶을 살고 있는지를 돌아봅니다.
오직 하나님의 영광을 위하여, 이제 내게 명하신 말씀을 마음에 새기고 자녀에게 부지런히 가르치며, 맡겨주신 일을 말씀과 기도로 기쁘게 감당하고자 합니다.

측량할 수 없는 크신 사랑을 베푸시는 하나님,
눈동자같이 지키시는 사랑하는 ○○(이)를 위해 복음의 말씀을 들려주시옵소서.
귀 기울여 듣겠나이다.

> **"또 어떤 사람이 타국에 갈 때**
> **그 종들을 불러 자기 소유를 맡김과 같으니**
> **각각 그 재능대로 한 사람에게는 금 다섯 달란트를,**
> **한 사람에게는 두 달란트를,**
> **한 사람에게는 한 달란트를 주고 떠났더니"**
>
> (마 25:14-15)

거룩하신 성부 성자 · 성령, 능력의 하나님,
허락하신 삶의 현장에서 자녀와 함께 말씀기도를 드립니다. 하나님께서 들려주신 말씀을 먹고 말씀의 능력을 힘입어, 주 안에서 '기다리는 마음으로' 아이의 생활을 도우며 일깨우겠습니다. 은혜 중에 말씀대로 살아낼 수 있도록 순간순간 동행하시며 친히 인도하여 주시옵소서. 이 아이의 삶을 통해 하나님 홀로 영광 받으소서.

오! 살아계신 아버지 하나님,
이 아이가 하나님의 사람으로 부르심을 입을 수 있도록 기쁨과 감사로 온전히 위탁하오며, 찬양받으실 우리 주 예수 그리스도의 이름으로 기도하옵나이다. 아멘.

✝ 오늘의 말씀을 묵상하며, 적용을 생각해 봅니다.

말씀 "   "

적용 "부모는 자녀가 자신의 존엄성을 스스로 계발해 나가기 위해 무엇을 하고 있는가에 대하여 유심히 지켜보며 생각해 보는 시간이 필요합니다."

전지전능하신 사랑의 하나님, 은혜의 하나님, 평강의 하나님!
오늘도 부모(교사)로 부르심에 감사와 찬송을 드립니다.
주 예수 그리스도 안에서 먼저 나 자신이 하나님의 자녀임을 고백하고, 하나님 아버지의 사랑에 믿음과 순종으로 바르게 응답하는 삶을 살고 있는지를 돌아봅니다.
오직 하나님의 영광을 위하여, 이제 내게 명하신 말씀을 마음에 새기고 자녀에게 부지런히 가르치며, 맡겨주신 일을 말씀과 기도로 기쁘게 감당하고자 합니다.

나의 의지가 되시는 여호와 하나님,
눈동자같이 지키시는 사랑하는 ○○(이)를 위해 복음의 말씀을 들려주시옵소서.
귀 기울여 듣겠나이다.

> **"그러나 무릇 여호와를 의지하며 여호와를 의뢰하는 그 사람은
> 복을 받을 것이라
> 그는 물가에 심어진 나무가 그 뿌리를 강변에 뻗치고
> 더위가 올지라도 두려워하지 아니하며 그 잎이 청청하며
> 가무는 해에도 걱정이 없고 결실이 그치지 아니함 같으리라"**
>
> (렘 17:7-8)

거룩하신 성부 · 성자 · 성령, 능력의 하나님,
허락하신 삶의 현장에서 자녀와 함께 말씀기도를 드립니다. 하나님께서 들려주신 말씀을 먹고 말씀의 능력을 힘입어, 주 안에서 '주를 의지하고' 아이의 생활을 도우며 일깨우겠습니다. 은혜 중에 말씀대로 살아낼 수 있도록 순간순간 동행하시며 친히 인도하여 주시옵소서. 이 아이의 삶을 통해 하나님 홀로 영광 받으소서.

오! 살아계신 아버지 하나님,
이 아이가 하나님의 사람으로 부르심을 입을 수 있도록 기쁨과 감사로 온전히 위탁하오며, 찬양받으실 우리 주 예수 그리스도의 이름으로 기도하옵나이다. 아멘.

✝ 오늘의 말씀을 묵상하며, 적용을 생각해 봅니다.

"   "

"부모와 교사는 자신들의 삶의 존엄성에 대한 인식과정을 통하여 아이들에게 행동의 모델 제공자, 피드백 제공자, 행동 평가자로서의 역할을 긍정적으로 수행할 수 있는 열정과 에너지를 만들어 냅니다."

 스물아홉번째 날

전지전능하신 사랑의 하나님, 은혜의 하나님, 평강의 하나님!
오늘도 부모(교사)로 부르심에 감사와 찬송을 드립니다.
주 예수 그리스도 안에서 먼저 나 자신이 하나님의 자녀임을 고백하고, 하나님 아버지의 사랑에 믿음과 순종으로 바르게 응답하는 삶을 살고 있는지를 돌아봅니다.
오직 하나님의 영광을 위하여, 이제 내게 명하신 말씀을 마음에 새기고 자녀에게 부지런히 가르치며, 맡겨주신 일을 말씀과 기도로 기쁘게 감당하고자 합니다.

평안의 매는 줄로 하나 되게 하시는 성령 하나님,
눈동자같이 지키시는 사랑하는 ○○(이)를 위해 복음의 말씀을 들려주시옵소서.
귀 기울여 듣겠나이다.

> **"온전한 사람을 살피고 정직한 자를 볼지어다**
> **모든 화평한 자의 미래는 평안이로다"**
>
> (시 37:37)

거룩하신 성부 · 성자 · 성령, 능력의 하나님,
허락하신 삶의 현장에서 자녀와 함께 말씀기도를 드립니다. 하나님께서 들려주신 말씀을 먹고 말씀의 능력을 힘입어, 주 안에서 '화평함으로' 아이의 생활을 도우며 일깨우겠습니다. 은혜 중에 말씀대로 살아낼 수 있도록 순간순간 동행하시며 친히 인도하여 주시옵소서. 이 아이의 삶을 통해 하나님 홀로 영광 받으소서.

오! 살아계신 아버지 하나님,
이 아이가 하나님의 사람으로 부르심을 입을 수 있도록 기쁨과 감사로 온전히 위탁하오며, 찬양받으실 우리 주 예수 그리스도의 이름으로 기도하옵나이다. 아멘.

✝ 오늘의 말씀을 묵상하며, 적용을 생각해 봅니다.

말씀 "________________"

적용 "자아개념 형성에 결정적인 영향을 미치는 것은 사람과 사람과의 관계입니다."

"부모로 부름 받았기에 항상 기도하고픈 마음이 간절하면서도 바쁜 아침 시간 아이들 챙기느라 말씀을 거르게 되고, 지친 저녁 시간 힘든 하루 일과를 보냈다는 핑계로 말씀을 거르곤 합니다. 하나님이 펼쳐놓은 축복의 길이 있는데 왜 이리 따르기 힘들까요? 말씀 한 구절 붙잡고 하나님 편에 서는 경건의 훈련이 꼭……"

엄마 2/ 영수

"매일 매일 말씀을 묵상하고 그 안에서 아내와 함께 자녀의 성장뿐만 아니라 부모 자신도 삶의 목적을 분명히 하며 가족 모두가 함께 성장하는 시간을 나누고 싶습니다."

아빠 1/ 태진

3 ^{Mar.}

준비의 기도

"그가 그 피조물 중에
우리로 한 첫 열매가 되게 하시려고
자기의 뜻을 따라 진리의 말씀으로
우리를 낳으셨느니라"

(약 1:18)

 # 첫번째 날

전지전능하신 사랑의 하나님, 은혜의 하나님, 평강의 하나님!
오늘도 부모(교사)로 부르심에 감사와 찬송을 드립니다.
주 예수 그리스도 안에서 먼저 나 자신이 하나님의 자녀임을 고백하고, 하나님 아버지의 사랑에 믿음과 순종으로 바르게 응답하는 삶을 살고 있는지를 돌아봅니다.
오직 하나님의 영광을 위하여, 이제 내게 명하신 말씀을 마음에 새기고 자녀에게 부지런히 가르치며, 맡겨주신 일을 말씀과 기도로 기쁘게 감당하고자 합니다.

찬양 받으실 하나님,
눈동자같이 지키시는 사랑하는 ○○(이)를 위해 복음의 말씀을 들려주시옵소서.
귀 기울여 듣겠나이다.

> "모든 성경은 하나님의 감동으로 된 것으로
> 교훈과 책망과 바르게 함과 의로 교육하기에 유익하니
> 이는 하나님의 사람으로 온전하게 하며
> 모든 선한 일을 행할 능력을 갖추게 하려 함이라"
>
> (딤후 3:16-17)

거룩하신 성부 · 성자 · 성령, 능력의 하나님,
허락하신 삶의 현장에서 자녀와 함께 말씀기도를 드립니다. 하나님께서 들려주신 말씀을 먹고 말씀의 능력을 힘입어, 주 안에서 '하나님의 교훈과 훈계와 의로' 아이의 생활을 도우며 일깨우겠습니다. 은혜 중에 말씀대로 살아낼 수 있도록 순간순간 동행하시며 친히 인도하여 주시옵소서. 이 아이의 삶을 통해 하나님 홀로 영광 받으소서.

오! 살아계신 아버지 하나님,
이 아이가 하나님의 사람으로 준비될 수 있도록 기쁨과 감사로 온전히 위탁하오며, 찬양받으실 우리 주 예수 그리스도의 이름으로 간절히 기도하옵나이다. 아멘.

✝ 오늘의 말씀을 묵상하며, 적용을 생각해 봅니다.

 "   "

 "우리가 받은 축복은 많은 부모와 교사들이 진실로 헌신적이라는 것입니다. 부모와 교사들은 다음 세대에 그들의 삶을 줍니다."

전지전능하신 사랑의 하나님, 은혜의 하나님, 평강의 하나님!
오늘도 부모(교사)로 부르심에 감사와 찬송을 드립니다.
주 예수 그리스도 안에서 먼저 나 자신이 하나님의 자녀임을 고백하고, 하나님 아버지의 사랑에 믿음과 순종으로 바르게 응답하는 삶을 살고 있는지를 돌아봅니다.
오직 하나님의 영광을 위하여, 이제 내게 명하신 말씀을 마음에 새기고 자녀에게 부지런히 가르치며, 맡겨주신 일을 말씀과 기도로 기쁘게 감당하고자 합니다.

살리는 영이신 성령 하나님,
눈동자같이 지키시는 사랑하는 ○○(이)를 위해 복음의 말씀을 들려주시옵소서.
귀 기울여 듣겠나이다.

> **"너희도 아는 바와 같이 우리가 너희 각 사람에게**
> **아버지가 자기 자녀에게 하듯 권면하고 위로하고 경계하노니**
> **이는 너희를 부르사 자기 나라와 영광에 이르게 하시는**
> **하나님께 합당히 행하게 하려 함이라"**
>
> (살전 2:11-12)

거룩하신 성부 · 성자 · 성령, 능력의 하나님,
허락하신 삶의 현장에서 자녀와 함께 말씀기도를 드립니다. 하나님께서 들려주신 말씀을 먹고 말씀의 능력을 힘입어, 주 안에서 '**합당하게 행하도록**' 아이의 생활을 도우며 일깨우겠습니다. 은혜 중에 말씀대로 살아낼 수 있도록 순간순간 동행하시며 친히 인도하여 주시옵소서. 이 아이의 삶을 통해 하나님 홀로 영광 받으소서.

오! 살아계신 아버지 하나님,
이 아이가 하나님의 사람으로 준비될 수 있도록 기쁨과 감사로 온전히 위탁하오며, 찬양받으실 우리 주 예수 그리스도의 이름으로 간절히 기도하옵나이다. 아멘.

✝ 오늘의 말씀을 묵상하며, 적용을 생각해 봅니다.

말씀 "____"

적용 "교육은 인간의 잠재적 발달 가능성을 반복적인 경험과 훈련을 통해 바람직한 방향으로 변화시켜가려는 의도적인 활동입니다."

전지전능하신 사랑의 하나님, 은혜의 하나님, 평강의 하나님!
오늘도 부모(교사)로 부르심에 감사와 찬송을 드립니다.
주 예수 그리스도 안에서 먼저 나 자신이 하나님의 자녀임을 고백하고, 하나님 아버지의 사랑에 믿음과 순종으로 바르게 응답하는 삶을 살고 있는지를 돌아봅니다.
오직 하나님의 영광을 위하여, 이제 내게 명하신 말씀을 마음에 새기고 자녀에게 부지런히 가르치며, 맡겨주신 일을 말씀과 기도로 기쁘게 감당하고자 합니다.

우리의 영원하신 기업되시는 하나님,
눈동자같이 지키시는 사랑하는 ○○(이)를 위해 복음의 말씀을 들려주시옵소서.
귀 기울여 듣겠나이다.

> **"우리는 하나님의 동역자들이요
> 너희는 하나님의 밭이요 하나님의 집이니라"**
>
> (고전 3:9)

거룩하신 성부 · 성자 · 성령, 능력의 하나님,
허락하신 삶의 현장에서 자녀와 함께 말씀기도를 드립니다. 하나님께서 들려주신 말씀을 먹고 말씀의 능력을 힘입어, 주 안에서 '동역자들과 함께 한마음으로' 아이의 생활을 도우며 일깨우겠습니다. 은혜 중에 말씀대로 살아낼 수 있도록 순간순간 동행하시더 친히 인도하여 주시옵소서. 이 아이의 삶을 통해 하나님 홀로 영광 받으소서.

오! 살아계신 아버지 하나님,
이 아이가 하나님의 사람으로 준비될 수 있도록 기쁨과 감사로 온전히 위탁하오며, 찬양받으실 우리 주 예수 그리스도의 이름으로 간절히 기도하옵나이다. 아멘.

✝ 오늘의 말씀을 묵상하며, 적용을 생각해 봅니다.

 말씀 "   "

 적용 "부모와 교사는 다음 세대를 위한 인재 양성의 동반자입니다."

Mom & Dad's 네번째 날

전지전능하신 사랑의 하나님, 은혜의 하나님, 평강의 하나님!
오늘도 부모(교사)로 부르심에 감사와 찬송을 드립니다.
주 예수 그리스도 안에서 먼저 나 자신이 하나님의 자녀임을 고백하고, 하나님 아버지의 사랑에 믿음과 순종으로 바르게 응답하는 삶을 살고 있는지를 돌아봅니다.
오직 하나님의 영광을 위하여, 이제 내게 명하신 말씀을 마음에 새기고 자녀에게 부지런히 가르치며, 맡겨주신 일을 말씀과 기도로 기쁘게 감당하고자 합니다.

우리의 손을 꼭 잡아주시는 하나님,
눈동자같이 지키시는 사랑하는 ○○(이)를 위해 복음의 말씀을 들려주시옵소서.
귀 기울여 듣겠나이다.

> **"그때에 사람들이 예수께서 안수하고 기도해 주심을 바라고
> 어린 아이들을 데리고 오매 제자들이 꾸짖거늘
> 예수께서 이르시되
> 어린 아이들을 용납하고 내게 오는 것을 금하지 말라
> 천국이 이런 사람의 것이니라 하시고"**
>
> (마 19:13-14)

거룩하신 성부 · 성자 · 성령, 능력의 하나님,
허락하신 삶의 현장에서 자녀와 함께 말씀기도를 드립니다. 하나님께서 들려주신 말씀을 먹고 말씀의 능력을 힘입어, 주 안에서 '**천국 백성으로 대하며**' 아이의 생활을 돕고 일깨우겠습니다. 은혜 중에 말씀대로 살아낼 수 있도록 순간순간 동행하시며 친히 인도하여 주시옵소서. 이 아이의 삶을 통해 하나님 홀로 영광 받으소서.

오! 살아계신 아버지 하나님,
이 아이가 하나님의 사람으로 준비될 수 있도록 기쁨과 감사로 온전히 위탁하오며, 찬양받으실 우리 주 예수 그리스도의 이름으로 간절히 기도하옵나이다. 아멘.

✝ 오늘의 말씀을 묵상하며, 적용을 생각해 봅니다.

말씀 "   "

적용 "오늘, 내 앞에 있는 아이와의 만남은 하늘이 주신 소중한 만남입니다."

전지전능하신 사랑의 하나님, 은혜의 하나님, 평강의 하나님!
오늘도 부모(교사)로 부르심에 감사와 찬송을 드립니다.
주 예수 그리스도 안에서 먼저 나 자신이 하나님의 자녀임을 고백하고, 하나님 아버지의 사랑에 믿음과 순종으로 바르게 응답하는 삶을 살고 있는지를 돌아봅니다.
오직 하나님의 영광을 위하여, 이제 내게 명하신 말씀을 마음에 새기고 자녀에게 부지런히 가르치며, 맡겨주신 일을 말씀과 기도로 기쁘게 감당하고자 합니다.

나를 기르시는 여호와 하나님,
눈동자같이 지키시는 사랑하는 ○○(이)를 위해 복음의 말씀을 들려주시옵소서.
귀 기울여 듣겠나이다.

> **"모든 선한 일에 너희를 온전하게 하사
> 자기 뜻을 행하게 하시고
> 그 앞에 즐거운 것을 예수 그리스도로 말미암아
> 우리 가운데서 이루시기를 원하노라
> 영광이 그에게 세세무궁토록 있을지어다 아멘"**
>
> (히 13:21)

거룩하신 성부·성자·성령, 능력의 하나님,
허락하신 삶의 현장에서 자녀와 함께 말씀기도를 드립니다. 하나님께서 들려주신 말씀을 먹고 말씀의 능력을 힘입어, 주 안에서 '**전인 교육이 될 수 있도록**' 아이의 생활을 도우며 일깨우겠습니다. 은혜 중에 말씀대로 살아낼 수 있도록 순간순간 동행하시며 친히 인도하여 주시옵소서. 이 아이의 삶을 통해 하나님 홀로 영광 받으소서.

오! 살아계신 아버지 하나님,
이 아이가 하나님의 사람으로 준비될 수 있도록 기쁨과 감사로 온전히 위탁하오며, 찬양받으실 우리 주 예수 그리스도의 이름으로 간절히 기도하옵나이다. 아멘.

✝ 오늘의 말씀을 묵상하며, 적용을 생각해 봅니다.

말씀 "   "

적용 "교육의 목표는 전인 교육에 있습니다. 전인은 생활 속에서 생각과 느낌과 의지가 조화를 이루는 사람으로 인류 복지 증진에 기여합니다."

Mom & Dad's 여섯번째 날

전지전능하신 사랑의 하나님, 은혜의 하나님, 평강의 하나님!
오늘도 부모(교사)로 부르심에 감사와 찬송을 드립니다.
주 예수 그리스도 안에서 먼저 나 자신이 하나님의 자녀임을 고백하고, 하나님 아버지의 사랑에 믿음과 순종으로 바르게 응답하는 삶을 살고 있는지를 돌아봅니다.
오직 하나님의 영광을 위하여, 이제 내게 명하신 말씀을 마음에 새기고 자녀에게 부지런히 가르치며, 맡겨주신 일을 말씀과 기도로 기쁘게 감당하고자 합니다.

내 마음에 들어와 새사람 되게 하시는 하나님,
눈동자같이 지키시는 사랑하는 ○○(이)를 위해 복음의 말씀을 들려주시옵소서.
귀 기울여 듣겠나이다.

**"하나님을 따라
의와 진리의 거룩함으로 지으심을 받은
새 사람을 입으라"**

(엡 4:24)

거룩하신 성부 · 성자 · 성령, 능력의 하나님,
허락하신 삶의 현장에서 자녀와 함께 말씀기도를 드립니다. 하나님께서 들려주신 말씀을 먹고 말씀의 능력을 힘입어, 주 안에서 '**행함으로**' 아이의 생활을 도우며 일깨우겠습니다. 은혜 중에 말씀대로 살아낼 수 있도록 순간순간 동행하시며 친히 인도하여 주시옵소서. 이 아이의 삶을 통해 하나님 홀로 영광 받으소서.

오! 살아계신 아버지 하나님,
이 아이가 하나님의 사람으로 준비될 수 있도록 기쁨과 감사로 온전히 위탁하오며, 찬양받으실 우리 주 예수 그리스도의 이름으로 간절히 기도하옵나이다. 아멘.

✝ 오늘의 말씀을 묵상하며, 적용을 생각해 봅니다.

말씀 "   "

적용 "건전한 학습은 바르게 듣고, 바르게 말하고, 바르게 알고, 바르게 행함을 배우는 것입니다."

 # 일곱번째 날

전지전능하신 사랑의 하나님, 은혜의 하나님, 평강의 하나님!
오늘도 부모(교사)로 부르심에 감사와 찬송을 드립니다.
주 예수 그리스도 안에서 먼저 나 자신이 하나님의 자녀임을 고백하고, 하나님 아버지의 사랑에 믿음과 순종으로 바르게 응답하는 삶을 살고 있는지를 돌아봅니다.
오직 하나님의 영광을 위하여, 이제 내게 명하신 말씀을 마음에 새기고 자녀에게 부지런히 가르치며, 맡겨주신 일을 말씀과 기도로 기쁘게 감당하고자 합니다.

내 마음의 반석이신 하나님,
눈동자같이 지키시는 사랑하는 ○○(이)를 위해 복음의 말씀을 들려주시옵소서.
귀 기울여 듣겠나이다.

**"그러므로 누구든지 나의 이 말을 듣고 행하는 자는
그 집을 반석 위에 지은 지혜로운 사람 같으리니"**

(마 7:24)

거룩하신 성부 · 성자 · 성령, 능력의 하나님,
허락하신 삶의 현장에서 자녀와 함께 말씀기도를 드립니다. 하나님께서 들려주신 말씀을 먹고 말씀의 능력을 힘입어, 주 안에서 '원칙 중심으로' 아이의 생활을 도우며 일깨우겠습니다. 은혜 중에 말씀대로 살아낼 수 있도록 순간순간 동행하시며 친히 인도하여 주시옵소서. 이 아이의 삶을 통해 하나님 홀로 영광 받으소서.

오! 살아계신 아버지 하나님,
이 아이가 하나님의 사람으로 준비될 수 있도록 기쁨과 감사로 온전히 위탁하오며, 찬양받으실 우리 주 예수 그리스도의 이름으로 간절히 기도하옵나이다. 아멘.

✝ 오늘의 말씀을 묵상하며, 적용을 생각해 봅니다.

 **말씀**   "   "

 **적용**   "모든 것은 그 기본을 정확하고 바르게 배워야 전문적인 것도 잘 할 수 있게 됩니다."

Mom & Dad's 여덟번째 날

전지전능하신 사랑의 하나님, 은혜의 하나님, 평강의 하나님!
오늘도 부모(교사)로 부르심에 감사와 찬송을 드립니다.
주 예수 그리스도 안에서 먼저 나 자신이 하나님의 자녀임을 고백하고, 하나님 아버지의 사랑에 믿음과 순종으로 바르게 응답하는 삶을 살고 있는지를 돌아봅니다.
오직 하나님의 영광을 위하여, 이제 내게 명하신 말씀을 마음에 새기고 자녀에게 부지런히 가르치며, 맡겨주신 일을 말씀과 기도로 기쁘게 감당하고자 합니다.

날마다 나를 인도하시는 하나님,
눈동자같이 지키시는 사랑하는 ○○(이)를 위해 복음의 말씀을 들려주시옵소서.
귀 기울여 듣겠나이다.

> **"지금 내가 여러분을
> 주와 및 그 은혜의 말씀에 부탁하노니
> 그 말씀이 여러분을 능히 든든히 세우사
> 거룩하게 하심을 입은 모든 자 가운데 기업이 있게 하시리라"**
>
> (행 20:32)

거룩하신 성부 · 성자 · 성령, 능력의 하나님,
허락하신 삶의 현장에서 자녀와 함께 말씀기도를 드립니다. 하나님께서 들려주신 말씀을 먹고 말씀의 능력을 힘입어, 주 안에서 '**기초를 튼튼하게 다지며**' 아이의 생활을 돕고 일깨우겠습니다. 은혜 중에 말씀대로 살아낼 수 있도록 순간순간 동행하시며 친히 인도하여 주시옵소서. 이 아이의 삶을 통해 하나님 홀로 영광 받으소서.

오! 살아계신 아버지 하나님,
이 아이가 하나님의 사람으로 준비될 수 있도록 기쁨과 감사로 온전히 위탁하오며, 찬양받으실 우리 주 예수 그리스도의 이름으로 간절히 기도하옵나이다. 아멘.

✝ 오늘의 말씀을 묵상하며, 적용을 생각해 봅니다.

"   "

"유아기는 발달의 기초가 형성되며, 그 이후의 성장과 발달에 매우 중요한 영향을 미치는 시기입니다."

Mom & Dad's 아홉번째 날

전지전능하신 사랑의 하나님, 은혜의 하나님, 평강의 하나님!
오늘도 부모(교사)로 부르심에 감사와 찬송을 드립니다.
주 예수 그리스도 안에서 먼저 나 자신이 하나님의 자녀임을 고백하고, 하나님 아버지의 사랑에 믿음과 순종으로 바르게 응답하는 삶을 살고 있는지를 돌아봅니다.
오직 하나님의 영광을 위하여, 이제 내게 명하신 말씀을 마음에 새기고 자녀에게 부지런히 가르치며, 맡겨주신 일을 말씀과 기도로 기쁘게 감당하고자 합니다.

말씀으로 인도하시는 성령 하나님,
눈동자같이 지키시는 사랑하는 ○○(이)를 위해 복음의 말씀을 들려주시옵소서.
귀 기울여 듣겠나이다.

> **"곧 그가 여호와께 연합하여 그에게서 떠나지 아니하고
> 여호와께서 모세에게 명령하신
> 계명을 지켰더라"**
>
> (왕하 18:6)

거룩하신 성부 · 성자 · 성령, 능력의 하나님,
허락하신 삶의 현장에서 자녀와 함께 말씀기도를 드립니다. 하나님께서 들려주신 말씀을 먹고 말씀의 능력을 힘입어, 주 안에서 '체득할 수 있도록' 아이의 생활을 도우며 일깨우겠습니다. 은혜 중에 말씀대로 살아낼 수 있도록 순간순간 동행하시며 친히 인도하여 주시옵소서. 이 아이의 삶을 통해 하나님 홀로 영광 받으소서.

오! 살아계신 아버지 하나님,
이 아이가 하나님의 사람으로 준비될 수 있도록 기쁨과 감사로 온전히 위탁하오며, 찬양받으실 우리 주 예수 그리스도의 이름으로 간절히 기도하옵나이다. 아멘.

✝ 오늘의 말씀을 묵상하며, 적용을 생각해 봅니다.

 말씀 "   "

 적용 "유아교육의 특성 중 하나는 기본생활교육입니다. 기본생활교육은 바른 기본생활습관과 지식구조의 기초 형성을 돕는 교육입니다."

 # 열번째 날

전지전능하신 사랑의 하나님, 은혜의 하나님, 평강의 하나님!
오늘도 부모(교사)로 부르심에 감사와 찬송을 드립니다.
주 예수 그리스도 안에서 먼저 나 자신이 하나님의 자녀임을 고백하고, 하나님 아버지의 사랑에 믿음과 순종으로 바르게 응답하는 삶을 살고 있는지를 돌아봅니다.
오직 하나님의 영광을 위하여, 이제 내게 명하신 말씀을 마음에 새기고 자녀에게 부지런히 가르치며, 맡겨주신 일을 말씀과 기도로 기쁘게 감당하고자 합니다.

기쁨의 근원이 되시는 하나님,
눈동자같이 지키시는 사랑하는 ○○(이)를 위해 복음의 말씀을 들려주시옵소서.
귀 기울여 듣겠나이다.

> **"다윗과 이스라엘 온 무리는 하나님 앞에서
> 힘을 다하여 뛰놀며 노래하며
> 수금과 비파와 소고와 제금과 나팔로 연주하니라"**
>
> (대상 13:8)

거룩하신 성부 · 성자 · 성령, 능력의 하나님,
허락하신 삶의 현장에서 자녀와 함께 말씀기도를 드립니다. 하나님께서 들려주신 말씀을 먹고 말씀의 능력을 힘입어, 주 안에서 '**즐겁게 배우도록**' 아이의 생활을 도우며 일깨우겠습니다. 은혜 중에 말씀대로 살아낼 수 있도록 순간순간 동행하시며 친히 인도하여 주시옵소서. 이 아이의 삶을 통해 하나님 홀로 영광 받으소서.

오! 살아계신 아버지 하나님,
이 아이가 하나님의 사람으로 준비될 수 있도록 기쁨과 감사로 온전히 위탁하오며, 찬양받으실 우리 주 예수 그리스도의 이름으로 간절히 기도하옵나이다. 아멘.

✝ 오늘의 말씀을 묵상하며, 적용을 생각해 봅니다.

 **말씀** "   "

 **적용** "유아교육의 특성 중 하나는 놀이 중심 교육입니다. 놀이는 유아가 외부 환경과 자신과의 관계를 익히면서 탐색하고 실험하는 자발적인 활동으로, 유아교육의 주요 학습형태입니다."

 # 열한번째 날

전지전능하신 사랑의 하나님, 은혜의 하나님, 평강의 하나님!
오늘도 부모(교사)로 부르심에 감사와 찬송을 드립니다.
주 예수 그리스도 안에서 먼저 나 자신이 하나님의 자녀임을 고백하고, 하나님 아버지의 사랑에 믿음과 순종으로 바르게 응답하는 삶을 살고 있는지를 돌아봅니다.
오직 하나님의 영광을 위하여, 이제 내게 명하신 말씀을 마음에 새기고 자녀에게 부지런히 가르치며, 맡겨주신 일을 말씀과 기도로 기쁘게 감당하고자 합니다.

나를 특별한 단 한 사람인양 대접해 주시는 하나님,
눈동자같이 지키시는 사랑하는 ○○(이)를 위해 복음의 말씀을 들려주시옵소서.
귀 기울여 듣겠나이다.

> **"이 모든 일은
> 같은 한 성령이 행하사
> 그의 뜻대로 각 사람에게 나누어 주시는 것이니라"**
>
> (고전 12:11)

거룩하신 성부 · 성자 · 성령, 능력의 하나님,
허락하신 삶의 현장에서 자녀와 함께 말씀기도를 드립니다. 하나님께서 들려주신 말씀을 먹고 말씀의 능력을 힘입어, 주 안에서 아이의 생활을 '개인차를 인정하고' 도우며 일깨우겠습니다. 은혜 중에 말씀대로 살아낼 수 있도록 순간순간 동행하시며 친히 인도하여 주시옵소서. 이 아이의 삶을 통해 하나님 홀로 영광 받으소서.

오! 살아계신 아버지 하나님,
이 아이가 하나님의 사람으로 준비될 수 있도록 기쁨과 감사로 온전히 위탁하오며, 찬양받으실 우리 주 예수 그리스도의 이름으로 간절히 기도하옵나이다. 아멘.

✝ 오늘의 말씀을 묵상하며, 적용을 생각해 봅니다.

 "   "

 "유아교육의 특성 중 하나는 개별화 교육입니다. 개별화 교육은 인간 발달의 보편성과 개인차를 인정하고 존중하는 교육입니다."

Mom & Dad's 열두번째 날

전지전능하신 사랑의 하나님, 은혜의 하나님, 평강의 하나님!
오늘도 부모(교사)로 부르심에 감사와 찬송을 드립니다.
주 예수 그리스도 안에서 먼저 나 자신이 하나님의 자녀임을 고백하고, 하나님 아버지의 사랑에 믿음과 순종으로 바르게 응답하는 삶을 살고 있는지를 돌아봅니다.
오직 하나님의 영광을 위하여, 이제 내게 명하신 말씀을 마음에 새기고 자녀에게 부지런히 가르치며, 맡겨주신 일을 말씀과 기도로 기쁘게 감당하고자 합니다.

믿음이 성장할 수 있도록 이끌어주시는 하나님,
눈동자같이 지키시는 사랑하는 ○○(이)를 위해 복음의 말씀을 들려주시옵소서.
귀 기울여 듣겠나이다.

> **"그들은 오래 황폐하였던 곳을 다시 쌓을 것이며**
> **옛부터 무너진 곳을 다시 일으킬 것이며**
> **황폐한 성읍 곧 대대로 무너져 있던 것들을 중수할 것이며"**
>
> (사 61:4)

거룩하신 성부·성자·성령, 능력의 하나님,
허락하신 삶의 현장에서 자녀와 함께 말씀기도를 드립니다. 하나님께서 들려주신 말씀을 먹고 말씀의 능력을 힘입어, 주 안에서 '삶의 집 짓기를 지켜보듯이' 아이의 생활을 도우며 일깨우겠습니다. 은혜 중에 말씀대로 살아낼 수 있도록 순간순간 동행하시며 친히 인도하여 주시옵소서. 이 아이의 삶을 통해 하나님 홀로 영광 받으소서.

오! 살아계신 아버지 하나님,
이 아이가 하나님의 사람으로 준비될 수 있도록 기쁨과 감사로 온전히 위탁하오며, 찬양받으실 우리 주 예수 그리스도의 이름으로 간절히 기도하옵나이다. 아멘.

✝ 오늘의 말씀을 묵상하며, 적용을 생각해 봅니다.

말씀 "   "

적용 "유아교육의 특성 중 하나는 통합교육입니다. 통합교육은 유아가 다양한 상호작용과정을 통해 경험을 재구성하도록 돕는 교육입니다."

 # 열세번째 날

전지전능하신 사랑의 하나님, 은혜의 하나님, 평강의 하나님!
오늘도 부모(교사)로 부르심에 감사와 찬송을 드립니다.
주 예수 그리스도 안에서 먼저 나 자신이 하나님의 자녀임을 고백하고, 하나님 아버지의 사랑에 믿음과 순종으로 바르게 응답하는 삶을 살고 있는지를 돌아봅니다.
오직 하나님의 영광을 위하여, 이제 내게 명하신 말씀을 마음에 새기고 자녀에게 부지런히 가르치며, 맡겨주신 일을 말씀과 기도로 기쁘게 감당하고자 합니다.

나의 갈 길 다 가도록 인도하시는 하나님,
눈동자같이 지키시는 사랑하는 ○○(이)를 위해 복음의 말씀을 들려주시옵소서.
귀 기울여 듣겠나이다.

> **"아기가 자라며 강하여지고
> 지혜가 충만하며
> 하나님의 은혜가 그의 위에 있더라"**
>
> (눅 2:40)

거룩하신 성부 · 성자 · 성령, 능력의 하나님,
허락하신 삶의 현장에서 자녀와 함께 말씀기도를 드립니다. 하나님께서 들려주신 말씀을 먹고 말씀의 능력을 힘입어, 주 안에서 '고루고루 성장하고 발달하도록' 아이의 생활을 도우며 일깨우겠습니다. 은혜 중에 말씀대로 살아낼 수 있도록 순간순간 동행하시며 친히 인도하여 주시옵소서. 이 아이의 삶을 통해 하나님 홀로 영광 받으소서.

오! 살아계신 아버지 하나님,
이 아이가 하나님의 사람으로 준비될 수 있도록 기쁨과 감사로 온전히 위탁하오며, 찬양받으실 우리 주 예수 그리스도의 이름으로 간절히 기도하옵나이다. 아멘.

✝ 오늘의 말씀을 묵상하며, 적용을 생각해 봅니다.

말씀 "＿＿＿＿＿＿＿＿＿＿＿＿＿＿＿＿＿＿＿＿＿＿＿＿＿＿＿"

적용 "보고, 듣고, 만지고, 맛보고, 냄새 맡는 오감각 기관을 통한 다양한 경험은 아이의 신체발달뿐만 아니라 인지발달도 촉진합니다."

 # 열네번째 날

전지전능하신 사랑의 하나님, 은혜의 하나님, 평강의 하나님!
오늘도 부모(교사)로 부르심에 감사와 찬송을 드립니다.
주 예수 그리스도 안에서 먼저 나 자신이 하나님의 자녀임을 고백하고, 하나님 아버지의 사랑에 믿음과 순종으로 바르게 응답하는 삶을 살고 있는지를 돌아봅니다.
오직 하나님의 영광을 위하여, 이제 내게 명하신 말씀을 마음에 새기고 자녀에게 부지런히 가르치며, 맡겨주신 일을 말씀과 기도로 기쁘게 감당하고자 합니다.

날마다 살아갈 기운을 공급해주시는 하나님,
눈동자같이 지키시는 사랑하는 ○○(이)를 위해 복음의 말씀을 들려주시옵소서.
귀 기울여 듣겠나이다.

> "의인은 기뻐하여 하나님 앞에서 뛰놀며 기뻐하고 즐거워할지어다
> 하나님께 노래하며 그의 이름을 찬양하라
> 하늘을 타고 광야에 행하시던 이를 위하여 대로를 수축하라
> 그의 이름은 여호와이시니 그의 앞에서 뛰놀지어다"
>
> (시 68:3-4)

거룩하신 성부 · 성자 · 성령, 능력의 하나님,
허락하신 삶의 현장에서 자녀와 함께 말씀기도를 드립니다. 하나님께서 들려주신 말씀을 먹고 말씀의 능력을 힘입어, 주 안에서 아이의 생활을 '활력 있게' 도우며 일깨우겠습니다. 은혜 중에 말씀대로 살아낼 수 있도록 순간순간 동행하시며 친히 인도하여 주시옵소서. 이 아이의 삶을 통해 하나님 홀로 영광 받으소서.

오! 살아계신 아버지 하나님,
이 아이가 하나님의 사람으로 준비될 수 있도록 기쁨과 감사로 온전히 위탁하오며, 찬양받으실 우리 주 예수 그리스도의 이름으로 간절히 기도하옵나이다. 아멘.

✝ 오늘의 말씀을 묵상하며, 적용을 생각해 봅니다.

 **말씀** "____"

 **적용** "놀이는 아이들에게 즐거움을 주고, 신체를 건강하고 민첩하게 해주며, 마음의 활력이 넘치게 합니다. 아이는 놀이를 통하여 무한한 발달 가능성을 계발시켜 갑니다."

열다섯 번째 날

전지전능하신 사랑의 하나님, 은혜의 하나님, 평강의 하나님!
오늘도 부모(교사)로 부르심에 감사와 찬송을 드립니다.
주 예수 그리스도 안에서 먼저 나 자신이 하나님의 자녀임을 고백하고, 하나님 아
버지의 사랑에 믿음과 순종으로 바르게 응답하는 삶을 살고 있는지를 돌아봅니다.
오직 하나님의 영광을 위하여, 이제 내게 명하신 말씀을 마음에 새기고 자녀에게
부지런히 가르치며, 맡겨주신 일을 말씀과 기도로 기쁘게 감당하고자 합니다.

하늘에서 크신 사랑 내리시는 하나님,
눈동자같이 지키시는 사랑하는 ○○(이)를 위해 복음의 말씀을 들려주시옵소서.
귀 기울여 듣겠나이다.

> **"내가 붙드는 나의 종, 내 마음에 기뻐하는 자**
> **곧 내가 택한 사람을 보라**
> **내가 나의 영을 그에게 주었은즉**
> **그가 이방에 정의를 베풀리라"**
>
> (사 42:1)

거룩하신 성부 · 성자 · 성령, 능력의 하나님,
허락하신 삶의 현장에서 자녀와 함께 말씀기도를 드립니다. 하나님께서 들려주신
말씀을 먹고 말씀의 능력을 힘입어, 주 안에서 '**최선을 다하도록**' 아이의 생활을 도
우며 일깨우겠습니다. 은혜 중에 말씀대로 살아낼 수 있도록 순간순간 동행하시며
친히 인도하여 주시옵소서. 이 아이의 삶을 통해 하나님 홀로 영광 받으소서.

오! 살아계신 아버지 하나님,
이 아이가 하나님의 사람으로 준비될 수 있도록 기쁨과 감사로 온전히 위탁하오
며, 찬양받으실 우리 주 예수 그리스도의 이름으로 간절히 기도하옵나이다. 아멘.

✝ 오늘의 말씀을 묵상하며, 적용을 생각해 봅니다.

 **말씀** "＿＿＿＿＿＿＿＿＿＿＿＿＿＿＿＿＿＿＿＿＿＿＿＿＿"

 **적용** "부모와 교사는 아이들에게 최상의 선택을 하도록 돕는 자입니다."

전지전능하신 사랑의 하나님, 은혜의 하나님, 평강의 하나님!
오늘도 부모(교사)로 부르심에 감사와 찬송을 드립니다.
주 예수 그리스도 안에서 먼저 나 자신이 하나님의 자녀임을 고백하고, 하나님 아버지의 사랑에 믿음과 순종으로 바르게 응답하는 삶을 살고 있는지를 돌아봅니다.
오직 하나님의 영광을 위하여, 이제 내게 명하신 말씀을 마음에 새기고 자녀에게 부지런히 가르치며, 맡겨주신 일을 말씀과 기도로 기쁘게 감당하고자 합니다.

변찮는 사랑으로 함께 하시는 하나님,
눈동자같이 지키시는 사랑하는 ○○(이)를 위해 복음의 말씀을 들려주시옵소서.
귀 기울여 듣겠나이다.

> **"내가 너희에게 명령하는 말을**
> **너희는 가감하지 말고**
> **내가 너희에게 내리는**
> **너희 하나님 여호와의 명령을 지키라"**
>
> (신 4:2)

거룩하신 성부 · 성자 · 성령, 능력의 하나님,
허락하신 삶의 현장에서 자녀와 함께 말씀기도를 드립니다. 하나님께서 들려주신 말씀을 먹고 말씀의 능력을 힘입어, 주 안에서 '정의로움으로' 아이의 생활을 도우며 일깨우겠습니다. 은혜 중에 말씀대로 살아낼 수 있도록 순간순간 동행하시며 친히 인도하여 주시옵소서. 이 아이의 삶을 통해 하나님 홀로 영광 받으소서.

오! 살아계신 아버지 하나님,
이 아이가 하나님의 사람으로 준비될 수 있도록 기쁨과 감사로 온전히 위탁하오며, 찬양받으실 우리 주 예수 그리스도의 이름으로 간절히 기도하옵나이다. 아멘.

✝ 오늘의 말씀을 묵상하며, 적용을 생각해 봅니다.

말씀 "   "

적용 "부모와 교사가 옳고 그름을 일관되게 가르치려면 아이들과의 작은 약속이라도 꼭 지켜야 합니다."

 # 열일곱번째 날

전지전능하신 사랑의 하나님, 은혜의 하나님, 평강의 하나님!
오늘도 부모(교사)로 부르심에 감사와 찬송을 드립니다.
주 예수 그리스도 안에서 먼저 나 자신이 하나님의 자녀임을 고백하고, 하나님 아버지의 사랑에 믿음과 순종으로 바르게 응답하는 삶을 살고 있는지를 돌아봅니다.
오직 하나님의 영광을 위하여, 이제 내게 명하신 말씀을 마음에 새기고 자녀에게 부지런히 가르치며, 맡겨주신 일을 말씀과 기도로 기쁘게 감당하고자 합니다.

주 앞에 나오는 자에게 은총을 베풀어주시는 주님,
눈동자같이 지키시는 사랑하는 ○○(이)를 위해 복음의 말씀을 들려주시옵소서.
귀 기울여 듣겠나이다.

> **"내가 이것을 말함은 너희의 유익을 위함이요
> 너희에게 올무를 놓으려 함이 아니니
> 오직 너희로 하여금 이치에 합당하게 하여
> 흐트러짐이 없이 주를 섬기게 하려 함이라"**
>
> (고전 7:35)

거룩하신 성부 · 성자 · 성령, 능력의 하나님,
허락하신 삶의 현장에서 자녀와 함께 말씀기도를 드립니다. 하나님께서 들려주신 말씀을 먹고 말씀의 능력을 힘입어, 주 안에서 '도전하는 마음으로' 아이의 생활을 도우며 일깨우겠습니다. 은혜 중에 말씀대로 살아낼 수 있도록 순간순간 동행하시며 친히 인도하여 주시옵소서. 이 아이의 삶을 통해 하나님 홀로 영광 받으소서.

오! 살아계신 아버지 하나님,
이 아이가 하나님의 사람으로 준비될 수 있도록 기쁨과 감사로 온전히 위탁하오며, 찬양받으실 우리 주 예수 그리스도의 이름으로 간절히 기도하옵나이다. 아멘.

✝ 오늘의 말씀을 묵상하며, 적용을 생각해 봅니다.

말씀 "   "

적용 "부모와 교사의 코칭 기술은 좋은 답변을 제공하는 기술이 아니라 좋은 질문을 하는 기술입니다."

Mom & Dad's 열여덟번째 날

전지전능하신 사랑의 하나님, 은혜의 하나님, 평강의 하나님!
오늘도 부모(교사)로 부르심에 감사와 찬송을 드립니다.
주 예수 그리스도 안에서 먼저 나 자신이 하나님의 자녀임을 고백하고, 하나님 아버지의 사랑에 믿음과 순종으로 바르게 응답하는 삶을 살고 있는지를 돌아봅니다.
오직 하나님의 영광을 위하여, 이제 내게 명하신 말씀을 마음에 새기고 자녀에게 부지런히 가르치며, 맡겨주신 일을 말씀과 기도로 기쁘게 감당하고자 합니다.

약속의 말씀을 듣고 따르라 부르시는 하나님,
눈동자같이 지키시는 사랑하는 ○○(이)를 위해 복음의 말씀을 들려주시옵소서.
귀 기울여 듣겠나이다.

> **"사람은 그 입의 대답으로 말미암아 기쁨을 얻나니
> 때에 맞는 말이 얼마나 아름다운고"**
>
> (잠 15:23)

거룩하신 성부 · 성자 · 성령, 능력의 하나님,
허락하신 삶의 현장에서 자녀와 함께 말씀기도를 드립니다. 하나님께서 들려주신 말씀을 먹고 말씀의 능력을 힘입어, 주 안에서 '진지하게 반응을 보이며' 아이의 생활을 돕고 일깨우겠습니다. 은혜 중에 말씀대로 살아낼 수 있도록 순간순간 동행하시며 친히 인도하여 주시옵소서. 이 아이의 삶을 통해 하나님 홀로 영광 받으소서.

오! 살아계신 아버지 하나님,
이 아이가 하나님의 사람으로 준비될 수 있도록 기쁨과 감사로 온전히 위탁하오며, 찬양받으실 우리 주 예수 그리스도의 이름으로 간절히 기도하옵나이다. 아멘.

✝ 오늘의 말씀을 묵상하며, 적용을 생각해 봅니다.

말씀 "   "

적용 "아이의 질문에 진지하게 대답해 줍니다. 무엇이 질문이고, 무엇이 대답인지 분명하게 아는 것이 듣고, 말하기의 기본입니다."

 # 열아홉번째 날

전지전능하신 사랑의 하나님, 은혜의 하나님, 평강의 하나님!
오늘도 부모(교사)로 부르심에 감사와 찬송을 드립니다.
주 예수 그리스도 안에서 먼저 나 자신이 하나님의 자녀임을 고백하고, 하나님 아버지의 사랑에 믿음과 순종으로 바르게 응답하는 삶을 살고 있는지를 돌아봅니다.
오직 하나님의 영광을 위하여, 이제 내게 명하신 말씀을 마음에 새기고 자녀에게 부지런히 가르치며, 맡겨주신 일을 말씀과 기도로 기쁘게 감당하고자 합니다.

주의 이름을 부르는 자에게 지혜를 주시는 하나님,
눈동자같이 지키시는 사랑하는 ○○(이)를 위해 복음의 말씀을 들려주시옵소서.
귀 기울여 듣겠나이다.

> "네 귀를 지혜에 기울이며 네 마음을 명철에 두며 지식을 불러 구하며
> 명철을 얻으려고 소리를 높이며 은을 구하는 것같이 그것을 구하며
> 감추어진 보배를 찾는 것같이 그것을 찾으면
> 여호와 경외하기를 깨달으며 하나님을 알게 되리니
> 대저 여호와는 지혜를 주시며 지식과 명철을 그 입에서 내심이며"
>
> (잠 2:2-6)

거룩하신 성부 · 성자 · 성령, 능력의 하나님,
허락하신 삶의 현장에서 자녀와 함께 말씀기도를 드립니다. 하나님께서 들려주신 말씀을 먹고 말씀의 능력을 힘입어, 주 안에서 '명철을 구하는 마음으로' 아이의 생활을 도우며 일깨우겠습니다. 은혜 중에 말씀대로 살아낼 수 있도록 순간순간 동행하시며 친히 인도하여 주시옵소서. 이 아이의 삶을 통해 하나님 홀로 영광 받으소서.

오! 살아계신 아버지 하나님,
이 아이가 하나님의 사람으로 준비될 수 있도록 기쁨과 감사로 온전히 위탁하오며, 찬양받으실 우리 주 예수 그리스도의 이름으로 간절히 기도하옵나이다. 아멘.

✝ 오늘의 말씀을 묵상하며, 적용을 생각해 봅니다.

 **말씀** "＿＿＿＿＿＿＿＿＿＿＿＿＿＿＿＿＿＿＿＿＿＿"

 **적용** "잘 듣는 마음에서 '곧은 생각, 옳은 생각, 바른 생각'을 품고, '곧은 말, 옳은 말, 바른 말'이 나옵니다."

Mom & Dad's 스무번째 날

전지전능하신 사랑의 하나님, 은혜의 하나님, 평강의 하나님!
오늘도 부모(교사)로 부르심에 감사와 찬송을 드립니다.
주 예수 그리스도 안에서 먼저 나 자신이 하나님의 자녀임을 고백하고, 하나님 아버지의 사랑에 믿음과 순종으로 바르게 응답하는 삶을 살고 있는지를 돌아봅니다.
오직 하나님의 영광을 위하여, 이제 내게 명하신 말씀을 마음에 새기고 자녀에게 부지런히 가르치며, 맡겨주신 일을 말씀과 기도로 기쁘게 감당하고자 합니다.

우리의 마음 문을 두드리시는 아버지 하나님,
눈동자같이 지키시는 사랑하는 ○○(이)를 위해 복음의 말씀을 들려주시옵소서.
귀 기울여 듣겠나이다.

> **"내가 너희 무리를 위하여 이와 같이 생각하는 것이 마땅하니**
> **이는 너희가 내 마음에 있음이며**
> **나의 매임과 복음을 변명함과 확정함에**
> **너희가 다 나와 함께 은혜에 참여한 자가 됨이라"**
>
> (빌 1:7)

거룩하신 성부 · 성자 · 성령, 능력의 하나님,
허락하신 삶의 현장에서 자녀와 함께 말씀기도를 드립니다. 하나님께서 들려주신 말씀을 먹고 말씀의 능력을 힘입어, 주 안에서 아이의 생활을 '**되돌아보는 시간을 가지며**' 돕고 일깨우겠습니다. 은혜 중에 말씀대로 살아낼 수 있도록 순간순간 동행하시며 친히 인도하여 주시옵소서. 이 아이의 삶을 통해 하나님 홀로 영광 받으소서.

오! 살아계신 아버지 하나님,
이 아이가 하나님의 사람으로 준비될 수 있도록 기쁨과 감사로 온전히 위탁하오며, 찬양받으실 우리 주 예수 그리스도의 이름으로 간절히 기도하옵나이다. 아멘.

✝ 오늘의 말씀을 묵상하며, 적용을 생각해 봅니다.

 "   "

 "오늘 하루 중 가장 잘한 일이나 즐거웠던 일을 회상해 보도록 하는 것은 아이들에게 긍정적으로 사고하는 습관을 길러주는 것입니다."

"

스물한번째 날

전지전능하신 사랑의 하나님, 은혜의 하나님, 평강의 하나님!
오늘도 부모(교사)로 부르심에 감사와 찬송을 드립니다.
주 예수 그리스도 안에서 먼저 나 자신이 하나님의 자녀임을 고백하고, 하나님 아버지의 사랑에 믿음과 순종으로 바르게 응답하는 삶을 살고 있는지를 돌아봅니다.
오직 하나님의 영광을 위하여, 이제 내게 명하신 말씀을 마음에 새기고 자녀에게 부지런히 가르치며, 맡겨주신 일을 말씀과 기도로 기쁘게 감당하고자 합니다.

의인의 길을 인정하시는 여호와 하나님,
눈동자같이 지키시는 사랑하는 ○○(이)를 위해 복음의 말씀을 들려주시옵소서.
귀 기울여 듣겠나이다.

**"우리가 간절히 원하는 것은 너희 각 사람이
동일한 부지런함을 나타내어 끝까지 소망의 풍성함에 이르러
게으르지 아니하고 믿음과 오래 참음으로 말미암아
약속들을 기업으로 받는 자들을 본받는 자 되게 하려는 것이니라"**

(히 6:11-12)

거룩하신 성부 · 성자 · 성령, 능력의 하나님,
허락하신 삶의 현장에서 자녀와 함께 말씀기도를 드립니다. 하나님께서 들려주신 말씀을 먹고 말씀의 능력을 힘입어, 주 안에서 **'자율적인 자세로 생활하도록'** 아이의 생활을 도우며 일깨우겠습니다. 은혜 중에 말씀대로 살아낼 수 있도록 순간순간 동행하시며 친히 인도하여 주시옵소서. 이 아이의 삶을 통해 하나님 홀로 영광 받으소서.

오! 살아계신 아버지 하나님,
이 아이가 하나님의 사람으로 준비될 수 있도록 기쁨과 감사로 온전히 위탁하오며, 찬양받으실 우리 주 예수 그리스도의 이름으로 간절히 기도하옵나이다. 아멘.

✝ 오늘의 말씀을 묵상하며, 적용을 생각해 봅니다.

말씀
"   "

적용
"아이는 스스로 하는 이 닦기, 손 씻기, 주변을 깨끗이 하기, 옷 입기, 바른 식생활 등의 실천을 통해 건강한 생활습관을 갖게 됩니다."

전지전능하신 사랑의 하나님, 은혜의 하나님, 평강의 하나님!
오늘도 부모(교사)로 부르심에 감사와 찬송을 드립니다.
주 예수 그리스도 안에서 먼저 나 자신이 하나님의 자녀임을 고백하고, 하나님 아버지의 사랑에 믿음과 순종으로 바르게 응답하는 삶을 살고 있는지를 돌아봅니다.
오직 하나님의 영광을 위하여, 이제 내게 명하신 말씀을 마음에 새기고 자녀에게 부지런히 가르치며, 맡겨주신 일을 말씀과 기도로 기쁘게 감당하고자 합니다.

내 마음을 열게 하시는 사랑의 주님,
눈동자같이 지키시는 사랑하는 ○○(이)를 위해 복음의 말씀을 들려주시옵소서.
귀 기울여 듣겠나이다.

> **"그러므로 무엇이든지 남에게 대접을 받고자 하는 대로
> 너희도 남을 대접하라
> 이것이 율법이요 선지자니라"**
>
> (마 7:12)

거룩하신 성부 · 성자 · 성령, 능력의 하나님,
허락하신 삶의 현장에서 자녀와 함께 말씀기도를 드립니다. 하나님께서 들려주신 말씀을 먹고 말씀의 능력을 힘입어, 주 안에서 '**친사회적인 태도를 배우도록**' 아이의 생활을 도우며 일깨우겠습니다. 은혜 중에 말씀대로 살아낼 수 있도록 순간순간 동행하시며 친히 인도하여 주시옵소서. 이 아이의 삶을 통해 하나님 홀로 영광 받으소서.

오! 살아계신 아버지 하나님,
이 아이가 하나님의 사람으로 준비될 수 있도록 기쁨과 감사로 온전히 위탁하오며, 찬양받으실 우리 주 예수 그리스도의 이름으로 간절히 기도하옵나이다. 아멘.

✝ 오늘의 말씀을 묵상하며, 적용을 생각해 봅니다.

말씀 "   "

적용 "어려서부터 아이들은 친구와 함께 어울리는 경험을 통해 나누기, 돕기, 위로하기, 보살피기, 협조하기와 같은 친사회적 행동을 배웁니다."

 # 스물세번째 날

전지전능하신 사랑의 하나님, 은혜의 하나님, 평강의 하나님!
오늘도 부모(교사)로 부르심에 감사와 찬송을 드립니다.
주 예수 그리스도 안에서 먼저 나 자신이 하나님의 자녀임을 고백하고, 하나님 아버지의 사랑에 믿음과 순종으로 바르게 응답하는 삶을 살고 있는지를 돌아봅니다.
오직 하나님의 영광을 위하여, 이제 내게 명하신 말씀을 마음에 새기고 자녀에게 부지런히 가르치며, 맡겨주신 일을 말씀과 기도로 기쁘게 감당하고자 합니다.

어두운 세상에 빛으로 오신 예수님,
눈동자같이 지키시는 사랑하는 ○○(이)를 위해 복음의 말씀을 들려주시옵소서.
귀 기울여 듣겠나이다.

**"빛의 열매는
모든 착함과 의로움과 진실함에 있느니라"**

(엡 5:9)

거룩하신 성부 · 성자 · 성령, 능력의 하나님,
허락하신 삶의 현장에서 자녀와 함께 말씀기도를 드립니다. 하나님께서 들려주신 말씀을 먹고 말씀의 능력을 힘입어, 주 안에서 '배려하는 마음으로' 아이의 생활을 도우며 일깨우겠습니다. 은혜 중에 말씀대로 살아낼 수 있도록 순간순간 동행하시며 친히 인도하여 주시옵소서. 이 아이의 삶을 통해 하나님 홀로 영광 받으소서.

오! 살아계신 아버지 하나님,
이 아이가 하나님의 사람으로 준비될 수 있도록 기쁨과 감사로 온전히 위탁하오며, 찬양받으실 우리 주 예수 그리스도의 이름으로 간절히 기도하옵나이다. 아멘.

✝ 오늘의 말씀을 묵상하며, 적용을 생각해 봅니다.

 "   "

 "친절과 사랑이 배어 있다는 것은 삶의 좋은 자원이 됩니다."

전지전능하신 사랑의 하나님, 은혜의 하나님, 평강의 하나님!
오늘도 부모(교사)로 부르심에 감사와 찬송을 드립니다.
주 예수 그리스도 안에서 먼저 나 자신이 하나님의 자녀임을 고백하고, 하나님 아버지의 사랑에 믿음과 순종으로 바르게 응답하는 삶을 살고 있는지를 돌아봅니다. 오직 하나님의 영광을 위하여, 이제 내게 명하신 말씀을 마음에 새기고 자녀에게 부지런히 가르치며, 맡겨주신 일을 말씀과 기도로 기쁘게 감당하고자 합니다.

일하시는 하나님,
눈동자같이 지키시는 사랑하는 ○○(이)를 위해 복음의 말씀을 들려주시옵소서.
귀 기울여 듣겠나이다.

**"게으른 자는 마음으로 원하여도 얻지 못하나
부지런한 자의 마음은 풍족함을 얻느니라"**

(잠 13:4)

거룩하신 성부·성자·성령, 능력의 하나님,
허락하신 삶의 현장에서 자녀와 함께 말씀기도를 드립니다. 하나님께서 들려주신 말씀을 먹고 말씀의 능력을 힘입어, 주 안에서 '**부지런함으로**' 아이의 생활을 도우며 일깨우겠습니다. 은혜 중에 말씀대로 살아낼 수 있도록 순간순간 동행하시며 친히 인도하여 주시옵소서. 이 아이의 삶을 통해 하나님 홀로 영광 받으소서.

오! 살아계신 아버지 하나님,
이 아이가 하나님의 사람으로 준비될 수 있도록 기쁨과 감사로 온전히 위탁하오며, 찬양받으실 우리 주 예수 그리스도의 이름으로 간절히 기도하옵나이다. 아멘.

✝ 오늘의 말씀을 묵상하며, 적용을 생각해 봅니다.

"   "

"부지런함은 아이에게 반드시 가르쳐야 할 덕목입니다. 부모의 부지런한 모습은 자녀를 성공시킬 수 있습니다."

 스물다섯번째 날

전지전능하신 사랑의 하나님, 은혜의 하나님, 평강의 하나님!
오늘도 부모(교사)로 부르심에 감사와 찬송을 드립니다.
주 예수 그리스도 안에서 먼저 나 자신이 하나님의 자녀임을 고백하고, 하나님 아버지의 사랑에 믿음과 순종으로 바르게 응답하는 삶을 살고 있는지를 돌아봅니다.
오직 하나님의 영광을 위하여, 이제 내게 명하신 말씀을 마음에 새기고 자녀에게 부지런히 가르치며, 맡겨주신 일을 말씀과 기도로 기쁘게 감당하고자 합니다.

우리의 문제를 꿰뚫어 아시는 하나님,
눈동자같이 지키시는 사랑하는 ○○(이)를 위해 복음의 말씀을 들려주시옵소서.
귀 기울여 듣겠나이다.

> "어떻게 무엇으로 대답하며 무엇으로 말할까 염려하지 말라
> 마땅히 할 말을
> 성령이 곧 그때에 너희에게 가르치시리라 하시니라"
>
> (눅 12:11하-12)

거룩하신 성부 · 성자 · 성령, 능력의 하나님,
허락하신 삶의 현장에서 자녀와 함께 말씀기도를 드립니다. 하나님께서 들려주신 말씀을 먹고 말씀의 능력을 힘입어, 주 안에서 '말로 잘 표현하도록' 아이의 생활을 도우며 일깨우겠습니다. 은혜 중에 말씀대로 살아낼 수 있도록 순간순간 동행하시며 친히 인도하여 주시옵소서. 이 아이의 삶을 통해 하나님 홀로 영광 받으소서.

오! 살아계신 아버지 하나님,
이 아이가 하나님의 사람으로 준비될 수 있도록 기쁨과 감사로 온전히 위탁하오며, 찬양받으실 우리 주 예수 그리스도의 이름으로 간절히 기도하옵나이다. 아멘.

✝ 오늘의 말씀을 묵상하며, 적용을 생각해 봅니다.

 "   "

 "말을 잘 한다는 것은 다른 사람이 이해할 수 있게 분명하게 발음하고 요점을 말하는 것입니다."

Mom & Dad's 스물여섯번째 날

전지전능하신 사랑의 하나님, 은혜의 하나님, 평강의 하나님!
오늘도 부모(교사)로 부르심에 감사와 찬송을 드립니다.
주 예수 그리스도 안에서 먼저 나 자신이 하나님의 자녀임을 고백하고, 하나님 아버지의 사랑에 믿음과 순종으로 바르게 응답하는 삶을 살고 있는지를 돌아봅니다.
오직 하나님의 영광을 위하여, 이제 내게 명하신 말씀을 마음에 새기고 자녀에게 부지런히 가르치며, 맡겨주신 일을 말씀과 기도로 기쁘게 감당하고자 합니다.

내 모든 형편을 아시는 주님,
눈동자같이 지키시는 사랑하는 ○○(이)를 위해 복음의 말씀을 들려주시옵소서.
귀 기울여 듣겠나이다.

> **"그 땅이 어떠한지 정탐하라
> 곧 그 땅 거민이 강한지 약한지 많은지 적은지와
> 그들이 사는 땅이 좋은지 나쁜지와 사는 성읍이 진영인지 산성인지와
> 토지가 비옥한지 메마른지 나무가 있는지 없는지를 탐지하라"**
>
> (민 13:18-20상)

거룩하신 성부 · 성자 · 성령, 능력의 하나님,
허락하신 삶의 현장에서 자녀와 함께 말씀기도를 드립니다. 하나님께서 들려주신 말씀을 먹고 말씀의 능력을 힘입어, 주 안에서 '**헤아릴 수 있도록**' 아이의 생활을 도우며 일깨우겠습니다. 은혜 중에 말씀대로 살아낼 수 있도록 순간순간 동행하시며 친히 인도하여 주시옵소서. 이 아이의 삶을 통해 하나님 홀로 영광 받으소서.

오! 살아계신 아버지 하나님,
이 아이가 하나님의 사람으로 준비될 수 있도록 기쁨과 감사로 온전히 위탁하오며, 찬양받으실 우리 주 예수 그리스도의 이름으로 간절히 기도하옵나이다. 아멘.

✝ 오늘의 말씀을 묵상하며, 적용을 생각해 봅니다.

말씀 "   "

적용 "일상생활에서 필요로 하는 수리 능력의 기초는 많고 적음, 길고 짧음, 넓고 좁음, 두껍고 얇음의 차이를 아는 것입니다."

Mom & Dad's 스물일곱번째 날

전지전능하신 사랑의 하나님, 은혜의 하나님, 평강의 하나님!
오늘도 부모(교사)로 부르심에 감사와 찬송을 드립니다.
주 예수 그리스도 안에서 먼저 나 자신이 하나님의 자녀임을 고백하고, 하나님 아
버지의 사랑에 믿음과 순종으로 바르게 응답하는 삶을 살고 있는지를 돌아봅니다.
오직 하나님의 영광을 위하여, 이제 내게 명하신 말씀을 마음에 새기고 자녀에게
부지런히 가르치며, 맡겨주신 일을 말씀과 기도로 기쁘게 감당하고자 합니다.

이 세상의 어떤 것과도 바꿀 수 없는 귀하신 주님,
눈동자같이 지키시는 사랑하는 ○○(이)를 위해 복음의 말씀을 들려주시옵소서.
귀 기울여 듣겠나이다.

> **"한 사람이 두 주인을 섬기지 못할 것이니**
> **혹 이를 미워하고 저를 사랑하거나**
> **혹 이를 중히 여기고 저를 경히 여김이라**
> **너희가 하나님과 재물을 겸하여 섬기지 못하느니라"**
>
> (마 6:24)

거룩하신 성부 · 성자 · 성령, 능력의 하나님,
허락하신 삶의 현장에서 자녀와 함께 말씀기도를 드립니다. 하나님께서 들려주신
말씀을 먹고 말씀의 능력을 힘입어, 주 안에서 '우선순위를 가지고' 아이의 생활을
도우며 일깨우겠습니다. 은혜 중에 말씀대로 살아낼 수 있도록 순간순간 동행하시
며 친히 인도하여 주시옵소서. 이 아이의 삶을 통해 하나님 홀로 영광 받으소서.

오! 살아계신 아버지 하나님,
이 아이가 하나님의 사람으로 준비될 수 있도록 기쁨과 감사로 온전히 위탁하오
며, 찬양받으실 우리 주 예수 그리스도의 이름으로 간절히 기도하옵나이다. 아멘.

✝ 오늘의 말씀을 묵상하며, 적용을 생각해 봅니다.

말씀 "   "

적용 "부모와 교사가 아이들에게 더 중요한 것과 덜 중요한 것, 먼저 해야 할 것과 나중에 해야 할
것 등 우선순위를 바로 알도록 가르치는 것은 경제교육의 기본이 됩니다."

스물여덟번째 날

전지전능하신 사랑의 하나님, 은혜의 하나님, 평강의 하나님!
오늘도 부모(교사)로 부르심에 감사와 찬송을 드립니다.
주 예수 그리스도 안에서 먼저 나 자신이 하나님의 자녀임을 고백하고, 하나님 아버지의 사랑에 믿음과 순종으로 바르게 응답하는 삶을 살고 있는지를 돌아봅니다.
오직 하나님의 영광을 위하여, 이제 내게 명하신 말씀을 마음에 새기고 자녀에게 부지런히 가르치며, 맡겨주신 일을 말씀과 기도로 기쁘게 감당하고자 합니다.

겸손하게 무릎 꿇어 간구할 때에 새 힘주시는 하나님,
눈동자같이 지키시는 사랑하는 ○○(이)를 위해 복음의 말씀을 들려주시옵소서.
귀 기울여 듣겠나이다.

**"다만 이뿐 아니라 우리가 환난 중에도 즐거워하나니
이는 환난은 인내를, 인내는 연단을,
연단은 소망을 이루는 줄 앎이로다"**

(롬 5:3-4)

거룩하신 성부 · 성자 · 성령, 능력의 하나님,
허락하신 삶의 현장에서 자녀와 함께 말씀기도를 드립니다. 하나님께서 들려주신 말씀을 먹고 말씀의 능력을 힘입어, 주 안에서 '**노력하는 것을 보이며**' 아이의 생활을 돕고 일깨우겠습니다. 은혜 중에 말씀대로 살아낼 수 있도록 순간순간 동행하시며 친히 인도하여 주시옵소서. 이 아이의 삶을 통해 하나님 홀로 영광 받으소서.

오! 살아계신 아버지 하나님,
이 아이가 하나님의 사람으로 준비될 수 있도록 기쁨과 감사로 온전히 위탁하오며, 찬양받으실 우리 주 예수 그리스도의 이름으로 간절히 기도하옵나이다. 아멘.

✝ 오늘의 말씀을 묵상하며, 적용을 생각해 봅니다.

말씀 "   "

적용 "멋있는 부의 미래를 창출하는 예측능력과 영감은 99%의 노력으로 얻어집니다."

 # 스물아홉번째 날

전지전능하신 사랑의 하나님, 은혜의 하나님, 평강의 하나님!
오늘도 부모(교사)로 부르심에 감사와 찬송을 드립니다.
주 예수 그리스도 안에서 먼저 나 자신이 하나님의 자녀임을 고백하고, 하나님 아버지의 사랑에 믿음과 순종으로 바르게 응답하는 삶을 살고 있는지를 돌아봅니다.
오직 하나님의 영광을 위하여, 이제 내게 명하신 말씀을 마음에 새기고 자녀에게 부지런히 가르치며, 맡겨주신 일을 말씀과 기도로 기쁘게 감당하고자 합니다.

믿음 안에서 사랑하게 하시는 하나님,
눈동자같이 지키시는 사랑하는 ○○(이)를 위해 복음의 말씀을 들려주시옵소서.
귀 기울여 듣겠나이다.

**"소망 중에 즐거워하며
환난 중에 참으며 기도에 항상 힘쓰며"**

(롬 12:12)

거룩하신 성부 · 성자 · 성령, 능력의 하나님,
허락하신 삶의 현장에서 자녀와 함께 말씀기도를 드립니다. 하나님께서 들려주신 말씀을 먹고 말씀의 능력을 힘입어, 주 안에서 '소망 중에' 아이의 생활을 도우며 일깨우겠습니다. 은혜 중에 말씀대로 살아낼 수 있도록 순간순간 동행하시며 친히 인도하여 주시옵소서. 이 아이의 삶을 통해 하나님 홀로 영광 받으소서.

오! 살아계신 아버지 하나님,
이 아이가 하나님의 사람으로 준비될 수 있도록 기쁨과 감사로 온전히 위탁하오며, 찬양받으실 우리 주 예수 그리스도의 이름으로 간절히 기도하옵나이다. 아멘.

✝ 오늘의 말씀을 묵상하며, 적용을 생각해 봅니다.

 말씀 "   "

 적용 "자녀에 대한 부모의 헌신적 사랑은 믿음과 기다림으로 나타납니다."

 서른번째 날

전지전능하신 사랑의 하나님, 은혜의 하나님, 평강의 하나님!
오늘도 부모(교사)로 부르심에 감사와 찬송을 드립니다.
주 예수 그리스도 안에서 먼저 나 자신이 하나님의 자녀임을 고백하고, 하나님 아버지의 사랑에 믿음과 순종으로 바르게 응답하는 삶을 살고 있는지를 돌아봅니다.
오직 하나님의 영광을 위하여, 이제 내게 명하신 말씀을 마음에 새기고 자녀에게 부지런히 가르치며, 맡겨주신 일을 말씀과 기도로 기쁘게 감당하고자 합니다.

사랑 안에서 믿게 하시는 하나님,
눈동자같이 지키시는 사랑하는 ○○(이)를 위해 복음의 말씀을 들려주시옵소서.
귀 기울여 듣겠나이다.

> **"그리스도께서 너희를 사랑하신 것같이**
> **너희도 사랑 가운데서 행하라**
> **그는 우리를 위하여 자신을 버리사**
> **향기로운 제물과 희생제물로 하나님께 드리셨느니라"**
>
> (엡 5:2)

거룩하신 성부 · 성자 · 성령, 능력의 하나님,
허락하신 삶의 현장에서 자녀와 함께 말씀기도를 드립니다. 하나님께서 들려주신 말씀을 먹고 말씀의 능력을 힘입어, 주 안에서 '긍휼과 치유하는 마음으로' 아이의 생활을 도우며 일깨우겠습니다. 은혜 중에 말씀대로 살아낼 수 있도록 순간순간 동행하시며 친히 인도하여 주시옵소서. 이 아이의 삶을 통해 하나님 홀로 영광 받으소서.

오! 살아계신 아버지 하나님,
이 아이가 하나님의 사람으로 준비될 수 있도록 기쁨과 감사로 온전히 위탁하오며, 찬양받으실 우리 주 예수 그리스도의 이름으로 간절히 기도하옵나이다. 아멘.

✝ 오늘의 말씀을 묵상하며, 적용을 생각해 봅니다.

 말씀 "＿＿＿＿＿＿＿＿＿＿＿＿＿＿＿＿＿＿＿＿"

 적용 "상처 입은 세상을 치유하는 비결은 사랑의 능력을 신뢰하는 마음입니다."

 # 서른한번째 날

전지전능하신 사랑의 하나님, 은혜의 하나님, 평강의 하나님!
오늘도 부모(교사)로 부르심에 감사와 찬송을 드립니다.
주 예수 그리스도 안에서 먼저 나 자신이 하나님의 자녀임을 고백하고, 하나님 아버지의 사랑에 믿음과 순종으로 바르게 응답하는 삶을 살고 있는지를 돌아봅니다.
오직 하나님의 영광을 위하여, 이제 내게 명하신 말씀을 마음에 새기고 자녀에게 부지런히 가르치며, 맡겨주신 일을 말씀과 기도로 기쁘게 감당하고자 합니다.

천지를 지으신 여호와 하나님,
눈동자같이 지키시는 사랑하는 ○○(이)를 위해 복음의 말씀을 들려주시옵소서.
귀 기울여 듣겠나이다.

> **"주의 손가락으로 만드신 주의 하늘과**
> **주께서 베풀어 두신 달과 별들을 내가 보오니**
> **사람이 무엇이기에 주께서 그를 생각하시며**
> **인자가 무엇이기에 주께서 그를 돌보시나이까"**
>
> (시 8:3-4)

거룩하신 성부·성자·성령, 능력의 하나님,
허락하신 삶의 현장에서 자녀와 함께 말씀기도를 드립니다. 하나님께서 들려주신 말씀을 먹고 말씀의 능력을 힘입어, 주 안에서 '창조의 신비와 은혜를 알도록' 아이의 생활을 도우며 일깨우겠습니다. 은혜 중에 말씀대로 살아낼 수 있도록 순간순간 동행하시며 친히 인도하여 주시옵소서. 이 아이의 삶을 통해 하나님 홀로 영광 받으소서.

오! 살아계신 아버지 하나님,
이 아이가 하나님의 사람으로 준비될 수 있도록 기쁨과 감사로 온전히 위탁하오며, 찬양받으실 우리 주 예수 그리스도의 이름으로 간절히 기도하옵나이다. 아멘.

✝ 오늘의 말씀을 묵상하며, 적용을 생각해 봅니다.

 **말씀** "   "

 **적용** "봄에 여행을 떠나 보세요. 생명이 움트는 자연의 경이로움을 만나게 됩니다."

"사랑이라는 절대적 가치를 위해, 때로는 인간 사랑에 대한 배려를 몰라주는 제자들을 바라보면서도 영혼을 다스리는 일을 게을리 하지 않으며 안내하는 스승은 하나님의 은혜로 기적을 일으키고 말씀으로 부모와 교사와 자녀가 변하고 가정이 변화되어 이웃과 세상을 행복하게 만드는 아름다운 운동이 교육의 장을 통해 널리 널리 전파되기를 소망하고 있습니다."

교사 1/ 영자

Apr.

4

세우심의 기도

"네가 네 자신과 가르침을 살펴 이 일을 계속하라
이것을 행함으로 네 자신과 네게 듣는 자를 구원하리라"

(딤전 4:16)

전지전능하신 사랑의 하나님, 은혜의 하나님, 평강의 하나님!
오늘도 부모(교사)로 부르심에 감사와 찬송을 드립니다.
주 예수 그리스도 안에서 먼저 나 자신이 하나님의 자녀임을 고백하고, 하나님 아버지의 사랑에 믿음과 순종으로 바르게 응답하는 삶을 살고 있는지를 돌아봅니다. 오직 하나님의 영광을 위하여, 이제 내게 명하신 말씀을 마음에 새기고 자녀에게 부지런히 가르치며, 맡겨주신 일을 말씀과 기도로 기쁘게 감당하고자 합니다.

그 길이신 하나님,
눈동자같이 지키시는 사랑하는 ○○(이)를 위해 복음의 말씀을 들려주시옵소서.
귀 기울여 듣겠나이다.

> **"나의 자녀들아 너희 속에**
> **그리스도의 형상을 이루기까지**
> **다시 너희를 위하여 해산하는 수고를 하노니"**
>
> (갈 4:19)

거룩하신 성부 · 성자 · 성령, 능력의 하나님,
허락하신 삶의 현장에서 자녀와 함께 말씀기도를 드립니다. 하나님께서 들려주신 말씀을 먹고 말씀의 능력을 힘입어, 주 안에서 '하나님께 순종하는 믿음으로' 아이의 생활을 도우며 일깨우겠습니다. 은혜 중에 말씀대로 살아낼 수 있도록 순간순간 동행하시며 친히 인도하여 주시옵소서. 이 아이의 삶을 통해 하나님 홀로 영광 받으소서.

오! 살아계신 아버지 하나님,
이 아이가 하나님의 사람으로 세우심을 입도록 기쁨과 감사로 온전히 위탁하오며, 찬양받으실 우리 주 예수 그리스도의 이름으로 간절히 기도하옵나이다. 아멘.

✝ 오늘의 말씀을 묵상하며, 적용을 생각해 봅니다.

말씀 "   "

적용 "우리가 받은 축복은 많은 교사와 부모들이 진실로 헌신적이라는 것입니다. 교사와 부모들은 다음 세대에 그들의 삶을 줍니다."

전지전능하신 사랑의 하나님, 은혜의 하나님, 평강의 하나님!
오늘도 부모(교사)로 부르심에 감사와 찬송을 드립니다.
주 예수 그리스도 안에서 먼저 나 자신이 하나님의 자녀임을 고백하고, 하나님 아버지의 사랑에 믿음과 순종으로 바르게 응답하는 삶을 살고 있는지를 돌아봅니다.
오직 하나님의 영광을 위하여, 이제 내게 명하신 말씀을 마음에 새기고 자녀에게 부지런히 가르치며, 맡겨주신 일을 말씀과 기도로 기쁘게 감당하고자 합니다.

내 속에서 말씀하시는 성령 하나님,
눈동자같이 지키시는 사랑하는 ○○(이)를 위해 복음의 말씀을 들려주시옵소서.
귀 기울여 듣겠나이다.

> **"오직 사랑 안에서 참된 것을 하여**
> **범사에 그에게까지 자랄지라**
> **그는 머리니 곧 그리스도라"**
>
> (엡 4:15)

거룩하신 성부 · 성자 · 성령, 능력의 하나님,
허락하신 삶의 현장에서 자녀와 함께 말씀기도를 드립니다. 하나님께서 들려주신 말씀을 먹고 말씀의 능력을 힘입어, 주 안에서 '진리를 실현하도록' 아이의 생활을 도우며 일깨우겠습니다. 은혜 중에 말씀대로 살아낼 수 있도록 순간순간 동행하시며 친히 인도하여 주시옵소서. 이 아이의 삶을 통해 하나님 홀로 영광 받으소서.

오! 살아계신 아버지 하나님,
이 아이가 하나님의 사람으로 세우심을 입도록 기쁨과 감사로 온전히 위탁하오며,
찬양받으실 우리 주 예수 그리스도의 이름으로 간절히 기도하옵나이다. 아멘.

✝ 오늘의 말씀을 묵상하며, 적용을 생각해 봅니다.

말씀 "   "

적용 "훌륭한 가르침은 진리와 인간 존중을 일상적 삶으로 실현해 가도록 이끌어 줍니다."

Mom & Dad's 세번째 날

전지전능하신 사랑의 하나님, 은혜의 하나님, 평강의 하나님!
오늘도 부모(교사)로 부르심에 감사와 찬송을 드립니다.
주 예수 그리스도 안에서 먼저 나 자신이 하나님의 자녀임을 고백하고, 하나님 아버지의 사랑에 믿음과 순종으로 바르게 응답하는 삶을 살고 있는지를 돌아봅니다.
오직 하나님의 영광을 위하여, 이제 내게 명하신 말씀을 마음에 새기고 자녀에게 부지런히 가르치며, 맡겨주신 일을 말씀과 기도로 기쁘게 감당하고자 합니다.

은밀한 중에 보시는 아버지 하나님,
눈동자같이 지키시는 사랑하는 ○○(이)를 위해 복음의 말씀을 들려주시옵소서.
귀 기울여 듣겠나이다.

> **"온갖 좋은 은사와 온전한 선물이
> 다 위로부터 빛들의 아버지께로부터 내려오나니
> 그는 변함도 없으시고 회전하는 그림자도 없으시니라"**
>
> (약 1:17)

거룩하신 성부 · 성자 · 성령, 능력의 하나님,
허락하신 삶의 현장에서 자녀와 함께 말씀기도를 드립니다. 하나님께서 들려주신 말씀을 먹고 말씀의 능력을 힘입어, 주 안에서 '**현재적으로**' 아이의 생활을 도우며 일깨우겠습니다. 은혜 중에 말씀대로 살아낼 수 있도록 순간순간 동행하시며 친히 인도하여 주시옵소서. 이 아이의 삶을 통해 하나님 홀로 영광 받으소서.

오! 살아계신 아버지 하나님,
이 아이가 하나님의 사람으로 세우심을 입도록 기쁨과 감사로 온전히 위탁하오며,
찬양받으실 우리 주 예수 그리스도의 이름으로 간절히 기도하옵나이다. 아멘.

✝ 오늘의 말씀을 묵상하며, 적용을 생각해 봅니다.

"   "

"아이들을 있는 그대로 수용할 때, 아이들은 스스로 자기 수용에 대해 배웁니다."

전지전능하신 사랑의 하나님, 은혜의 하나님, 평강의 하나님!
오늘도 부모(교사)로 부르심에 감사와 찬송을 드립니다.
주 예수 그리스도 안에서 먼저 나 자신이 하나님의 자녀임을 고백하고, 하나님 아버지의 사랑에 믿음과 순종으로 바르게 응답하는 삶을 살고 있는지를 돌아봅니다.
오직 하나님의 영광을 위하여, 이제 내게 명하신 말씀을 마음에 새기고 자녀에게 부지런히 가르치며, 맡겨주신 일을 말씀과 기도로 기쁘게 감당하고자 합니다.

모든 존재의 근원이신 하나님,
눈동자같이 지키시는 사랑하는 ○○(이)를 위해 복음의 말씀을 들려주시옵소서.
귀 기울여 듣겠나이다.

> **"믿음으로 그들의 마음을 깨끗이 하사
> 그들이나 우리나 차별하지 아니하셨느니라"**
>
> (행 15:9)

거룩하신 성부 · 성자 · 성령, 능력의 하나님,
허락하신 삶의 현장에서 자녀와 함께 말씀기도를 드립니다. 하나님께서 들려주신 말씀을 먹고 말씀의 능력을 힘입어, 주 안에서 '**동등하게 대접하며**' 아이의 생활을 돕고 일깨우겠습니다. 은혜 중에 말씀대로 살아낼 수 있도록 순간순간 동행하시며 친히 인도하여 주시옵소서. 이 아이의 삶을 통해 하나님 홀로 영광 받으소서.

오! 살아계신 아버지 하나님,
이 아이가 하나님의 사람으로 세우심을 입도록 기쁨과 감사로 온전히 위탁하오며,
찬양받으실 우리 주 예수 그리스도의 이름으로 간절히 기도하옵나이다. 아멘.

✝ 오늘의 말씀을 묵상하며, 적용을 생각해 봅니다.

말씀 "   "

적용 "아이 개개인을 독립된 인격체로 존중하며 개인차를 인정하고, 아이들 간에 비교하지 않습니다."

Mom & Dad's 다섯번째 날

전지전능하신 사랑의 하나님, 은혜의 하나님, 평강의 하나님!
오늘도 부모(교사)로 부르심에 감사와 찬송을 드립니다.
주 예수 그리스도 안에서 먼저 나 자신이 하나님의 자녀임을 고백하고, 하나님 아버지의 사랑에 믿음과 순종으로 바르게 응답하는 삶을 살고 있는지를 돌아봅니다.
오직 하나님의 영광을 위하여, 이제 내게 명하신 말씀을 마음에 새기고 자녀에게 부지런히 가르치며, 맡겨주신 일을 말씀과 기도로 기쁘게 감당하고자 합니다.

우리가 하나님의 자녀임을 증거하시는 성령 하나님,
눈동자같이 지키시는 사랑하는 ○○(이)를 위해 복음의 말씀을 들려주시옵소서.
귀 기울여 듣겠나이다.

> **"여호와께서 임하여 서서 전과 같이
> 사무엘아 사무엘아 부르시는지라 사무엘이 이르되
> 말씀하옵소서 주의 종이 듣겠나이다 하니"**
>
> (삼상 3:10)

거룩하신 성부 · 성자 · 성령, 능력의 하나님,
허락하신 삶의 현장에서 자녀와 함께 말씀기도를 드립니다. 하나님께서 들려주신 말씀을 먹고 말씀의 능력을 힘입어, 주 안에서 '주의를 기울여 개별적인 만남을 가지며' 아이의 생활을 돕고 일깨우겠습니다. 은혜 중에 말씀대로 살아낼 수 있도록 순간순간 동행하시며 친히 인도하여 주시옵소서. 이 아이의 삶을 통해 하나님 홀로 영광 받으소서.

오! 살아계신 아버지 하나님,
이 아이가 하나님의 사람으로 세우심을 입도록 기쁨과 감사로 온전히 위탁하오며,
찬양받으실 우리 주 예수 그리스도의 이름으로 간절히 기도하옵나이다. 아멘.

✝ 오늘의 말씀을 묵상하며, 적용을 생각해 봅니다.

말씀 "   "

적용 "아이들의 이름을 자주 불러주고, 교육현장 밖에서 이루어지는 아이들의 생활에도 관심을 기울입니다."

Mom & Dad's 여섯번째 날

전지전능하신 사랑의 하나님, 은혜의 하나님, 평강의 하나님!
오늘도 부모(교사)로 부르심에 감사와 찬송을 드립니다.
주 예수 그리스도 안에서 먼저 나 자신이 하나님의 자녀임을 고백하고, 하나님 아버지의 사랑에 믿음과 순종으로 바르게 응답하는 삶을 살고 있는지를 돌아봅니다.
오직 하나님의 영광을 위하여, 이제 내게 명하신 말씀을 마음에 새기고 자녀에게 부지런히 가르치며, 맡겨주신 일을 말씀과 기도로 기쁘게 감당하고자 합니다.

우리의 심령을 감찰하시는 의로우신 하나님,
눈동자같이 지키시는 사랑하는 ○○(이)를 위해 복음의 말씀을 들려주시옵소서.
귀 기울여 듣겠나이다.

> **"네 하나님 여호와께서 네게 주어 차지하게 하시는 땅
> 곧 네 소유가 된 기업의 땅에서
> 조상이 정한 네 이웃의 경계표를 옮기지 말지니라"**
>
> (신 19:14)

거룩하신 성부 · 성자 · 성령, 능력의 하나님,
허락하신 삶의 현장에서 자녀와 함께 말씀기도를 드립니다. 하나님께서 들려주신 말씀을 먹고 말씀의 능력을 힘입어, 주 안에서 '문화를 이해하며' 아이의 생활을 돕고 일깨우겠습니다. 은혜 중에 말씀대로 살아낼 수 있도록 순간순간 동행하시며 친히 인도하여 주시옵소서. 이 아이의 삶을 통해 하나님 홀로 영광 받으소서.

오! 살아계신 아버지 하나님,
이 아이가 하나님의 사람으로 세우심을 입도록 기쁨과 감사로 온전히 위탁하오며,
찬양받으실 우리 주 예수 그리스도의 이름으로 간절히 기도하옵나이다. 아멘.

✝ 오늘의 말씀을 묵상하며, 적용을 생각해 봅니다.

말씀 "＿＿＿＿＿＿＿＿＿＿＿＿＿＿＿＿＿＿＿＿＿＿＿＿"

적용 "아이, 그들의 가족, 그들의 문화를 존중합니다."

 일곱번째 날

전지전능하신 사랑의 하나님, 은혜의 하나님, 평강의 하나님!
오늘도 부모(교사)로 부르심에 감사와 찬송을 드립니다.
주 예수 그리스도 안에서 먼저 나 자신이 하나님의 자녀임을 고백하고, 하나님 아버지의 사랑에 믿음과 순종으로 바르게 응답하는 삶을 살고 있는지를 돌아봅니다.
오직 하나님의 영광을 위하여, 이제 내게 명하신 말씀을 마음에 새기고 자녀에게 부지런히 가르치며, 맡겨주신 일을 말씀과 기도로 기쁘게 감당하고자 합니다.

온 세계를 아름답게 지으신 하나님,
눈동자같이 지키시는 사랑하는 ○○(이)를 위해 복음의 말씀을 들려주시옵소서.
귀 기울여 듣겠나이다.

> **"우리가 한 몸에 많은 지체를 가졌으나
> 모든 지체가 같은 기능을 가진 것이 아니니"**
>
> (롬 12:4)

거룩하신 성부 · 성자 · 성령, 능력의 하나님,
허락하신 삶의 현장에서 자녀와 함께 말씀기도를 드립니다. 하나님께서 들려주신 말씀을 먹고 말씀의 능력을 힘입어, 주 안에서 '능력의 다양성을 인정하며' 아이의 생활을 돕고 일깨우겠습니다. 은혜 중에 말씀대로 살아낼 수 있도록 순간순간 동행하시며 친히 인도하여 주시옵소서. 이 아이의 삶을 통해 하나님 홀로 영광 받으소서.

오! 살아계신 아버지 하나님,
이 아이가 하나님의 사람으로 세우심을 입도록 기쁨과 감사로 온전히 위탁하오며, 찬양받으실 우리 주 예수 그리스도의 이름으로 간절히 기도하옵나이다. 아멘.

✝ 오늘의 말씀을 묵상하며, 적용을 생각해 봅니다.

 "______________________________________"

 "아이들의 지적 능력뿐 아니라, 그 밖의 다양한 능력도 인정합니다."

Mom & Dad's 여덟번째 날

전지전능하신 사랑의 하나님, 은혜의 하나님, 평강의 하나님!
오늘도 부모(교사)로 부르심에 감사와 찬송을 드립니다.
주 예수 그리스도 안에서 먼저 나 자신이 하나님의 자녀임을 고백하고, 하나님 아버지의 사랑에 믿음과 순종으로 바르게 응답하는 삶을 살고 있는지를 돌아봅니다.
오직 하나님의 영광을 위하여, 이제 내게 명하신 말씀을 마음에 새기고 자녀에게 부지런히 가르치며, 맡겨주신 일을 말씀과 기도로 기쁘게 감당하고자 합니다.

하나님을 영화롭게 하기를 기도하시는 주님,
눈동자같이 지키시는 사랑하는 ○○(이)를 위해 복음의 말씀을 들려주시옵소서.
귀 기울여 듣겠나이다.

> **"곧 네가 기도를 시작할 즈음에 명령이 내렸으므로**
> **이제 네게 알리러 왔느니라**
> **너는 크게 은총을 입은 자라**
> **그런즉 너는 이 일을 생각하고 그 환상을 깨달을지니라"**
>
> (단 9:23)

거룩하신 성부 · 성자 · 성령, 능력의 하나님,
허락하신 삶의 현장에서 자녀와 함께 말씀기도를 드립니다. 하나님께서 들려주신 말씀을 먹고 말씀의 능력을 힘입어, 주 안에서 '가능성에 눈뜨고 발현해 가도록' 아이의 생활을 도우며 일깨우겠습니다. 은혜 중에 말씀대로 살아낼 수 있도록 순간순간 동행하시며 친히 인도하여 주시옵소서. 이 아이의 삶을 통해 하나님 홀로 영광 받으소서.

오! 살아계신 아버지 하나님,
이 아이가 하나님의 사람으로 세우심을 입도록 기쁨과 감사로 온전히 위탁하오며,
찬양받으실 우리 주 예수 그리스도의 이름으로 간절히 기도하옵나이다. 아멘.

✝ 오늘의 말씀을 묵상하며, 적용을 생각해 봅니다.

말씀 "＿＿＿＿＿＿＿＿＿＿＿＿＿＿＿＿＿＿＿＿＿＿＿＿＿＿＿＿＿＿＿"

적용 "아이들로 하여금 자신들이 무한한 잠재적 가능성을 지닌 존재임을 깨닫게 해줍니다."

Mom & Dad's 아홉번째 날

전지전능하신 사랑의 하나님, 은혜의 하나님, 평강의 하나님!
오늘도 부모(교사)로 부르심에 감사와 찬송을 드립니다.
주 예수 그리스도 안에서 먼저 나 자신이 하나님의 자녀임을 고백하고, 하나님 아버지의 사랑에 믿음과 순종으로 바르게 응답하는 삶을 살고 있는지를 돌아봅니다.
오직 하나님의 영광을 위하여, 이제 내게 명하신 말씀을 마음에 새기고 자녀에게 부지런히 가르치며, 맡겨주신 일을 말씀과 기도로 기쁘게 감당하고자 합니다.

삶을 풍요롭게 축복해주시는 하나님,
눈동자같이 지키시는 사랑하는 ○○(이)를 위해 복음의 말씀을 들려주시옵소서.
귀 기울여 듣겠나이다.

> **"네 양 떼의 형편을 부지런히 살피며
> 네 소 떼에게 마음을 두라"**
>
> (잠 27:23)

거룩하신 성부 · 성자 · 성령, 능력의 하나님,
허락하신 삶의 현장에서 자녀와 함께 말씀기도를 드립니다. 하나님께서 들려주신 말씀을 먹고 말씀의 능력을 힘입어, 주 안에서 '예리함으로' 아이의 생활을 도우며 일깨우겠습니다. 은혜 중에 말씀대로 살아낼 수 있도록 순간순간 동행하시며 친히 인도하여 주시옵소서. 이 아이의 삶을 통해 하나님 홀로 영광 받으소서.

오! 살아계신 아버지 하나님,
이 아이가 하나님의 사람으로 세우심을 입도록 기쁨과 감사로 온전히 위탁하오며,
찬양받으실 우리 주 예수 그리스도의 이름으로 간절히 기도하옵나이다. 아멘.

 오늘의 말씀을 묵상하며, 적용을 생각해 봅니다.

말씀 "   "

적용 "행동으로 말하는 아이들을 이해하기 위해 부모와 교사는 유능한 관찰자가 되어 생활을 지도합니다."

전지전능하신 사랑의 하나님, 은혜의 하나님, 평강의 하나님!
오늘도 부모(교사)로 부르심에 감사와 찬송을 드립니다.
주 예수 그리스도 안에서 먼저 나 자신이 하나님의 자녀임을 고백하고, 하나님 아버지의 사랑에 믿음과 순종으로 바르게 응답하는 삶을 살고 있는지를 돌아봅니다.
오직 하나님의 영광을 위하여, 이제 내게 명하신 말씀을 마음에 새기고 자녀에게 부지런히 가르치며, 맡겨주신 일을 말씀과 기도로 기쁘게 감당하고자 합니다.

내 마음속에 찾아오시는 사랑의 주님,
눈동자같이 지키시는 사랑하는 ○○(이)를 위해 복음의 말씀을 들려주시옵소서.
귀 기울여 듣겠나이다.

**"주께서 택하시고 가까이 오게 하사
주의 뜰에 살게 하신 사람은 복이 있나이다"**

(시 65:4상)

거룩하신 성부 · 성자 · 성령, 능력의 하나님,
허락하신 삶의 현장에서 자녀와 함께 말씀기도를 드립니다. 하나님께서 들려주신 말씀을 먹고 말씀의 능력을 힘입어, 주 안에서 **'자기효능감을 경험할 수 있도록'** 아이의 생활을 도우며 일깨우겠습니다. 은혜 중에 말씀대로 살아낼 수 있도록 순간순간 동행하시며 친히 인도하여 주시옵소서. 이 아이의 삶을 통해 하나님 홀로 영광 받으소서.

오! 살아계신 아버지 하나님,
이 아이가 하나님의 사람으로 세우심을 입도록 기쁨과 감사로 온전히 위탁하오며, 찬양받으실 우리 주 예수 그리스도의 이름으로 간절히 기도하옵나이다. 아멘.

✝ 오늘의 말씀을 묵상하며, 적용을 생각해 봅니다.

말씀 "　　　　　　　　　　　　　　　　　　　　　　　　"

적용 "아이들의 발달 수준을 고려한 개별 프로그램으로 성공경험을 가질 수 있도록 도와줍니다."

열한번째 날

전지전능하신 사랑의 하나님, 은혜의 하나님, 평강의 하나님!
오늘도 부모(교사)로 부르심에 감사와 찬송을 드립니다.
주 예수 그리스도 안에서 먼저 나 자신이 하나님의 자녀임을 고백하고, 하나님 아버지의 사랑에 믿음과 순종으로 바르게 응답하는 삶을 살고 있는지를 돌아봅니다.
오직 하나님의 영광을 위하여, 이제 내게 명하신 말씀을 마음에 새기고 자녀에게 부지런히 가르치며, 맡겨주신 일을 말씀과 기도로 기쁘게 감당하고자 합니다.

자원하는 심령을 주시는 성령 하나님,
눈동자같이 지키시는 사랑하는 ○○(이)를 위해 복음의 말씀을 들려주시옵소서.
귀 기울여 듣겠나이다.

> **"마리아가 이르되**
> **주의 여종이오니 말씀대로 내게 이루어지이다 하매**
> **천사가 떠나가니라"**
>
> (눅 1:38)

거룩하신 성부 · 성자 · 성령, 능력의 하나님,
허락하신 삶의 현장에서 자녀와 함께 말씀기도를 드립니다. 하나님께서 들려주신 말씀을 먹고 말씀의 능력을 힘입어, 주 안에서 아이의 생활을 '허락하는 마음으로' 도우며 일깨우겠습니다. 은혜 중에 말씀대로 살아낼 수 있도록 순간순간 동행하시며 친히 인도하여 주시옵소서. 이 아이의 삶을 통해 하나님 홀로 영광 받으소서.

오! 살아계신 아버지 하나님,
이 아이가 하나님의 사람으로 세우심을 입도록 기쁨과 감사로 온전히 위탁하오며,
찬양받으실 우리 주 예수 그리스도의 이름으로 간절히 기도하옵나이다. 아멘.

✝ 오늘의 말씀을 묵상하며, 적용을 생각해 봅니다.

 **말씀** "　　　　　　　　　　　　　　　　　　　"

 **적용** "아이들에게 스스로 선택할 수 있는 기회를 줍니다."

전지전능하신 사랑의 하나님, 은혜의 하나님, 평강의 하나님!
오늘도 부모(교사)로 부르심에 감사와 찬송을 드립니다.
주 예수 그리스도 안에서 먼저 나 자신이 하나님의 자녀임을 고백하고, 하나님 아버지의 사랑에 믿음과 순종으로 바르게 응답하는 삶을 살고 있는지를 돌아봅니다.
오직 하나님의 영광을 위하여, 이제 내게 명하신 말씀을 마음에 새기고 자녀에게 부지런히 가르치며, 맡겨주신 일을 말씀과 기도로 기쁘게 감당하고자 합니다.

사랑의 보증으로 성령을 주시는 하나님,
눈동자같이 지키시는 사랑하는 ○○(이)를 위해 복음의 말씀을 들려주시옵소서.
귀 기울여 듣겠나이다.

> **"너희 안에서 착한 일을 시작하신 이가
> 그리스도 예수의 날까지 이루실 줄을
> 우리는 확신하노라"**
>
> (빌 1:6)

거룩하신 성부 · 성자 · 성령, 능력의 하나님,
허락하신 삶의 현장에서 자녀와 함께 말씀기도를 드립니다. 하나님께서 들려주신 말씀을 먹고 말씀의 능력을 힘입어, 주 안에서 '의지를 북돋아주며' 아이의 생활을 돕고 일깨우겠습니다. 은혜 중에 말씀대로 살아낼 수 있도록 순간순간 동행하시며 친히 인도하여 주시옵소서. 이 아이의 삶을 통해 하나님 홀로 영광 받으소서.

오! 살아계신 아버지 하나님,
이 아이가 하나님의 사람으로 세우심을 입도록 기쁨과 감사로 온전히 위탁하오며,
찬양받으실 우리 주 예수 그리스도의 이름으로 간절히 기도하옵나이다. 아멘.

✝ 오늘의 말씀을 묵상하며, 적용을 생각해 봅니다.

말씀 "   "

적용 "아이들이 스스로 문제를 해결할 수 있도록 적극성과 목표수행의지를 일깨워 줍니다."

Mom & Dad's 열세번째 날

전지전능하신 사랑의 하나님, 은혜의 하나님, 평강의 하나님!
오늘도 부모(교사)로 부르심에 감사와 찬송을 드립니다.
주 예수 그리스도 안에서 먼저 나 자신이 하나님의 자녀임을 고백하고, 하나님 아버지의 사랑에 믿음과 순종으로 바르게 응답하는 삶을 살고 있는지를 돌아봅니다.
오직 하나님의 영광을 위하여, 이제 내게 명하신 말씀을 마음에 새기고 자녀에게 부지런히 가르치며, 맡겨주신 일을 말씀과 기도로 기쁘게 감당하고자 합니다.

온갖 구하는 것이나 생각하는 것에 더 넘치도록 능히 하시는 하나님,
눈동자같이 지키시는 사랑하는 ○○(이)를 위해 복음의 말씀을 들려주시옵소서.
귀 기울여 듣겠나이다.

> **"운동장에서 달음질하는 자들이 다 달릴지라도
> 오직 상을 받는 사람은 한 사람인 줄을 너희가 알지 못하느냐
> 너희도 상을 받도록 이와 같이 달음질하라"**
>
> (고전 9:24)

거룩하신 성부 · 성자 · 성령, 능력의 하나님,
허락하신 삶의 현장에서 자녀와 함께 말씀기도를 드립니다. 하나님께서 들려주신 말씀을 먹고 말씀의 능력을 힘입어, 주 안에서 '지지하고 지켜보는 마음으로' 아이의 생활을 도우며 일깨우겠습니다. 은혜 중에 말씀대로 살아낼 수 있도록 순간순간 동행하시며 친히 인도하여 주시옵소서. 이 아이의 삶을 통해 하나님 홀로 영광 받으소서.

오! 살아계신 아버지 하나님,
이 아이가 하나님의 사람으로 세우심을 입도록 기쁨과 감사로 온전히 위탁하오며, 찬양받으실 우리 주 예수 그리스도의 이름으로 간절히 기도하옵나이다. 아멘.

✝ 오늘의 말씀을 묵상하며, 적용을 생각해 봅니다.

말씀 "   "

적용 "아이들이 책임감을 가지고 자신의 일을 끝까지 할 수 있도록 격려합니다."

Mom & Dad's 열네번째 날

전지전능하신 사랑의 하나님, 은혜의 하나님, 평강의 하나님!
오늘도 부모(교사)로 부르심에 감사와 찬송을 드립니다.
주 예수 그리스도 안에서 먼저 나 자신이 하나님의 자녀임을 고백하고, 하나님 아버지의 사랑에 믿음과 순종으로 바르게 응답하는 삶을 살고 있는지를 돌아봅니다.
오직 하나님의 영광을 위하여, 이제 내게 명하신 말씀을 마음에 새기고 자녀에게 부지런히 가르치며, 맡겨주신 일을 말씀과 기도로 기쁘게 감당하고자 합니다.

스스로 있는 자이신 하나님,
눈동자같이 지키시는 사랑하는 ○○(이)를 위해 복음의 말씀을 들려주시옵소서.
귀 기울여 듣겠나이다.

> **"그런즉 너희 하나님 여호와께서 너희에게 명령하신 대로
> 너희는 삼가 행하여 좌로나 우로나 치우치지 말고
> 너희 하나님 여호와께서 너희에게 명령하신 모든 도를 행하라
> 그리하면 너희가 살 것이요 복이 너희에게 있을 것이며
> 너희가 차지한 땅에서 너희의 날이 길리라"**
>
> (신 5:32-33)

거룩하신 성부 · 성자 · 성령, 능력의 하나님,
허락하신 삶의 현장에서 자녀와 함께 말씀기도를 드립니다. 하나님께서 들려주신 말씀을 먹고 말씀의 능력을 힘입어, 주 안에서 **'명확하게 제안하며'** 아이의 생활을 돕고 일깨우겠습니다. 은혜 중에 말씀대로 살아낼 수 있도록 순간순간 동행하시며 친히 인도하여 주시옵소서. 이 아이의 삶을 통해 하나님 홀로 영광 받으소서.

오! 살아계신 아버지 하나님,
이 아이가 하나님의 사람으로 세우심을 입도록 기쁨과 감사로 온전히 위탁하오며,
찬양받으실 우리 주 예수 그리스도의 이름으로 간절히 기도하옵나이다. 아멘.

✝ 오늘의 말씀을 묵상하며, 적용을 생각해 봅니다.

 **말씀** "____"

 **적용** "아이들에게 '해야 할 행동'과 '하지 말아야 할 행동'들에 대해 명확하게 안내합니다."

Mom & Dad's 열다섯번째 날

전지전능하신 사랑의 하나님, 은혜의 하나님, 평강의 하나님!
오늘도 부모(교사)로 부르심에 감사와 찬송을 드립니다.
주 예수 그리스도 안에서 먼저 나 자신이 하나님의 자녀임을 고백하고, 하나님 아버지의 사랑에 믿음과 순종으로 바르게 응답하는 삶을 살고 있는지를 돌아봅니다.
오직 하나님의 영광을 위하여, 이제 내게 명하신 말씀을 마음에 새기고 자녀에게 부지런히 가르치며, 맡겨주신 일을 말씀과 기도로 기쁘게 감당하고자 합니다.

작은 것에도 충실하게 하시는 성령님,
눈동자같이 지키시는 사랑하는 ○○(이)를 위해 복음의 말씀을 들려주시옵소서.
귀 기울여 듣겠나이다.

> **"보라 내가 속히 오리니
> 내가 줄 상이 내게 있어
> 각 사람에게 그가 행한 대로 갚아주리라"**
>
> (계 22:12)

거룩하신 성부·성자·성령, 능력의 하나님,
허락하신 삶의 현장에서 자녀와 함께 말씀기도를 드립니다. 하나님께서 들려주신 말씀을 먹고 말씀의 능력을 힘입어, 주 안에서 '공정하게' 아이의 생활을 도우며 일깨우겠습니다. 은혜 중에 말씀대로 살아낼 수 있도록 순간순간 동행하시며 친히 인도하여 주시옵소서. 이 아이의 삶을 통해 하나님 홀로 영광 받으소서.

오! 살아계신 아버지 하나님,
이 아이가 하나님의 사람으로 세우심을 입도록 기쁨과 감사로 온전히 위탁하오며, 찬양받으실 우리 주 예수 그리스도의 이름으로 간절히 기도하옵나이다. 아멘.

✝ 오늘의 말씀을 묵상하며, 적용을 생각해 봅니다.

 "

"

 "아이들에게 자신들이 선택한 행동의 결과가 어떻게 영향을 미치게 되는지를 배울 수 있도록 공정하고 일관성 있게 지도합니다."

 # 열여섯번째 날

전지전능하신 사랑의 하나님, 은혜의 하나님, 평강의 하나님!
오늘도 부모(교사)로 부르심에 감사와 찬송을 드립니다.
주 예수 그리스도 안에서 먼저 나 자신이 하나님의 자녀임을 고백하고, 하나님 아버지의 사랑에 믿음과 순종으로 바르게 응답하는 삶을 살고 있는지를 돌아봅니다. 오직 하나님의 영광을 위하여, 이제 내게 명하신 말씀을 마음에 새기고 자녀에게 부지런히 가르치며, 맡겨주신 일을 말씀과 기도로 기쁘게 감당하고자 합니다.

영원부터 영원까지 살아계신 아버지 하나님,
눈동자같이 지키시는 사랑하는 ○○(이)를 위해 복음의 말씀을 들려주시옵소서.
귀 기울여 듣겠나이다.

> **"땅이 스스로 열매를 맺되 처음에는 싹이요
> 다음에는 이삭이요 그 다음에는 이삭에 충실한 곡식이라
> 열매가 익으면 곧 낫을 대나니
> 이는 추수 때가 이르렀음이라"**
>
> (막 4:28-29)

거룩하신 성부·성자·성령, 능력의 하나님,
허락하신 삶의 현장에서 자녀와 함께 말씀기도를 드립니다. 하나님께서 들려주신 말씀을 먹고 말씀의 능력을 힘입어, 주 안에서 아이의 생활을 '예상하고 관리할 수 있도록' 도우며 일깨우겠습니다. 은혜 중에 말씀대로 살아낼 수 있도록 순간순간 동행하시며 친히 인도하여 주시옵소서. 이 아이의 삶을 통해 하나님 홀로 영광 받으소서.

오! 살아계신 아버지 하나님,
이 아이가 하나님의 사람으로 세우심을 입도록 기쁨과 감사로 온전히 위탁하오며, 찬양받으실 우리 주 예수 그리스도의 이름으로 간절히 기도하옵나이다. 아멘.

✝ 오늘의 말씀을 묵상하며, 적용을 생각해 봅니다.

 "＿＿＿＿＿＿＿＿＿＿＿＿＿＿＿＿＿＿＿＿＿＿"

 "아이들이 다음 활동을 예상할 수 있도록 일과 운영표에 따라 하루 일과를 운영합니다."

 # 열일곱번째 날

전지전능하신 사랑의 하나님, 은혜의 하나님, 평강의 하나님!
오늘도 부모(교사)로 부르심에 감사와 찬송을 드립니다.
주 예수 그리스도 안에서 먼저 나 자신이 하나님의 자녀임을 고백하고, 하나님 아버지의 사랑에 믿음과 순종으로 바르게 응답하는 삶을 살고 있는지를 돌아봅니다.
오직 하나님의 영광을 위하여, 이제 내게 명하신 말씀을 마음에 새기고 자녀에게 부지런히 가르치며, 맡겨주신 일을 말씀과 기도로 기쁘게 감당하고자 합니다.

마음에 평화를 주시는 하나님,
눈동자같이 지키시는 사랑하는 ○○(이)를 위해 복음의 말씀을 들려주시옵소서.
귀 기울여 듣겠나이다.

> **"예수는 물러가사
> 한적한 곳에서 기도하시니라"**
>
> (눅 5:16)

거룩하신 성부 · 성자 · 성령, 능력의 하나님,
허락하신 삶의 현장에서 자녀와 함께 말씀기도를 드립니다. 하나님께서 들려주신 말씀을 먹고 말씀의 능력을 힘입어, 주 안에서 아이의 생활을 '쉼을 가지도록' 도우며 일깨우겠습니다. 은혜 중에 말씀대로 살아낼 수 있도록 순간순간 동행하시며 친히 인도하여 주시옵소서. 이 아이의 삶을 통해 하나님 홀로 영광 받으소서.

오! 살아계신 아버지 하나님,
이 아이가 하나님의 사람으로 세우심을 입도록 기쁨과 감사로 온전히 위탁하오며, 찬양받으실 우리 주 예수 그리스도의 이름으로 간절히 기도하옵나이다. 아멘.

✝ 오늘의 말씀을 묵상하며, 적용을 생각해 봅니다.

 "   "

 "아이들에게 에너지와 감정을 표출할 수 있는 운동, 휴식, 그리고 바깥놀이 기회를 제공합니다."

전지전능하신 사랑의 하나님, 은혜의 하나님, 평강의 하나님!
오늘도 부모(교사)로 부르심에 감사와 찬송을 드립니다.
주 예수 그리스도 안에서 먼저 나 자신이 하나님의 자녀임을 고백하고, 하나님 아버지의 사랑에 믿음과 순종으로 바르게 응답하는 삶을 살고 있는지를 돌아봅니다.
오직 하나님의 영광을 위하여, 이제 내게 명하신 말씀을 마음에 새기고 자녀에게 부지런히 가르치며, 맡겨주신 일을 말씀과 기도로 기쁘게 감당하고자 합니다.

나를 주의 이름으로 건지시는 하나님,
눈동자같이 지키시는 사랑하는 ○○(이)를 위해 복음의 말씀을 들려주시옵소서.
귀 기울여 듣겠나이다.

> **"하나님의 은사와 부르심에는
> 후회하심이 없느니라"**
>
> (롬 11:29)

거룩하신 성부 · 성자 · 성령, 능력의 하나님,
허락하신 삶의 현장에서 자녀와 함께 말씀기도를 드립니다. 하나님께서 들려주신 말씀을 먹고 말씀의 능력을 힘입어, 주 안에서 '편견 없이' 아이의 생활을 도우며 일깨우겠습니다. 은혜 중에 말씀대로 살아낼 수 있도록 순간순간 동행하시며 친히 인도하여 주시옵소서. 이 아이의 삶을 통해 하나님 홀로 영광 받으소서.

오! 살아계신 아버지 하나님,
이 아이가 하나님의 사람으로 세우심을 입도록 기쁨과 감사로 온전히 위탁하오며, 찬양받으실 우리 주 예수 그리스도의 이름으로 간절히 기도하옵나이다. 아멘.

✝ 오늘의 말씀을 묵상하며, 적용을 생각해 봅니다.

 **말씀** "   "

 **적용** "아이들이 실수할 수 있다는 것을 인정하고, 수치심이나 모욕감을 느끼지 않도록 있는 그대로를 수용합니다."

 열아홉번째 날

전지전능하신 사랑의 하나님, 은혜의 하나님, 평강의 하나님!
오늘도 부모(교사)로 부르심에 감사와 찬송을 드립니다.
주 예수 그리스도 안에서 먼저 나 자신이 하나님의 자녀임을 고백하고, 하나님 아버지의 사랑에 믿음과 순종으로 바르게 응답하는 삶을 살고 있는지를 돌아봅니다.
오직 하나님의 영광을 위하여, 이제 내게 명하신 말씀을 마음에 새기고 자녀에게 부지런히 가르치며, 맡겨주신 일을 말씀과 기도로 기쁘게 감당하고자 합니다.

순종하는 자를 복되다 하시는 하나님,
눈동자같이 지키시는 사랑하는 ○○(이)를 위해 복음의 말씀을 들려주시옵소서.
귀 기울여 듣겠나이다.

> **"이제 후로는 네 이름을 아브람이라 하지 아니하고**
> **아브라함이라 하리니**
> **이는 내가 너를 여러 민족의 아버지가 되게 함이니라"**
>
> (창 17:5)

거룩하신 성부 · 성자 · 성령, 능력의 하나님,
허락하신 삶의 현장에서 자녀와 함께 말씀기도를 드립니다. 하나님께서 들려주신 말씀을 먹고 말씀의 능력을 힘입어, 주 안에서 '**자존감을 세워주며**' 아이의 생활을 돕고 일깨우겠습니다. 은혜 중에 말씀대로 살아낼 수 있도록 순간순간 동행하시며 친히 인도하여 주시옵소서. 이 아이의 삶을 통해 하나님 홀로 영광 받으소서.

오! 살아계신 아버지 하나님,
이 아이가 하나님의 사람으로 세우심을 입도록 기쁨과 감사로 온전히 위탁하오며,
찬양받으실 우리 주 예수 그리스도의 이름으로 간절히 기도하옵나이다. 아멘.

✝ 오늘의 말씀을 묵상하며, 적용을 생각해 봅니다.

말씀 "   "

적용 "긍정적인 호칭으로 아이들의 이름을 불러주며 자기존중감을 길러줍니다."

전지전능하신 사랑의 하나님, 은혜의 하나님, 평강의 하나님!
오늘도 부모(교사)로 부르심에 감사와 찬송을 드립니다.
주 예수 그리스도 안에서 먼저 나 자신이 하나님의 자녀임을 고백하고, 하나님 아버지의 사랑에 믿음과 순종으로 바르게 응답하는 삶을 살고 있는지를 돌아봅니다.
오직 하나님의 영광을 위하여, 이제 내게 명하신 말씀을 마음에 새기고 자녀에게 부지런히 가르치며, 맡겨주신 일을 말씀과 기도로 기쁘게 감당하고자 합니다.

우리의 약함을 강한 능력으로 지켜주시는 하나님,
눈동자같이 지키시는 사랑하는 ○○(이)를 위해 복음의 말씀을 들려주시옵소서.
귀 기울여 듣겠나이다.

> **"주인이 이 옳지 않은 청지기가
> 일을 지혜 있게 하였으므로 칭찬하였으니"**
>
> (눅 16:8상)

거룩하신 성부 · 성자 · 성령, 능력의 하나님,
허락하신 삶의 현장에서 자녀와 함께 말씀기도를 드립니다. 하나님께서 들려주신 말씀을 먹고 말씀의 능력을 힘입어, 주 안에서 '유용한 칭찬으로' 아이의 생활을 도우며 일깨우겠습니다. 은혜 중에 말씀대로 살아낼 수 있도록 순간순간 동행하시며 친히 인도하여 주시옵소서. 이 아이의 삶을 통해 하나님 홀로 영광 받으소서.

오! 살아계신 아버지 하나님,
이 아이가 하나님의 사람으로 세우심을 입도록 기쁨과 감사로 온전히 위탁하오며,
찬양받으실 우리 주 예수 그리스도의 이름으로 간절히 기도하옵나이다. 아멘.

✝ 오늘의 말씀을 묵상하며, 적용을 생각해 봅니다.

"   "

"아이들이 독창성, 유창성, 융통성, 정교성을 발휘하여 창의력을 증진시킬 수 있도록 격려하고 칭찬합니다."

전지전능하신 사랑의 하나님, 은혜의 하나님, 평강의 하나님!
오늘도 부모(교사)로 부르심에 감사와 찬송을 드립니다.
주 예수 그리스도 안에서 먼저 나 자신이 하나님의 자녀임을 고백하고, 하나님 아버지의 사랑에 믿음과 순종으로 바르게 응답하는 삶을 살고 있는지를 돌아봅니다. 오직 하나님의 영광을 위하여, 이제 내게 명하신 말씀을 마음에 새기고 자녀에게 부지런히 가르치며, 맡겨주신 일을 말씀과 기도로 기쁘게 감당하고자 합니다.

나의 어리석음을 끝없이 참아주시는 하나님,
눈동자같이 지키시는 사랑하는 ○○(이)를 위해 복음의 말씀을 들려주시옵소서.
귀 기울여 듣겠나이다.

**"경우에 합당한 말은
아로새긴 은 쟁반에 금 사과니라"**

(잠 25:11)

거룩하신 성부 · 성자 · 성령, 능력의 하나님,
허락하신 삶의 현장에서 자녀와 함께 말씀기도를 드립니다. 하나님께서 들려주신 말씀을 먹고 말씀의 능력을 힘입어, 주 안에서 '반응적으로' 아이의 생활을 도우며 일깨우겠습니다. 은혜 중에 말씀대로 살아낼 수 있도록 순간순간 동행하시며 친히 인도하여 주시옵소서. 이 아이의 삶을 통해 하나님 홀로 영광 받으소서.

오! 살아계신 아버지 하나님,
이 아이가 하나님의 사람으로 세우심을 입도록 기쁨과 감사로 온전히 위탁하오며,
찬양받으실 우리 주 예수 그리스도의 이름으로 간절히 기도하옵나이다. 아멘.

✝ 오늘의 말씀을 묵상하며, 적용을 생각해 봅니다.

말씀 "   "

적용 "개방적인 질문을 많이 사용하고, 다소 틀린 답에 대해서도 수용적인 반응을 보여줍니다."

Mom & Dad's 스물두번째 날

전지전능하신 사랑의 하나님, 은혜의 하나님, 평강의 하나님!
오늘도 부모(교사)로 부르심에 감사와 찬송을 드립니다.
주 예수 그리스도 안에서 먼저 나 자신이 하나님의 자녀임을 고백하고, 하나님 아버지의 사랑에 믿음과 순종으로 바르게 응답하는 삶을 살고 있는지를 돌아봅니다. 오직 하나님의 영광을 위하여, 이제 내게 명하신 말씀을 마음에 새기고 자녀에게 부지런히 가르치며, 맡겨주신 일을 말씀과 기도로 기쁘게 감당하고자 합니다.

주의 뜻대로 살려는 간절한 마음을 받아주시는 아버지 하나님,
눈동자같이 지키시는 사랑하는 ○○(이)를 위해 복음의 말씀을 들려주시옵소서.
귀 기울여 듣겠나이다.

> **"사랑하는 자들아**
> **너희는 너희의 지극히 거룩한 믿음 위에 자신을 세우며**
> **성령으로 기도하며**
> **하나님의 사랑 안에서 자신을 지키며**
> **영생에 이르도록 우리 주 예수 그리스도의 긍휼을 기다리라"**
>
> (유 1:20-21)

거룩하신 성부·성자·성령, 능력의 하나님,
허락하신 삶의 현장에서 자녀와 함께 말씀기도를 드립니다. 하나님께서 들려주신 말씀을 먹고 말씀의 능력을 힘입어, 주 안에서 '**문제의식을 갖도록**' 아이의 생활을 도우며 일깨우겠습니다. 은혜 중에 말씀대로 살아낼 수 있도록 순간순간 동행하시며 친히 인도하여 주시옵소서. 이 아이의 삶을 통해 하나님 홀로 영광 받으소서.

오! 살아계신 아버지 하나님,
이 아이가 하나님의 사람으로 세우심을 입도록 기쁨과 감사로 온전히 위탁하오며,
찬양받으실 우리 주 예수 그리스도의 이름으로 간절히 기도하옵나이다. 아멘.

✝ 오늘의 말씀을 묵상하며, 적용을 생각해 봅니다.

말씀 "   "

적용 "아이들이 혼자서 문제를 해결할 수 있도록 자기 주도적 학습을 격려합니다."

Mom & Dad's 스물세번째 날

전지전능하신 사랑의 하나님, 은혜의 하나님, 평강의 하나님!
오늘도 부모(교사)로 부르심에 감사와 찬송을 드립니다.
주 예수 그리스도 안에서 먼저 나 자신이 하나님의 자녀임을 고백하고, 하나님 아버지의 사랑에 믿음과 순종으로 바르게 응답하는 삶을 살고 있는지를 돌아봅니다.
오직 하나님의 영광을 위하여, 이제 내게 명하신 말씀을 마음에 새기고 자녀에게 부지런히 가르치며, 맡겨주신 일을 말씀과 기도로 기쁘게 감당하고자 합니다.

주의 은총 안에서 기쁨을 맛보게 하시는 하나님,
눈동자같이 지키시는 사랑하는 ○○(이)를 위해 복음의 말씀을 들려주시옵소서.
귀 기울여 듣겠나이다.

> **"물에 비치면 얼굴이 서로 같은 것같이
> 사람의 마음도 서로 비치느니라"**
>
> (잠 27:19)

거룩하신 성부 · 성자 · 성령, 능력의 하나님,
허락하신 삶의 현장에서 자녀와 함께 말씀기도를 드립니다. 하나님께서 들려주신 말씀을 먹고 말씀의 능력을 힘입어, 주 안에서 '슬기로움을 보이며' 아이의 생활을 돕고 일깨우겠습니다. 은혜 중에 말씀대로 살아낼 수 있도록 순간순간 동행하시며 친히 인도하여 주시옵소서. 이 아이의 삶을 통해 하나님 홀로 영광 받으소서.

오! 살아계신 아버지 하나님,
이 아이가 하나님의 사람으로 세우심을 입도록 기쁨과 감사로 온전히 위탁하오며,
찬양받으실 우리 주 예수 그리스도의 이름으로 간절히 기도하옵나이다. 아멘.

✝ 오늘의 말씀을 묵상하며, 적용을 생각해 봅니다.

 **말씀** "   "

 **적용** "긍정적인 자기존중감을 가진 사람의 모델은 아이들이 긍정적인 삶의 태도를 형성하도록 도와줍니다."

전지전능하신 사랑의 하나님, 은혜의 하나님, 평강의 하나님!
오늘도 부모(교사)로 부르심에 감사와 찬송을 드립니다.
주 예수 그리스도 안에서 먼저 나 자신이 하나님의 자녀임을 고백하고, 하나님 아
버지의 사랑에 믿음과 순종으로 바르게 응답하는 삶을 살고 있는지를 돌아봅니다.
오직 하나님의 영광을 위하여, 이제 내게 명하신 말씀을 마음에 새기고 자녀에게
부지런히 가르치며, 맡겨주신 일을 말씀과 기도로 기쁘게 감당하고자 합니다.

홀로 한 분이신 여호와 하나님,
눈동자같이 지키시는 사랑하는 ○○(이)를 위해 복음의 말씀을 들려주시옵소서.
귀 기울여 듣겠나이다.

**"내가 그리스도를 본받는 자가 된 것같이
너희는 나를 본받는 자가 되라"**

(고전 11:1)

거룩하신 성부 · 성자 · 성령, 능력의 하나님,
허락하신 삶의 현장에서 자녀와 함께 말씀기도를 드립니다. 하나님께서 들려주신
말씀을 먹고 말씀의 능력을 힘입어, 주 안에서 '**존경 받으며**' 아이의 생활을 돕고 일
깨우겠습니다. 은혜 중에 말씀대로 살아낼 수 있도록 순간순간 동행하시며 친히
인도하여 주시옵소서. 이 아이의 삶을 통해 하나님 홀로 영광 받으소서.

오! 살아계신 아버지 하나님,
이 아이가 하나님의 사람으로 세우심을 입도록 기쁨과 감사로 온전히 위탁하오며,
찬양받으실 우리 주 예수 그리스도의 이름으로 간절히 기도하옵나이다. 아멘.

✝ 오늘의 말씀을 묵상하며, 적용을 생각해 봅니다.

말씀 "   "

적용 "아이들이 부모와 교사를 개별적인 인격체로 생각할 수 있도록 부모와 교사도 자신의 개인
적인 삶을 보여줍니다."

전지전능하신 사랑의 하나님, 은혜의 하나님, 평강의 하나님!
오늘도 부모(교사)로 부르심에 감사와 찬송을 드립니다.
주 예수 그리스도 안에서 먼저 나 자신이 하나님의 자녀임을 고백하고, 하나님 아버지의 사랑에 믿음과 순종으로 바르게 응답하는 삶을 살고 있는지를 돌아봅니다.
오직 하나님의 영광을 위하여, 이제 내게 명하신 말씀을 마음에 새기고 자녀에게 부지런히 가르치며, 맡겨주신 일을 말씀과 기도로 기쁘게 감당하고자 합니다.

냉랭한 마음을 사랑으로 녹여주시는 주님,
눈동자같이 지키시는 사랑하는 ○○(이)를 위해 복음의 말씀을 들려주시옵소서.
귀 기울여 듣겠나이다.

"적당한 말로 대답함은 입맞춤과 같으니라"

(잠 24:26)

거룩하신 성부·성자·성령, 능력의 하나님,
허락하신 삶의 현장에서 자녀와 함께 말씀기도를 드립니다. 하나님께서 들려주신 말씀을 먹고 말씀의 능력을 힘입어, 주 안에서 '친밀함으로' 아이의 생활을 도우며 일깨우겠습니다. 은혜 중에 말씀대로 살아낼 수 있도록 순간순간 동행하시며 친히 인도하여 주시옵소서. 이 아이의 삶을 통해 하나님 홀로 영광 받으소서.

오! 살아계신 아버지 하나님,
이 아이가 하나님의 사람으로 세우심을 입도록 기쁨과 감사로 온전히 위탁하오며,
찬양받으실 우리 주 예수 그리스도의 이름으로 간절히 기도하옵나이다. 아멘.

✝ 오늘의 말씀을 묵상하며, 적용을 생각해 봅니다.

말씀 "   "

적용 "환한 웃음, 끄덕거리기, 토닥거림과 같은 비언어적인 메시지를 활용합니다."

전지전능하신 사랑의 하나님, 은혜의 하나님, 평강의 하나님!
오늘도 부모(교사)로 부르심에 감사와 찬송을 드립니다.
주 예수 그리스도 안에서 먼저 나 자신이 하나님의 자녀임을 고백하고, 하나님 아버지의 사랑에 믿음과 순종으로 바르게 응답하는 삶을 살고 있는지를 돌아봅니다.
오직 하나님의 영광을 위하여, 이제 내게 명하신 말씀을 마음에 새기고 자녀에게 부지런히 가르치며, 맡겨주신 일을 말씀과 기도로 기쁘게 감당하고자 합니다.

은총이 가득하신 주님,
눈동자같이 지키시는 사랑하는 ○○(이)를 위해 복음의 말씀을 들려주시옵소서.
귀 기울여 듣겠나이다.

> **"마음의 즐거움은 얼굴을 빛나게 하여도
> 마음의 근심은 심령을 상하게 하느니라"**
>
> (잠 15:13)

거룩하신 성부 · 성자 · 성령, 능력의 하나님,
허락하신 삶의 현장에서 자녀와 함께 말씀기도를 드립니다. 하나님께서 들려주신 말씀을 먹고 말씀의 능력을 힘입어, 주 안에서 '밝은 마음으로 대하며' 아이의 생활을 돕고 일깨우겠습니다. 은혜 중에 말씀대로 살아낼 수 있도록 순간순간 동행하시며 친히 인도하여 주시옵소서. 이 아이의 삶을 통해 하나님 홀로 영광 받으소서.

오! 살아계신 아버지 하나님,
이 아이가 하나님의 사람으로 세우심을 입도록 기쁨과 감사로 온전히 위탁하오며, 찬양받으실 우리 주 예수 그리스도의 이름으로 간절히 기도하옵나이다. 아멘.

✝ 오늘의 말씀을 묵상하며, 적용을 생각해 봅니다.

말씀 "   "

적용 "유머감각을 지니고 큰 소리로 웃는 모습을 보여줍니다."

Mom & Dad's 스물일곱번째 날

전지전능하신 사랑의 하나님, 은혜의 하나님, 평강의 하나님!
오늘도 부모(교사)로 부르심에 감사와 찬송을 드립니다.
주 예수 그리스도 안에서 먼저 나 자신이 하나님의 자녀임을 고백하고, 하나님 아버지의 사랑에 믿음과 순종으로 바르게 응답하는 삶을 살고 있는지를 돌아봅니다.
오직 하나님의 영광을 위하여, 이제 내게 명하신 말씀을 마음에 새기고 자녀에게 부지런히 가르치며, 맡겨주신 일을 말씀과 기도로 기쁘게 감당하고자 합니다.

나약한 믿음을 강한 손으로 잡아주시는 주님,
눈동자같이 지키시는 사랑하는 ○○(이)를 위해 복음의 말씀을 들려주시옵소서.
귀 기울여 듣겠나이다.

> **"도가니로 은을, 풀무로 금을,
> 칭찬으로 사람을 단련하느니라"**
>
> (잠 27:21)

거룩하신 성부 · 성자 · 성령, 능력의 하나님,
허락하신 삶의 현장에서 자녀와 함께 말씀기도를 드립니다. 하나님께서 들려주신 말씀을 먹고 말씀의 능력을 힘입어, 주 안에서 '성장 훈련으로' 아이의 생활을 도우며 일깨우겠습니다. 은혜 중에 말씀대로 살아낼 수 있도록 순간순간 동행하시며 친히 인도하여 주시옵소서. 이 아이의 삶을 통해 하나님 홀로 영광 받으소서.

오! 살아계신 아버지 하나님,
이 아이가 하나님의 사람으로 세우심을 입도록 기쁨과 감사로 온전히 위탁하오며,
찬양받으실 우리 주 예수 그리스도의 이름으로 간절히 기도하옵나이다. 아멘.

✝ 오늘의 말씀을 묵상하며, 적용을 생각해 봅니다.

 "   "

 "아이들에게 그들이 성취한 것을 축하해주고, 현재의 성장과 변화에 대해서도 말해줍니다."

Mom & Dad's 스물여덟번째 날

전지전능하신 사랑의 하나님, 은혜의 하나님, 평강의 하나님!
오늘도 부모(교사)로 부르심에 감사와 찬송을 드립니다.
주 예수 그리스도 안에서 먼저 나 자신이 하나님의 자녀임을 고백하고, 하나님 아버지의 사랑에 믿음과 순종으로 바르게 응답하는 삶을 살고 있는지를 돌아봅니다. 오직 하나님의 영광을 위하여, 이제 내게 명하신 말씀을 마음에 새기고 자녀에게 부지런히 가르치며, 맡겨주신 일을 말씀과 기도로 기쁘게 감당하고자 합니다.

완전한 의의 빛을 비추어주시는 하나님,
눈동자같이 지키시는 사랑하는 ○○(이)를 위해 복음의 말씀을 들려주시옵소서.
귀 기울여 듣겠나이다.

> **"푯대를 향하여
> 그리스도 예수 안에서 하나님이 위에서 부르신
> 부름의 상을 위하여 달려가노라"**
>
> (빌 3:14)

거룩하신 성부 · 성자 · 성령, 능력의 하나님,
허락하신 삶의 현장에서 자녀와 함께 말씀기도를 드립니다. 하나님께서 들려주신 말씀을 먹고 말씀의 능력을 힘입어, 주 안에서 '**경주자의 자세로 열심히 할 수 있도록**' 아이의 생활을 도우며 일깨우겠습니다. 은혜 중에 말씀대로 살아낼 수 있도록 순간순간 동행하시며 친히 인도하여 주시옵소서. 이 아이의 삶을 통해 하나님 홀로 영광 받으소서.

오! 살아계신 아버지 하나님,
이 아이가 하나님의 사람으로 세우심을 입도록 기쁨과 감사로 온전히 위탁하오며,
찬양받으실 우리 주 예수 그리스도의 이름으로 간절히 기도하옵나이다. 아멘.

✝ 오늘의 말씀을 묵상하며, 적용을 생각해 봅니다.

말씀 "   "

적용 "아이들이 목표달성을 위해 열심히 노력한 과정을 격려하고, 과정이 끝난 후에 지연된 기쁨을 경험하도록 합니다."

전지전능하신 사랑의 하나님, 은혜의 하나님, 평강의 하나님!
오늘도 부모(교사)로 부르심에 감사와 찬송을 드립니다.
주 예수 그리스도 안에서 먼저 나 자신이 하나님의 자녀임을 고백하고, 하나님 아
버지의 사랑에 믿음과 순종으로 바르게 응답하는 삶을 살고 있는지를 돌아봅니다.
오직 하나님의 영광을 위하여, 이제 내게 명하신 말씀을 마음에 새기고 자녀에게
부지런히 가르치며, 맡겨주신 일을 말씀과 기도로 기쁘게 감당하고자 합니다.

내 궁핍함을 늘 채워주시는 자비하신 주님,
눈동자같이 지키시는 사랑하는 ○○(이)를 위해 복음의 말씀을 들려주시옵소서.
귀 기울여 듣겠나이다.

> **"정함이 없는 재물에 소망을 두지 말고**
> **오직 우리에게 모든 것을 후히 주사 누리게 하시는**
> **하나님께 두며"**
>
> (딤전 6:17중하)

거룩하신 성부 · 성자 · 성령, 능력의 하나님,
허락하신 삶의 현장에서 자녀와 함께 말씀기도를 드립니다. 하나님께서 들려주신
말씀을 먹고 말씀의 능력을 힘입어, 주 안에서 '마음의 풍요로움으로' 아이의 생활
을 도우며 일깨우겠습니다. 은혜 중에 말씀대로 살아낼 수 있도록 순간순간 동행하
시며 친히 인도하여 주시옵소서. 이 아이의 삶을 통해 하나님 홀로 영광 받으소서.

오! 살아계신 아버지 하나님,
이 아이가 하나님의 사람으로 세우심을 입도록 기쁨과 감사로 온전히 위탁하오며,
찬양받으실 우리 주 예수 그리스도의 이름으로 간절히 기도하옵나이다. 아멘.

✝ 오늘의 말씀을 묵상하며, 적용을 생각해 봅니다.

말씀 "   "

적용 "아이들에게 물질적인 보상보다는 격려를 합니다."

전지전능하신 사랑의 하나님, 은혜의 하나님, 평강의 하나님!
오늘도 부모(교사)로 부르심에 감사와 찬송을 드립니다.
주 예수 그리스도 안에서 먼저 나 자신이 하나님의 자녀임을 고백하고, 하나님 아
버지의 사랑에 믿음과 순종으로 바르게 응답하는 삶을 살고 있는지를 돌아봅니다.
오직 하나님의 영광을 위하여, 이제 내게 명하신 말씀을 마음에 새기고 자녀에게
부지런히 가르치며, 맡겨주신 일을 말씀과 기도로 기쁘게 감당하고자 합니다.

마음의 평정을 지켜주시는 예수님,
눈동자같이 지키시는 사랑하는 ○○(이)를 위해 복음의 말씀을 들려주시옵소서.
귀 기울여 듣겠나이다.

> **"타인이 너를 칭찬하게 하고 네 입으로는 하지 말며**
> **외인이 너를 칭찬하게 하고 네 입술로는 하지 말지니라"**
>
> (잠 27:2)

거룩하신 성부 · 성자 · 성령, 능력의 하나님,
허락하신 삶의 현장에서 자녀와 함께 말씀기도를 드립니다. 하나님께서 들려주신
말씀을 먹고 말씀의 능력을 힘입어, 주 안에서 '타인을 인정하도록' 아이의 생활을
도우며 일깨우겠습니다. 은혜 중에 말씀대로 살아낼 수 있도록 순간순간 동행하시
며 친히 인도하여 주시옵소서. 이 아이의 삶을 통해 하나님 홀로 영광 받으소서.

오! 살아계신 아버지 하나님,
이 아이가 하나님의 사람으로 세우심을 입도록 기쁨과 감사로 온전히 위탁하오며,
찬양받으실 우리 주 예수 그리스도의 이름으로 간절히 기도하옵나이다. 아멘.

✝ 오늘의 말씀을 묵상하며, 적용을 생각해 봅니다.

말씀 "   "

적용 "아이들에게 '장점 찾아주기' 활동을 통해 자신들에 대한 긍정적인 이야기를 들을 수 있는
기회를 제공합니다."

한나의 기도

한나가 기도하여 이르되

내 마음이 여호와로 말미암아 즐거워하며 내 뿔이 여호와로 말미암아 높아졌으며

내 입이 내 원수들을 향하여 크게 열렸으니 이는 내가 주의 구원으로 말미암아

기뻐함이니이다

여호와와 같이 거룩하신 이가 없으시니 이는 주 밖에 다른 이가 없고

우리 하나님 같은 반석도 없으심이니이다

심히 교만한 말을 다시 하지 말 것이며 오만한 말을 너희의 입에서 내지 말지어다

여호와는 지식의 하나님이시라 행동을 달아 보시느니라

용사의 활은 꺾이고 넘어진 자는 힘으로 띠를 띠도다

풍족하던 자들은 양식을 위하여 품을 팔고 주리던 자들은 다시 주리지 아니하도다

전에 임신하지 못하던 자는 일곱을 낳았고 많은 자녀를 둔 자는 쇠약하도다

여호와는 죽이기도 하시고 살리기도 하시며 스올에 내리게도 하시고

거기에서 올리기도 하시는도다

여호와는 가난하게도 하시고 부하게도 하시며

낮추기도 하시고 높이기도 하시는도다

가난한 자를 진토에서 일으키시며 빈궁한 자를 거름더미에서 올리사

귀족들과 함께 앉게 하시며 영광의 자리를 차지하게 하시는도다

땅의 기둥들은 여호와의 것이라 여호와께서 세계를 그것들 위에 세우셨도다

그가 그의 거룩한 자들의 발을 지키실 것이요 악인들을 흑암 중에서 잠잠하게

하시리니 힘으로는 이길 사람이 없음이로다

여호와를 대적하는 자는 산산이 깨어질 것이라

하늘에서 우레로 그들을 치시리로다

여호와께서 땅 끝까지 심판을 내리시고 자기 왕에게 힘을 주시며

자기의 기름 부음을 받은 자의 뿔을 높이시리로다 하니라

(사무엘상 2:1-10)

"내 맘 잘 아는······ 내 형편 잘 아는 누군가가 필요했습니다. 나를 토닥거려 줄 무언가가 필요했습니다. 부모로서 잘하고 있다고 격려해 주고, 때론 반성할 수 있게 해주는 힘이 필요했습니다. 성경말씀과 스승이 들려주는 기도의 글을 한마음 되어 읊어 봅니다. 어느새 우리 아이의 행복한 하루를 위탁하며 남편과 함께 부모됨을 감사하는 마음이 따뜻해지고 있습니다."

엄마 3/ 윤선

5 May

택하심의 기도

"예수께서 이르시되
네 마음을 다하고 목숨을 다하고 뜻을 다하여
주 너의 하나님을 사랑하라 하셨으니
이것이 크고 첫째 되는 계명이요
둘째도 그와 같으니
네 이웃을 네 자신 같이 사랑하라 하셨으니
이 두 계명이 온 율법과 선지자의 강령이니라"

(마 22:37-40)

Mom & Dad's 첫번째 날

전지전능하신 사랑의 하나님, 은혜의 하나님, 평강의 하나님!
오늘도 부모(교사)로 부르심에 감사와 찬송을 드립니다.
주 예수 그리스도 안에서 먼저 나 자신이 하나님의 자녀임을 고백하고, 하나님 아버지의 사랑에 믿음과 순종으로 바르게 응답하는 삶을 살고 있는지를 돌아봅니다.
오직 하나님의 영광을 위하여, 이제 내게 명하신 말씀을 마음에 새기고 자녀에게 부지런히 가르치며, 맡겨주신 일을 말씀과 기도로 기쁘게 감당하고자 합니다.

온전한 참 사랑이신 하나님,
눈동자같이 지키시는 사랑하는 ○○(이)를 위해 복음의 말씀을 들려주시옵소서.
귀 기울여 듣겠나이다.

> **"모든 성경은 하나님의 감동으로 된 것으로**
> **교훈과 책망과 바르게 함과 의로 교육하기에 유익하니**
> **이는 하나님의 사람으로 온전하게 하며**
> **모든 선한 일을 행할 능력을 갖추게 하려 함이라"**
>
> (딤후 3:16-17)

거룩하신 성부 · 성자 · 성령, 능력의 하나님,
허락하신 삶의 현장에서 자녀와 함께 말씀기도를 드립니다. 하나님께서 들려주신 말씀을 먹고 말씀의 능력을 힘입어, 주 안에서 '하나님의 교훈과 훈계와 의로' 아이의 생활을 도우며 일깨우겠습니다. 은혜 중에 말씀대로 살아낼 수 있도록 순간순간 동행하시며 친히 인도하여 주시옵소서. 이 아이의 삶을 통해 하나님 홀로 영광 받으소서.

오! 살아계신 아버지 하나님,
이 아이가 하나님의 사람으로 택하심을 입도록 기쁨과 감사로 온전히 위탁하오며, 찬양받으실 우리 주 예수 그리스도의 이름으로 간절히 기도하옵나이다. 아멘.

✝ 오늘의 말씀을 묵상하며, 적용을 생각해 봅니다.

"   "

"우리가 받은 축복은 많은 부모와 교사들이 진실로 헌신적이라는 것입니다. 부모와 교사들은 다음 세대에 그들의 삶을 줍니다."

전지전능하신 사랑의 하나님, 은혜의 하나님, 평강의 하나님!
오늘도 부모(교사)로 부르심에 감사와 찬송을 드립니다.
주 예수 그리스도 안에서 먼저 나 자신이 하나님의 자녀임을 고백하고, 하나님 아버지의 사랑에 믿음과 순종으로 바르게 응답하는 삶을 살고 있는지를 돌아봅니다.
오직 하나님의 영광을 위하여, 이제 내게 명하신 말씀을 마음에 새기고 자녀에게 부지런히 가르치며, 맡겨주신 일을 말씀과 기도로 기쁘게 감당하고자 합니다.

머리털 하나도 상치 않게 보호하시는 하나님 아버지,
눈동자같이 지키시는 사랑하는 ○○(이)를 위해 복음의 말씀을 들려주시옵소서.
귀 기울여 듣겠나이다.

> **"내가 사망의 음침한 골짜기로 다닐지라도
> 해를 두려워하지 않을 것은 주께서 나와 함께 하심이라
> 주의 지팡이와 막대기가 나를 안위하시나이다"**
>
> (시 23:4)

거룩하신 성부 · 성자 · 성령, 능력의 하나님,
허락하신 삶의 현장에서 자녀와 함께 말씀기도를 드립니다. 하나님께서 들려주신 말씀을 먹고 말씀의 능력을 힘입어, 주 안에서 '두려운 마음을 극복하도록' 아이의 생활을 도우며 일깨우겠습니다. 은혜 중에 말씀대로 살아낼 수 있도록 순간순간 동행하시며 친히 인도하여 주시옵소서. 이 아이의 삶을 통해 하나님 홀로 영광 받으소서.

오! 살아계신 아버지 하나님,
이 아이가 하나님의 사람으로 택하심을 입도록 기쁨과 감사로 온전히 위탁하오며, 찬양받으실 우리 주 예수 그리스도의 이름으로 간절히 기도하옵나이다. 아멘.

✝ 오늘의 말씀을 묵상하며, 적용을 생각해 봅니다.

말씀 "   "

적용 "부모는 하늘이 세상에 보내주신 수호천사입니다."

 # 세번째 날

전지전능하신 사랑의 하나님, 은혜의 하나님, 평강의 하나님!
오늘도 부모(교사)로 부르심에 감사와 찬송을 드립니다.
주 예수 그리스도 안에서 먼저 나 자신이 하나님의 자녀임을 고백하고, 하나님 아버지의 사랑에 믿음과 순종으로 바르게 응답하는 삶을 살고 있는지를 돌아봅니다.
오직 하나님의 영광을 위하여, 이제 내게 명하신 말씀을 마음에 새기고 자녀에게 부지런히 가르치며, 맡겨주신 일을 말씀과 기도로 기쁘게 감당하고자 합니다.

하늘 보좌에서 응답하시는 영광의 하나님,
눈동자같이 지키시는 사랑하는 ○○(이)를 위해 복음의 말씀을 들려주시옵소서.
귀 기울여 듣겠나이다.

> **"내 아들아 내가 무엇을 말하랴**
> **내 태에서 난 아들아 내가 무엇을 말하랴**
> **서원대로 얻은 아들아 내가 무엇을 말하랴"**
>
> (잠 31:2)

거룩하신 성부 · 성자 · 성령, 능력의 하나님,
허락하신 삶의 현장에서 자녀와 함께 말씀기도를 드립니다. 하나님께서 들려주신 말씀을 먹고 말씀의 능력을 힘입어, 주 안에서 '소중하게 세우는 마음으로' 아이의 생활을 도우며 일깨우겠습니다. 은혜 중에 말씀대로 살아낼 수 있도록 순간순간 동행하시며 친히 인도하여 주시옵소서. 이 아이의 삶을 통해 하나님 홀로 영광 받으소서.

오! 살아계신 아버지 하나님,
이 아이가 하나님의 사람으로 택하심을 입도록 기쁨과 감사로 온전히 위탁하오며, 찬양받으실 우리 주 예수 그리스도의 이름으로 간절히 기도하옵나이다. 아멘.

✝ 오늘의 말씀을 묵상하며, 적용을 생각해 봅니다.

 **말씀**   "   "

 **적용**   "자녀는 부모의 인생에서 보석 같은 존재입니다."

전지전능하신 사랑의 하나님, 은혜의 하나님, 평강의 하나님!
오늘도 부모(교사)로 부르심에 감사와 찬송을 드립니다.
주 예수 그리스도 안에서 먼저 나 자신이 하나님의 자녀임을 고백하고, 하나님 아버지의 사랑에 믿음과 순종으로 바르게 응답하는 삶을 살고 있는지를 돌아봅니다.
오직 하나님의 영광을 위하여, 이제 내게 명하신 말씀을 마음에 새기고 자녀에게 부지런히 가르치며, 맡겨주신 일을 말씀과 기도로 기쁘게 감당하고자 합니다.

귀한 약속의 말씀을 이루도록 음성을 들려주시는 주님,
눈동자같이 지키시는 사랑하는 ○○(이)를 위해 복음의 말씀을 들려주시옵소서.
귀 기울여 듣겠나이다.

"그의 부모가 그에 대한 말들을 놀랍게 여기더라"

(눅 2:33)

거룩하신 성부 · 성자 · 성령, 능력의 하나님,
허락하신 삶의 현장에서 자녀와 함께 말씀기도를 드립니다. 하나님께서 들려주신 말씀을 먹고 말씀의 능력을 힘입어, 주 안에서 아이의 생활을 '활기차도록' 도우며 일깨우겠습니다. 은혜 중에 말씀대로 살아낼 수 있도록 순간순간 동행하시며 친히 인도하여 주시옵소서. 이 아이의 삶을 통해 하나님 홀로 영광 받으소서.

오! 살아계신 아버지 하나님,
이 아이가 하나님의 사람으로 택하심을 입도록 기쁨과 감사로 온전히 위탁하오며,
찬양받으실 우리 주 예수 그리스도의 이름으로 간절히 기도하옵나이다. 아멘.

✝ 오늘의 말씀을 묵상하며, 적용을 생각해 봅니다.

말씀 "＿＿＿＿＿＿＿＿＿＿＿＿＿＿＿＿＿＿＿＿＿＿＿＿＿＿＿＿＿＿＿＿＿＿＿＿＿"

적용 "부모는 자녀가 자신을 특별한 존재로 생각하고 활기차게 생활하며, 삶의 주인 의식을 갖도록 양육해야 합니다."

 # 다섯번째 날

전지전능하신 사랑의 하나님, 은혜의 하나님, 평강의 하나님!
오늘도 부모(교사)로 부르심에 감사와 찬송을 드립니다.
주 예수 그리스도 안에서 먼저 나 자신이 하나님의 자녀임을 고백하고, 하나님 아버지의 사랑에 믿음과 순종으로 바르게 응답하는 삶을 살고 있는지를 돌아봅니다.
오직 하나님의 영광을 위하여, 이제 내게 명하신 말씀을 마음에 새기고 자녀에게 부지런히 가르치며, 맡겨주신 일을 말씀과 기도로 기쁘게 감당하고자 합니다.

온유함으로 모든 피조물을 다스리시는 하나님,
눈동자같이 지키시는 사랑하는 ○○(이)를 위해 복음의 말씀을 들려주시옵소서.
귀 기울여 듣겠나이다.

> **"듣는 사람이 다 이 말을 마음에 두며 이르되**
> **이 아이가 장차 어찌 될까 하니**
> **이는 주의 손이 그와 함께 하심이러라"**
>
> (눅 1:66)

거룩하신 성부 · 성자 · 성령, 능력의 하나님,
허락하신 삶의 현장에서 자녀와 함께 말씀기도를 드립니다. 하나님께서 들려주신 말씀을 먹고 말씀의 능력을 힘입어, 주 안에서 '존귀히 여기며' 아이의 생활을 돕고 일깨우겠습니다. 은혜 중에 말씀대로 살아낼 수 있도록 순간순간 동행하시며 친히 인도하여 주시옵소서. 이 아이의 삶을 통해 하나님 홀로 영광 받으소서.

오! 살아계신 아버지 하나님,
이 아이가 하나님의 사람으로 택하심을 입도록 기쁨과 감사로 온전히 위탁하오며,
찬양받으실 우리 주 예수 그리스도의 이름으로 간절히 기도하옵나이다. 아멘.

✝ 오늘의 말씀을 묵상하며, 적용을 생각해 봅니다.

말씀 "   "

적용 "아이들은 우리에게 가르침을 전해줄 위대한 사람으로 지음 받았습니다."

 # 여섯번째 날

전지전능하신 사랑의 하나님, 은혜의 하나님, 평강의 하나님!
오늘도 부모(교사)로 부르심에 감사와 찬송을 드립니다.
주 예수 그리스도 안에서 먼저 나 자신이 하나님의 자녀임을 고백하고, 하나님 아버지의 사랑에 믿음과 순종으로 바르게 응답하는 삶을 살고 있는지를 돌아봅니다.
오직 하나님의 영광을 위하여, 이제 내게 명하신 말씀을 마음에 새기고 자녀에게 부지런히 가르치며, 맡겨주신 일을 말씀과 기도로 기쁘게 감당하고자 합니다.

내게 기름 부으시고 택하시는 하나님,
눈동자같이 지키시는 사랑하는 ○○(이)를 위해 복음의 말씀을 들려주시옵소서.
귀 기울여 듣겠나이다.

> **"나의 계명을 지키는 자라야 나를 사랑하는 자니**
> **나를 사랑하는 자는 내 아버지께 사랑을 받을 것이요**
> **나도 그를 사랑하여 그에게 나를 나타내리라"**
>
> (요 14:21)

거룩하신 성부 · 성자 · 성령, 능력의 하나님,
허락하신 삶의 현장에서 자녀와 함께 말씀기도를 드립니다. 하나님께서 들려주신 말씀을 먹고 말씀의 능력을 힘입어, 주 안에서 '부모됨을 특권으로 받으며' 아이의 생활을 돕고 일깨우겠습니다. 은혜 중에 말씀대로 살아낼 수 있도록 순간순간 동행하시며 친히 인도하여 주시옵소서. 이 아이의 삶을 통해 하나님 홀로 영광 받으소서.

오! 살아계신 아버지 하나님,
이 아이가 하나님의 사람으로 택하심을 입도록 기쁨과 감사로 온전히 위탁하오며, 찬양받으실 우리 주 예수 그리스도의 이름으로 간절히 기도하옵나이다. 아멘.

✝ 오늘의 말씀을 묵상하며, 적용을 생각해 봅니다.

"＿＿＿＿＿＿＿＿＿＿＿＿＿＿＿＿＿＿＿＿＿＿＿＿＿＿＿"

"부모됨은 누군가의 부모가 되었다는 사실을 분명히 인식하고, 즐겁고 감사하는 마음으로 부모의 의무와 권리를 누리며 감당해야 하는 특권의식입니다."

Mom & Dad's 일곱번째 날

전지전능하신 사랑의 하나님, 은혜의 하나님, 평강의 하나님!
오늘도 부모(교사)로 부르심에 감사와 찬송을 드립니다.
주 예수 그리스도 안에서 먼저 나 자신이 하나님의 자녀임을 고백하고, 하나님 아버지의 사랑에 믿음과 순종으로 바르게 응답하는 삶을 살고 있는지를 돌아봅니다.
오직 하나님의 영광을 위하여, 이제 내게 명하신 말씀을 마음에 새기고 자녀에게 부지런히 가르치며, 맡겨주신 일을 말씀과 기도로 기쁘게 감당하고자 합니다.

사랑의 날개로 나를 덮으시는 하나님,
눈동자같이 지키시는 사랑하는 ○○(이)를 위해 복음의 말씀을 들려주시옵소서.
귀 기울여 듣겠나이다.

> **"여호와는 너를 지키시는 이시라**
> **여호와께서 네 오른쪽에서 네 그늘이 되시나니**
> **낮의 해가 너를 상하게 하지 아니하며**
> **밤의 달도 너를 해치지 아니하리로다"**
>
> (시 121:5-6)

거룩하신 성부 · 성자 · 성령, 능력의 하나님,
허락하신 삶의 현장에서 자녀와 함께 말씀기도를 드립니다. 하나님께서 들려주신 말씀을 먹고 말씀의 능력을 힘입어, 주 안에서 '든든하게' 아이의 생활을 도우며 일깨우겠습니다. 은혜 중에 말씀대로 살아낼 수 있도록 순간순간 동행하시며 친히 인도하여 주시옵소서. 이 아이의 삶을 통해 하나님 홀로 영광 받으소서.

오! 살아계신 아버지 하나님,
이 아이가 하나님의 사람으로 택하심을 입도록 기쁨과 감사로 온전히 위탁하오며, 찬양받으실 우리 주 예수 그리스도의 이름으로 간절히 기도하옵나이다. 아멘.

✝ 오늘의 말씀을 묵상하며, 적용을 생각해 봅니다.

말씀 "   "

적용 "부모됨을 즐기는 부모는 자녀의 든든한 울타리입니다."

전지전능하신 사랑의 하나님, 은혜의 하나님, 평강의 하나님!
오늘도 부모(교사)로 부르심에 감사와 찬송을 드립니다.
주 예수 그리스도 안에서 먼저 나 자신이 하나님의 자녀임을 고백하고, 하나님 아버지의 사랑에 믿음과 순종으로 바르게 응답하는 삶을 살고 있는지를 돌아봅니다.
오직 하나님의 영광을 위하여, 이제 내게 명하신 말씀을 마음에 새기고 자녀에게 부지런히 가르치며, 맡겨주신 일을 말씀과 기도로 기쁘게 감당하고자 합니다.

나의 걸음을 인도하시는 하나님,
눈동자같이 지키시는 사랑하는 ○○(이)를 위해 복음의 말씀을 들려주시옵소서.
귀 기울여 듣겠나이다.

**"주의 말씀은
내 발에 등이요 내 길에 빛이니이다"**

(시 119:105)

거룩하신 성부 · 성자 · 성령, 능력의 하나님,
허락하신 삶의 현장에서 자녀와 함께 말씀기도를 드립니다. 하나님께서 들려주신 말씀을 먹고 말씀의 능력을 힘입어, 주 안에서 아이의 생활을 '빛과 같이' 도우며 일깨우겠습니다. 은혜 중에 말씀대로 살아낼 수 있도록 순간순간 동행하시며 친히 인도하여 주시옵소서. 이 아이의 삶을 통해 하나님 홀로 영광 받으소서.

오! 살아계신 아버지 하나님,
이 아이가 하나님의 사람으로 택하심을 입도록 기쁨과 감사로 온전히 위탁하오며,
찬양받으실 우리 주 예수 그리스도의 이름으로 간절히 기도하옵나이다. 아멘.

✝ 오늘의 말씀을 묵상하며, 적용을 생각해 봅니다.

말씀 "＿＿＿＿＿＿＿＿＿＿＿＿＿＿＿＿＿＿＿＿＿＿＿＿＿＿"

적용 "좋은 부모는 아이에게 빛과 소금입니다."

 # 아홉번째 날

전지전능하신 사랑의 하나님, 은혜의 하나님, 평강의 하나님!
오늘도 부모(교사)로 부르심에 감사와 찬송을 드립니다.
주 예수 그리스도 안에서 먼저 나 자신이 하나님의 자녀임을 고백하고, 하나님 아버지의 사랑에 믿음과 순종으로 바르게 응답하는 삶을 살고 있는지를 돌아봅니다.
오직 하나님의 영광을 위하여, 이제 내게 명하신 말씀을 마음에 새기고 자녀에게 부지런히 가르치며, 맡겨주신 일을 말씀과 기도로 기쁘게 감당하고자 합니다.

존귀하신 여호와 하나님,
눈동자같이 지키시는 사랑하는 ○○(이)를 위해 복음의 말씀을 들려주시옵소서.
귀 기울여 듣겠나이다.

> **"능력과 존귀로 옷을 삼고
> 후일을 웃으며"**
>
> (잠 31:25)

거룩하신 성부·성자·성령 능력의 하나님,
허락하신 삶의 현장에서 자녀와 함께 말씀기도를 드립니다. 하나님께서 들려주신 말씀을 먹고 말씀의 능력을 힘입어, 주 안에서 '미래를 품은 기쁨으로' 아이의 생활을 도우며 일깨우겠습니다. 은혜 중에 말씀대로 살아낼 수 있도록 순간순간 동행하시며 친히 인도하여 주시옵소서. 이 아이의 삶을 통해 하나님 홀로 영광 받으소서.

오! 살아계신 아버지 하나님,
이 아이가 하나님의 사람으로 택하심을 입도록 기쁨과 감사로 온전히 위탁하오며,
찬양받으실 우리 주 예수 그리스도의 이름으로 간절히 기도하옵나이다. 아멘.

✝ 오늘의 말씀을 묵상하며, 적용을 생각해 봅니다.

말씀 "   "

적용 "부모됨과 자녀교육의 비법은 부모의 자기존중감에 있습니다."

Mom & Dad's **열번째 날**

전지전능하신 사랑의 하나님, 은혜의 하나님, 평강의 하나님!
오늘도 부모(교사)로 부르심에 감사와 찬송을 드립니다.
주 예수 그리스도 안에서 먼저 나 자신이 하나님의 자녀임을 고백하고, 하나님 아버지의 사랑에 믿음과 순종으로 바르게 응답하는 삶을 살고 있는지를 돌아봅니다.
오직 하나님의 영광을 위하여, 이제 내게 명하신 말씀을 마음에 새기고 자녀에게 부지런히 가르치며, 맡겨주신 일을 말씀과 기도로 기쁘게 감당하고자 합니다.

믿음의 선한 싸움에서 승리케 도우시는 성령 하나님,
눈동자같이 지키시는 사랑하는 ○○(이)를 위해 복음의 말씀을 들려주시옵소서.
귀 기울여 듣겠나이다.

> **"야곱아 너를 창조하신 여호와께서 지금 말씀하시느니라**
> **이스라엘아 너를 지으신 이가 말씀하시느니라**
> **너는 두려워하지 말라 내가 너를 구속하였고**
> **내가 너를 지명하여 불렀나니 너는 내 것이라"**
>
> (사 43:1)

거룩하신 성부 · 성자 · 성령, 능력의 하나님,
허락하신 삶의 현장에서 자녀와 함께 말씀기도를 드립니다. 하나님께서 들려주신 말씀을 먹고 말씀의 능력을 힘입어, 주 안에서 '쓰다듬어 주는 사랑으로' 아이의 생활을 도우며 일깨우겠습니다. 은혜 중에 말씀대로 살아낼 수 있도록 순간순간 동행하시며 친히 인도하여 주시옵소서. 이 아이의 삶을 통해 하나님 홀로 영광 받으소서.

오! 살아계신 아버지 하나님,
이 아이가 하나님의 사람으로 택하심을 입도록 기쁨과 감사로 온전히 위탁하오며,
찬양받으실 우리 주 예수 그리스도의 이름으로 간절히 기도하옵나이다. 아멘.

✚ 오늘의 말씀을 묵상하며, 적용을 생각해 봅니다.

말씀 "   "

적용 "아이에게 제일 필요한 것은 '내 모습 그대로' 사랑받고 있다는 믿음입니다."

 # 열한번째 날

전지전능하신 사랑의 하나님, 은혜의 하나님, 평강의 하나님!
오늘도 부모(교사)로 부르심에 감사와 찬송을 드립니다.
주 예수 그리스도 안에서 먼저 나 자신이 하나님의 자녀임을 고백하고, 하나님 아버지의 사랑에 믿음과 순종으로 바르게 응답하는 삶을 살고 있는지를 돌아봅니다.
오직 하나님의 영광을 위하여, 이제 내게 명하신 말씀을 마음에 새기고 자녀에게 부지런히 가르치며, 맡겨주신 일을 말씀과 기도로 기쁘게 감당하고자 합니다.

세상을 사랑으로 다스리시는 하나님,
눈동자같이 지키시는 사랑하는 ○○(이)를 위해 복음의 말씀을 들려주시옵소서.
귀 기울여 듣겠나이다.

> **"근심하는 자 같으나 항상 기뻐하고**
> **가난한 자 같으나 많은 사람을 부요하게 하고**
> **아무 것도 없는 자 같으나 모든 것을 가진 자로다"**
>
> (고후 6:10)

거룩하신 성부 · 성자 · 성령 능력의 하나님,
허락하신 삶의 현장에서 자녀와 함께 말씀기도를 드립니다. 하나님께서 들려주신 말씀을 먹고 말씀의 능력을 힘입어, 주 안에서 '관용을 알도록' 아이의 생활을 도우며 일깨우겠습니다. 은혜 중에 말씀대로 살아낼 수 있도록 순간순간 동행하시며 친히 인도하여 주시옵소서. 이 아이의 삶을 통해 하나님 홀로 영광 받으소서.

오! 살아계신 아버지 하나님,
이 아이가 하나님의 사람으로 택하심을 입도록 기쁨과 감사로 온전히 위탁하오며,
찬양받으실 우리 주 예수 그리스도의 이름으로 간절히 기도하옵나이다. 아멘.

✝ 오늘의 말씀을 묵상하며, 적용을 생각해 봅니다.

 **말씀** "   "

 **적용** "사랑받고 있다는 믿음이 있는 아이는 미소와 웃음이 많습니다."

전지전능하신 사랑의 하나님, 은혜의 하나님, 평강의 하나님!
오늘도 부모(교사)로 부르심에 감사와 찬송을 드립니다.
주 예수 그리스도 안에서 먼저 나 자신이 하나님의 자녀임을 고백하고, 하나님 아버지의 사랑에 믿음과 순종으로 바르게 응답하는 삶을 살고 있는지를 돌아봅니다.
오직 하나님의 영광을 위하여, 이제 내게 명하신 말씀을 마음에 새기고 자녀에게 부지런히 가르치며, 맡겨주신 일을 말씀과 기도로 기쁘게 감당하고자 합니다.

화평과 믿음 주시는 주님,
눈동자같이 지키시는 사랑하는 ○○(이)를 위해 복음의 말씀을 들려주시옵소서.
귀 기울여 듣겠나이다.

> **"우리가 너희를 위하여 기도할 때마다**
> **하나님 곧 우리 주 예수 그리스도의 아버지께 감사하노라**
> **이는 그리스도 예수 안에**
> **너희의 믿음과 모든 성도에 대한 사랑을 들었음이요"**
>
> (골 1:3-4)

거룩하신 성부 · 성자 · 성령, 능력의 하나님,
허락하신 삶의 현장에서 자녀와 함께 말씀기도를 드립니다. 하나님께서 들려주신 말씀을 먹고 말씀의 능력을 힘입어, 주 안에서 아이의 생활을 '경청하는 마음을 갖도록' 도우며 일깨우겠습니다. 은혜 중에 말씀대로 살아낼 수 있도록 순간순간 동행하시며 친히 인도하여 주시옵소서. 이 아이의 삶을 통해 하나님 홀로 영광 받으소서.

오! 살아계신 아버지 하나님,
이 아이가 하나님의 사람으로 택하심을 입도록 기쁨과 감사로 온전히 위탁하오며, 찬양받으실 우리 주 예수 그리스도의 이름으로 간절히 기도하옵나이다. 아멘.

✝ 오늘의 말씀을 묵상하며, 적용을 생각해 봅니다.

말씀 "   "

적용 "사랑받고 있다는 믿음이 있는 아이는 다른 사람의 이야기를 잘 귀담아 듣습니다."

Mom & Dad's 열세번째 날

전지전능하신 사랑의 하나님, 은혜의 하나님, 평강의 하나님!
오늘도 부모(교사)로 부르심에 감사와 찬송을 드립니다.
주 예수 그리스도 안에서 먼저 나 자신이 하나님의 자녀임을 고백하고, 하나님 아버지의 사랑에 믿음과 순종으로 바르게 응답하는 삶을 살고 있는지를 돌아봅니다.
오직 하나님의 영광을 위하여, 이제 내게 명하신 말씀을 마음에 새기고 자녀에게 부지런히 가르치며, 맡겨주신 일을 말씀과 기도로 기쁘게 감당하고자 합니다.

나의 산성이신 하나님,
눈동자같이 지키시는 사랑하는 ○○(이)를 위해 복음의 말씀을 들려주시옵소서.
귀 기울여 듣겠나이다.

> **"보라 인내하는 자를 우리가 복되다 하나니**
> **너희가 욥의 인내를 들었고**
> **주께서 주신 결말을 보았거니와**
> **주는 가장 자비하시고 긍휼히 여기시는 이시니라"**
>
> (약 5:11)

거룩하신 성부·성자·성령, 능력의 하나님,
허락하신 삶의 현장에서 자녀와 함께 말씀기도를 드립니다. 하나님께서 들려주신 말씀을 먹고 말씀의 능력을 힘입어, 주 안에서 아이의 생활을 '견디는 힘을 키우도록' 도우며 일깨우겠습니다. 은혜 중에 말씀대로 살아낼 수 있도록 순간순간 동행하시며 친히 인도하여 주시옵소서. 이 아이의 삶을 통해 하나님 홀로 영광 받으소서.

오! 살아계신 아버지 하나님,
이 아이가 하나님의 사람으로 택하심을 입도록 기쁨과 감사로 온전히 위탁하오며,
찬양받으실 우리 주 예수 그리스도의 이름으로 간절히 기도하옵나이다. 아멘.

✝ 오늘의 말씀을 묵상하며, 적용을 생각해 봅니다.

말씀 "   "

적용 "사랑받고 있다는 믿음이 있는 아이는 하기 싫은 일이나 활동을 해야 할 때, 잘 참고 끝까지 해냅니다."

열네번째 날

전지전능하신 사랑의 하나님, 은혜의 하나님, 평강의 하나님!
오늘도 부모(교사)로 부르심에 감사와 찬송을 드립니다.
주 예수 그리스도 안에서 먼저 나 자신이 하나님의 자녀임을 고백하고, 하나님 아버지의 사랑에 믿음과 순종으로 바르게 응답하는 삶을 살고 있는지를 돌아봅니다.
오직 하나님의 영광을 위하여, 이제 내게 명하신 말씀을 마음에 새기고 자녀에게 부지런히 가르치며, 맡겨주신 일을 말씀과 기도로 기쁘게 감당하고자 합니다.

나를 품어주시는 하나님,
눈동자같이 지키시는 사랑하는 ○○(이)를 위해 복음의 말씀을 들려주시옵소서.
귀 기울여 듣겠나이다.

> **"노하기를 더디하는 자는 용사보다 낫고
> 자기의 마음을 다스리는 자는
> 성을 빼앗는 자보다 나으니라"**
>
> (잠 16:32)

거룩하신 성부 · 성자 · 성령, 능력의 하나님,
허락하신 삶의 현장에서 자녀와 함께 말씀기도를 드립니다. 하나님께서 들려주신 말씀을 먹고 말씀의 능력을 힘입어, 주 안에서 아이의 생활을 **'감정을 다스릴 수 있도록'** 도우며 일깨우겠습니다. 은혜 중에 말씀대로 살아낼 수 있도록 순간순간 동행하시며 친히 인도하여 주시옵소서. 이 아이의 삶을 통해 하나님 홀로 영광 받으소서.

오! 살아계신 아버지 하나님,
이 아이가 하나님의 사람으로 택하심을 입도록 기쁨과 감사로 온전히 위탁하오며,
찬양받으실 우리 주 예수 그리스도의 이름으로 간절히 기도하옵나이다. 아멘.

✝ 오늘의 말씀을 묵상하며, 적용을 생각해 봅니다.

말씀 "   "

적용 "사랑받고 있다는 믿음이 있는 아이는 불평을 많이 하지 않고, 화가 났을 때에 다른 사람이나 물건에 화풀이를 하지 않습니다."

 # 열다섯번째 날

전지전능하신 사랑의 하나님, 은혜의 하나님, 평강의 하나님!
오늘도 부모(교사)로 부르심에 감사와 찬송을 드립니다.
주 예수 그리스도 안에서 먼저 나 자신이 하나님의 자녀임을 고백하고, 하나님 아버지의 사랑에 믿음과 순종으로 바르게 응답하는 삶을 살고 있는지를 돌아봅니다.
오직 하나님의 영광을 위하여, 이제 내게 명하신 말씀을 마음에 새기고 자녀에게 부지런히 가르치며, 맡겨주신 일을 말씀과 기도로 기쁘게 감당하고자 합니다.

충성하는 자에게 면류관을 약속하신 하나님,
눈동자같이 지키시는 사랑하는 ○○(이)를 위해 복음의 말씀을 들려주시옵소서.
귀 기울여 듣겠나이다.

> **"주께서 심지가 견고한 자를
> 평강하고 평강하도록 지키시리니
> 이는 그가 주를 신뢰함이니이다"**
>
> (사 26:3)

거룩하신 성부 · 성자 · 성령, 능력의 하나님,
허락하신 삶의 현장에서 자녀와 함께 말씀기도를 드립니다. 하나님께서 들려주신 말씀을 먹고 말씀의 능력을 힘입어, 주 안에서 아이의 생활을 '심지가 견고하도록' 도우며 일깨우겠습니다. 은혜 중에 말씀대로 살아낼 수 있도록 순간순간 동행하시며 친히 인도하여 주시옵소서. 이 아이의 삶을 통해 하나님 홀로 영광 받으소서.

오! 살아계신 아버지 하나님,
이 아이가 하나님의 사람으로 택하심을 입도록 기쁨과 감사로 온전히 위탁하오며,
찬양받으실 우리 주 예수 그리스도의 이름으로 간절히 기도하옵나이다. 아멘.

✝ 오늘의 말씀을 묵상하며, 적용을 생각해 봅니다.

 말씀 "   "

 적용 "사랑받고 있다는 믿음이 있는 아이는 긴장감을 잘 극복하며, 변화나 새로운 상황에 쉽게 적응합니다."

전지전능하신 사랑의 하나님, 은혜의 하나님, 평강의 하나님!
오늘도 부모(교사)로 부르심에 감사와 찬송을 드립니다.
주 예수 그리스도 안에서 먼저 나 자신이 하나님의 자녀임을 고백하고, 하나님 아버지의 사랑에 믿음과 순종으로 바르게 응답하는 삶을 살고 있는지를 돌아봅니다.
오직 하나님의 영광을 위하여, 이제 내게 명하신 말씀을 마음에 새기고 자녀에게 부지런히 가르치며, 맡겨주신 일을 말씀과 기도로 기쁘게 감당하고자 합니다.

내 소망 나의 위로 내 영광이 되신 주님,
눈동자같이 지키시는 사랑하는 ○○(이)를 위해 복음의 말씀을 들려주시옵소서.
귀 기울여 듣겠나이다.

> **"너의 하나님 여호와가 너의 가운데에 계시니
> 그는 구원을 베푸실 전능자이시라
> 그가 너로 말미암아 기쁨을 이기지 못하시며
> 너를 잠잠히 사랑하시며
> 너로 말미암아 즐거이 부르며 기뻐하시리라 하리라"**
>
> (습 3:17)

거룩하신 성부·성자·성령, 능력의 하나님,
허락하신 삶의 현장에서 자녀와 함께 말씀기도를 드립니다. 하나님께서 들려주신 말씀을 먹고 말씀의 능력을 힘입어, 주 안에서 '잔잔한 마음으로' 아이의 생활을 도우며 일깨우겠습니다. 은혜 중에 말씀대로 살아낼 수 있도록 순간순간 동행하시며 친히 인도하여 주시옵소서. 이 아이의 삶을 통해 하나님 홀로 영광 받으소서.

오! 살아계신 아버지 하나님,
이 아이가 하나님의 사람으로 택하심을 입도록 기쁨과 감사로 온전히 위탁하오며,
찬양받으실 우리 주 예수 그리스도의 이름으로 간절히 기도하옵나이다. 아멘.

✝ 오늘의 말씀을 묵상하며, 적용을 생각해 봅니다.

 **말씀** "   "

 **적용** "사랑받고 있다는 믿음이 있는 아이는 안정감과 자신감이 높습니다."

전지전능하신 사랑의 하나님, 은혜의 하나님, 평강의 하나님!
오늘도 부모(교사)로 부르심에 감사와 찬송을 드립니다.
주 예수 그리스도 안에서 먼저 나 자신이 하나님의 자녀임을 고백하고, 하나님 아버지의 사랑에 믿음과 순종으로 바르게 응답하는 삶을 살고 있는지를 돌아봅니다.
오직 하나님의 영광을 위하여, 이제 내게 명하신 말씀을 마음에 새기고 자녀에게 부지런히 가르치며, 맡겨주신 일을 말씀과 기도로 기쁘게 감당하고자 합니다.

나를 일으켜 세우시는 위로의 하나님,
눈동자같이 지키시는 사랑하는 ○○(이)를 위해 복음의 말씀을 들려주시옵소서.
귀 기울여 듣겠나이다.

> **"너희 염려를 다 주께 맡기라**
> **이는 그가 너희를 돌보심이라"**
>
> (벧전 5:7)

거룩하신 성부 · 성자 · 성령, 능력의 하나님,
허락하신 삶의 현장에서 자녀와 함께 말씀기도를 드립니다. 하나님께서 들려주신 말씀을 먹고 말씀의 능력을 힘입어, 주 안에서 아이의 생활을 '**평안하게 행동하도록**' 도우며 일깨우겠습니다. 은혜 중에 말씀대로 살아낼 수 있도록 순간순간 동행하시며 친히 인도하여 주시옵소서. 이 아이의 삶을 통해 하나님 홀로 영광 받으소서.

오! 살아계신 아버지 하나님,
이 아이가 하나님의 사람으로 택하심을 입도록 기쁨과 감사로 온전히 위탁하오며, 찬양받으실 우리 주 예수 그리스도의 이름으로 간절히 기도하옵나이다. 아멘.

✝ 오늘의 말씀을 묵상하며, 적용을 생각해 봅니다.

 "   "

 "사랑받고 있다는 믿음이 있는 아이는 명랑하고 쾌활합니다."

전지전능하신 사랑의 하나님, 은혜의 하나님, 평강의 하나님!
오늘도 부모(교사)로 부르심에 감사와 찬송을 드립니다.
주 예수 그리스도 안에서 먼저 나 자신이 하나님의 자녀임을 고백하고, 하나님 아버지의 사랑에 믿음과 순종으로 바르게 응답하는 삶을 살고 있는지를 돌아봅니다. 오직 하나님의 영광을 위하여, 이제 내게 명하신 말씀을 마음에 새기고 자녀에게 부지런히 가르치며, 맡겨주신 일을 말씀과 기도로 기쁘게 감당하고자 합니다.

비둘기 같이 온유한 은혜의 성령님,
눈동자같이 지키시는 사랑하는 ○○(이)를 위해 복음의 말씀을 들려주시옵소서.
귀 기울여 듣겠나이다.

> **"서로 친절하게 하며 불쌍히 여기며 서로 용서하기를
> 하나님이 그리스도 안에서
> 너희를 용서하심과 같이 하라"**
>
> (엡 4:32)

거룩하신 성부 · 성자 · 성령, 능력의 하나님,
허락하신 삶의 현장에서 자녀와 함께 말씀기도를 드립니다. 하나님께서 들려주신 말씀을 먹고 말씀의 능력을 힘입어, 주 안에서 아이의 생활을 '**사려 깊은 태도를 갖도록**' 도우며 일깨우겠습니다. 은혜 중에 말씀대로 살아낼 수 있도록 순간순간 동행하시며 친히 인도하여 주시옵소서. 이 아이의 삶을 통해 하나님 홀로 영광 받으소서.

오! 살아계신 아버지 하나님,
이 아이가 하나님의 사람으로 택하심을 입도록 기쁨과 감사로 온전히 위탁하오며, 찬양받으실 우리 주 예수 그리스도의 이름으로 간절히 기도하옵나이다. 아멘.

✝ 오늘의 말씀을 묵상하며, 적용을 생각해 봅니다.

 "   "

 "사랑받고 있다는 믿음이 있는 아이는 배려하는 마음을 잘 표현합니다."

열아홉번째 날

전지전능하신 사랑의 하나님, 은혜의 하나님, 평강의 하나님!
오늘도 부모(교사)로 부르심에 감사와 찬송을 드립니다.
주 예수 그리스도 안에서 먼저 나 자신이 하나님의 자녀임을 고백하고, 하나님 아버지의 사랑에 믿음과 순종으로 바르게 응답하는 삶을 살고 있는지를 돌아봅니다.
오직 하나님의 영광을 위하여, 이제 내게 명하신 말씀을 마음에 새기고 자녀에게 부지런히 가르치며, 맡겨주신 일을 말씀과 기도로 기쁘게 감당하고자 합니다.

주님의 뜻을 분별케 도와주시는 지혜의 하나님,
눈동자같이 지키시는 사랑하는 ○○(이)를 위해 복음의 말씀을 들려주시옵소서.
귀 기울여 듣겠나이다.

> **"아무도 비방하지 말며 다투지 말며 관용하며
> 범사에 온유함을
> 모든 사람에게 나타낼 것을 기억하게 하라"**
>
> (딛 3:2)

거룩하신 성부·성자·성령, 능력의 하나님,
허락하신 삶의 현장에서 자녀와 함께 말씀기도를 드립니다. 하나님께서 들려주신 말씀을 먹고 말씀의 능력을 힘입어, 주 안에서 아이의 생활을 '온유함을 보이도록' 도우며 일깨우겠습니다. 은혜 중에 말씀대로 살아낼 수 있도록 순간순간 동행하시며 친히 인도하여 주시옵소서. 이 아이의 삶을 통해 하나님 홀로 영광 받으소서.

오! 살아계신 아버지 하나님,
이 아이가 하나님의 사람으로 택하심을 입도록 기쁨과 감사로 온전히 위탁하오며,
찬양받으실 우리 주 예수 그리스도의 이름으로 간절히 기도하옵나이다. 아멘.

✝ 오늘의 말씀을 묵상하며, 적용을 생각해 봅니다.

말씀 "   "

적용 "사랑받고 있다는 믿음이 있는 아이는 친구들과 다툼이 적고, 자기의 의견에 대하여 필요 이상의 고집을 부리지 않으며, 효과적으로 자기주장을 합니다."

Mom & Dad's 스무번째 날

전지전능하신 사랑의 하나님, 은혜의 하나님, 평강의 하나님!
오늘도 부모(교사)로 부르심에 감사와 찬송을 드립니다.
주 예수 그리스도 안에서 먼저 나 자신이 하나님의 자녀임을 고백하고, 하나님 아버지의 사랑에 믿음과 순종으로 바르게 응답하는 삶을 살고 있는지를 돌아봅니다.
오직 하나님의 영광을 위하여, 이제 내게 명하신 말씀을 마음에 새기고 자녀에게 부지런히 가르치며, 맡겨주신 일을 말씀과 기도로 기쁘게 감당하고자 합니다.

성부의 어린 양이신 성자 예수님,
눈동자같이 지키시는 사랑하는 ○○(이)를 위해 복음의 말씀을 들려주시옵소서.
귀 기울여 듣겠나이다.

> **"예수께서 이르시되
> 어찌하여 나를 찾으셨나이까
> 내가 내 아버지 집에 있어야 될 줄을
> 알지 못하셨나이까 하시니"**
>
> (눅 2:49)

거룩하신 성부 · 성자 · 성령, 능력의 하나님,
허락하신 삶의 현장에서 자녀와 함께 말씀기도를 드립니다. 하나님께서 들려주신 말씀을 먹고 말씀의 능력을 힘입어, 주 안에서 아이의 생활을 '**자아발견의 기회를 누리도록**' 도우며 일깨우겠습니다. 은혜 중에 말씀대로 살아낼 수 있도록 순간순간 동행하시며 친히 인도하여 주시옵소서. 이 아이의 삶을 통해 하나님 홀로 영광 받으소서.

오! 살아계신 아버지 하나님,
이 아이가 하나님의 사람으로 택하심을 입도록 기쁨과 감사로 온전히 위탁하오며, 찬양받으실 우리 주 예수 그리스도의 이름으로 간절히 기도하옵나이다. 아멘.

✝ 오늘의 말씀을 묵상하며, 적용을 생각해 봅니다.

 "   "

 "사랑받고 있다는 믿음이 있는 아이는 올바르게 생각하며, 자신의 생각을 명확하게 **표현하는 것**을 보다 빨리 배우게 됩니다."

전지전능하신 사랑의 하나님, 은혜의 하나님, 평강의 하나님!
오늘도 부모(교사)로 부르심에 감사와 찬송을 드립니다.
주 예수 그리스도 안에서 먼저 나 자신이 하나님의 자녀임을 고백하고, 하나님 아버지의 사랑에 믿음과 순종으로 바르게 응답하는 삶을 살고 있는지를 돌아봅니다. 오직 하나님의 영광을 위하여, 이제 내게 명하신 말씀을 마음에 새기고 자녀에게 부지런히 가르치며, 맡겨주신 일을 말씀과 기도로 기쁘게 감당하고자 합니다.

말씀을 들려주시는 다정하신 목자 예수님,
눈동자같이 지키시는 사랑하는 ○○(이)를 위해 복음의 말씀을 들려주시옵소서.
귀 기울여 듣겠나이다.

> **"주의 종은
> 마땅히 다투지 아니하고 모든 사람에 대하여 온유하며
> 가르치기를 잘하며 참으며"**
>
> (딤후 2:24)

거룩하신 성부 · 성자 · 성령, 능력의 하나님,
허락하신 삶의 현장에서 자녀와 함께 말씀기도를 드립니다. 하나님께서 들려주신 말씀을 먹고 말씀의 능력을 힘입어, 주 안에서 아이의 생활을 '유능한 다스림을 시도하도록' 도우며 일깨우겠습니다. 은혜 중에 말씀대로 살아낼 수 있도록 순간순간 동행하시며 친히 인도하여 주시옵소서. 이 아이의 삶을 통해 하나님 홀로영광 받으소서.

오! 살아계신 아버지 하나님,
이 아이가 하나님의 사람으로 택하심을 입도록 기쁨과 감사로 온전히 위탁하오며, 찬양받으실 우리 주 예수 그리스도의 이름으로 간절히 기도하옵나이다. 아멘.

✝ 오늘의 말씀을 묵상하며, 적용을 생각해 봅니다.

말씀 "   "

적용 "사랑받고 있다는 믿음이 있는 아이는 또래 관계에서 주도적입니다."

전지전능하신 사랑의 하나님, 은혜의 하나님, 평강의 하나님!
오늘도 부모(교사)로 부르심에 감사와 찬송을 드립니다.
주 예수 그리스도 안에서 먼저 나 자신이 하나님의 자녀임을 고백하고, 하나님 아버지의 사랑에 믿음과 순종으로 바르게 응답하는 삶을 살고 있는지를 돌아봅니다. 오직 하나님의 영광을 위하여, 이제 내게 명하신 말씀을 마음에 새기고 자녀에게 부지런히 가르치며, 맡겨주신 일을 말씀과 기도로 기쁘게 감당하고자 합니다.

우리를 천국 백성으로 부르시는 하나님,
눈동자같이 지키시는 사랑하는 ○○(이)를 위해 복음의 말씀을 들려주시옵소서.
귀 기울여 듣겠나이다.

> **"너는 돌아와 다시 여호와의 말씀을 청종하고
> 내가 오늘 네게 명령하는 그 모든 명령을 행할 것이라"**
>
> (신 30:8)

거룩하신 성부 · 성자 · 성령, 능력의 하나님,
허락하신 삶의 현장에서 자녀와 함께 말씀기도를 드립니다. 하나님께서 들려주신 말씀을 먹고 말씀의 능력을 힘입어, 주 안에서 아이의 생활을 '질서를 이루도록' 도우며 일깨우겠습니다. 은혜 중에 말씀대로 살아낼 수 있도록 순간순간 동행하시며 친히 인도하여 주시옵소서. 이 아이의 삶을 통해 하나님 홀로 영광 받으소서.

오! 살아계신 아버지 하나님,
이 아이가 하나님의 사람으로 택하심을 입도록 기쁨과 감사로 온전히 위탁하오며,
찬양받으실 우리 주 예수 그리스도의 이름으로 간절히 기도하옵나이다. 아멘.

✝ 오늘의 말씀을 묵상하며, 적용을 생각해 봅니다.

"   "

"사랑받고 있다는 믿음이 있는 아이는 일상생활의 규칙과 질서에 대한 적응을 잘합니다."

전지전능하신 사랑의 하나님, 은혜의 하나님, 평강의 하나님!
오늘도 부모(교사)로 부르심에 감사와 찬송을 드립니다.
주 예수 그리스도 안에서 먼저 나 자신이 하나님의 자녀임을 고백하고, 하나님 아버지의 사랑에 믿음과 순종으로 바르게 응답하는 삶을 살고 있는지를 돌아봅니다. 오직 하나님의 영광을 위하여, 이제 내게 명하신 말씀을 마음에 새기고 자녀에게 부지런히 가르치며, 맡겨주신 일을 말씀과 기도로 기쁘게 감당하고자 합니다.

입술의 찬양을 기뻐 받으시는 하나님,
눈동자같이 지키시는 사랑하는 ○○(이)를 위해 복음의 말씀을 들려주시옵소서.
귀 기울여 듣겠나이다.

> **"지혜 있는 자는 강하고
> 지식 있는 자는 힘을 더하나니
> 너는 전략으로 싸우라 승리는 지략이 많음에 있느니라"**
>
> (잠 24:5-6)

거룩하신 성부 · 성자 · 성령, 능력의 하나님,
허락하신 삶의 현장에서 자녀와 함께 말씀기도를 드립니다. 하나님께서 들려주신 말씀을 먹고 말씀의 능력을 힘입어, 주 안에서 '생활 전략을 개발하도록' 아이의 생활을 도우며 일깨우겠습니다. 은혜 중에 말씀대로 살아낼 수 있도록 순간순간 동행하시며 친히 인도하여 주시옵소서. 이 아이의 삶을 통해 하나님 홀로 영광 받으소서.

오! 살아계신 아버지 하나님,
이 아이가 하나님의 사람으로 택하심을 입도록 기쁨과 감사로 온전히 위탁하오며, 찬양받으실 우리 주 예수 그리스도의 이름으로 간절히 기도하옵나이다. 아멘.

✝ 오늘의 말씀을 묵상하며, 적용을 생각해 봅니다.

" "

"사랑받고 있다는 믿음이 있는 아이는 하고 싶은 것을 스스로 선택하고 결정하는 것을 잘합니다."

Mom & Dad's 스물네번째 날

전지전능하신 사랑의 하나님, 은혜의 하나님, 평강의 하나님!
오늘도 부모(교사)로 부르심에 감사와 찬송을 드립니다.
주 예수 그리스도 안에서 먼저 나 자신이 하나님의 자녀임을 고백하고, 하나님 아버지의 사랑에 믿음과 순종으로 바르게 응답하는 삶을 살고 있는지를 돌아봅니다. 오직 하나님의 영광을 위하여, 이제 내게 명하신 말씀을 마음에 새기고 자녀에게 부지런히 가르치며, 맡겨주신 일을 말씀과 기도로 기쁘게 감당하고자 합니다.

맡은 본분에 충성하도록 도우시는 하나님,
눈동자같이 지키시는 사랑하는 ○○(이)를 위해 복음의 말씀을 들려주시옵소서.
귀 기울여 듣겠나이다.

> **"형제들아 나는 아직 내가 잡은 줄로 여기지 아니하고**
> **오직 한 일 즉 뒤에 있는 것은 잊어버리고**
> **앞에 있는 것을 잡으려고"**
>
> (빌 3:13)

거룩하신 성부 · 성자 · 성령, 능력의 하나님,
허락하신 삶의 현장에서 자녀와 함께 말씀기도를 드립니다. 하나님께서 들려주신 말씀을 먹고 말씀의 능력을 힘입어, 주 안에서 '**능력을 잘 발휘할 수 있도록**' 아이의 생활을 도우며 일깨우겠습니다. 은혜 중에 말씀대로 살아낼 수 있도록 순간순간 동행하시며 친히 인도하여 주시옵소서. 이 아이의 삶을 통해 하나님 홀로 영광 받으소서.

오! 살아계신 아버지 하나님,
이 아이가 하나님의 사람으로 택하심을 입도록 기쁨과 감사로 온전히 위탁하오며, 찬양받으실 우리 주 예수 그리스도의 이름으로 간절히 기도하옵나이다. 아멘.

✝ 오늘의 말씀을 묵상하며, 적용을 생각해 봅니다.

 "   "

 "사랑받고 있다는 믿음이 있는 아이는 자기가 잘 할 수 있는 것과 잘 할 수 없는 것을 구별하고 인정합니다."

전지전능하신 사랑의 하나님, 은혜의 하나님, 평강의 하나님!
오늘도 부모(교사)로 부르심에 감사와 찬송을 드립니다.
주 예수 그리스도 안에서 먼저 나 자신이 하나님의 자녀임을 고백하고, 하나님 아버지의 사랑에 믿음과 순종으로 바르게 응답하는 삶을 살고 있는지를 돌아봅니다.
오직 하나님의 영광을 위하여, 이제 내게 명하신 말씀을 마음에 새기고 자녀에게 부지런히 가르치며, 맡겨주신 일을 말씀과 기도로 기쁘게 감당하고자 합니다.

인자와 진실이 풍성하신 하나님,
눈동자같이 지키시는 사랑하는 ○○(이)를 위해 복음의 말씀을 들려주시옵소서.
귀 기울여 듣겠나이다.

> **"너희 중에 누구든지 지혜가 부족하거든
> 모든 사람에게 후히 주시고 꾸짖지 아니하시는 하나님께 구하라
> 그리하면 주시리라"**
>
> (약 1:5)

거룩하신 성부 · 성자 · 성령, 능력의 하나님,
허락하신 삶의 현장에서 자녀와 함께 말씀기도를 드립니다. 하나님께서 들려주신 말씀을 먹고 말씀의 능력을 힘입어, 주 안에서 '자신과 대면할 수 있도록' 아이의 생활을 도우며 일깨우겠습니다. 은혜 중에 말씀대로 살아낼 수 있도록 순간순간 동행하시며 친히 인도하여 주시옵소서. 이 아이의 삶을 통해 하나님 홀로 영광 받으소서.

오! 살아계신 아버지 하나님,
이 아이가 하나님의 사람으로 택하심을 입도록 기쁨과 감사로 온전히 위탁하오며,
찬양받으실 우리 주 예수 그리스도의 이름으로 간절히 기도하옵나이다. 아멘.

✝ 오늘의 말씀을 묵상하며, 적용을 생각해 봅니다.

 "   "

 "사랑받고 있다는 믿음이 있는 아이는 자기가 아는 것과 모르는 것에 대하여 솔직하게 말할 수 있습니다."

전지전능하신 사랑의 하나님, 은혜의 하나님, 평강의 하나님!
오늘도 부모(교사)로 부르심에 감사와 찬송을 드립니다.
주 예수 그리스도 안에서 먼저 나 자신이 하나님의 자녀임을 고백하고, 하나님 아버지의 사랑에 믿음과 순종으로 바르게 응답하는 삶을 살고 있는지를 돌아봅니다. 오직 하나님의 영광을 위하여, 이제 내게 명하신 말씀을 마음에 새기고 자녀에게 부지런히 가르치며, 맡겨주신 일을 말씀과 기도로 기쁘게 감당하고자 합니다.

우리의 삶에 거하시는 주님,
눈동자같이 지키시는 사랑하는 ○○(이)를 위해 복음의 말씀을 들려주시옵소서.
귀 기울여 듣겠나이다.

> **"그 주인이 이르되 잘하였도다 착하고 충성된 종아**
> **네가 적은 일에 충성하였으매**
> **내가 많은 것을 네게 맡기리니**
> **네 주인의 즐거움에 참여할지어다 하고"**
>
> (마 25:21)

거룩하신 성부 · 성자 · 성령, 능력의 하나님,
허락하신 삶의 현장에서 자녀와 함께 말씀기도를 드립니다. 하나님께서 들려주신 말씀을 먹고 말씀의 능력을 힘입어, 주 안에서 '범사에 충성을 다하도록' 아이의 생활을 도우며 일깨우겠습니다. 은혜 중에 말씀대로 살아낼 수 있도록 순간순간 동행하시며 친히 인도하여 주시옵소서. 이 아이의 삶을 통해 하나님 홀로 영광 받으소서.

오! 살아계신 아버지 하나님,
이 아이가 하나님의 사람으로 택하심을 입도록 기쁨과 감사로 온전히 위탁하오며,
찬양받으실 우리 주 예수 그리스도의 이름으로 간절히 기도하옵나이다. 아멘.

✝ 오늘의 말씀을 묵상하며, 적용을 생각해 봅니다.

말씀 "   "

적용 "사랑받고 있다는 믿음이 있는 아이는 작은 일에도 구체적인 목적과 목표를 가지고 자기의 일을 즐깁니다."

스물일곱번째 날

전지전능하신 사랑의 하나님, 은혜의 하나님, 평강의 하나님!
오늘도 부모(교사)로 부르심에 감사와 찬송을 드립니다.
주 예수 그리스도 안에서 먼저 나 자신이 하나님의 자녀임을 고백하고, 하나님 아버지의 사랑에 믿음과 순종으로 바르게 응답하는 삶을 살고 있는지를 돌아봅니다.
오직 하나님의 영광을 위하여, 이제 내게 명하신 말씀을 마음에 새기고 자녀에게 부지런히 가르치며, 맡겨주신 일을 말씀과 기도로 기쁘게 감당하고자 합니다.

신실하신 하나님,
눈동자같이 지키시는 사랑하는 ○○(이)를 위해 복음의 말씀을 들려주시옵소서.
귀 기울여 듣겠나이다.

> **"여호와를 의뢰하고 선을 행하라**
> **땅에 머무는 동안 그의 성실을 먹을 거리로 삼을지어다**
> **또 여호와를 기뻐하라**
> **그가 네 마음의 소원을 네게 이루어 주시리로다"**
>
> (시 37:3-4)

거룩하신 성부 · 성자 · 성령, 능력의 하나님,
허락하신 삶의 현장에서 자녀와 함께 말씀기도를 드립니다. 하나님께서 들려주신 말씀을 먹고 말씀의 능력을 힘입어, 주 안에서 '기뻐하는 마음으로' 아이의 생활을 도우며 일깨우겠습니다. 은혜 중에 말씀대로 살아낼 수 있도록 순간순간 동행하시며 친히 인도하여 주시옵소서. 이 아이의 삶을 통해 하나님 홀로 영광 받으소서.

오! 살아계신 아버지 하나님,
이 아이가 하나님의 사람으로 택하심을 입도록 기쁨과 감사로 온전히 위탁하오며,
찬양받으실 우리 주 예수 그리스도의 이름으로 간절히 기도하옵나이다. 아멘.

✝ 오늘의 말씀을 묵상하며, 적용을 생각해 봅니다.

말씀 "   "

적용 "자녀가 해내는 작은 일에도 자랑스러워하고 만족스러워하는 부모의 환호하는 사랑은 자녀에게 희망이 됩니다. 부모에게는 보람이 됩니다."

전지전능하신 사랑의 하나님, 은혜의 하나님, 평강의 하나님!
오늘도 부모(교사)로 부르심에 감사와 찬송을 드립니다.
주 예수 그리스도 안에서 먼저 나 자신이 하나님의 자녀임을 고백하고, 하나님 아버지의 사랑에 믿음과 순종으로 바르게 응답하는 삶을 살고 있는지를 돌아봅니다.
오직 하나님의 영광을 위하여, 이제 내게 명하신 말씀을 마음에 새기고 자녀에게 부지런히 가르치며, 맡겨주신 일을 말씀과 기도로 기쁘게 감당하고자 합니다.

샤론의 꽃 예수님,
눈동자같이 지키시는 사랑하는 ○○(이)를 위해 복음의 말씀을 들려주시옵소서.
귀 기울여 듣겠나이다.

> **"그러나 너희도 각각
> 자기의 아내 사랑하기를 자신같이 하고
> 아내도 자기 남편을 존경하라"**
>
> (엡 5:33)

거룩하신 성부 · 성자 · 성령, 능력의 하나님,
허락하신 삶의 현장에서 자녀와 함께 말씀기도를 드립니다. 하나님께서 들려주신 말씀을 먹고 말씀의 능력을 힘입어, 주 안에서 '부모의 성숙한 사랑으로' 아이의 생활을 도우며 일깨우겠습니다. 은혜 중에 말씀대로 살아낼 수 있도록 순간순간 동행하시며 친히 인도하여 주시옵소서. 이 아이의 삶을 통해 하나님 홀로 영광 받으소서.

오! 살아계신 아버지 하나님,
이 아이가 하나님의 사람으로 택하심을 입도록 기쁨과 감사로 온전히 위탁하오며, 찬양받으실 우리 주 예수 그리스도의 이름으로 간절히 기도하옵나이다. 아멘.

✝ 오늘의 말씀을 묵상하며, 적용을 생각해 봅니다.

말씀 " _______________________________________ "

적용 "자녀가 받고 싶어 하는 가장 큰 선물은 아버지와 어머니가 서로 존중하며 사랑하는 모습입니다."

전지전능하신 사랑의 하나님, 은혜의 하나님, 평강의 하나님!
오늘도 부모(교사)로 부르심에 감사와 찬송을 드립니다.
주 예수 그리스도 안에서 먼저 나 자신이 하나님의 자녀임을 고백하고, 하나님 아버지의 사랑에 믿음과 순종으로 바르게 응답하는 삶을 살고 있는지를 돌아봅니다.
오직 하나님의 영광을 위하여, 이제 내게 명하신 말씀을 마음에 새기고 자녀에게 부지런히 가르치며, 맡겨주신 일을 말씀과 기도로 기쁘게 감당하고자 합니다.

우리를 밤낮으로 보살피시는 하나님,
눈동자같이 지키시는 사랑하는 ○○(이)를 위해 복음의 말씀을 들려주시옵소서.
귀 기울여 듣겠나이다.

> **"내 아들아 네 아비의 명령을 지키며
> 네 어미의 법을 떠나지 말고
> 그것을 항상 네 마음에 새기며 네 목에 매라"**
>
> (잠 6:20-21)

거룩하신 성부 · 성자 · 성령, 능력의 하나님,
허락하신 삶의 현장에서 자녀와 함께 말씀기도를 드립니다. 하나님께서 들려주신 말씀을 먹고 말씀의 능력을 힘입어, 주 안에서 '부모가 같은 마음을 가지고' 아이의 생활을 도우며 일깨우겠습니다. 은혜 중에 말씀대로 살아낼 수 있도록 순간순간 동행하시며 친히 인도하여 주시옵소서. 이 아이의 삶을 통해 하나님 홀로 영광 받으소서.

오! 살아계신 아버지 하나님,
이 아이가 하나님의 사람으로 택하심을 입도록 기쁨과 감사로 온전히 위탁하오며,
찬양받으실 우리 주 예수 그리스도의 이름으로 간절히 기도하옵나이다. 아멘.

✝ 오늘의 말씀을 묵상하며, 적용을 생각해 봅니다.

말씀 "   "

적용 "아버지와 어머니의 생각과 마음이 하나라는 것과 일관성 있는 태도를 보여줄 때, 자녀는 그 가르침을 참되고 선한 것으로 더 잘 받아들입니다."

전지전능하신 사랑의 하나님, 은혜의 하나님, 평강의 하나님!
오늘도 부모(교사)로 부르심에 감사와 찬송을 드립니다.
주 예수 그리스도 안에서 먼저 나 자신이 하나님의 자녀임을 고백하고, 하나님 아버지의 사랑에 믿음과 순종으로 바르게 응답하는 삶을 살고 있는지를 돌아봅니다.
오직 하나님의 영광을 위하여, 이제 내게 명하신 말씀을 마음에 새기고 자녀에게 부지런히 가르치며, 맡겨주신 일을 말씀과 기도로 기쁘게 감당하고자 합니다.

사랑이 넘치는 자비하신 하나님,
눈동자같이 지키시는 사랑하는 ○○(이)를 위해 복음의 말씀을 들려주시옵소서.
귀 기울여 듣겠나이다.

> **"아들들아 이제 내게 들으라**
> **내 도를 지키는 자가 복이 있느니라"**
>
> (잠 8:32)

거룩하신 성부 · 성자 · 성령, 능력의 하나님,
허락하신 삶의 현장에서 자녀와 함께 말씀기도를 드립니다. 하나님께서 들려주신 말씀을 먹고 말씀의 능력을 힘입어, 주 안에서 '즐기는 부모됨으로' 아이의 생활을 도우며 일깨우겠습니다. 은혜 중에 말씀대로 살아낼 수 있도록 순간순간 동행하시며 친히 인도하여 주시옵소서. 이 아이의 삶을 통해 하나님 홀로 영광 받으소서.

오! 살아계신 아버지 하나님,
이 아이가 하나님의 사람으로 택하심을 입도록 기쁨과 감사로 온전히 위탁하오며,
찬양받으실 우리 주 예수 그리스도의 이름으로 간절히 기도하옵나이다. 아멘.

✝ 오늘의 말씀을 묵상하며, 적용을 생각해 봅니다.

말씀 " ____ "

적용 "자녀의 성장과 발달은 부모가 부모됨이라는 약재로 교육이라는 성장 촉진 비타민을 제조하여 복용시킨 결과입니다."

 # 서른한번째 날

전지전능하신 사랑의 하나님, 은혜의 하나님, 평강의 하나님!
오늘도 부모(교사)로 부르심에 감사와 찬송을 드립니다.
주 예수 그리스도 안에서 먼저 나 자신이 하나님의 자녀임을 고백하고, 하나님 아버지의 사랑에 믿음과 순종으로 바르게 응답하는 삶을 살고 있는지를 돌아봅니다.
오직 하나님의 영광을 위하여, 이제 내게 명하신 말씀을 마음에 새기고 자녀에게 부지런히 가르치며, 맡겨주신 일을 말씀과 기도로 기쁘게 감당하고자 합니다.

하나님의 독생자 우리 주 예수님,
눈동자같이 지키시는 사랑하는 ○○(이)를 위해 복음의 말씀을 들려주시옵소서.
귀 기울여 듣겠나이다.

> **"먼저 자기 집에서 효를 행하여**
> **부모에게 보답하기를 배우게 하라**
> **이것이 하나님 앞에서 받으실 만한 것이니라"**
>
> (딤전 5:4중하)

거룩하신 성부 · 성자 · 성령, 능력의 하나님,
허락하신 삶의 현장에서 자녀와 함께 말씀기도를 드립니다. 하나님께서 들려주신 말씀을 먹고 말씀의 능력을 힘입어, 주 안에서 '본을 보이는 생활로' 아이의 생활을 도우며 일깨우겠습니다. 은혜 중에 말씀대로 살아낼 수 있도록 순간순간 동행하시며 친히 인도하여 주시옵소서. 이 아이의 삶을 통해 하나님 홀로 영광 받으소서.

오! 살아계신 아버지 하나님,
이 아이가 하나님의 사람으로 택하심을 입도록 기쁨과 감사로 온전히 위탁하오며,
찬양받으실 우리 주 예수 그리스도의 이름으로 간절히 기도하옵나이다. 아멘.

✝오늘의 말씀을 묵상하며, 적용을 생각해 봅니다.

말씀 "   "

적용 "자녀가 진심으로 닮기 원하는 부모가 최고로 성공한 부모입니다."

"부모와 교사로 하나님의 말씀라 섭리 안에서 자녀와 아이들을 올바르게 키우는 지혜와 명철을 얻고, 하나님과 개별적인 만남을 가지기 위해 한 걸음 한 걸음씩 다가가며, 교육현장에서 말씀을 따라 일상생활 과업을 찾고 실현하는 말씀의 생활화를 이룰 수 있도록 기도합니다."

교사 2/ 민, 애, 선

June

6

쓰임의 기도

"사람의 마음에는 많은 계획이 있어도
오직 여호와의 뜻만이 완전히 서리라"

(잠 19:21)

Mom & Dad's 첫번째 날

전지전능하신 사랑의 하나님, 은혜의 하나님, 평강의 하나님!

오늘도 부모(교사)로 부르심에 감사와 찬송을 드립니다.

주 예수 그리스도 안에서 먼저 나 자신이 하나님의 자녀임을 고백하고, 하나님 아버지의 사랑에 믿음과 순종으로 바르게 응답하는 삶을 살고 있는지를 돌아봅니다. 오직 하나님의 영광을 위하여, 이제 내게 명하신 말씀을 마음에 새기고 자녀에게 부지런히 가르치며, 맡겨주신 일을 말씀과 기도로 기쁘게 감당하고자 합니다.

언약을 이루시는 하나님,

눈동자같이 지키시는 사랑하는 ○○(이)를 위해 복음의 말씀을 들려주시옵소서. 귀 기울여 듣겠나이다.

> **"나의 자녀들아 너희 속에**
> **그리스도의 형상을 이루기까지**
> **다시 너희를 위하여 해산하는 수고를 하노니"**
>
> (갈 4:19)

거룩하신 성부 · 성자 · 성령, 능력의 하나님,

허락하신 삶의 현장에서 자녀와 함께 말씀기도를 드립니다. 하나님께서 들려주신 말씀을 먹고 말씀의 능력을 힘입어, 주 안에서 '하나님께 순종하는 믿음으로' 아이의 생활을 도우며 일깨우겠습니다. 은혜 중에 말씀대로 살아낼 수 있도록 순간순간 동행하시며 친히 인도하여 주시옵소서. 이 아이의 삶을 통해 하나님 홀로 영광 받으소서.

오! 살아계신 아버지 하나님,

이 아이가 하나님의 사람으로 쓰임 받을 수 있도록 기쁨과 감사로 온전히 위탁하오며, 찬양받으실 우리 주 예수 그리스도의 이름으로 간절히 기도하옵나이다. 아멘.

✝ 오늘의 말씀을 묵상하며, 적용을 생각해 봅니다.

말씀 "   "

적용 "우리가 받은 축복은 많은 교사와 부모들이 진실로 헌신적이라는 것입니다. 교사와 부모들은 다음 세대에 그들의 삶을 줍니다."

Mom & Dad's 두번째 날

전지전능하신 사랑의 하나님, 은혜의 하나님, 평강의 하나님!
오늘도 부모(교사)로 부르심에 감사와 찬송을 드립니다.
주 예수 그리스도 안에서 먼저 나 자신이 하나님의 자녀임을 고백하고, 하나님 아버지의 사랑에 믿음과 순종으로 바르게 응답하는 삶을 살고 있는지를 돌아봅니다.
오직 하나님의 영광을 위하여, 이제 내게 명하신 말씀을 마음에 새기고 자녀에게 부지런히 가르치며, 맡겨주신 일을 말씀과 기도로 기쁘게 감당하고자 합니다.

한마음 되게 함께 하시는 하나님,
눈동자같이 지키시는 사랑하는 ○○(이)를 위해 복음의 말씀을 들려주시옵소서.
귀 기울여 듣겠나이다.

> **"너희도 성령 안에서 하나님이 거하실 처소가 되기 위하여
> 그리스도 예수 안에서 함께 지어져 가느니라"**
>
> (엡 2:22)

거룩하신 성부 · 성자 · 성령, 능력의 하나님,
허락하신 삶의 현장에서 자녀와 함께 말씀기도를 드립니다. 하나님께서 들려주신 말씀을 먹고 말씀의 능력을 힘입어, 주 안에서 아이의 생활을 '**함께 조성하고 발전시켜가며**' 돕고 일깨우겠습니다. 은혜 중에 말씀대로 살아낼 수 있도록 순간순간 동행하시며 친히 인도하여 주시옵소서. 이 아이의 삶을 통해 하나님 홀로 영광 받으소서.

오! 살아계신 아버지 하나님,
이 아이가 하나님의 사람으로 쓰임 받을 수 있도록 기쁨과 감사로 온전히 위탁하오며, 찬양받으실 우리 주 예수 그리스도의 이름으로 간절히 기도하옵나이다. 아멘.

✝ 오늘의 말씀을 묵상하며, 적용을 생각해 봅니다.

 **말씀**   "   "

 **적용**   "아이들은 올바른 교육을 받고 싶어 합니다. 교육의 장은 아이와 부모와 교사가 함께 만들어 갑니다."

 세번째 날

전지전능하신 사랑의 하나님, 은혜의 하나님, 평강의 하나님!
오늘도 부모(교사)로 부르심에 감사와 찬송을 드립니다.
주 예수 그리스도 안에서 먼저 나 자신이 하나님의 자녀임을 고백하고, 하나님 아버지의 사랑에 믿음과 순종으로 바르게 응답하는 삶을 살고 있는지를 돌아봅니다.
오직 하나님의 영광을 위하여, 이제 내게 명하신 말씀을 마음에 새기고 자녀에게 부지런히 가르치며, 맡겨주신 일을 말씀과 기도로 기쁘게 감당하고자 합니다.

언제 어디서나 나를 지키시는 주님,
눈동자같이 지키시는 사랑하는 ○○(이)를 위해 복음의 말씀을 들려주시옵소서.
귀 기울여 듣겠나이다.

> **"구하라 그리하면 너희에게 주실 것이요
> 찾으라 그리하면 찾아낼 것이요
> 문을 두드리라 그리하면 너희에게 열릴 것이니
> 구하는 이마다 받을 것이요 찾는 이는 찾아낼 것이요
> 두드리는 이에게는 열릴 것이니라"**
>
> (마 7:7-8)

거룩하신 성부 · 성자 · 성령, 능력의 하나님,
허락하신 삶의 현장에서 자녀와 함께 말씀기도를 드립니다. 하나님께서 들려주신 말씀을 먹고 말씀의 능력을 힘입어, 주 안에서 아이의 생활을 '열정을 유지하도록' 도우며 일깨우겠습니다. 은혜 중에 말씀대로 살아낼 수 있도록 순간순간 동행하시며 친히 인도하여 주시옵소서. 이 아이의 삶을 통해 하나님 홀로 영광 받으소서.

오! 살아계신 아버지 하나님,
이 아이가 하나님의 사람으로 쓰임 받을 수 있도록 기쁨과 감사로 온전히 위탁하오며, 찬양받으실 우리 주 예수 그리스도의 이름으로 간절히 기도하옵나이다. 아멘.

✝ 오늘의 말씀을 묵상하며, 적용을 생각해 봅니다.

 "   "

 "학습의 시작은 열정입니다. 과정은 즐거움입니다. 결과는 기쁨입니다."

전지전능하신 사랑의 하나님, 은혜의 하나님, 평강의 하나님!
오늘도 부모(교사)로 부르심에 감사와 찬송을 드립니다.
주 예수 그리스도 안에서 먼저 나 자신이 하나님의 자녀임을 고백하고, 하나님 아버지의 사랑에 믿음과 순종으로 바르게 응답하는 삶을 살고 있는지를 돌아봅니다.
오직 하나님의 영광을 위하여, 이제 내게 명하신 말씀을 마음에 새기고 자녀에게 부지런히 가르치며, 맡겨주신 일을 말씀과 기도로 기쁘게 감당하고자 합니다.

하나님의 형상대로 나를 지으신 아버지 하나님,
눈동자같이 지키시는 사랑하는 ○○(이)를 위해 복음의 말씀을 들려주시옵소서.
귀 기울여 듣겠나이다.

> *"내게 주신 하나님의 은혜를 따라*
> *내가 지혜로운 건축자와 같이 터를 닦아 두매*
> *다른 이가 그 위에 세우나*
> *그러나 각각 어떻게 그 위에 세울까를 조심할지니라"*
>
> (고전 3:10)

거룩하신 성부 · 성자 · 성령, 능력의 하나님,
허락하신 삶의 현장에서 자녀와 함께 말씀기도를 드립니다. 하나님께서 들려주신 말씀을 먹고 말씀의 능력을 힘입어, 주 안에서 아이의 생활을 '**건설적으로 지지해주며**' 돕고 일깨우겠습니다. 은혜 중에 말씀대로 살아낼 수 있도록 순간순간 동행하시며 친히 인도하여 주시옵소서. 이 아이의 삶을 통해 하나님 홀로 영광 받으소서.

오! 살아계신 아버지 하나님,
이 아이가 하나님의 사람으로 쓰임 받을 수 있도록 기쁨과 감사로 온전히 위탁하오며, 찬양받으실 우리 주 예수 그리스도의 이름으로 간절히 기도하옵나이다. 아멘.

✝ 오늘의 말씀을 묵상하며, 적용을 생각해 봅니다.

말씀 "   "

적용 "부모됨과 교사됨을 즐기는 부모와 교사는 아이의 든든한 비계입니다."

 # 다섯번째 날

전지전능하신 사랑의 하나님, 은혜의 하나님, 평강의 하나님!
오늘도 부모(교사)로 부르심에 감사와 찬송을 드립니다.
주 예수 그리스도 안에서 먼저 나 자신이 하나님의 자녀임을 고백하고, 하나님 아버지의 사랑에 믿음과 순종으로 바르게 응답하는 삶을 살고 있는지를 돌아봅니다.
오직 하나님의 영광을 위하여, 이제 내게 명하신 말씀을 마음에 새기고 자녀에게 부지런히 가르치며, 맡겨주신 일을 말씀과 기도로 기쁘게 감당하고자 합니다.

내 진정 사모하는 주님,
눈동자같이 지키시는 사랑하는 ○○(이)를 위해 복음의 말씀을 들려주시옵소서.
귀 기울여 듣겠나이다.

> **"파수꾼이 아침을 기다림 보다
> 내 영혼이 주를 더 기다리나니
> 참으로 파수꾼이 아침을 기다림 보다 더하도다"**
>
> (시 130:6)

거룩하신 성부 · 성자 · 성령, 능력의 하나님,
허락하신 삶의 현장에서 자녀와 함께 말씀기도를 드립니다. 하나님께서 들려주신 말씀을 먹고 말씀의 능력을 힘입어, 주 안에서 아이의 생활을 '인내함으로' 도우며 일깨우겠습니다. 은혜 중에 말씀대로 살아낼 수 있도록 순간순간 동행하시며 친히 인도하여 주시옵소서. 이 아이의 삶을 통해 하나님 홀로 영광 받으소서.

오! 살아계신 아버지 하나님,
이 아이가 하나님의 사람으로 쓰임 받을 수 있도록 기쁨과 감사로 온전히 위탁하오며, 찬양받으실 우리 주 예수 그리스도의 이름으로 간절히 기도하옵나이다. 아멘.

✝ 오늘의 말씀을 묵상하며, 적용을 생각해 봅니다.

말씀 "   "

적용 "부모와 교사는 아이들에게 먼저 배움에 대한 열망을 불러 일으켜 주고, 그들이 배우고 싶어 할 때까지 기다려 줍니다."

여섯번째 날

전지전능하신 사랑의 하나님, 은혜의 하나님, 평강의 하나님!
오늘도 부모(교사)로 부르심에 감사와 찬송을 드립니다.
주 예수 그리스도 안에서 먼저 나 자신이 하나님의 자녀임을 고백하고, 하나님 아버지의 사랑에 믿음과 순종으로 바르게 응답하는 삶을 살고 있는지를 돌아봅니다. 오직 하나님의 영광을 위하여, 이제 내게 명하신 말씀을 마음에 새기고 자녀에게 부지런히 가르치며, 맡겨주신 일을 말씀과 기도로 기쁘게 감당하고자 합니다.

내 편에 서서 항상 도우시는 주님,
눈동자같이 지키시는 사랑하는 ○○(이)를 위해 복음의 말씀을 들려주시옵소서.
귀 기울여 듣겠나이다.

> **"이는 젖을 먹는 자마다 어린 아이니 의의 말씀을 경험하지 못한 자요
> 단단한 음식은 장성한 자의 것이니
> 그들은 지각을 사용함으로 연단을 받아
> 선악을 분별하는 자들이니라"**
>
> (히 5:13-14)

거룩하신 성부 · 성자 · 성령, 능력의 하나님,
허락하신 삶의 현장에서 자녀와 함께 말씀기도를 드립니다. 하나님께서 들려주신 말씀을 먹고 말씀의 능력을 힘입어, 주 안에서 아이의 생활을 '**수준에 맞추어 학습이 이루어지도록**' 도우며 일깨우겠습니다. 은혜 중에 말씀대로 살아낼 수 있도록 순간순간 동행하시며 친히 인도하여 주시옵소서. 이 아이의 삶을 통해 하나님 홀로 영광 받으소서.

오! 살아계신 아버지 하나님,
이 아이가 하나님의 사람으로 쓰임 받을 수 있도록 기쁨과 감사로 온전히 위탁하오며, 찬양받으실 우리 주 예수 그리스도의 이름으로 간절히 기도하옵나이다. 아멘.

✝ 오늘의 말씀을 묵상하며, 적용을 생각해 봅니다.

말씀 "＿＿＿＿＿＿＿＿＿＿＿＿＿＿＿＿＿＿＿＿＿＿＿＿＿＿＿＿＿"

적용 "부모와 교사는 아이들의 발달에 적합한 활동과 프로그램을 제공합니다."

Mom & Dad's 일곱번째 날

전지전능하신 사랑의 하나님, 은혜의 하나님, 평강의 하나님!
오늘도 부모(교사)로 부르심에 감사와 찬송을 드립니다.
주 예수 그리스도 안에서 먼저 나 자신이 하나님의 자녀임을 고백하고, 하나님 아
버지의 사랑에 믿음과 순종으로 바르게 응답하는 삶을 살고 있는지를 돌아봅니다.
오직 하나님의 영광을 위하여, 이제 내게 명하신 말씀을 마음에 새기고 자녀에게
부지런히 가르치며, 맡겨주신 일을 말씀과 기도로 기쁘게 감당하고자 합니다.

알파와 오메가이신 하나님,
눈동자같이 지키시는 사랑하는 ○○(이)를 위해 복음의 말씀을 들려주시옵소서.
귀 기울여 듣겠나이다.

"모든 것을 품위 있게 하고 질서 있게 하라"

(고전 14:40)

거룩하신 성부 · 성자 · 성령, 능력의 하나님,
허락하신 삶의 현장에서 자녀와 함께 말씀기도를 드립니다. 하나님께서 들려주신
말씀을 먹고 말씀의 능력을 힘입어, 주 안에서 아이의 생활을 '**역동적으로 학습의
장을 제공하며**' 돕고 일깨우겠습니다. 은혜 중에 말씀대로 살아낼 수 있도록 순간
순간 동행하시며 친히 인도하여 주시옵소서. 이 아이의 삶을 통해 하나님 홀로 영
광 받으소서.

오! 살아계신 아버지 하나님,
이 아이가 하나님의 사람으로 쓰임 받을 수 있도록 기쁨과 감사로 온전히 위탁하오
며, 찬양받으실 우리 주 예수 그리스도의 이름으로 간절히 기도하옵나이다. 아멘.

✝ 오늘의 말씀을 묵상하며, 적용을 생각해 봅니다.

말씀 "   "

적용 "부모와 교사는 발달수준에 맞는 교재 · 교구를 준비하고, 아이들이 스스로 교구를 사용하
고 정리할 수 있도록 학습환경을 구성합니다."

전지전능하신 사랑의 하나님, 은혜의 하나님, 평강의 하나님!
오늘도 부모(교사)로 부르심에 감사와 찬송을 드립니다.
주 예수 그리스도 안에서 먼저 나 자신이 하나님의 자녀임을 고백하고, 하나님 아버지의 사랑에 믿음과 순종으로 바르게 응답하는 삶을 살고 있는지를 돌아봅니다.
오직 하나님의 영광을 위하여, 이제 내게 명하신 말씀을 마음에 새기고 자녀에게 부지런히 가르치며, 맡겨주신 일을 말씀과 기도로 기쁘게 감당하고자 합니다.

영광이 온 땅에 충만한 만군의 여호와 하나님,
눈동자같이 지키시는 사랑하는 ○○(이)를 위해 복음의 말씀을 들려주시옵소서.
귀 기울여 듣겠나이다.

> **"그런즉 너희가 먹든지 마시든지 무엇을 하든지
> 다 하나님의 영광을 위하여 하라"**
>
> (고전 10:31)

거룩하신 성부 · 성자 · 성령, 능력의 하나님,
허락하신 삶의 현장에서 자녀와 함께 말씀기도를 드립니다. 하나님께서 들려주신 말씀을 먹고 말씀의 능력을 힘입어, 주 안에서 아이의 생활을 '**자발적으로 선택할 수 있도록**' 도우며 일깨우겠습니다. 은혜 중에 말씀대로 살아낼 수 있도록 순간순간 동행하시며 친히 인도하여 주시옵소서. 이 아이의 삶을 통해 하나님 홀로 영광 받으소서.

오! 살아계신 아버지 하나님,
이 아이가 하나님의 사람으로 쓰임 받을 수 있도록 기쁨과 감사로 온전히 위탁하오며, 찬양받으실 우리 주 예수 그리스도의 이름으로 간절히 기도하옵나이다. 아멘.

✝ 오늘의 말씀을 묵상하며, 적용을 생각해 봅니다.

말씀 "   "

적용 "부모와 교사는 아이들이 스스로의 흥미에 따라 탐구할 수 있는 다양한 자유선택활동 경험을 반드시 제공합니다."

전지전능하신 사랑의 하나님, 은혜의 하나님, 평강의 하나님!
오늘도 부모(교사)로 부르심에 감사와 찬송을 드립니다.
주 예수 그리스도 안에서 먼저 나 자신이 하나님의 자녀임을 고백하고, 하나님 아버지의 사랑에 믿음과 순종으로 바르게 응답하는 삶을 살고 있는지를 돌아봅니다. 오직 하나님의 영광을 위하여, 이제 내게 명하신 말씀을 마음에 새기고 자녀에게 부지런히 가르치며, 맡겨주신 일을 말씀과 기도로 기쁘게 감당하고자 합니다.

나의 자랑이 되시는 예수님,
눈동자같이 지키시는 사랑하는 ○○(이)를 위해 복음의 말씀을 들려주시옵소서.
귀 기울여 듣겠나이다.

> **"이는 그가 모든 지혜와 총명을 우리에게 넘치게 하사**
> **그 뜻의 비밀을 우리에게 알리신 것이요**
> **그의 기뻐하심을 따라 그리스도 안에서 때가 찬 경륜을 위하여 예정하신 것이니**
> **하늘에 있는 것이나 땅에 있는 것이**
> **다 그리스도 안에서 통일되게 하려 하심이라"**
>
> (엡 1:8-10)

거룩하신 성부 · 성자 · 성령, 능력의 하나님,
허락하신 삶의 현장에서 자녀와 함께 말씀기도를 드립니다. 하나님께서 들려주신 말씀을 먹고 말씀의 능력을 힘입어, 주 안에서 아이의 생활을 '**자율적으로 실천할 수 있도록**' 도우며 일깨우겠습니다. 은혜 중에 말씀대로 살아낼 수 있도록 순간순간 동행하시며 친히 인도하여 주시옵소서. 이 아이의 삶을 통해 하나님 홀로 영광 받으소서.

오! 살아계신 아버지 하나님,
이 아이가 하나님의 사람으로 쓰임 받을 수 있도록 기쁨과 감사로 온전히 위탁하오며, 찬양받으실 우리 주 예수 그리스도의 이름으로 간절히 기도하옵나이다. 아멘.

✝ 오늘의 말씀을 묵상하며, 적용을 생각해 봅니다.

말씀 "   "

적용 "부모와 교사는 아이들에게 폭넓은 관련 경험과 활동들을 준비하여 다양한 학습내용을 활용할 수 있도록 가르칩니다."

Mom & Dad's 열번째 날

전지전능하신 사랑의 하나님, 은혜의 하나님, 평강의 하나님!
오늘도 부모(교사)로 부르심에 감사와 찬송을 드립니다.
주 예수 그리스도 안에서 먼저 나 자신이 하나님의 자녀임을 고백하고, 하나님 아버지의 사랑에 믿음과 순종으로 바르게 응답하는 삶을 살고 있는지를 돌아봅니다.
오직 하나님의 영광을 위하여, 이제 내게 명하신 말씀을 마음에 새기고 자녀에게 부지런히 가르치며, 맡겨주신 일을 말씀과 기도로 기쁘게 감당하고자 합니다.

밝고 오묘한 생명의 말씀이신 하나님,
눈동자같이 지키시는 사랑하는 ○○(이)를 위해 복음의 말씀을 들려주시옵소서.
귀 기울여 듣겠나이다.

> **"하나님의 말씀은 살아 있고 활력이 있어**
> **좌우에 날선 어떤 검보다도 예리하여**
> **혼과 영과 및 관절과 골수를 찔러 쪼개기까지 하며**
> **또 마음의 생각과 뜻을 판단하나니"**
>
> (히 4:12)

거룩하신 성부 · 성자 · 성령, 능력의 하나님,
허락하신 삶의 현장에서 자녀와 함께 말씀기도를 드립니다. 하나님께서 들려주신 말씀을 먹고 말씀의 능력을 힘입어, 주 안에서 아이의 생활을 '**탐색하고 적용할 수 있도록**' 도우며 일깨우겠습니다. 은혜 중에 말씀대로 살아낼 수 있도록 순간순간 동행하시며 친히 인도하여 주시옵소서. 이 아이의 삶을 통해 하나님 홀로 영광 받으소서.

오! 살아계신 아버지 하나님,
이 아이가 하나님의 사람으로 쓰임 받을 수 있도록 기쁨과 감사로 온전히 위탁하오며, 찬양받으실 우리 주 예수 그리스도의 이름으로 간절히 기도하옵나이다. 아멘.

✝ 오늘의 말씀을 묵상하며, 적용을 생각해 봅니다.

 **말씀** "   "

 **적용** "부모와 교사는 아이들이 다양한 방법으로 탐색할 수 있고, 다룰 수 있는 교재 · 교구를 제공합니다."

 # 열한번째 날

전지전능하신 사랑의 하나님, 은혜의 하나님, 평강의 하나님!
오늘도 부모(교사)로 부르심에 감사와 찬송을 드립니다.
주 예수 그리스도 안에서 먼저 나 자신이 하나님의 자녀임을 고백하고, 하나님 아버지의 사랑에 믿음과 순종으로 바르게 응답하는 삶을 살고 있는지를 돌아봅니다.
오직 하나님의 영광을 위하여, 이제 내게 명하신 말씀을 마음에 새기고 자녀에게 부지런히 가르치며, 맡겨주신 일을 말씀과 기도로 기쁘게 감당하고자 합니다.

오늘에 흡족한 은혜를 주는 주님,
눈동자같이 지키시는 사랑하는 ○○(이)를 위해 복음의 말씀을 들려주시옵소서.
귀 기울여 듣겠나이다.

> **"오직 하나님이 몸을 고르게 하여
> 부족한 지체에게 귀중함을 더하사
> 몸 가운데서 분쟁이 없고
> 오직 여러 지체가 서로 같이 돌보게 하셨느니라"**
>
> (고전 12:24하-25)

거룩하신 성부 · 성자 · 성령, 능력의 하나님,
허락하신 삶의 현장에서 자녀와 함께 말씀기도를 드립니다. 하나님께서 들려주신 말씀을 먹고 말씀의 능력을 힘입어, 주 안에서 아이의 생활을 '**균형과 조화를 이루도록**' 도우며 일깨우겠습니다. 은혜 중에 말씀대로 살아낼 수 있도록 순간순간 동행하시며 친히 인도하여 주시옵소서. 이 아이의 삶을 통해 하나님 홀로 영광 받으소서.

오! 살아계신 아버지 하나님,
이 아이가 하나님의 사람으로 쓰임 받을 수 있도록 기쁨과 감사로 온전히 위탁하오며, 찬양받으실 우리 주 예수 그리스도의 이름으로 간절히 기도하옵나이다. 아멘.

✝ 오늘의 말씀을 묵상하며, 적용을 생각해 봅니다.

 "   "

 "부모와 교사는 아이들이 동적 활동과 정적 활동을 균형 있게 경험할 수 있는 기회를 갖도록 합니다."

전지전능하신 사랑의 하나님, 은혜의 하나님, 평강의 하나님!
오늘도 부모(교사)로 부르심에 감사와 찬송을 드립니다.
주 예수 그리스도 안에서 먼저 나 자신이 하나님의 자녀임을 고백하고, 하나님 아버지의 사랑에 믿음과 순종으로 바르게 응답하는 삶을 살고 있는지를 돌아봅니다.
오직 하나님의 영광을 위하여, 이제 내게 명하신 말씀을 마음에 새기고 자녀에게 부지런히 가르치며, 맡겨주신 일을 말씀과 기도로 기쁘게 감당하고자 합니다.

내게 능력 주심으로 모든 선한 것을 하게 하시는 하나님,
눈동자같이 지키시는 사랑하는 ○○(이)를 위해 복음의 말씀을 들려주시옵소서.
귀 기울여 듣겠나이다.

> **"내게 주신 은혜로 말미암아 너희 각 사람에게 말하노니**
> **마땅히 생각할 그 이상의 생각을 품지 말고**
> **오직 하나님께서 각 사람에게 나누어 주신**
> **믿음의 분량대로 지혜롭게 생각하라"**
>
> (롬 12:3)

거룩하신 성부 · 성자 · 성령, 능력의 하나님,
허락하신 삶의 현장에서 자녀와 함께 말씀기도를 드립니다. 하나님께서 들려주신 말씀을 먹고 말씀의 능력을 힘입어, 주 안에서 아이의 생활을 '**생각과 느낌에 민감하도록**' 도우며 일깨우겠습니다. 은혜 중에 말씀대로 살아낼 수 있도록 순간순간 동행하시며 친히 인도하여 주시옵소서. 이 아이의 삶을 통해 하나님 홀로 영광 받으소서.

오! 살아계신 아버지 하나님,
이 아이가 하나님의 사람으로 쓰임 받을 수 있도록 기쁨과 감사로 온전히 위탁하오며, 찬양받으실 우리 주 예수 그리스도의 이름으로 간절히 기도하옵나이다. 아멘.

✝ 오늘의 말씀을 묵상하며, 적용을 생각해 봅니다.

말씀 "   "

적용 "부모와 교사는 아이들이 생각하고 느낄 수 있도록 여러 가지 놀이 활동을 제공합니다."

전지전능하신 사랑의 하나님, 은혜의 하나님, 평강의 하나님!
오늘도 부모(교사)로 부르심에 감사와 찬송을 드립니다.
주 예수 그리스도 안에서 먼저 나 자신이 하나님의 자녀임을 고백하고, 하나님 아버지의 사랑에 믿음과 순종으로 바르게 응답하는 삶을 살고 있는지를 돌아봅니다.
오직 하나님의 영광을 위하여, 이제 내게 명하신 말씀을 마음에 새기고 자녀에게 부지런히 가르치며, 맡겨주신 일을 말씀과 기도로 기쁘게 감당하고자 합니다.

나의 필요를 알고 채워주시는 하나님,
눈동자같이 지키시는 사랑하는 ○○(이)를 위해 복음의 말씀을 들려주시옵소서.
귀 기울여 듣겠나이다.

> **"진흙으로 만든 그릇이 토기장이의 손에서 터지매
> 그가 그것으로 자기 의견에 좋은 대로
> 다른 그릇을 만들더라"**
>
> (렘 18:4)

거룩하신 성부 · 성자 · 성령, 능력의 하나님,
허락하신 삶의 현장에서 자녀와 함께 말씀기도를 드립니다. 하나님께서 들려주신 말씀을 먹고 말씀의 능력을 힘입어, 주 안에서 아이의 생활을 '두루두루 살피고' 도우며 일깨우겠습니다. 은혜 중에 말씀대로 살아낼 수 있도록 순간순간 동행하시며 친히 인도하여 주시옵소서. 이 아이의 삶을 통해 하나님 홀로 영광 받으소서.

오! 살아계신 아버지 하나님,
이 아이가 하나님의 사람으로 쓰임 받을 수 있도록 기쁨과 감사로 온전히 위탁하오며, 찬양받으실 우리 주 예수 그리스도의 이름으로 간절히 기도하옵나이다. 아멘.

✝ 오늘의 말씀을 묵상하며, 적용을 생각해 봅니다.

말씀 "   "

적용 "부모와 교사는 다양하게 아이들이 개별 활동과 대 · 소집단 활동을 경험할 수 있도록 준비합니다."

 # 열네번째 날

전지전능하신 사랑의 하나님, 은혜의 하나님, 평강의 하나님!
오늘도 부모(교사)로 부르심에 감사와 찬송을 드립니다.
주 예수 그리스도 안에서 먼저 나 자신이 하나님의 자녀임을 고백하고, 하나님 아버지의 사랑에 믿음과 순종으로 바르게 응답하는 삶을 살고 있는지를 돌아봅니다.
오직 하나님의 영광을 위하여, 이제 내게 명하신 말씀을 마음에 새기고 자녀에게 부지런히 가르치며, 맡겨주신 일을 말씀과 기도로 기쁘게 감당하고자 합니다.

어려움이 닥칠 때 도움 주시는 위로의 하나님,
눈동자같이 지키시는 사랑하는 ○○(이)를 위해 복음의 말씀을 들려주시옵소서.
귀 기울여 듣겠나이다.

> **"네 형제의 나귀나 소가 길에 넘어진 것을 보거든
> 못 본 체하지 말고 너는 반드시 형제를 도와
> 그것들을 일으킬지니라"**
>
> (신 22:4)

거룩하신 성부 · 성자 · 성령, 능력의 하나님,
허락하신 삶의 현장에서 자녀와 함께 말씀기도를 드립니다. 하나님께서 들려주신 말씀을 먹고 말씀의 능력을 힘입어, 주 안에서 아이의 생활을 '**협력하는 마음이 필요함을 알도록**' 도우며 일깨우겠습니다. 은혜 중에 말씀대로 살아낼 수 있도록 순간순간 동행하시며 친히 인도하여 주시옵소서. 이 아이의 삶을 통해 하나님 홀로 영광 받으소서.

오! 살아계신 아버지 하나님,
이 아이가 하나님의 사람으로 쓰임 받을 수 있도록 기쁨과 감사로 온전히 위탁하오며, 찬양받으실 우리 주 예수 그리스도의 이름으로 간절히 기도하옵나이다. 아멘.

✝ 오늘의 말씀을 묵상하며, 적용을 생각해 봅니다.

말씀 "   "

적용 "부모와 교사는 아이들에게 서로 분담하고 협력하여 작업할 수 있는 모둠 협동 학습을 경험시킵니다."

 # 열다섯번째 날

전지전능하신 사랑의 하나님, 은혜의 하나님, 평강의 하나님!
오늘도 부모(교사)로 부르심에 감사와 찬송을 드립니다.
주 예수 그리스도 안에서 먼저 나 자신이 하나님의 자녀임을 고백하고, 하나님 아버지의 사랑에 믿음과 순종으로 바르게 응답하는 삶을 살고 있는지를 돌아봅니다.
오직 하나님의 영광을 위하여, 이제 내게 명하신 말씀을 마음에 새기고 자녀에게 부지런히 가르치며, 맡겨주신 일을 말씀과 기도로 기쁘게 감당하고자 합니다.

깊고 넓은 큰 은혜주시는 하나님,
눈동자같이 지키시는 사랑하는 ○○(이)를 위해 복음의 말씀을 들려주시옵소서.
귀 기울여 듣겠나이다.

> **"만일 우리가 보지 못하는 것을 바라면
> 참음으로 기다릴지니라"**
>
> (롬 8:25)

거룩하신 성부 · 성자 · 성령, 능력의 하나님,
허락하신 삶의 현장에서 자녀와 함께 말씀기도를 드립니다. 하나님께서 들려주신 말씀을 먹고 말씀의 능력을 힘입어, 주 안에서 아이의 생활을 '**의미를 추구할 수 있도록**' 도우며 일깨우겠습니다. 은혜 중에 말씀대로 살아낼 수 있도록 순간순간 동행하시며 친히 인도하여 주시옵소서. 이 아이의 삶을 통해 하나님 홀로 영광 받으소서.

오! 살아계신 아버지 하나님,
이 아이가 하나님의 사람으로 쓰임 받을 수 있도록 기쁨과 감사로 온전히 위탁하오며, 찬양받으실 우리 주 예수 그리스도의 이름으로 간절히 기도하옵나이다. 아멘.

✝ 오늘의 말씀을 묵상하며, 적용을 생각해 봅니다.

 "   "

 "부모와 교사는 아이들에게 의미 있는 학습이 될 수 있도록 교구, 공간, 시간을 제공합니다."

전지전능하신 사랑의 하나님, 은혜의 하나님, 평강의 하나님!
오늘도 부모(교사)로 부르심에 감사와 찬송을 드립니다.
주 예수 그리스도 안에서 먼저 나 자신이 하나님의 자녀임을 고백하고, 하나님 아버지의 사랑에 믿음과 순종으로 바르게 응답하는 삶을 살고 있는지를 돌아봅니다. 오직 하나님의 영광을 위하여, 이제 내게 명하신 말씀을 마음에 새기고 자녀에게 부지런히 가르치며, 맡겨주신 일을 말씀과 기도로 기쁘게 감당하고자 합니다.

만백성이 기뻐하는 여호와 하나님,
눈동자같이 지키시는 사랑하는 ○○(이)를 위해 복음의 말씀을 들려주시옵소서.
귀 기울여 듣겠나이다.

> **"자랑하는 자는 이것으로 자랑할지니**
> **곧 명철하여 나를 아는 것과**
> **나 여호와는 사랑과 정의와 공의를 땅에 행하는 자인 줄 깨닫는 것이라**
> **나는 이 일을 기뻐하노라 여호와의 말씀이니라"**
>
> (렘 9:24)

거룩하신 성부 · 성자 · 성령, 능력의 하나님,
허락하신 삶의 현장에서 자녀와 함께 말씀기도를 드립니다. 하나님께서 들려주신 말씀을 먹고 말씀의 능력을 힘입어, 주 안에서 '**공평하게 대함으로**' 아이의 생활을 도우며 일깨우겠습니다. 은혜 중에 말씀대로 살아낼 수 있도록 순간순간 동행하시며 친히 인도하여 주시옵소서. 이 아이의 삶을 통해 하나님 홀로 영광 받으소서.

오! 살아계신 아버지 하나님,
이 아이가 하나님의 사람으로 쓰임 받을 수 있도록 기쁨과 감사로 온전히 위탁하오며, 찬양받으실 우리 주 예수 그리스도의 이름으로 간절히 기도하옵나이다. 아멘.

✝ 오늘의 말씀을 묵상하며, 적용을 생각해 봅니다.

"____"

"부모와 교사는 모든 아이들이 공평하게 인정받고 있다는 느낌을 갖도록 대합니다."

 # 열일곱번째 날

전지전능하신 사랑의 하나님, 은혜의 하나님, 평강의 하나님!
오늘도 부모(교사)로 부르심에 감사와 찬송을 드립니다.
주 예수 그리스도 안에서 먼저 나 자신이 하나님의 자녀임을 고백하고, 하나님 아버지의 사랑에 믿음과 순종으로 바르게 응답하는 삶을 살고 있는지를 돌아봅니다.
오직 하나님의 영광을 위하여, 이제 내게 명하신 말씀을 마음에 새기고 자녀에게 부지런히 가르치며, 맡겨주신 일을 말씀과 기도로 기쁘게 감당하고자 합니다.

영원무궁토록 한결같으신 주 예수님,
눈동자같이 지키시는 사랑하는 ○○(이)를 위해 복음의 말씀을 들려주시옵소서.
귀 기울여 듣겠나이다.

> **"고아와 과부를 위하여 정의를 행하시며**
> **나그네를 사랑하여 그에게 떡과 옷을 주시나니**
> **너희는 나그네를 사랑하라**
> **전에 너희도 애굽 땅에서 나그네 되었음이니라"**
>
> (신 10:18-19)

거룩하신 성부·성자·성령, 능력의 하나님,
허락하신 삶의 현장에서 자녀와 함께 말씀기도를 드립니다. 하나님께서 들려주신 말씀을 먹고 말씀의 능력을 힘입어, 주 안에서 아이의 생활을 '이웃의 필요를 살펴 주도록' 도우며 일깨우겠습니다. 은혜 중에 말씀대로 살아낼 수 있도록 순간순간 동행하시며 친히 인도하여 주시옵소서. 이 아이의 삶을 통해 하나님 홀로 영광 받으소서.

오! 살아계신 아버지 하나님,
이 아이가 하나님의 사람으로 쓰임 받을 수 있도록 기쁨과 감사로 온전히 위탁하오며, 찬양받으실 우리 주 예수 그리스도의 이름으로 간절히 기도하옵나이다. 아멘.

✝ 오늘의 말씀을 묵상하며, 적용을 생각해 봅니다.

말씀   " ___________________________________ "

적용   "부모와 교사는 아이들에게 다양한 문화에 대한 경험을 가지도록 지도합니다."

전지전능하신 사랑의 하나님, 은혜의 하나님, 평강의 하나님!
오늘도 부모(교사)로 부르심에 감사와 찬송을 드립니다.
주 예수 그리스도 안에서 먼저 나 자신이 하나님의 자녀임을 고백하고, 하나님 아버지의 사랑에 믿음과 순종으로 바르게 응답하는 삶을 살고 있는지를 돌아봅니다.
오직 하나님의 영광을 위하여, 이제 내게 명하신 말씀을 마음에 새기고 자녀에게 부지런히 가르치며, 맡겨주신 일을 말씀과 기도로 기쁘게 감당하고자 합니다.

나를 예수님 곁에 매어주시는 하나님,
눈동자같이 지키시는 사랑하는 ○○(이)를 위해 복음의 말씀을 들려주시옵소서.
귀 기울여 듣겠나이다.

> **"나는 포도나무요 너희는 가지라**
> **그가 내 안에, 내가 그 안에 거하면 사람이 열매를 많이 맺나니**
> **나를 떠나서는 너희가 아무 것도 할 수 없음이라"**
>
> (요 15:5)

거룩하신 성부 · 성자 · 성령, 능력의 하나님,
허락하신 삶의 현장에서 자녀와 함께 말씀기도를 드립니다. 하나님께서 들려주신 말씀을 먹고 말씀의 능력을 힘입어, 주 안에서 아이의 생활을 '**공유하는 경험을 가지도록**' 도우며 일깨우겠습니다. 은혜 중에 말씀대로 살아낼 수 있도록 순간순간 동행하시며 친히 인도하여 주시옵소서. 이 아이의 삶을 통해 하나님 홀로 영광 받으소서.

오! 살아계신 아버지 하나님,
이 아이가 하나님의 사람으로 쓰임 받을 수 있도록 기쁨과 감사로 온전히 위탁하오며, 찬양받으실 우리 주 예수 그리스도의 이름으로 간절히 기도하옵나이다. 아멘.

✝ 오늘의 말씀을 묵상하며, 적용을 생각해 봅니다.

말씀 " "

적용 "부모와 교사는 아이들이 그들이 한 활동에 대하여 무엇을 했는지를 말로 표현하면서 활동한 과정과 결과물로 만들어낸 것을 공유하고 자긍심을 느끼도록 돕습니다."

열아홉번째 날

전지전능하신 사랑의 하나님, 은혜의 하나님, 평강의 하나님!
오늘도 부모(교사)로 부르심에 감사와 찬송을 드립니다.
주 예수 그리스도 안에서 먼저 나 자신이 하나님의 자녀임을 고백하고, 하나님 아버지의 사랑에 믿음과 순종으로 바르게 응답하는 삶을 살고 있는지를 돌아봅니다.
오직 하나님의 영광을 위하여, 이제 내게 명하신 말씀을 마음에 새기고 자녀에게 부지런히 가르치며, 맡겨주신 일을 말씀과 기도로 기쁘게 감당하고자 합니다.

거룩한 영으로 인도하시는 하나님,
눈동자같이 지키시는 사랑하는 ○○(이)를 위해 복음의 말씀을 들려주시옵소서.
귀 기울여 듣겠나이다.

> **"하나님의 영을 그에게 충만하게 하여
> 지혜와 총명과 지식과 여러 가지 재주로 정교한 일을 연구하여
> 금과 은과 놋으로 만들게 하며 보석을 깎아 물리며
> 여러 가지 기술로 나무를 새겨 만들게 하리라"**
>
> (출 31:3-5)

거룩하신 성부 · 성자 · 성령, 능력의 하나님,
허락하신 삶의 현장에서 자녀와 함께 말씀기도를 드립니다. 하나님께서 들려주신 말씀을 먹고 말씀의 능력을 힘입어, 주 안에서 아이의 생활을 '연구하는 마음으로' 도우며 일깨우겠습니다. 은혜 중에 말씀대로 살아낼 수 있도록 순간순간 동행하시며 친히 인도하여 주시옵소서. 이 아이의 삶을 통해 하나님 홀로 영광 받으소서.

오! 살아계신 아버지 하나님,
이 아이가 하나님의 사람으로 쓰임 받을 수 있도록 기쁨과 감사로 온전히 위탁하오며, 찬양받으실 우리 주 예수 그리스도의 이름으로 간절히 기도하옵나이다. 아멘.

✝ 오늘의 말씀을 묵상하며, 적용을 생각해 봅니다.

말씀 "   "

적용 "부모와 교사는 다양한 평가방법을 사용하여 아이들이 잘 할 수 있는 것이 무엇인지 개인별로 아이의 가능성을 찾아보고 연구합니다."

Mom & Dad's 스무번째 날

전지전능하신 사랑의 하나님, 은혜의 하나님, 평강의 하나님!
오늘도 부모(교사)로 부르심에 감사와 찬송을 드립니다.
주 예수 그리스도 안에서 먼저 나 자신이 하나님의 자녀임을 고백하고, 하나님 아버지의 사랑에 믿음과 순종으로 바르게 응답하는 삶을 살고 있는지를 돌아봅니다. 오직 하나님의 영광을 위하여, 이제 내게 명하신 말씀을 마음에 새기고 자녀에게 부지런히 가르치며, 맡겨주신 일을 말씀과 기도로 기쁘게 감당하고자 합니다.

모든 만물을 아름답게 창조하신 하나님,
눈동자같이 지키시는 사랑하는 ○○(이)를 위해 복음의 말씀을 들려주시옵소서.
귀 기울여 듣겠나이다.

> **"레바논의 영광 곧 잣나무와 소나무와 황양목이 함께 네게 이르러**
> **내 거룩한 곳을 아름답게 할 것이며**
> **내가 나의 발 둘 곳을 영화롭게 할 것이라"**
>
> (사 60:13)

거룩하신 성부 · 성자 · 성령, 능력의 하나님,
허락하신 삶의 현장에서 자녀와 함께 말씀기도를 드립니다. 하나님께서 들려주신 말씀을 먹고 말씀의 능력을 힘입어, 주 안에서 아이의 생활을 '**아름다움을 찾아내어 가꾸어 가도록**' 도우며 일깨우겠습니다. 은혜 중에 말씀대로 살아낼 수 있도록 순간순간 동행하시며 친히 인도하여 주시옵소서. 이 아이의 삶을 통해 하나님 홀로 영광 받으소서.

오! 살아계신 아버지 하나님,
이 아이가 하나님의 사람으로 쓰임 받을 수 있도록 기쁨과 감사로 온전히 위탁하오며, 찬양받으실 우리 주 예수 그리스도의 이름으로 간절히 기도하옵나이다. 아멘.

✝ 오늘의 말씀을 묵상하며, 적용을 생각해 봅니다.

말씀 "＿＿＿＿＿＿＿＿＿＿＿＿＿＿＿＿＿＿＿＿＿＿＿＿＿＿＿"

적용 "부모와 교사는 아이들이 만든 여러 가지 작품들을 심미적으로 전시해 줍니다."

Mom & Dad's 스물한번째 날

전지전능하신 사랑의 하나님, 은혜의 하나님, 평강의 하나님!
오늘도 부모(교사)로 부르심에 감사와 찬송을 드립니다.
주 예수 그리스도 안에서 먼저 나 자신이 하나님의 자녀임을 고백하고, 하나님 아버지의 사랑에 믿음과 순종으로 바르게 응답하는 삶을 살고 있는지를 돌아봅니다.
오직 하나님의 영광을 위하여, 이제 내게 명하신 말씀을 마음에 새기고 자녀에게 부지런히 가르치며, 맡겨주신 일을 말씀과 기도로 기쁘게 감당하고자 합니다.

쉼의 근원이신 하나님,
눈동자같이 지키시는 사랑하는 ○○(이)를 위해 복음의 말씀을 들려주시옵소서.
귀 기울여 듣겠나이다.

> **"여호와는 나의 목자시니 내게 부족함이 없으리로다**
> **그가 나를 푸른 풀밭에 누이시며**
> **쉴 만한 물 가로 인도하시는도다"**
>
> (시 23:1-2)

거룩하신 성부 · 성자 · 성령, 능력의 하나님,
허락하신 삶의 현장에서 자녀와 함께 말씀기도를 드립니다. 하나님께서 들려주신 말씀을 먹고 말씀의 능력을 힘입어, 주 안에서 아이의 생활을 '안전하게' 도우며 일깨우겠습니다. 은혜 중에 말씀대로 살아낼 수 있도록 순간순간 동행하시며 친히 인도하여 주시옵소서. 이 아이의 삶을 통해 하나님 홀로 영광 받으소서.

오! 살아계신 아버지 하나님,
이 아이가 하나님의 사람으로 쓰임 받을 수 있도록 기쁨과 감사로 온전히 위탁하오며, 찬양받으실 우리 주 예수 그리스도의 이름으로 간절히 기도하옵나이다. 아멘.

✝ 오늘의 말씀을 묵상하며, 적용을 생각해 봅니다.

말씀 "   "

적용 "부모와 교사는 아이들이 학습 환경 속에서 안전감과 안정감을 느끼도록 해줍니다."

전지전능하신 사랑의 하나님, 은혜의 하나님, 평강의 하나님!
오늘도 부모(교사)로 부르심에 감사와 찬송을 드립니다.
주 예수 그리스도 안에서 먼저 나 자신이 하나님의 자녀임을 고백하고, 하나님 아버지의 사랑에 믿음과 순종으로 바르게 응답하는 삶을 살고 있는지를 돌아봅니다. 오직 하나님의 영광을 위하여, 이제 내게 명하신 말씀을 마음에 새기고 자녀에게 부지런히 가르치며, 맡겨주신 일을 말씀과 기도로 기쁘게 감당하고자 합니다.

하늘의 보물을 안겨주시는 풍요의 하나님,
눈동자같이 지키시는 사랑하는 ○○(이)를 위해 복음의 말씀을 들려주시옵소서.
귀 기울여 듣겠나이다.

> **"내가 주와 또는 선생이 되어 너희 발을 씻었으니
> 너희도 서로 발을 씻어 주는 것이 옳으니라
> 내가 너희에게 행한 것같이 너희도 행하게 하려 하여
> 본을 보였노라"**
>
> (요 13:14-15)

거룩하신 성부 · 성자 · 성령, 능력의 하나님,
허락하신 삶의 현장에서 자녀와 함께 말씀기도를 드립니다. 하나님께서 들려주신 말씀을 먹고 말씀의 능력을 힘입어, 주 안에서 아이의 생활을 '바른 길을 보여주며' 돕고 일깨우겠습니다. 은혜 중에 말씀대로 살아낼 수 있도록 순간순간 동행하시며 친히 인도하여 주시옵소서. 이 아이의 삶을 통해 하나님 홀로 영광 받으소서.

오! 살아계신 아버지 하나님,
이 아이가 하나님의 사람으로 쓰임 받을 수 있도록 기쁨과 감사로 온전히 위탁하오며, 찬양받으실 우리 주 예수 그리스도의 이름으로 간절히 기도하옵나이다. 아멘.

✝ 오늘의 말씀을 묵상하며, 적용을 생각해 봅니다.

 " ____________________ "

 "부모와 교사는 학습의 장을 개방하는 열린 마음을 갖습니다."

스물세번째 날

전지전능하신 사랑의 하나님, 은혜의 하나님, 평강의 하나님!
오늘도 부모(교사)로 부르심에 감사와 찬송을 드립니다.
주 예수 그리스도 안에서 먼저 나 자신이 하나님의 자녀임을 고백하고, 하나님 아버지의 사랑에 믿음과 순종으로 바르게 응답하는 삶을 살고 있는지를 돌아봅니다.
오직 하나님의 영광을 위하여, 이제 내게 명하신 말씀을 마음에 새기고 자녀에게 부지런히 가르치며, 맡겨주신 일을 말씀과 기도로 기쁘게 감당하고자 합니다.

끝까지 순종하는 자에게 은총을 베푸시는 하나님,
눈동자같이 지키시는 사랑하는 ○○(이)를 위해 복음의 말씀을 들려주시옵소서.
귀 기울여 듣겠나이다.

> "말씀을 마치시고 시몬에게 이르시되
> 깊은 데로 가서 그물을 내려 고기를 잡으라 시몬이 대답하여 이르되
> 선생님 우리들이 밤이 새도록 수고하였으되 잡은 것이 없지마는
> 말씀에 의지하여 내가 그물을 내리리이다 하고 그렇게 하니
> 고기를 잡은 것이 심히 많아 그물이 찢어지는지라"
>
> (눅 5:4-6)

거룩하신 성부 · 성자 · 성령, 능력의 하나님,
허락하신 삶의 현장에서 자녀와 함께 말씀기도를 드립니다. 하나님께서 들려주신 말씀을 먹고 말씀의 능력을 힘입어, 주 안에서 아이의 생활을 '**참여하며 탐구하는 자세를 갖도록**' 도우며 일깨우겠습니다. 은혜 중에 말씀대로 살아낼 수 있도록 순간순간 동행하시며 친히 인도하여 주시옵소서. 이 아이의 삶을 통해 하나님 홀로 영광 받으소서.

오! 살아계신 아버지 하나님,
이 아이가 하나님의 사람으로 쓰임 받을 수 있도록 기쁨과 감사로 온전히 위탁하오며, 찬양받으실 우리 주 예수 그리스도의 이름으로 간절히 기도하옵나이다. 아멘.

✝ 오늘의 말씀을 묵상하며, 적용을 생각해 봅니다.

말씀 "＿＿＿＿＿＿＿＿＿＿＿＿＿＿＿＿＿＿＿＿＿＿＿＿＿＿＿＿＿＿＿＿＿"

적용 "부모와 교사는 다른 사람이나 관심 있는 현상 또는 주제 탐구에 지속적으로 참여하는 기회를 통해 아이들에게 과학적 태도를 길러줍니다."

Mom & Dad's 스물네번째 날

전지전능하신 사랑의 하나님, 은혜의 하나님, 평강의 하나님!
오늘도 부모(교사)로 부르심에 감사와 찬송을 드립니다.
주 예수 그리스도 안에서 먼저 나 자신이 하나님의 자녀임을 고백하고, 하나님 아버지의 사랑에 믿음과 순종으로 바르게 응답하는 삶을 살고 있는지를 돌아봅니다.
오직 하나님의 영광을 위하여, 이제 내게 명하신 말씀을 마음에 새기고 자녀에게 부지런히 가르치며, 맡겨주신 일을 말씀과 기도로 기쁘게 감당하고자 합니다.

내 영혼의 찬양을 기뻐 받으시는 하나님,
눈동자같이 지키시는 사랑하는 ○○(이)를 위해 복음의 말씀을 들려주시옵소서.
귀 기울여 듣겠나이다.

> **"할렐루야 우리 하나님을 찬양하는 일이 선함이여
> 찬송하는 일이 아름답고 마땅하도다"**
>
> (시 147:1)

거룩하신 성부 · 성자 · 성령, 능력의 하나님,
허락하신 삶의 현장에서 자녀와 함께 말씀기도를 드립니다. 하나님께서 들려주신 말씀을 먹고 말씀의 능력을 힘입어, 주 안에서 아이의 생활을 '신명나게' 도우며 일깨우겠습니다. 은혜 중에 말씀대로 살아낼 수 있도록 순간순간 동행하시며 친히 인도하여 주시옵소서. 이 아이의 삶을 통해 하나님 홀로 영광 받으소서.

오! 살아계신 아버지 하나님,
이 아이가 하나님의 사람으로 쓰임 받을 수 있도록 기쁨과 감사로 온전히 위탁하오며, 찬양받으실 우리 주 예수 그리스도의 이름으로 간절히 기도하옵나이다. 아멘.

✝ 오늘의 말씀을 묵상하며, 적용을 생각해 봅니다.

말씀 "   "

적용 "부모와 교사는 아이들에게 운율과 리듬감을 표현하게 함으로써 일상의 삶을 흥겹고 신명나게 해줍니다."

Mom & Dad's 스물다섯번째 날

전지전능하신 사랑의 하나님, 은혜의 하나님, 평강의 하나님!
오늘도 부모(교사)로 부르심에 감사와 찬송을 드립니다.
주 예수 그리스도 안에서 먼저 나 자신이 하나님의 자녀임을 고백하고, 하나님 아버지의 사랑에 믿음과 순종으로 바르게 응답하는 삶을 살고 있는지를 돌아봅니다.
오직 하나님의 영광을 위하여, 이제 내게 명하신 말씀을 마음에 새기고 자녀에게 부지런히 가르치며, 맡겨주신 일을 말씀과 기도로 기쁘게 감당하고자 합니다.

복음 전하는 발길을 축복하시는 하나님,
눈동자같이 지키시는 사랑하는 ○○(이)를 위해 복음의 말씀을 들려주시옵소서.
귀 기울여 듣겠나이다.

"진리를 알지니 진리가 너희를 자유롭게 하리라"

(요 8:32)

거룩하신 성부 · 성자 · 성령, 능력의 하나님,
허락하신 삶의 현장에서 자녀와 함께 말씀기도를 드립니다. 하나님께서 들려주신 말씀을 먹고 말씀의 능력을 힘입어, 주 안에서 아이의 생활을 '앎의 **자유를 누릴 수 있도록**' 도우며 일깨우겠습니다. 은혜 중에 말씀대로 살아낼 수 있도록 순간순간 동행하시며 친히 인도하여 주시옵소서. 이 아이의 삶을 통해 하나님 홀로 영광 받으소서.

오! 살아계신 아버지 하나님,
이 아이가 하나님의 사람으로 쓰임 받을 수 있도록 기쁨과 감사로 온전히 위탁하오며, 찬양받으실 우리 주 예수 그리스도의 이름으로 간절히 기도하옵나이다. 아멘.

✝ 오늘의 말씀을 묵상하며, 적용을 생각해 봅니다.

 "   "

 "부모와 교사는 아이들이 일상생활 속에서 궁금증을 해결하기 위해 다양한 시도를 하면서 결론을 내려 보는 문제해결 경험을 갖도록 격려합니다."

Mom & Dad's 스물여섯번째 날

전지전능하신 사랑의 하나님, 은혜의 하나님, 평강의 하나님!
오늘도 부모(교사)로 부르심에 감사와 찬송을 드립니다.
주 예수 그리스도 안에서 먼저 나 자신이 하나님의 자녀임을 고백하고, 하나님 아버지의 사랑에 믿음과 순종으로 바르게 응답하는 삶을 살고 있는지를 돌아봅니다.
오직 하나님의 영광을 위하여, 이제 내게 명하신 말씀을 마음에 새기고 자녀에게 부지런히 가르치며, 맡겨주신 일을 말씀과 기도로 기쁘게 감당하고자 합니다.

나의 마음을 맡아 주관하시는 아버지 하나님,
눈동자같이 지키시는 사랑하는 ○○(이)를 위해 복음의 말씀을 들려주시옵소서.
귀 기울여 듣겠나이다.

**"사람이 만일 온 천하를 얻고도
자기를 잃든지 빼앗기든지 하면
무엇이 유익하리요"**

(눅 9:25)

거룩하신 성부 · 성자 · 성령, 능력의 하나님,
허락하신 삶의 현장에서 자녀와 함께 말씀기도를 드립니다. 하나님께서 들려주신 말씀을 먹고 말씀의 능력을 힘입어, 주 안에서 '자신을 사랑하도록' 아이의 생활을 도우며 일깨우겠습니다. 은혜 중에 말씀대로 살아낼 수 있도록 순간순간 동행하시며 친히 인도하여 주시옵소서. 이 아이의 삶을 통해 하나님 홀로 영광 받으소서.

오! 살아계신 아버지 하나님,
이 아이가 하나님의 사람으로 쓰임 받을 수 있도록 기쁨과 감사로 온전히 위탁하오며, 찬양받으실 우리 주 예수 그리스도의 이름으로 간절히 기도하옵나이다. 아멘.

✝ 오늘의 말씀을 묵상하며, 적용을 생각해 봅니다.

말씀 "________________________________"

적용 "부모와 교사는 아이들에게 우리가 성취해야 할 가장 중요하고 가장 숭고한 것은 자기 자신을 사랑하는 것임을 깨우쳐 줍니다."

Mom & Dad's 스물일곱번째 날

전지전능하신 사랑의 하나님, 은혜의 하나님, 평강의 하나님!
오늘도 부모(교사)로 부르심에 감사와 찬송을 드립니다.
주 예수 그리스도 안에서 먼저 나 자신이 하나님의 자녀임을 고백하고, 하나님 아버지의 사랑에 믿음과 순종으로 바르게 응답하는 삶을 살고 있는지를 돌아봅니다.
오직 하나님의 영광을 위하여, 이제 내게 명하신 말씀을 마음에 새기고 자녀에게 부지런히 가르치며, 맡겨주신 일을 말씀과 기도로 기쁘게 감당하고자 합니다.

생수 같은 주 성령님,
눈동자같이 지키시는 사랑하는 ○○(이)를 위해 복음의 말씀을 들려주시옵소서.
귀 기울여 듣겠나이다.

> **"내가 주는 물을 마시는 자는 영원히 목마르지 아니하리니**
> **내가 주는 물은 그 속에서 영생하도록 솟아나는**
> **샘물이 되리라"**
>
> (요 4:14)

거룩하신 성부·성자·성령, 능력의 하나님,
허락하신 삶의 현장에서 자녀와 함께 말씀기도를 드립니다. 하나님께서 들려주신 말씀을 먹고 말씀의 능력을 힘입어, 주 안에서 아이의 생활을 '**호기심의 샘물을 길어내도록**' 도우며 일깨우겠습니다. 은혜 중에 말씀대로 살아낼 수 있도록 순간순간 동행하시며 친히 인도하여 주시옵소서. 이 아이의 삶을 통해 하나님 홀로 영광 받으소서.

오! 살아계신 아버지 하나님,
이 아이가 하나님의 사람으로 쓰임 받을 수 있도록 기쁨과 감사로 온전히 위탁하오며, 찬양받으실 우리 주 예수 그리스도의 이름으로 간절히 기도하옵나이다. 아멘.

✝ 오늘의 말씀을 묵상하며, 적용을 생각해 봅니다.

 "   "

 "부모와 교사는 아이들이 상상과 몰입의 즐거움을 만끽할 수 있도록 학습 분위기를 흥미롭게 연출합니다."

Mom & Dad's 스물여덟번째 날

전지전능하신 사랑의 하나님, 은혜의 하나님, 평강의 하나님!
오늘도 부모(교사)로 부르심에 감사와 찬송을 드립니다.
주 예수 그리스도 안에서 먼저 나 자신이 하나님의 자녀임을 고백하고, 하나님 아버지의 사랑에 믿음과 순종으로 바르게 응답하는 삶을 살고 있는지를 돌아봅니다.
오직 하나님의 영광을 위하여, 이제 내게 명하신 말씀을 마음에 새기고 자녀에게 부지런히 가르치며, 맡겨주신 일을 말씀과 기도로 기쁘게 감당하고자 합니다.

백합화요 빛나는 새벽별이신 주님,
눈동자같이 지키시는 사랑하는 ○○(이)를 위해 복음의 말씀을 들려주시옵소서.
귀 기울여 듣겠나이다.

> **"내가 내 무지개를 구름 속에 두었나니**
> **이것이 나와 세상 사이의 언약의 증거니라"**
>
> (창 9:13)

거룩하신 성부 · 성자 · 성령, 능력의 하나님,
허락하신 삶의 현장에서 자녀와 함께 말씀기도를 드립니다. 하나님께서 들려주신 말씀을 먹고 말씀의 능력을 힘입어, 주 안에서 '**미적 소양을 키우도록**' 아이의 생활을 도우며 일깨우겠습니다. 은혜 중에 말씀대로 살아낼 수 있도록 순간순간 동행하시며 친히 인도하여 주시옵소서. 이 아이의 삶을 통해 하나님 홀로 영광 받으소서.

오! 살아계신 아버지 하나님,
이 아이가 하나님의 사람으로 쓰임 받을 수 있도록 기쁨과 감사로 온전히 위탁하오며, 찬양받으실 우리 주 예수 그리스도의 이름으로 간절히 기도하옵나이다. 아멘.

✝ 오늘의 말씀을 묵상하며, 적용을 생각해 봅니다.

말씀 "____"

적용 "부모와 교사는 아이들이 가지고 있는 예술가적 소양을 소중히 여기고, 아이들로 하여금 자신과 다른 사람의 예술표현을 감상하고 표현과정을 즐기도록 격려합니다."

전지전능하신 사랑의 하나님, 은혜의 하나님, 평강의 하나님!
오늘도 부모(교사)로 부르심에 감사와 찬송을 드립니다.
주 예수 그리스도 안에서 먼저 나 자신이 하나님의 자녀임을 고백하고, 하나님 아버지의 사랑에 믿음과 순종으로 바르게 응답하는 삶을 살고 있는지를 돌아봅니다. 오직 하나님의 영광을 위하여, 이제 내게 명하신 말씀을 마음에 새기고 자녀에게 부지런히 가르치며, 맡겨주신 일을 말씀과 기도로 기쁘게 감당하고자 합니다.

생명 시냇가에 살게 하시는 하나님,
눈동자같이 지키시는 사랑하는 ○○(이)를 위해 복음의 말씀을 들려주시옵소서.
귀 기울여 듣겠나이다.

> **"하나님이 이르시되**
> **내가 온 지면의 씨 맺는 모든 채소와**
> **씨 가진 열매 맺는 모든 나무를 너희에게 주노니**
> **너희의 먹을 거리가 되리라"**
>
> (창 1:29)

거룩하신 성부·성자·성령, 능력의 하나님,
허락하신 삶의 현장에서 자녀와 함께 말씀기도를 드립니다. 하나님께서 들려주신 말씀을 먹고 말씀의 능력을 힘입어, 주 안에서 아이의 생활을 '**창조된 세계를 다스리도록**' 도우며 일깨우겠습니다. 은혜 중에 말씀대로 살아낼 수 있도록 순간순간 동행하시며 친히 인도하여 주시옵소서. 이 아이의 삶을 통해 하나님 홀로 영광 받으소서.

오! 살아계신 아버지 하나님,
이 아이가 하나님의 사람으로 쓰임 받을 수 있도록 기쁨과 감사로 온전히 위탁하오며, 찬양받으실 우리 주 예수 그리스도의 이름으로 간절히 기도하옵나이다. 아멘.

✝ 오늘의 말씀을 묵상하며, 적용을 생각해 봅니다.

"   "

"부모와 교사는 아이들이 탐험가가 되어 발견한 세계를 함께 꾸며 가며, 환경 탐색 경험과 환경 보존의 중요성을 체험할 수 있도록 유도해 줍니다."

전지전능하신 사랑의 하나님, 은혜의 하나님, 평강의 하나님!
오늘도 부모(교사)로 부르심에 감사와 찬송을 드립니다.
주 예수 그리스도 안에서 먼저 나 자신이 하나님의 자녀임을 고백하고, 하나님 아버지의 사랑에 믿음과 순종으로 바르게 응답하는 삶을 살고 있는지를 돌아봅니다.
오직 하나님의 영광을 위하여, 이제 내게 명하신 말씀을 마음에 새기고 자녀에게 부지런히 가르치며, 맡겨주신 일을 말씀과 기도로 기쁘게 감당하고자 합니다.

내게 부드러운 손 내미시는 주 하나님,
눈동자같이 지키시는 사랑하는 ○○(이)를 위해 복음의 말씀을 들려주시옵소서.
귀 기울여 듣겠나이다.

> **"범사에 여러분에게 모본을 보여준 바와 같이**
> **수고하여 약한 사람들을 돕고**
> **또 주 예수께서 친히 말씀하신 바**
> **주는 것이 받는 것보다 복이 있다 하심을 기억하여야 할지니라"**
>
> (행 20:35)

거룩하신 성부 · 성자 · 성령, 능력의 하나님,
허락하신 삶의 현장에서 자녀와 함께 말씀기도를 드립니다. 하나님께서 들려주신 말씀을 먹고 말씀의 능력을 힘입어, 주 안에서 아이의 생활을 '**봉사하는 기쁨을 알도록**' 도우며 일깨우겠습니다. 은혜 중에 말씀대로 살아낼 수 있도록 순간순간 동행하시며 친히 인도하여 주시옵소서. 이 아이의 삶을 통해 하나님 홀로 영광 받으소서.

오! 살아계신 아버지 하나님,
이 아이가 하나님의 사람으로 쓰임 받을 수 있도록 기쁨과 감사로 온전히 위탁하오며, 찬양받으실 우리 주 예수 그리스도의 이름으로 간절히 기도하옵나이다. 아멘.

✝ 오늘의 말씀을 묵상하며, 적용을 생각해 봅니다.

말씀 "______________________"

적용 "부모와 교사는 아이들과 함께 지역 사회 공동체와 봉사활동에 참여하는 기회를 가집니다."

예루살렘에 시므온이라 하는 사람이 있으니 이 사람이 의롭고 경건하여

이스라엘의 위로를 기다리는 자라 성령이 그 위에 계시더라

그가 주의 그리스도를 보기 전에 죽지 아니하리라 하는 성령의 지시를 받았더니

성령의 감동으로 성전에 들어가매 마침 부모가 율법의 관례대로 행하고자 하여

그 아기 예수를 데리고 오는지라

시므온이 아기를 안고 하나님을 찬송하여 이르되

주재여 이제는 말씀하신대로 종을 평안히 놓아 주시는도다

내 눈이 주의 구원을 보았사오니

이는 만민 앞에 예비하신 것이요

이방을 비추는 빛이요 주의 백성 이스라엘의 영광이니이다 하니

그 부모가 그 아기에 대한 말들을 놀랍게 여기더라

(누가복음 2:25-33)

"자녀가 성경의 가르침을 자신의 삶을 통해 실현함으로써 이 세상을 조금이라도 더 행복하게 하는 데에 기여하게 되기를 바랍니다. 이러한 목적을 이루기 위해 아버지로서 아이의 반응, 생각의 표현 방식, 생각 그 자체에 대해 민감하고 적절하게 반응할 수 있도록 노력할 것입니다. 특히 가르치고 배우는 과정을 반복적으로 경험하게 하면서 성장과 발달의 기본이 잘 이루어지도록 도우려 합니다."

아빠 2/ 부호

7 July

인정의 기도

“모든 일을 그의 뜻의 결정대로 일하시는 이의 계획을 따라
우리가 예정을 입어 그 안에서 기업이 되었으니
이는 우리가 그리스도 안에서 전부터 바라던
그의 영광의 찬송이 되게 하려 하심이라”

(엡 1:11-12)

Mom & Dad's 첫번째 날

전지전능하신 사랑의 하나님, 은혜의 하나님, 평강의 하나님!
오늘도 부모(교사)로 부르심에 감사와 찬송을 드립니다.
주 예수 그리스도 안에서 먼저 나 자신이 하나님의 자녀임을 고백하고, 하나님 아
버지의 사랑에 믿음과 순종으로 바르게 응답하는 삶을 살고 있는지를 돌아봅니다.
오직 하나님의 영광을 위하여, 이제 내게 명하신 말씀을 마음에 새기고 자녀에게
부지런히 가르치며, 맡겨주신 일을 말씀과 기도로 기쁘게 감당하고자 합니다.

참 좋으신 하나님,
눈동자같이 지키시는 사랑하는 ○○(이)를 위해 복음의 말씀을 들려주시옵소서.
귀 기울여 듣겠나이다.

> **"모든 성경은 하나님의 감동으로 된 것으로
> 교훈과 책망과 바르게 함과 의로 교육하기에 유익하니
> 이는 하나님의 사람으로 온전하게 하며
> 모든 선한 일을 행할 능력을 갖추게 하려 함이라"**
>
> (딤후 3:16-17)

거룩하신 성부 · 성자 · 성령, 능력의 하나님,
허락하신 삶의 현장에서 자녀와 함께 말씀기도를 드립니다. 하나님께서 들려주신
말씀을 먹고 말씀의 능력을 힘입어, 주 안에서 '하나님의 교훈과 훈계와 의로' 아이
의 생활을 도우며 일깨우겠습니다. 은혜 중에 말씀대로 살아낼 수 있도록 순간순
간 동행하시며 친히 인도하여 주시옵소서. 이 아이의 삶을 통해 하나님 홀로 영광
받으소서.

오! 살아계신 아버지 하나님,
이 아이가 하나님의 사람으로 인정받을 수 있도록 기쁨과 감사로 온전히 위탁하오
며, 찬양받으실 우리 주 예수 그리스도의 이름으로 간절히 기도하옵나이다. 아멘.

✝ 오늘의 말씀을 묵상하며, 적용을 생각해 봅니다.

말씀 "   "

적용 "우리가 받은 축복은 많은 부모와 교사들이 진실로 헌신적이라는 것입니다. 부모와 교사들
은 다음 세대에 그들의 삶을 줍니다."

전지전능하신 사랑의 하나님, 은혜의 하나님, 평강의 하나님!
오늘도 부모(교사)로 부르심에 감사와 찬송을 드립니다.
주 예수 그리스도 안에서 먼저 나 자신이 하나님의 자녀임을 고백하고, 하나님 아버지의 사랑에 믿음과 순종으로 바르게 응답하는 삶을 살고 있는지를 돌아봅니다.
오직 하나님의 영광을 위하여, 이제 내게 명하신 말씀을 마음에 새기고 자녀에게 부지런히 가르치며, 맡겨주신 일을 말씀과 기도로 기쁘게 감당하고자 합니다.

우리를 향한 큰 사랑으로 인하여 찬송케 하시는 하나님,
눈동자같이 지키시는 사랑하는 ○○(이)를 위해 복음의 말씀을 들려주시옵소서.
귀 기울여 듣겠나이다.

> **"우리가 알거니와 하나님을 사랑하는 자**
> **곧 그의 뜻대로 부르심을 입은 자들에게는**
> **모든 것이 합력하여 선을 이루느니라"**
>
> (롬 8:28)

거룩하신 성부 · 성자 · 성령, 능력의 하나님,
허락하신 삶의 현장에서 자녀와 함께 말씀기도를 드립니다. 하나님께서 들려주신 말씀을 먹고 말씀의 능력을 힘입어, 주 안에서 '일체감을 나눔으로' 아이의 생활을 도우며 일깨우겠습니다. 은혜 중에 말씀대로 살아낼 수 있도록 순간순간 동행하시며 친히 인도하여 주시옵소서. 이 아이의 삶을 통해 하나님 홀로 영광 받으소서.

오! 살아계신 아버지 하나님,
이 아이가 하나님의 사람으로 인정받을 수 있도록 기쁨과 감사로 온전히 위탁하오며, 찬양받으실 우리 주 예수 그리스도의 이름으로 간절히 기도하옵나이다. 아멘.

✝ 오늘의 말씀을 묵상하며, 적용을 생각해 봅니다.

 말씀
"   "

 적용
"좋은 부모와 교사는 가르치고, 보여주고, 경험하게 하고, 책임지게 하면서 아이들과 경험을 나눕니다."

전지전능하신 사랑의 하나님, 은혜의 하나님, 평강의 하나님!
오늘도 부모(교사)로 부르심에 감사와 찬송을 드립니다.
주 예수 그리스도 안에서 먼저 나 자신이 하나님의 자녀임을 고백하고, 하나님 아버지의 사랑에 믿음과 순종으로 바르게 응답하는 삶을 살고 있는지를 돌아봅니다.
오직 하나님의 영광을 위하여, 이제 내게 명하신 말씀을 마음에 새기고 자녀에게 부지런히 가르치며, 맡겨주신 일을 말씀과 기도로 기쁘게 감당하고자 합니다.

주의 사랑 안에서 자라게 하시는 하나님,
눈동자같이 지키시는 사랑하는 ○○(이)를 위해 복음의 말씀을 들려주시옵소서.
귀 기울여 듣겠나이다.

> **"예수는 지혜와 키가 자라가며
> 하나님과 사람에게 더욱 사랑스러워 가시더라"**
>
> (눅 2:52)

거룩하신 성부·성자·성령, 능력의 하나님,
허락하신 삶의 현장에서 자녀와 함께 말씀기도를 드립니다. 하나님께서 들려주신 말씀을 먹고 말씀의 능력을 힘입어, 주 안에서 아이의 생활을 '성장속도에 따라' 도우며 일깨우겠습니다. 은혜 중에 말씀대로 살아낼 수 있도록 순간순간 동행하시며 친히 인도하여 주시옵소서. 이 아이의 삶을 통해 하나님 홀로 영광 받으소서.

오! 살아계신 아버지 하나님,
이 아이가 하나님의 사람으로 인정받을 수 있도록 기쁨과 감사로 온전히 위탁하오며, 찬양받으실 우리 주 예수 그리스도의 이름으로 간절히 기도하옵나이다. 아멘.

✝ 오늘의 말씀을 묵상하며, 적용을 생각해 봅니다.

 **말씀** "   "

 **적용** "부모와 교사는 아이들의 몸과 마음이 얼마나 빨리 자라고 있는지를 항상 기억하고, 아이들의 성장속도를 같이 따라가도록 노력해야 합니다."

전지전능하신 사랑의 하나님, 은혜의 하나님, 평강의 하나님!
오늘도 부모(교사)로 부르심에 감사와 찬송을 드립니다.
주 예수 그리스도 안에서 먼저 나 자신이 하나님의 자녀임을 고백하고, 하나님 아버지의 사랑에 믿음과 순종으로 바르게 응답하는 삶을 살고 있는지를 돌아봅니다.
오직 하나님의 영광을 위하여, 이제 내게 명하신 말씀을 마음에 새기고 자녀에게 부지런히 가르치며, 맡겨주신 일을 말씀과 기도로 기쁘게 감당하고자 합니다.

진리의 말씀을 온전히 듣게 하시는 하나님,
눈동자같이 지키시는 사랑하는 ○○(이)를 위해 복음의 말씀을 들려주시옵소서.
귀 기울여 듣겠나이다.

> **"여호와는 지식의 하나님이시라
> 행동을 달아 보시느니라"**
>
> (삼상 2:3하)

거룩하신 성부 · 성자 · 성령, 능력의 하나님,
허락하신 삶의 현장에서 자녀와 함께 말씀기도를 드립니다. 하나님께서 들려주신 말씀을 먹고 말씀의 능력을 힘입어, 주 안에서 '사고를 행동으로 통합시켜 가도록' 아이의 생활을 도우며 일깨우겠습니다. 은혜 중에 말씀대로 살아낼 수 있도록 순간순간 동행하시며 친히 인도하여 주시옵소서. 이 아이의 삶을 통해 하나님 홀로 영광 받으소서.

오! 살아계신 아버지 하나님,
이 아이가 하나님의 사람으로 인정받을 수 있도록 기쁨과 감사로 온전히 위탁하오며, 찬양받으실 우리 주 예수 그리스도의 이름으로 간절히 기도하옵나이다. 아멘.

✝ 오늘의 말씀을 묵상하며, 적용을 생각해 봅니다.

말씀 "   "

적용 "부모와 교사는 아이들에게 머리와 몸을 함께 쓰도록 가르쳐야 합니다."

Mom & Dad's 다섯번째 날

전지전능하신 사랑의 하나님, 은혜의 하나님, 평강의 하나님!
오늘도 부모(교사)로 부르심에 감사와 찬송을 드립니다.
주 예수 그리스도 안에서 먼저 나 자신이 하나님의 자녀임을 고백하고, 하나님 아버지의 사랑에 믿음과 순종으로 바르게 응답하는 삶을 살고 있는지를 돌아봅니다.
오직 하나님의 영광을 위하여, 이제 내게 명하신 말씀을 마음에 새기고 자녀에게 부지런히 가르치며, 맡겨주신 일을 말씀과 기도로 기쁘게 감당하고자 합니다.

아버지 뜻대로 행할 의지와 힘을 공급해주시는 하나님,
눈동자같이 지키시는 사랑하는 ○○(이)를 위해 복음의 말씀을 들려주시옵소서.
귀 기울여 듣겠나이다.

> **"다니엘은 마음이 민첩하여**
> **총리들과 고관들 위에 뛰어나므로**
> **왕이 그를 세워 전국을 다스리게 하고자 한지라"**
>
> (단 6:3)

거룩하신 성부 · 성자 · 성령, 능력의 하나님,
허락하신 삶의 현장에서 자녀와 함께 말씀기도를 드립니다. 하나님께서 들려주신 말씀을 먹고 말씀의 능력을 힘입어, 주 안에서 아이의 생활을 '민첩함을 배우도록' 도우며 일깨우겠습니다. 은혜 중에 말씀대로 살아낼 수 있도록 순간순간 동행하시며 친히 인도하여 주시옵소서. 이 아이의 삶을 통해 하나님 홀로 영광 받으소서.

오! 살아계신 아버지 하나님,
이 아이가 하나님의 사람으로 인정받을 수 있도록 기쁨과 감사로 온전히 위탁하오며, 찬양받으실 우리 주 예수 그리스도의 이름으로 간절히 기도하옵나이다. 아멘.

✝ 오늘의 말씀을 묵상하며, 적용을 생각해 봅니다.

말씀 "   "

적용 "부모와 교사는 아이들이 즉각적으로 순응하는 태도와 민첩함을 배우도록 해야 합니다."

 # 여섯번째 날

전지전능하신 사랑의 하나님, 은혜의 하나님, 평강의 하나님!
오늘도 부모(교사)로 부르심에 감사와 찬송을 드립니다.
주 예수 그리스도 안에서 먼저 나 자신이 하나님의 자녀임을 고백하고, 하나님 아버지의 사랑에 믿음과 순종으로 바르게 응답하는 삶을 살고 있는지를 돌아봅니다.
오직 하나님의 영광을 위하여, 이제 내게 명하신 말씀을 마음에 새기고 자녀에게 부지런히 가르치며, 맡겨주신 일을 말씀과 기도로 기쁘게 감당하고자 합니다.

우리의 안식처가 되시는 하나님,
눈동자같이 지키시는 사랑하는 ○○(이)를 위해 복음의 말씀을 들려주시옵소서.
귀 기울여 듣겠나이다.

**"수고하고 무거운 짐 진 자들아 다 내게로 오라
내가 너희를 쉬게 하리라"**

(마 11:28)

거룩하신 성부 · 성자 · 성령, 능력의 하나님,
허락하신 삶의 현장에서 자녀와 함께 말씀기도를 드립니다. 하나님께서 들려주신 말씀을 먹고 말씀의 능력을 힘입어, 주 안에서 '환대하며' 아이의 생활을 돕고 일깨우겠습니다. 은혜 중에 말씀대로 살아낼 수 있도록 순간순간 동행하시며 친히 인도하여 주시옵소서. 이 아이의 삶을 통해 하나님 홀로 영광 받으소서.

오! 살아계신 아버지 하나님,
이 아이가 하나님의 사람으로 인정받을 수 있도록 기쁨과 감사로 온전히 위탁하오며, 찬양받으실 우리 주 예수 그리스도의 이름으로 간절히 기도하옵나이다. 아멘.

✝ 오늘의 말씀을 묵상하며, 적용을 생각해 봅니다.

말씀 "   "

적용 "가정은 가족이 힘든 하루를 보내고 돌아왔을 때 편히 쉴 수 있는 둥지입니다."

Mom & Dad's 일곱번째 날

전지전능하신 사랑의 하나님, 은혜의 하나님, 평강의 하나님!
오늘도 부모(교사)로 부르심에 감사와 찬송을 드립니다.
주 예수 그리스도 안에서 먼저 나 자신이 하나님의 자녀임을 고백하고, 하나님 아버지의 사랑에 믿음과 순종으로 바르게 응답하는 삶을 살고 있는지를 돌아봅니다.
오직 하나님의 영광을 위하여, 이제 내게 명하신 말씀을 마음에 새기고 자녀에게 부지런히 가르치며, 맡겨주신 일을 말씀과 기도로 기쁘게 감당하고자 합니다.

참 생명이신 아버지 하나님,
눈동자같이 지키시는 사랑하는 ○○(이)를 위해 복음의 말씀을 들려주시옵소서.
귀 기울여 듣겠나이다.

> **"네 부모를 공경하라**
> **그리하면 네 하나님 여호와가 네게 준 땅에서**
> **네 생명이 길리라"**
>
> (출 20:12)

거룩하신 성부 · 성자 · 성령, 능력의 하나님,
허락하신 삶의 현장에서 자녀와 함께 말씀기도를 드립니다. 하나님께서 들려주신 말씀을 먹고 말씀의 능력을 힘입어, 주 안에서 '공경하는 태도를 체화하도록' 아이의 생활을 도우며 일깨우겠습니다. 은혜 중에 말씀대로 살아낼 수 있도록 순간순간 동행하시며 친히 인도하여 주시옵소서. 이 아이의 삶을 통해 하나님 홀로 영광 받으소서.

오! 살아계신 아버지 하나님,
이 아이가 하나님의 사람으로 인정받을 수 있도록 기쁨과 감사로 온전히 위탁하오며, 찬양받으실 우리 주 예수 그리스도의 이름으로 간절히 기도하옵나이다. 아멘.

✝ 오늘의 말씀을 묵상하며, 적용을 생각해 봅니다.

말씀 "   "

적용 "아이들은 부모와 어른들을 존경하도록 가르침을 받아야 합니다."

 # 여덟번째 날

전지전능하신 사랑의 하나님, 은혜의 하나님, 평강의 하나님!
오늘도 부모(교사)로 부르심에 감사와 찬송을 드립니다.
주 예수 그리스도 안에서 먼저 나 자신이 하나님의 자녀임을 고백하고, 하나님 아버지의 사랑에 믿음과 순종으로 바르게 응답하는 삶을 살고 있는지를 돌아봅니다.
오직 하나님의 영광을 위하여, 이제 내게 명하신 말씀을 마음에 새기고 자녀에게 부지런히 가르치며, 맡겨주신 일을 말씀과 기도로 기쁘게 감당하고자 합니다.

측량 못할 은혜로 채우시는 구주 예수님,
눈동자같이 지키시는 사랑하는 ○○(이)를 위해 복음의 말씀을 들려주시옵소서.
귀 기울여 듣겠나이다.

> **"거기 곧 너희의 하나님 여호와 앞에서 먹고
> 너희의 하나님 여호와께서 너희의 손으로 수고한 일에
> 복 주심으로 말미암아
> 너희와 너희의 가족이 즐거워할지니라"**
>
> (신 12:7)

거룩하신 성부·성자·성령, 능력의 하나님,
허락하신 삶의 현장에서 자녀와 함께 말씀기도를 드립니다. 하나님께서 들려주신 말씀을 먹고 말씀의 능력을 힘입어, 주 안에서 '가족의 소중함을 알도록' 아이의 생활을 돕고 일깨우겠습니다. 은혜 중에 말씀대로 살아낼 수 있도록 순간순간 동행하시며 친히 인도하여 주시옵소서. 이 아이의 삶을 통해 하나님 홀로 영광 받으소서.

오! 살아계신 아버지 하나님,
이 아이가 하나님의 사람으로 인정받을 수 있도록 기쁨과 감사로 온전히 위탁하오며, 찬양받으실 우리 주 예수 그리스도의 이름으로 간절히 기도하옵나이다. 아멘.

✚ 오늘의 말씀을 묵상하며, 적용을 생각해 봅니다.

 **말씀** "   "

 **적용** "자녀로 하여금 작은 것이라도 가족을 위해 할 수 있는 일을 찾아보고 실천하게 하여, 가족의 소중함을 알게 합니다."

Mom & Dad's 아홉번째 날

전지전능하신 사랑의 하나님, 은혜의 하나님, 평강의 하나님!
오늘도 부모(교사)로 부르심에 감사와 찬송을 드립니다.
주 예수 그리스도 안에서 먼저 나 자신이 하나님의 자녀임을 고백하고, 하나님 아버지의 사랑에 믿음과 순종으로 바르게 응답하는 삶을 살고 있는지를 돌아봅니다.
오직 하나님의 영광을 위하여, 이제 내게 명하신 말씀을 마음에 새기고 자녀에게 부지런히 가르치며, 맡겨주신 일을 말씀과 기도로 기쁘게 감당하고자 합니다.

날마다 일용할 양식을 공급해주시는 하나님,
눈동자같이 지키시는 사랑하는 ○○(이)를 위해 복음의 말씀을 들려주시옵소서.
귀 기울여 듣겠나이다.

> **"곧 헛된 것과 거짓말을 내게서 멀리 하옵시며**
> **나를 가난하게도 마옵시고 부하게도 마옵시고**
> **오직 필요한 양식으로 나를 먹이시옵소서"**
>
> (잠 30:8)

거룩하신 성부 · 성자 · 성령, 능력의 하나님,
허락하신 삶의 현장에서 자녀와 함께 말씀기도를 드립니다. 하나님께서 들려주신 말씀을 먹고 말씀의 능력을 힘입어, 주 안에서 아이의 생활을 '**검약의 습관을 기르도록**' 도우며 일깨우겠습니다. 은혜 중에 말씀대로 살아낼 수 있도록 순간순간 동행하시며 친히 인도하여 주시옵소서. 이 아이의 삶을 통해 하나님 홀로 영광 받으소서.

오! 살아계신 아버지 하나님,
이 아이가 하나님의 사람으로 인정받을 수 있도록 기쁨과 감사로 온전히 위탁하오며, 찬양받으실 우리 주 예수 그리스도의 이름으로 간절히 기도하옵나이다. 아멘.

✝ 오늘의 말씀을 묵상하며, 적용을 생각해 봅니다.

 **말씀** "   "

 **적용** "아이에게 에너지와 물자의 바른 절약 습관을 길러줍니다."

전지전능하신 사랑의 하나님, 은혜의 하나님, 평강의 하나님!
오늘도 부모(교사)로 부르심에 감사와 찬송을 드립니다.
주 예수 그리스도 안에서 먼저 나 자신이 하나님의 자녀임을 고백하고, 하나님 아버지의 사랑에 믿음과 순종으로 바르게 응답하는 삶을 살고 있는지를 돌아봅니다.
오직 하나님의 영광을 위하여, 이제 내게 명하신 말씀을 마음에 새기고 자녀에게 부지런히 가르치며, 맡겨주신 일을 말씀과 기도로 기쁘게 감당하고자 합니다.

때를 따라 도우시는 하나님,
눈동자같이 지키시는 사랑하는 ○○(이)를 위해 복음의 말씀을 들려주시옵소서.
귀 기울여 듣겠나이다.

> **"여호와께서 너희의 땅에 이른 비, 늦은 비를**
> **적당한 때에 내리시리니**
> **너희가 곡식과 포도주와 기름을 얻을 것이요"**
>
> (신 11:14)

거룩하신 성부 · 성자 · 성령, 능력의 하나님,
허락하신 삶의 현장에서 자녀와 함께 말씀기도를 드립니다. 하나님께서 들려주신 말씀을 먹고 말씀의 능력을 힘입어, 주 안에서 아이의 생활을 '적절한 수준을 고려하여' 도우며 일깨우겠습니다. 은혜 중에 말씀대로 살아낼 수 있도록 순간순간 동행하시며 친히 인도하여 주시옵소서. 이 아이의 삶을 통해 하나님 홀로 영광 받으소서.

오! 살아계신 아버지 하나님,
이 아이가 하나님의 사람으로 인정받을 수 있도록 기쁨과 감사로 온전히 위탁하오며, 찬양받으실 우리 주 예수 그리스도의 이름으로 간절히 기도하옵나이다. 아멘.

✝ 오늘의 말씀을 묵상하며, 적용을 생각해 봅니다.

말씀 "   "

적용 "자율과 통제의 조화는 성공을 이룬 사람들의 부모와 교사가 보여 주는 공통적인 태도입니다."

전지전능하신 사랑의 하나님, 은혜의 하나님, 평강의 하나님!
오늘도 부모(교사)로 부르심에 감사와 찬송을 드립니다.
주 예수 그리스도 안에서 먼저 나 자신이 하나님의 자녀임을 고백하고, 하나님 아버지의 사랑에 믿음과 순종으로 바르게 응답하는 삶을 살고 있는지를 돌아봅니다.
오직 하나님의 영광을 위하여, 이제 내게 명하신 말씀을 마음에 새기고 자녀에게 부지런히 가르치며, 맡겨주신 일을 말씀과 기도로 기쁘게 감당하고자 합니다.

나의 출입을 지금부터 영원까지 보증하시는 하나님,
눈동자같이 지키시는 사랑하는 ○○(이)를 위해 복음의 말씀을 들려주시옵소서.
귀 기울여 듣겠나이다.

> **"너희는 옛적 일을 기억하라 나는 하나님이라**
> **나 외에 다른 이가 없느니라**
> **나는 하나님이라 나 같은 이가 없느니라"**
>
> (사 46:9)

거룩하신 성부 · 성자 · 성령, 능력의 하나님,
허락하신 삶의 현장에서 자녀와 함께 말씀기도를 드립니다. 하나님께서 들려주신 말씀을 먹고 말씀의 능력을 힘입어, 주 안에서 '역사를 이해하도록' 아이의 생활을 도우며 일깨우겠습니다. 은혜 중에 말씀대로 살아낼 수 있도록 순간순간 동행하시며 친히 인도하여 주시옵소서. 이 아이의 삶을 통해 하나님 홀로 영광 받으소서.

오! 살아계신 아버지 하나님,
이 아이가 하나님의 사람으로 인정받을 수 있도록 기쁨과 감사로 온전히 위탁하오며, 찬양받으실 우리 주 예수 그리스도의 이름으로 간절히 기도하옵나이다. 아멘.

✝ 오늘의 말씀을 묵상하며, 적용을 생각해 봅니다.

"   "

"아이들과 함께 역사로의 여행 경험을 가집니다. 역사로의 여행은 옛것의 소중함과 현재와 미래에 대한 삶의 지혜를 배우게 합니다."

열두번째 날

전지전능하신 사랑의 하나님, 은혜의 하나님, 평강의 하나님!
오늘도 부모(교사)로 부르심에 감사와 찬송을 드립니다.
주 예수 그리스도 안에서 먼저 나 자신이 하나님의 자녀임을 고백하고, 하나님 아버지의 사랑에 믿음과 순종으로 바르게 응답하는 삶을 살고 있는지를 돌아봅니다.
오직 하나님의 영광을 위하여, 이제 내게 명하신 말씀을 마음에 새기고 자녀에게 부지런히 가르치며, 맡겨주신 일을 말씀과 기도로 기쁘게 감당하고자 합니다.

필요할 때에 환한 얼굴빛으로 다가오시는 예수님,
눈동자같이 지키시는 사랑하는 ○○(이)를 위해 복음의 말씀을 들려주시옵소서.
귀 기울여 듣겠나이다.

> **"그의 신기한 능력으로**
> **생명과 경건에 속한 모든 것을 우리에게 주셨으니**
> **이는 자기의 영광과 덕으로써**
> **우리를 부르신 이를 앎으로 말미암음이라"**
>
> (벧후 1:3)

거룩하신 성부 · 성자 · 성령, 능력의 하나님,
허락하신 삶의 현장에서 자녀와 함께 말씀기도를 드립니다. 하나님께서 들려주신 말씀을 먹고 말씀의 능력을 힘입어, 주 안에서 아이의 생활을 '경이로움에 눈 뜨도록' 도우며 일깨우겠습니다. 은혜 중에 말씀대로 살아낼 수 있도록 순간순간 동행하시며 친히 인도하여 주시옵소서. 이 아이의 삶을 통해 하나님 홀로 영광 받으소서.

오! 살아계신 아버지 하나님,
이 아이가 하나님의 사람으로 인정받을 수 있도록 기쁨과 감사로 온전히 위탁하오며, 찬양받으실 우리 주 예수 그리스도의 이름으로 간절히 기도하옵나이다. 아멘.

✝ 오늘의 말씀을 묵상하며, 적용을 생각해 봅니다.

말씀   "   "

적용   "호기심은 세상의 경이로움과 변화에 눈뜨게 합니다."

Mom & Dad's 열세번째 날

전지전능하신 사랑의 하나님, 은혜의 하나님, 평강의 하나님!
오늘도 부모(교사)로 부르심에 감사와 찬송을 드립니다.
주 예수 그리스도 안에서 먼저 나 자신이 하나님의 자녀임을 고백하고, 하나님 아버지의 사랑에 믿음과 순종으로 바르게 응답하는 삶을 살고 있는지를 돌아봅니다.
오직 하나님의 영광을 위하여, 이제 내게 명하신 말씀을 마음에 새기고 자녀에게 부지런히 가르치며, 맡겨주신 일을 말씀과 기도로 기쁘게 감당하고자 합니다.

우리를 안전하게 지키시는 주님,
눈동자같이 지키시는 사랑하는 ○○(이)를 위해 복음의 말씀을 들려주시옵소서.
귀 기울여 듣겠나이다.

> **"각각 자기 일을 돌볼뿐더러
> 또한 각각 다른 사람들의 일을 돌보아
> 나의 기쁨을 충만하게 하라"**
>
> (빌 2:4)

거룩하신 성부 · 성자 · 성령, 능력의 하나님,
허락하신 삶의 현장에서 자녀와 함께 말씀기도를 드립니다. 하나님께서 들려주신 말씀을 먹고 말씀의 능력을 힘입어, 주 안에서 아이의 생활을 '공동작업의 유익을 경험하도록' 도우며 일깨우겠습니다. 은혜 중에 말씀대로 살아낼 수 있도록 순간순간 동행하시며 친히 인도하여 주시옵소서. 이 아이의 삶을 통해 하나님 홀로 영광 받으소서.

오! 살아계신 아버지 하나님,
이 아이가 하나님의 사람으로 인정받을 수 있도록 기쁨과 감사로 온전히 위탁하오며, 찬양받으실 우리 주 예수 그리스도의 이름으로 간절히 기도하옵나이다. 아멘.

✝ 오늘의 말씀을 묵상하며, 적용을 생각해 봅니다.

 "   "

 "창의력이 있는 아이는 혼자가 되는 것을 두려워하지 않으며, 동시에 여러 사람과 공동 작업하는 것도 좋아합니다."

전지전능하신 사랑의 하나님, 은혜의 하나님, 평강의 하나님!
오늘도 부모(교사)로 부르심에 감사와 찬송을 드립니다.
주 예수 그리스도 안에서 먼저 나 자신이 하나님의 자녀임을 고백하고, 하나님 아버지의 사랑에 믿음과 순종으로 바르게 응답하는 삶을 살고 있는지를 돌아봅니다.
오직 하나님의 영광을 위하여, 이제 내게 명하신 말씀을 마음에 새기고 자녀에게 부지런히 가르치며, 맡겨주신 일을 말씀과 기도로 기쁘게 감당하고자 합니다.

자비가 충만하신 하나님,
눈동자같이 지키시는 사랑하는 ○○(이)를 위해 복음의 말씀을 들려주시옵소서.
귀 기울여 듣겠나이다.

> **"무릇 더러운 말은 너희 입 밖에도 내지 말고
> 오직 덕을 세우는 데 소용되는 대로 선한 말을 하여
> 듣는 자들에게 은혜를 끼치게 하라"**
>
> (엡 4:29)

거룩하신 성부 · 성자 · 성령, 능력의 하나님,
허락하신 삶의 현장에서 자녀와 함께 말씀기도를 드립니다. 하나님께서 들려주신 말씀을 먹고 말씀의 능력을 힘입어, 주 안에서 '긍정의 힘을 알도록' 아이의 생활을 도우며 일깨우겠습니다. 은혜 중에 말씀대로 살아낼 수 있도록 순간순간 동행하시며 친히 인도하여 주시옵소서. 이 아이의 삶을 통해 하나님 홀로 영광 받으소서.

오! 살아계신 아버지 하나님,
이 아이가 하나님의 사람으로 인정받을 수 있도록 기쁨과 감사로 온전히 위탁하오며, 찬양받으실 우리 주 예수 그리스도의 이름으로 간절히 기도하옵나이다. 아멘.

✝ 오늘의 말씀을 묵상하며, 적용을 생각해 봅니다.

말씀 " "

적용 "부모가 보이는 수용적인 언어 태도는 자녀가 자신의 생각과 느낌을 적절하게 표현하며 긍정적으로 말하도록 이끌어 줍니다."

 # 열다섯번째 날

전지전능하신 사랑의 하나님, 은혜의 하나님, 평강의 하나님!
오늘도 부모(교사)로 부르심에 감사와 찬송을 드립니다.
주 예수 그리스도 안에서 먼저 나 자신이 하나님의 자녀임을 고백하고, 하나님 아버지의 사랑에 믿음과 순종으로 바르게 응답하는 삶을 살고 있는지를 돌아봅니다.
오직 하나님의 영광을 위하여, 이제 내게 명하신 말씀을 마음에 새기고 자녀에게 부지런히 가르치며, 맡겨주신 일을 말씀과 기도로 기쁘게 감당하고자 합니다.

나의 구속주이신 하나님,
눈동자같이 지키시는 사랑하는 ○○(이)를 위해 복음의 말씀을 들려주시옵소서.
귀 기울여 듣겠나이다.

> **"너희가 무엇을 원하느냐**
> **내가 매를 가지고 너희에게 나아가랴**
> **사랑과 온유한 마음으로 나아가랴"**
>
> (고전 4:21)

거룩하신 성부 · 성자 · 성령, 능력의 하나님,
허락하신 삶의 현장에서 자녀와 함께 말씀기도를 드립니다. 하나님께서 들려주신 말씀을 먹고 말씀의 능력을 힘입어, 주 안에서 '자비로움으로 응원하며' 아이의 생활을 돕고 일깨우겠습니다. 은혜 중에 말씀대로 살아낼 수 있도록 순간순간 동행하시며 친히 인도하여 주시옵소서. 이 아이의 삶을 통해 하나님 홀로 영광 받으소서.

오! 살아계신 아버지 하나님,
이 아이가 하나님의 사람으로 인정받을 수 있도록 기쁨과 감사로 온전히 위탁하오며, 찬양받으실 우리 주 예수 그리스도의 이름으로 간절히 기도하옵나이다. 아멘.

✝ 오늘의 말씀을 묵상하며, 적용을 생각해 봅니다.

 **말씀** "   "

 **적용** "조용하고 부드러운 목소리로 하는 꾸중에는 권위가 있습니다."

열여섯번째 날

전지전능하신 사랑의 하나님, 은혜의 하나님, 평강의 하나님!
오늘도 부모(교사)로 부르심에 감사와 찬송을 드립니다.
주 예수 그리스도 안에서 먼저 나 자신이 하나님의 자녀임을 고백하고, 하나님 아버지의 사랑에 믿음과 순종으로 바르게 응답하는 삶을 살고 있는지를 돌아봅니다.
오직 하나님의 영광을 위하여, 이제 내게 명하신 말씀을 마음에 새기고 자녀에게 부지런히 가르치며, 맡겨주신 일을 말씀과 기도로 기쁘게 감당하고자 합니다.

우리의 기도를 들으시는 하나님,
눈동자같이 지키시는 사랑하는 ○○(이)를 위해 복음의 말씀을 들려주시옵소서.
귀 기울여 듣겠나이다.

> **"내게 듣고 들을지어다**
> **그리하면 너희가 좋은 것을 먹을 것이며**
> **너희 자신들이 기름진 것으로 즐거움을 얻으리라"**
>
> (사 55:2하)

거룩하신 성부 · 성자 · 성령, 능력의 하나님,
허락하신 삶의 현장에서 자녀와 함께 말씀기도를 드립니다. 하나님께서 들려주신 말씀을 먹고 말씀의 능력을 힘입어, 주 안에서 아이의 생활을 '열린 귀를 가지고 듣도록' 도우며 일깨우겠습니다. 은혜 중에 말씀대로 살아낼 수 있도록 순간순간 동행하시며 친히 인도하여 주시옵소서. 이 아이의 삶을 통해 하나님 홀로 영광 받으소서.

오! 살아계신 아버지 하나님,
이 아이가 하나님의 사람으로 인정받을 수 있도록 기쁨과 감사로 온전히 위탁하오며, 찬양받으실 우리 주 예수 그리스도의 이름으로 간절히 기도하옵나이다. 아멘.

✝ 오늘의 말씀을 묵상하며, 적용을 생각해 봅니다.

말씀 "______________________"

적용 "잘 가르치는 것은 잘 듣게 하는 것이며 생각하고 집중하게 하는 것입니다."

Mom & Dad's **열일곱번째 날**

전지전능하신 사랑의 하나님, 은혜의 하나님, 평강의 하나님!
오늘도 부모(교사)로 부르심에 감사와 찬송을 드립니다.
주 예수 그리스도 안에서 먼저 나 자신이 하나님의 자녀임을 고백하고, 하나님 아버지의 사랑에 믿음과 순종으로 바르게 응답하는 삶을 살고 있는지를 돌아봅니다.
오직 하나님의 영광을 위하여, 이제 내게 명하신 말씀을 마음에 새기고 자녀에게 부지런히 가르치며, 맡겨주신 일을 말씀과 기도로 기쁘게 감당하고자 합니다.

언약을 세우시는 여호와 하나님,
눈동자같이 지키시는 사랑하는 ○○(이)를 위해 복음의 말씀을 들려주시옵소서.
귀 기울여 듣겠나이다.

> "너희는 귀를 기울이고 내게로 나아와 들으라
> 그리하면 너희의 영혼이 살리라
> 내가 너희를 위하여 영원한 언약을 맺으리니
> 곧 다윗에게 허락한 확실한 은혜이니라"
>
> (사 55:3)

거룩하신 성부 · 성자 · 성령, 능력의 하나님,
허락하신 삶의 현장에서 자녀와 함께 말씀기도를 드립니다. 하나님께서 들려주신 말씀을 먹고 말씀의 능력을 힘입어, 주 안에서 '말씀으로 이야기에 담아' 아이의 생활을 도우며 일깨우겠습니다. 은혜 중에 말씀대로 살아낼 수 있도록 순간순간 동행하시며 친히 인도하여 주시옵소서. 이 아이의 삶을 통해 하나님 홀로 영광 받으소서.

오! 살아계신 아버지 하나님,
이 아이가 하나님의 사람으로 인정받을 수 있도록 기쁨과 감사로 온전히 위탁하오며, 찬양받으실 우리 주 예수 그리스도의 이름으로 간절히 기도하옵나이다. 아멘.

✝ 오늘의 말씀을 묵상하며, 적용을 생각해 봅니다.

 **말씀** "____"

 **적용** "삶은 이야기입니다. 아이에게 만 4세 이후부터 시, 노래, 이야기를 기억하도록 격려하며, 암기하는 것을 가르쳐야 합니다."

전지전능하신 사랑의 하나님, 은혜의 하나님, 평강의 하나님!
오늘도 부모(교사)로 부르심에 감사와 찬송을 드립니다.
주 예수 그리스도 안에서 먼저 나 자신이 하나님의 자녀임을 고백하고, 하나님 아버지의 사랑에 믿음과 순종으로 바르게 응답하는 삶을 살고 있는지를 돌아봅니다.
오직 하나님의 영광을 위하여, 이제 내게 명하신 말씀을 마음에 새기고 자녀에게 부지런히 가르치며, 맡겨주신 일을 말씀과 기도로 기쁘게 감당하고자 합니다.

침묵의 기다림을 배우게 하시는 하나님,
눈동자같이 지키시는 사랑하는 ○○(이)를 위해 복음의 말씀을 들려주시옵소서.
귀 기울여 듣겠나이다.

**"너희는 이제 가만히 서서
여호와께서 너희 목전에서 행하시는 이 큰 일을 보라"**

(삼상 12:16)

거룩하신 성부 · 성자 · 성령, 능력의 하나님,
허락하신 삶의 현장에서 자녀와 함께 말씀기도를 드립니다. 하나님께서 들려주신 말씀을 먹고 말씀의 능력을 힘입어, 주 안에서 아이의 생활을 '**침묵의 힘을 맛보도록**' 도우며 일깨우겠습니다. 은혜 중에 말씀대로 살아낼 수 있도록 순간순간 동행하시며 친히 인도하여 주시옵소서. 이 아이의 삶을 통해 하나님 홀로 영광 받으소서.

오! 살아계신 아버지 하나님,
이 아이가 하나님의 사람으로 인정받을 수 있도록 기쁨과 감사로 온전히 위탁하오며, 찬양받으실 우리 주 예수 그리스도의 이름으로 간절히 기도하옵나이다. 아멘.

✝ 오늘의 말씀을 묵상하며, 적용을 생각해 봅니다.

말씀 "＿＿＿＿＿＿＿＿＿＿＿＿＿＿＿＿＿＿＿＿＿＿＿＿＿＿＿＿"

적용 "아이에게 꼭 가르쳐야 할 덕목 중의 하나는 침묵입니다. 아이는 침묵하는 시간을 통해 자기와 세상을 만나게 됩니다."

 # 열아홉번째 날

전지전능하신 사랑의 하나님, 은혜의 하나님, 평강의 하나님!
오늘도 부모(교사)로 부르심에 감사와 찬송을 드립니다.
주 예수 그리스도 안에서 먼저 나 자신이 하나님의 자녀임을 고백하고, 하나님 아버지의 사랑에 믿음과 순종으로 바르게 응답하는 삶을 살고 있는지를 돌아봅니다. 오직 하나님의 영광을 위하여, 이제 내게 명하신 말씀을 마음에 새기고 자녀에게 부지런히 가르치며, 맡겨주신 일을 말씀과 기도로 기쁘게 감당하고자 합니다.

환난 속에서도 지켜주시는 내 주 하나님,
눈동자같이 지키시는 사랑하는 ○○(이)를 위해 복음의 말씀을 들려주시옵소서.
귀 기울여 듣겠나이다.

> **"그러므로 이런 때에 지혜자가 잠잠하나니**
> **이는 악한 때임이니라"**
>
> (암 5:13)

거룩하신 성부·성자·성령, 능력의 하나님,
허락하신 삶의 현장에서 자녀와 함께 말씀기도를 드립니다. 하나님께서 들려주신 말씀을 먹고 말씀의 능력을 힘입어, 주 안에서 아이의 생활을 '**잠잠함에 담긴 의미를 알도록**' 도우며 일깨우겠습니다. 은혜 중에 말씀대로 살아낼 수 있도록 순간순간 동행하시며 친히 인도하여 주시옵소서. 이 아이의 삶을 통해 하나님 홀로 영광 받으소서.

오! 살아계신 아버지 하나님,
이 아이가 하나님의 사람으로 인정받을 수 있도록 기쁨과 감사로 온전히 위탁하오며, 찬양받으실 우리 주 예수 그리스도의 이름으로 간절히 기도하옵나이다. 아멘.

✝ 오늘의 말씀을 묵상하며, 적용을 생각해 봅니다.

 **말씀** "   "

 **적용** "침묵하기는 말을 체계적으로, 논리적으로 하기 위한 대화전략의 하나입니다."

 # 스무번째 날

전지전능하신 사랑의 하나님, 은혜의 하나님, 평강의 하나님!
오늘도 부모(교사)로 부르심에 감사와 찬송을 드립니다.
주 예수 그리스도 안에서 먼저 나 자신이 하나님의 자녀임을 고백하고, 하나님 아버지의 사랑에 믿음과 순종으로 바르게 응답하는 삶을 살고 있는지를 돌아봅니다. 오직 하나님의 영광을 위하여, 이제 내게 명하신 말씀을 마음에 새기고 자녀에게 부지런히 가르치며, 맡겨주신 일을 말씀과 기도로 기쁘게 감당하고자 합니다.

언약을 지키시는 여호와 하나님,
눈동자같이 지키시는 사랑하는 ○○(이)를 위해 복음의 말씀을 들려주시옵소서.
귀 기울여 듣겠나이다.

> **"여호와께서 그의 종 모세에게 명령하신 것을**
> **모세는 여호수아에게 명령하였고**
> **여호수아는 그대로 행하여**
> **여호와께서 모세에게 명하신 모든 것을**
> **하나도 행하지 아니한 것이 없었더라"**
>
> (수 11:15)

거룩하신 성부 · 성자 · 성령, 능력의 하나님,
허락하신 삶의 현장에서 자녀와 함께 말씀기도를 드립니다. 하나님께서 들려주신 말씀을 먹고 말씀의 능력을 힘입어, 주 안에서 아이의 생활을 '**행함이 따르도록**' 도우며 일깨우겠습니다. 은혜 중에 말씀대로 살아낼 수 있도록 순간순간 동행하시며 친히 인도하여 주시옵소서. 이 아이의 삶을 통해 하나님 홀로 영광 받으소서.

오! 살아계신 아버지 하나님,
이 아이가 하나님의 사람으로 인정받을 수 있도록 기쁨과 감사로 온전히 위탁하오며, 찬양받으실 우리 주 예수 그리스도의 이름으로 간절히 기도하옵나이다. 아멘.

✝ 오늘의 말씀을 묵상하며, 적용을 생각해 봅니다.

말씀 " ____ "

적용 "시간과 약속의 말을 잘 지키는 것은 인간관계의 기본이요, 논리 형성의 기초가 됩니다."

Mom & Dad's 스물한번째 날

전지전능하신 사랑의 하나님, 은혜의 하나님, 평강의 하나님!
오늘도 부모(교사)로 부르심에 감사와 찬송을 드립니다.
주 예수 그리스도 안에서 먼저 나 자신이 하나님의 자녀임을 고백하고, 하나님 아버지의 사랑에 믿음과 순종으로 바르게 응답하는 삶을 살고 있는지를 돌아봅니다. 오직 하나님의 영광을 위하여, 이제 내게 명하신 말씀을 마음에 새기고 자녀에게 부지런히 가르치며, 맡겨주신 일을 말씀과 기도로 기쁘게 감당하고자 합니다.

복 주시는 여호와 하나님,
눈동자같이 지키시는 사랑하는 ○○(이)를 위해 복음의 말씀을 들려주시옵소서.
귀 기울여 듣겠나이다.

> **"하나님은**
> **하늘의 이슬과 땅의 기름짐이며**
> **풍성한 곡식과 포도주를 네게 주시기를 원하노라"**
>
> (창 27:28)

거룩하신 성부 · 성자 · 성령, 능력의 하나님,
허락하신 삶의 현장에서 자녀와 함께 말씀기도를 드립니다. 하나님께서 들려주신 말씀을 먹고 말씀의 능력을 힘입어, 주 안에서 아이의 생활을 '**풍성함의 축복과 환희를 알도록**' 도우며 일깨우겠습니다. 은혜 중에 말씀대로 살아낼 수 있도록 순간순간 동행하시며 친히 인도하여 주시옵소서. 이 아이의 삶을 통해 하나님 홀로 영광 받으소서.

오! 살아계신 아버지 하나님,
이 아이가 하나님의 사람으로 인정받을 수 있도록 기쁨과 감사로 온전히 위탁하오며, 찬양받으실 우리 주 예수 그리스도의 이름으로 간절히 기도하옵나이다. 아멘.

✝ 오늘의 말씀을 묵상하며, 적용을 생각해 봅니다.

 **말씀** "   "

 **적용** "여름에 여행을 떠나 보세요. 녹음이 우거진 산과 광활한 바다에서 풍요로움과 여유를 맛보게 됩니다."

Mom & Dad's 스물두번째 날

전지전능하신 사랑의 하나님, 은혜의 하나님, 평강의 하나님!
오늘도 부모(교사)로 부르심에 감사와 찬송을 드립니다.
주 예수 그리스도 안에서 먼저 나 자신이 하나님의 자녀임을 고백하고, 하나님 아버지의 사랑에 믿음과 순종으로 바르게 응답하는 삶을 살고 있는지를 돌아봅니다.
오직 하나님의 영광을 위하여, 이제 내게 명하신 말씀을 마음에 새기고 자녀에게 부지런히 가르치며, 맡겨주신 일을 말씀과 기도로 기쁘게 감당하고자 합니다.

창조하신 세계를 통하여 만나주시는 하나님,
눈동자같이 지키시는 사랑하는 ○○(이)를 위해 복음의 말씀을 들려주시옵소서.
귀 기울여 듣겠나이다.

> **"내 사랑하는 자야 너는 빨리 달리라**
> **향기로운 산 위에 있는 노루와도 같고**
> **어린 사슴과도 같아라"**
>
> (아 8:14)

거룩하신 성부 · 성자 · 성령, 능력의 하나님,
허락하신 삶의 현장에서 자녀와 함께 말씀기도를 드립니다. 하나님께서 들려주신 말씀을 먹고 말씀의 능력을 힘입어, 주 안에서 아이의 생활을 '**고요함을 즐기도록**' 도우며 일깨우겠습니다. 은혜 중에 말씀대로 살아낼 수 있도록 순간순간 동행하시며 친히 인도하여 주시옵소서. 이 아이의 삶을 통해 하나님 홀로 영광 받으소서.

오! 살아계신 아버지 하나님,
이 아이가 하나님의 사람으로 인정받을 수 있도록 기쁨과 감사로 온전히 위탁하오며, 찬양받으실 우리 주 예수 그리스도의 이름으로 간절히 기도하옵나이다. 아멘.

✝ 오늘의 말씀을 묵상하며, 적용을 생각해 봅니다.

말씀 "   "

적용 "조용한 풍경과 좋은 향기는 사람의 마음을 평온하게 해줍니다."

Mom & Dad's 스물세번째 날

전지전능하신 사랑의 하나님, 은혜의 하나님, 평강의 하나님!
오늘도 부모(교사)로 부르심에 감사와 찬송을 드립니다.
주 예수 그리스도 안에서 먼저 나 자신이 하나님의 자녀임을 고백하고, 하나님 아버지의 사랑에 믿음과 순종으로 바르게 응답하는 삶을 살고 있는지를 돌아봅니다.
오직 하나님의 영광을 위하여, 이제 내게 명하신 말씀을 마음에 새기고 자녀에게 부지런히 가르치며, 맡겨주신 일을 말씀과 기도로 기쁘게 감당하고자 합니다.

서로 사랑하라 말씀하시는 구주 예수님,
눈동자같이 지키시는 사랑하는 ○○(이)를 위해 복음의 말씀을 들려주시옵소서.
귀 기울여 듣겠나이다.

> ### "너희가 짐을 서로 지라
> ### 그리하여 그리스도의 법을 성취하라"
>
> (갈 6:2)

거룩하신 성부 · 성자 · 성령, 능력의 하나님,
허락하신 삶의 현장에서 자녀와 함께 말씀기도를 드립니다. 하나님께서 들려주신 말씀을 먹고 말씀의 능력을 힘입어, 주 안에서 '서로를 인정할 수 있도록' 아이의 생활을 도우며 일깨우겠습니다. 은혜 중에 말씀대로 살아낼 수 있도록 순간순간 동행하시며 친히 인도하여 주시옵소서. 이 아이의 삶을 통해 하나님 홀로 영광 받으소서.

오! 살아계신 아버지 하나님,
이 아이가 하나님의 사람으로 인정받을 수 있도록 기쁨과 감사로 온전히 위탁하오며, 찬양받으실 우리 주 예수 그리스도의 이름으로 간절히 기도하옵나이다. 아멘.

✝ 오늘의 말씀을 묵상하며, 적용을 생각해 봅니다.

 "   "

 "인간은 각기 개인차를 보이기도 하지만 공통적인 욕구와 행동 특성들을 나타내며 성장하고 발달해 갑니다."

전지전능하신 사랑의 하나님, 은혜의 하나님, 평강의 하나님!
오늘도 부모(교사)로 부르심에 감사와 찬송을 드립니다.
주 예수 그리스도 안에서 먼저 나 자신이 하나님의 자녀임을 고백하고, 하나님 아버지의 사랑에 믿음과 순종으로 바르게 응답하는 삶을 살고 있는지를 돌아봅니다.
오직 하나님의 영광을 위하여, 이제 내게 명하신 말씀을 마음에 새기고 자녀에게 부지런히 가르치며, 맡겨주신 일을 말씀과 기도로 기쁘게 감당하고자 합니다.

먼저 섬기는 자가 되라고 말씀하신 예수님,
눈동자같이 지키시는 사랑하는 ○○(이)를 위해 복음의 말씀을 들려주시옵소서.
귀 기울여 듣겠나이다.

> **"만일 한 지체가 고통을 받으면 모든 지체가 함께 고통을 받고
> 한 지체가 영광을 얻으면 모든 지체가 함께 즐거워하느니라"**
>
> (고전 12:26)

거룩하신 성부 · 성자 · 성령, 능력의 하나님,
허락하신 삶의 현장에서 자녀와 함께 말씀기도를 드립니다. 하나님께서 들려주신 말씀을 먹고 말씀의 능력을 힘입어, 주 안에서 '함께함의 소중함을 알도록' 아이의 생활을 도우며 일깨우겠습니다. 은혜 중에 말씀대로 살아낼 수 있도록 순간순간 동행하시며 친히 인도하여 주시옵소서. 이 아이의 삶을 통해 하나님 홀로 영광 받으소서.

오! 살아계신 아버지 하나님,
이 아이가 하나님의 사람으로 인정받을 수 있도록 기쁨과 감사로 온전히 위탁하오며, 찬양받으실 우리 주 예수 그리스도의 이름으로 간절히 기도하옵나이다. 아멘.

✝ 오늘의 말씀을 묵상하며, 적용을 생각해 봅니다.

말씀 "   "

적용 "인간의 모든 신체적, 지적, 정서적, 사회적, 창의적 발달 측면은 밀접한 연관성을 가지고 발달해 갑니다."

 ## 스물다섯번째 날

전지전능하신 사랑의 하나님, 은혜의 하나님, 평강의 하나님!
오늘도 부모(교사)로 부르심에 감사와 찬송을 드립니다.
주 예수 그리스도 안에서 먼저 나 자신이 하나님의 자녀임을 고백하고, 하나님 아버지의 사랑에 믿음과 순종으로 바르게 응답하는 삶을 살고 있는지를 돌아봅니다.
오직 하나님의 영광을 위하여, 이제 내게 명하신 말씀을 마음에 새기고 자녀에게 부지런히 가르치며, 맡겨주신 일을 말씀과 기도로 기쁘게 감당하고자 합니다.

우리의 모든 필요를 공급하시는 아버지 하나님,
눈동자같이 지키시는 사랑하는 ○○(이)를 위해 복음의 말씀을 들려주시옵소서.
귀 기울여 듣겠나이다.

> **"로뎀 나무 아래에 누워 자더니**
> **천사가 그를 어루만지며 그에게 이르되**
> **일어나서 먹으라 하는지라"**
>
> (왕상 19:5)

거룩하신 성부 · 성자 · 성령, 능력의 하나님,
허락하신 삶의 현장에서 자녀와 함께 말씀기도를 드립니다. 하나님께서 들려주신 말씀을 먹고 말씀의 능력을 힘입어, 주 안에서 '적절한 섭식과 휴식을 취하도록' 아이의 생활을 도우며 일깨우겠습니다. 은혜 중에 말씀대로 살아낼 수 있도록 순간순간 동행하시며 친히 인도하여 주시옵소서. 이 아이의 삶을 통해 하나님 홀로 영광 받으소서.

오! 살아계신 아버지 하나님,
이 아이가 하나님의 사람으로 인정받을 수 있도록 기쁨과 감사로 온전히 위탁하오며, 찬양받으실 우리 주 예수 그리스도의 이름으로 간절히 기도하옵나이다. 아멘.

✝ 오늘의 말씀을 묵상하며, 적용을 생각해 봅니다.

말씀 "　　　　　　　　　　　　　　　　　　　　"

적용 "아이에게 건강한 몸과 마음을 위한 좋은 음식을 주는 것과 함께, 매일매일 적당한 운동을 하게하고, 휴식을 갖게 하는 것이 꼭 필요합니다."

Mom & Dad's 스물여섯번째 날

전지전능하신 사랑의 하나님, 은혜의 하나님, 평강의 하나님!
오늘도 부모(교사)로 부르심에 감사와 찬송을 드립니다.
주 예수 그리스도 안에서 먼저 나 자신이 하나님의 자녀임을 고백하고, 하나님 아버지의 사랑에 믿음과 순종으로 바르게 응답하는 삶을 살고 있는지를 돌아봅니다.
오직 하나님의 영광을 위하여, 이제 내게 명하신 말씀을 마음에 새기고 자녀에게 부지런히 가르치며, 맡겨주신 일을 말씀과 기도로 기쁘게 감당하고자 합니다.

나의 힘이 되신 여호와 하나님,
눈동자같이 지키시는 사랑하는 ○○(이)를 위해 복음의 말씀을 들려주시옵소서.
귀 기울여 듣겠나이다.

> **"주 여호와는 나의 힘이시라
> 나의 발을 사슴과 같게 하사
> 나를 나의 높은 곳으로 다니게 하시리로다"**
>
> (합 3:19)

거룩하신 성부 · 성자 · 성령, 능력의 하나님,
허락하신 삶의 현장에서 자녀와 함께 말씀기도를 드립니다. 하나님께서 들려주신 말씀을 먹고 말씀의 능력을 힘입어, 주 안에서 '영육의 강건함을 유지하도록' 아이의 생활을 도우며 일깨우겠습니다. 은혜 중에 말씀대로 살아낼 수 있도록 순간순간 동행하시며 친히 인도하여 주시옵소서. 이 아이의 삶을 통해 하나님 홀로 영광 받으소서.

오! 살아계신 아버지 하나님,
이 아이가 하나님의 사람으로 인정받을 수 있도록 기쁨과 감사로 온전히 위탁하오며, 찬양받으실 우리 주 예수 그리스도의 이름으로 간절히 기도하옵나이다. 아멘.

✝ 오늘의 말씀을 묵상하며, 적용을 생각해 봅니다.

말씀 "   "

적용 "건강한 신체는 건강한 정신의 좋은 쉼터입니다."

Mom & Dad's 스물일곱번째 날

전지전능하신 사랑의 하나님, 은혜의 하나님, 평강의 하나님!
오늘도 부모(교사)로 부르심에 감사와 찬송을 드립니다.
주 예수 그리스도 안에서 먼저 나 자신이 하나님의 자녀임을 고백하고, 하나님 아버지의 사랑에 믿음과 순종으로 바르게 응답하는 삶을 살고 있는지를 돌아봅니다. 오직 하나님의 영광을 위하여, 이제 내게 명하신 말씀을 마음에 새기고 자녀에게 부지런히 가르치며, 맡겨주신 일을 말씀과 기도로 기쁘게 감당하고자 합니다.

내 맘의 주 소망되신 하나님,
눈동자같이 지키시는 사랑하는 ○○(이)를 위해 복음의 말씀을 들려주시옵소서.
귀 기울여 듣겠나이다.

> **"내 영혼아 네가 어찌하여 낙심하며
> 어찌하여 내 속에서 불안해 하는가 너는 하나님께 소망을 두라
> 그가 나타나 도우심으로 말미암아
> 내가 여전히 찬송하리로다"**
>
> (시 42:5)

거룩하신 성부 · 성자 · 성령, 능력의 하나님,
허락하신 삶의 현장에서 자녀와 함께 말씀기도를 드립니다. 하나님께서 들려주신 말씀을 먹고 말씀의 능력을 힘입어, 주 안에서 '범사에 감사하는 마음으로' 아이의 생활을 도우며 일깨우겠습니다. 은혜 중에 말씀대로 살아낼 수 있도록 순간순간 동행하시며 친히 인도하여 주시옵소서. 이 아이의 삶을 통해 하나님 홀로 영광 받으소서.

오! 살아계신 아버지 하나님,
이 아이가 하나님의 사람으로 인정받을 수 있도록 기쁨과 감사로 온전히 위탁하오며, 찬양받으실 우리 주 예수 그리스도의 이름으로 간절히 기도하옵나이다. 아멘.

✝ 오늘의 말씀을 묵상하며, 적용을 생각해 봅니다.

말씀 "   "

적용 "범사에 감사하는 부모는 자녀와 함께하는 부모 된 길에서 때때로 느낄 수 있는 무력감으로 지치는 몸과 마음을 빨리 회복할 수 있습니다."

전지전능하신 사랑의 하나님, 은혜의 하나님, 평강의 하나님!
오늘도 부모(교사)로 부르심에 감사와 찬송을 드립니다.
주 예수 그리스도 안에서 먼저 나 자신이 하나님의 자녀임을 고백하고, 하나님 아버지의 사랑에 믿음과 순종으로 바르게 응답하는 삶을 살고 있는지를 돌아봅니다. 오직 하나님의 영광을 위하여, 이제 내게 명하신 말씀을 마음에 새기고 자녀에게 부지런히 가르치며, 맡겨주신 일을 말씀과 기도로 기쁘게 감당하고자 합니다.

순풍으로 도우시는 여호와 하나님,
눈동자같이 지키시는 사랑하는 ○○(이)를 위해 복음의 말씀을 들려주시옵소서.
귀 기울여 듣겠나이다.

> **"나는 심었고 아볼로는 물을 주었으되**
> **오직 하나님께서 자라나게 하셨나니**
> **그런즉 심는 이나 물 주는 이는 아무 것도 아니로되**
> **오직 자라게 하시는 이는 하나님뿐이니라"**
>
> (고전 3:6-7)

거룩하신 성부·성자·성령, 능력의 하나님,
허락하신 삶의 현장에서 자녀와 함께 말씀기도를 드립니다. 하나님께서 들려주신 말씀을 먹고 말씀의 능력을 힘입어, 주 안에서 '자라게 하시는 하나님을 의지하도록' 아이의 생활을 도우며 일깨우겠습니다. 은혜 중에 말씀대로 살아낼 수 있도록 순간순간 동행하시며 친히 인도하여 주시옵소서. 이 아이의 삶을 통해 하나님 홀로 영광 받으소서.

오! 살아계신 아버지 하나님,
이 아이가 하나님의 사람으로 인정받을 수 있도록 기쁨과 감사로 온전히 위탁하오며, 찬양받으실 우리 주 예수 그리스도의 이름으로 간절히 기도하옵나이다. 아멘.

✝ 오늘의 말씀을 묵상하며, 적용을 생각해 봅니다.

 "______________________________"

 "자연을 소중히 여기는 마음에서 생명의 자람을 돌보는 부모와 교사에 대한 존경과 사랑과 순종의 마음을 배웁니다."

Mom & Dad's 스물아홉번째 날

전지전능하신 사랑의 하나님, 은혜의 하나님, 평강의 하나님!
오늘도 부모(교사)로 부르심에 감사와 찬송을 드립니다.
주 예수 그리스도 안에서 먼저 나 자신이 하나님의 자녀임을 고백하고, 하나님 아버지의 사랑에 믿음과 순종으로 바르게 응답하는 삶을 살고 있는지를 돌아봅니다.
오직 하나님의 영광을 위하여, 이제 내게 명하신 말씀을 마음에 새기고 자녀에게 부지런히 가르치며, 맡겨주신 일을 말씀과 기도로 기쁘게 감당하고자 합니다.

생명의 능력을 공급하여 주시는 하나님,
눈동자같이 지키시는 사랑하는 ○○(이)를 위해 복음의 말씀을 들려주시옵소서.
귀 기울여 듣겠나이다.

> **"나는 비천에 처할 줄도 알고 풍부에 처할 줄도 알아
> 모든 일 곧 배부름과 배고픔과 풍부와 궁핍에도 처할 줄 아는
> 일체의 비결을 배웠노라"**
>
> (빌 4:12)

거룩하신 성부·성자·성령, 능력의 하나님,
허락하신 삶의 현장에서 자녀와 함께 말씀기도를 드립니다. 하나님께서 들려주신 말씀을 먹고 말씀의 능력을 힘입어, 주 안에서 아이의 생활을 '자연과 삶에 순응하는 자세를 배우도록' 도우며 일깨우겠습니다. 은혜 중에 말씀대로 살아낼 수 있도록 순간순간 동행하시며 친히 인도하여 주시옵소서. 이 아이의 삶을 통해 하나님 홀로 영광 받으소서.

오! 살아계신 아버지 하나님,
이 아이가 하나님의 사람으로 인정받을 수 있도록 기쁨과 감사로 온전히 위탁하오며, 찬양받으실 우리 주 예수 그리스도의 이름으로 간절히 기도하옵나이다. 아멘.

✝ 오늘의 말씀을 묵상하며, 적용을 생각해 봅니다.

 "   "

 "아이들과 함께 자연으로의 여행 경험을 가집니다. 자연의 변화과정에 따라 생태학적 환경에 순응하는 태도와 함께 살아가는 공동생활의 태도를 배우게 됩니다."

Mom & Dad's 서른번째 날

전지전능하신 사랑의 하나님, 은혜의 하나님, 평강의 하나님!
오늘도 부모(교사)로 부르심에 감사와 찬송을 드립니다.
주 예수 그리스도 안에서 먼저 나 자신이 하나님의 자녀임을 고백하고, 하나님 아버지의 사랑에 믿음과 순종으로 바르게 응답하는 삶을 살고 있는지를 돌아봅니다.
오직 하나님의 영광을 위하여, 이제 내게 명하신 말씀을 마음에 새기고 자녀에게 부지런히 가르치며, 맡겨주신 일을 말씀과 기도로 기쁘게 감당하고자 합니다.

할렐루야를 힘차게 부르며 살아가게 하시는 하나님,
눈동자같이 지키시는 사랑하는 ○○(이)를 위해 복음의 말씀을 들려주시옵소서.
귀 기울여 듣겠나이다.

"태초에 하나님이 천지를 창조하시니라"

(창 1:1)

거룩하신 성부 · 성자 · 성령, 능력의 하나님,
허락하신 삶의 현장에서 자녀와 함께 말씀기도를 드립니다. 하나님께서 들려주신 말씀을 먹고 말씀의 능력을 힘입어, 주 안에서 '창조의 참 의미를 깨달을 수 있도록' 아이의 생활을 도우며 일깨우겠습니다. 은혜 중에 말씀대로 살아낼 수 있도록 순간순간 동행하시며 친히 인도하여 주시옵소서. 이 아이의 삶을 통해 하나님 홀로 영광 받으소서.

오! 살아계신 아버지 하나님,
이 아이가 하나님의 사람으로 인정받을 수 있도록 기쁨과 감사로 온전히 위탁하오며, 찬양받으실 우리 주 예수 그리스도의 이름으로 간절히 기도하옵나이다. 아멘.

✝ 오늘의 말씀을 묵상하며, 적용을 생각해 봅니다.

 "   "

 "자기실현과 인류 공영의 이상 실현은 전 세계 구성원이 가지는 공통의 목적입니다."

전지전능하신 사랑의 하나님, 은혜의 하나님, 평강의 하나님!
오늘도 부모(교사)로 부르심에 감사와 찬송을 드립니다.
주 예수 그리스도 안에서 먼저 나 자신이 하나님의 자녀임을 고백하고, 하나님 아버지의 사랑에 믿음과 순종으로 바르게 응답하는 삶을 살고 있는지를 돌아봅니다.
오직 하나님의 영광을 위하여, 이제 내게 명하신 말씀을 마음에 새기고 자녀에게 부지런히 가르치며, 맡겨주신 일을 말씀과 기도로 기쁘게 감당하고자 합니다.

우리가 사는 세상을 선하게 창조하신 하나님,
눈동자같이 지키시는 사랑하는 ○○(이)를 위해 복음의 말씀을 들려주시옵소서.
귀 기울여 듣겠나이다.

> **"하나님이 지으신 그 모든 것을 보시니**
> **보시기에 심히 좋았더라"**
>
> (창 1:31상)

거룩하신 성부 · 성자 · 성령, 능력의 하나님,
허락하신 삶의 현장에서 자녀와 함께 말씀기도를 드립니다. 하나님께서 들려주신 말씀을 먹고 말씀의 능력을 힘입어, 주 안에서 '창조물과의 조화로움을 꾀하도록' 아이의 생활을 도우며 일깨우겠습니다. 은혜 중에 말씀대로 살아낼 수 있도록 순간순간 동행하시며 친히 인도하여 주시옵소서. 이 아이의 삶을 통해 하나님 홀로 영광 받으소서.

오! 살아계신 아버지 하나님,
이 아이가 하나님의 사람으로 인정받을 수 있도록 기쁨과 감사로 온전히 위탁하오며, 찬양받으실 우리 주 예수 그리스도의 이름으로 간절히 기도하옵나이다. 아멘.

✝ 오늘의 말씀을 묵상하며, 적용을 생각해 봅니다.

말씀 "   "

적용 "인류가 함께 살아가기 위해서는 모든 자연물과 생명체를 존중하고 돌보는 마음이 필요합니다."

"한 아이의 엄마로서 일과 살림에 뒤엉켜 정신없이 지내다 보면 무엇보다도 우선되어야 할 하나님과 나, 하나님과 아이, 그리고 하나님과 부모, 자녀의 관계를 위한 마음과 시간을 따로 내어놓지 못한 채 하루를 보내는 날이 많습니다. 어떻게 하면 나와 아이가 하나님과의 관계를 올바르게 가꾸어 가며 각자의 내면 세계를 질서 있게 지켜가도록 도울 수 있을까요?"

엄마 4/ 유진

8
Aug.

헌신의 기도

"너희 안에 이 마음을 품으라
곧 그리스도 예수의 마음이니"

(빌 2:5)

 # 첫번째 날

전지전능하신 사랑의 하나님, 은혜의 하나님, 평강의 하나님!
오늘도 부모(교사)로 부르심에 감사와 찬송을 드립니다.
주 예수 그리스도 안에서 먼저 나 자신이 하나님의 자녀임을 고백하고, 하나님 아버지의 사랑에 믿음과 순종으로 바르게 응답하는 삶을 살고 있는지를 돌아봅니다.
오직 하나님의 영광을 위하여, 이제 내게 명하신 말씀을 마음에 새기고 자녀에게 부지런히 가르치며, 맡겨주신 일을 말씀과 기도로 기쁘게 감당하고자 합니다.

평강의 왕이신 하나님,
눈동자같이 지키시는 사랑하는 ○○(이)를 위해 복음의 말씀을 들려주시옵소서.
귀 기울여 듣겠나이다.

> **"나의 자녀들아 너희 속에
> 그리스도의 형상을 이루기까지
> 다시 너희를 위하여 해산하는 수고를 하노니"**
>
> (갈 4:19)

거룩하신 성부·성자·성령, 능력의 하나님,
허락하신 삶의 현장에서 자녀와 함께 말씀기도를 드립니다. 하나님께서 들려주신 말씀을 먹고 말씀의 능력을 힘입어, 주 안에서 '하나님께 순종하는 믿음으로' 아이의 생활을 도우며 일깨우겠습니다. 은혜 중에 말씀대로 살아낼 수 있도록 순간순간 동행하시며 친히 인도하여 주시옵소서. 이 아이의 삶을 통해 하나님 홀로 영광 받으소서.

오! 살아계신 아버지 하나님,
이 아이가 하나님의 사람으로 헌신할 수 있도록 기쁨과 감사로 온전히 위탁하오며, 찬양받으실 우리 주 예수 그리스도의 이름으로 간절히 기도하옵나이다. 아멘.

✝ 오늘의 말씀을 묵상하며, 적용을 생각해 봅니다.

 말씀 " "

 적용 "우리가 받은 축복은 많은 교사와 부모들이 진실로 헌신적이라는 것입니다. 교사와 부모들은 다음 세대에 그들의 삶을 줍니다."

전지전능하신 사랑의 하나님, 은혜의 하나님, 평강의 하나님!
오늘도 부모(교사)로 부르심에 감사와 찬송을 드립니다.
주 예수 그리스도 안에서 먼저 나 자신이 하나님의 자녀임을 고백하고, 하나님 아버지의 사랑에 믿음과 순종으로 바르게 응답하는 삶을 살고 있는지를 돌아봅니다.
오직 하나님의 영광을 위하여, 이제 내게 명하신 말씀을 마음에 새기고 자녀에게 부지런히 가르치며, 맡겨주신 일을 말씀과 기도로 기쁘게 감당하고자 합니다.

있는 그대로의 나를 사랑해주시는 하나님,
눈동자같이 지키시는 사랑하는 ○○(이)를 위해 복음의 말씀을 들려주시옵소서.
귀 기울여 듣겠나이다.

> **"르무엘 왕이 말씀한 바
> 곧 그의 어머니가 그를 훈계한 잠언이라"**
>
> (잠 31:1)

거룩하신 성부 · 성자 · 성령, 능력의 하나님,
허락하신 삶의 현장에서 자녀와 함께 말씀기도를 드립니다. 하나님께서 들려주신 말씀을 먹고 말씀의 능력을 힘입어, 주 안에서 '부모됨을 믿는 마음으로' 아이의 생활을 도우며 일깨우겠습니다. 은혜 중에 말씀대로 살아낼 수 있도록 순간순간 동행하시며 친히 인도하여 주시옵소서. 이 아이의 삶을 통해 하나님 홀로 영광 받으소서.

오! 살아계신 아버지 하나님,
이 아이가 하나님의 사람으로 헌신할 수 있도록 기쁨과 감사로 온전히 위탁하오며, 찬양받으실 우리 주 예수 그리스도의 이름으로 간절히 기도하옵나이다. 아멘.

✝ 오늘의 말씀을 묵상하며, 적용을 생각해 봅니다.

말씀 "____________"

적용 "자기존중감이 있는 부모와 교사는 자신들의 부모됨과 교사됨을 믿습니다."

전지전능하신 사랑의 하나님, 은혜의 하나님, 평강의 하나님!
오늘도 부모(교사)로 부르심에 감사와 찬송을 드립니다.
주 예수 그리스도 안에서 먼저 나 자신이 하나님의 자녀임을 고백하고, 하나님 아버지의 사랑에 믿음과 순종으로 바르게 응답하는 삶을 살고 있는지를 돌아봅니다. 오직 하나님의 영광을 위하여, 이제 내게 명하신 말씀을 마음에 새기고 자녀에게 부지런히 가르치며, 맡겨주신 일을 말씀과 기도로 기쁘게 감당하고자 합니다.

청종하는 자에게 말씀을 들려주시는 하나님,
눈동자같이 지키시는 사랑하는 ○○(이)를 위해 복음의 말씀을 들려주시옵소서.
귀 기울여 듣겠나이다.

> **"지혜롭게, 공의롭게, 정의롭게, 정직하게**
> **행할 일에 대하여 훈계를 받게 하며**
> **어리석은 자를 슬기롭게 하며**
> **젊은 자에게 지식과 근신함을 주기 위한 것이니"**
>
> (잠 1:3-4)

거룩하신 성부 · 성자 · 성령, 능력의 하나님,
허락하신 삶의 현장에서 자녀와 함께 말씀기도를 드립니다. 하나님께서 들려주신 말씀을 먹고 말씀의 능력을 힘입어, 주 안에서 '부모됨의 능력을 계발해가며' 아이의 생활을 돕고 일깨우겠습니다. 은혜 중에 말씀대로 살아낼 수 있도록 순간순간 동행하시며 친히 인도하여 주시옵소서. 이 아이의 삶을 통해 하나님 홀로 영광 받으소서.

오! 살아계신 아버지 하나님,
이 아이가 하나님의 사람으로 헌신할 수 있도록 기쁨과 감사로 온전히 위탁하오며, 찬양받으실 우리 주 예수 그리스도의 이름으로 간절히 기도하옵나이다. 아멘.

✝ 오늘의 말씀을 묵상하며, 적용을 생각해 봅니다.

 **말씀**   "   "

 **적용**   "자기존중감이 있는 부모와 교사는 자신들의 가르치는 능력과 양육 능력에 대한 믿음이 있습니다."

전지전능하신 사랑의 하나님, 은혜의 하나님, 평강의 하나님!
오늘도 부모(교사)로 부르심에 감사와 찬송을 드립니다.
주 예수 그리스도 안에서 먼저 나 자신이 하나님의 자녀임을 고백하고, 하나님 아버지의 사랑에 믿음과 순종으로 바르게 응답하는 삶을 살고 있는지를 돌아봅니다. 오직 하나님의 영광을 위하여, 이제 내게 명하신 말씀을 마음에 새기고 자녀에게 부지런히 가르치며, 맡겨주신 일을 말씀과 기도로 기쁘게 감당하고자 합니다.

성령으로 우리를 인도하시는 하나님,
눈동자같이 지키시는 사랑하는 ○○(이)를 위해 복음의 말씀을 들려주시옵소서. 귀 기울여 듣겠나이다.

> **"우리가 그를 전파하여 각 사람을 권하고
> 모든 지혜로 각 사람을 가르침은
> 각 사람을 그리스도 안에서 완전한 자로 세우려 함이니
> 이를 위하여 나도 내 속에서 능력으로 역사하시는 이의 역사를 따라
> 힘을 다하여 수고하노라"**
>
> (골 1:28-29)

거룩하신 성부·성자·성령, 능력의 하나님,
허락하신 삶의 현장에서 자녀와 함께 말씀기도를 드립니다. 하나님께서 들려주신 말씀을 먹고 말씀의 능력을 힘입어, 주 안에서 '자신감의 회복을 믿도록' 아이의 생활을 도우며 일깨우겠습니다. 은혜 중에 말씀대로 살아낼 수 있도록 순간순간 동행하시며 친히 인도하여 주시옵소서. 이 아이의 삶을 통해 하나님 홀로 영광 받으소서.

오! 살아계신 아버지 하나님,
이 아이가 하나님의 사람으로 헌신할 수 있도록 기쁨과 감사로 온전히 위탁하오며, 찬양받으실 우리 주 예수 그리스도의 이름으로 간절히 기도하옵나이다. 아멘.

✝ 오늘의 말씀을 묵상하며, 적용을 생각해 봅니다.

말씀 "   "

적용 "자기존중감이 있는 부모와 교사는 아이들이 자기 자신들에 대한 믿음을 갖도록 도울 수 있다는 믿음이 있습니다."

 # 다섯번째 날

전지전능하신 사랑의 하나님, 은혜의 하나님, 평강의 하나님!
오늘도 부모(교사)로 부르심에 감사와 찬송을 드립니다.
주 예수 그리스도 안에서 먼저 나 자신이 하나님의 자녀임을 고백하고, 하나님 아버지의 사랑에 믿음과 순종으로 바르게 응답하는 삶을 살고 있는지를 돌아봅니다.
오직 하나님의 영광을 위하여, 이제 내게 명하신 말씀을 마음에 새기고 자녀에게 부지런히 가르치며, 맡겨주신 일을 말씀과 기도로 기쁘게 감당하고자 합니다.

우리를 기억해주시는 하나님,
눈동자같이 지키시는 사랑하는 ○○(이)를 위해 복음의 말씀을 들려주시옵소서.
귀 기울여 듣겠나이다.

> "너희가 모든 일에 나를 기억하고
> 또 내가 너희에게 전하여 준 대로
> 그 전통을 너희가 지키므로 너희를 칭찬하노라"
>
> (고전 11:2)

거룩하신 성부 · 성자 · 성령, 능력의 하나님,
허락하신 삶의 현장에서 자녀와 함께 말씀기도를 드립니다. 하나님께서 들려주신 말씀을 먹고 말씀의 능력을 힘입어, 주 안에서 '마음 문을 활짝 열어주는 특별함으로' 아이의 생활을 도우며 일깨우겠습니다. 은혜 중에 말씀대로 살아낼 수 있도록 순간순간 동행하시며 친히 인도하여 주시옵소서. 이 아이의 삶을 통해 하나님 홀로 영광 받으소서.

오! 살아계신 아버지 하나님,
이 아이가 하나님의 사람으로 헌신할 수 있도록 기쁨과 감사로 온전히 위탁하오며, 찬양받으실 우리 주 예수 그리스도의 이름으로 간절히 기도하옵나이다. 아멘.

✝ 오늘의 말씀을 묵상하며, 적용을 생각해 봅니다.

 **말씀** "   "

 **적용** "자기존중감이 있는 부모와 교사는 아이들에게 특별한 경험과 추억을 줄 수 있다는 믿음이 있습니다."

여섯번째 날

전지전능하신 사랑의 하나님, 은혜의 하나님, 평강의 하나님!
오늘도 부모(교사)로 부르심에 감사와 찬송을 드립니다.
주 예수 그리스도 안에서 먼저 나 자신이 하나님의 자녀임을 고백하고, 하나님 아버지의 사랑에 믿음과 순종으로 바르게 응답하는 삶을 살고 있는지를 돌아봅니다.
오직 하나님의 영광을 위하여, 이제 내게 명하신 말씀을 마음에 새기고 자녀에게 부지런히 가르치며, 맡겨주신 일을 말씀과 기도로 기쁘게 감당하고자 합니다.

거룩한 영으로 우리를 기르시는 하나님,
눈동자같이 지키시는 사랑하는 ○○(이)를 위해 복음의 말씀을 들려주시옵소서.
귀 기울여 듣겠나이다.

> **"그러므로 내가 나의 안수함으로
> 네 속에 있는 하나님의 은사를 다시 불일듯 하게 하기 위하여
> 너로 생각하게 하노니"**
>
> (딤후 1:6)

거룩하신 성부·성자·성령, 능력의 하나님,
허락하신 삶의 현장에서 자녀와 함께 말씀기도를 드립니다. 하나님께서 들려주신 말씀을 먹고 말씀의 능력을 힘입어, 주 안에서 '생기를 불어 넣어주며' 아이의 생활을 돕고 일깨우겠습니다. 은혜 중에 말씀대로 살아낼 수 있도록 순간순간 동행하시며 친히 인도하여 주시옵소서. 이 아이의 삶을 통해 하나님 홀로 영광 받으소서.

오! 살아계신 아버지 하나님,
이 아이가 하나님의 사람으로 헌신할 수 있도록 기쁨과 감사로 온전히 위탁하오며, 찬양받으실 우리 주 예수 그리스도의 이름으로 간절히 기도하옵나이다. 아멘.

✝ 오늘의 말씀을 묵상하며, 적용을 생각해 봅니다.

 **말씀** "   "

 **적용** "자기존중감이 있는 부모와 교사는 아이들이 재능과 꿈을 발견할 수 있도록 아이들을 격려할 수 있다는 믿음이 있습니다."

일곱번째 날

전지전능하신 사랑의 하나님, 은혜의 하나님, 평강의 하나님!
오늘도 부모(교사)로 부르심에 감사와 찬송을 드립니다.
주 예수 그리스도 안에서 먼저 나 자신이 하나님의 자녀임을 고백하고, 하나님 아버지의 사랑에 믿음과 순종으로 바르게 응답하는 삶을 살고 있는지를 돌아봅니다.
오직 하나님의 영광을 위하여, 이제 내게 명하신 말씀을 마음에 새기고 자녀에게 부지런히 가르치며, 맡겨주신 일을 말씀과 기도로 기쁘게 감당하고자 합니다.

듣는 마음이 있는 자를 귀하게 보시는 하나님,
눈동자같이 지키시는 사랑하는 ○○(이)를 위해 복음의 말씀을 들려주시옵소서.
귀 기울여 듣겠나이다.

> **"두아디라 시에 있는 자색 옷감 장사로서
> 하나님을 섬기는 루디아라 하는 한 여자가
> 말을 듣고 있을 때
> 주께서 그 마음을 열어
> 바울의 말을 따르게 하신지라"**
>
> (행 16:14)

거룩하신 성부 · 성자 · 성령, 능력의 하나님,
허락하신 삶의 현장에서 자녀와 함께 말씀기도를 드립니다. 하나님께서 들려주신 말씀을 먹고 말씀의 능력을 힘입어, 주 안에서 '여러 자원을 제공하며' 아이의 생활을 돕고 일깨우겠습니다. 은혜 중에 말씀대로 살아낼 수 있도록 순간순간 동행하시며 친히 인도하여 주시옵소서. 이 아이의 삶을 통해 하나님 홀로 영광 받으소서.

오! 살아계신 아버지 하나님,
이 아이가 하나님의 사람으로 헌신할 수 있도록 기쁨과 감사로 온전히 위탁하오며, 찬양받으실 우리 주 예수 그리스도의 이름으로 간절히 기도하옵나이다. 아멘.

✝ 오늘의 말씀을 묵상하며, 적용을 생각해 봅니다.

말씀 "   "

적용 "자기존중감이 있는 부모와 교사는 아이들에게 폭넓은 경험을 제공하고 지원해 줄 수 있다는 믿음이 있습니다."

Mom & Dad's 여덟번째 날

전지전능하신 사랑의 하나님, 은혜의 하나님, 평강의 하나님!
오늘도 부모(교사)로 부르심에 감사와 찬송을 드립니다.
주 예수 그리스도 안에서 먼저 나 자신이 하나님의 자녀임을 고백하고, 하나님 아버지의 사랑에 믿음과 순종으로 바르게 응답하는 삶을 살고 있는지를 돌아봅니다.
오직 하나님의 영광을 위하여, 이제 내게 명하신 말씀을 마음에 새기고 자녀에게 부지런히 가르치며, 맡겨주신 일을 말씀과 기도로 기쁘게 감당하고자 합니다.

믿음으로 행하는 자에게 복 주시는 하나님,
눈동자같이 지키시는 사랑하는 ○○(이)를 위해 복음의 말씀을 들려주시옵소서.
귀 기울여 듣겠나이다.

> **"나는 네가 순종할 것을 확신하므로 네게 썼노니
> 네가 내가 말한 것보다 더 행할 줄을 아노라"**
>
> (몬 1:21)

거룩하신 성부 · 성자 · 성령, 능력의 하나님,
허락하신 삶의 현장에서 자녀와 함께 말씀기도를 드립니다. 하나님께서 들려주신 말씀을 먹고 말씀의 능력을 힘입어, 주 안에서 '실현에 대한 확신을 보여주며' 아이의 생활을 돕고 일깨우겠습니다. 은혜 중에 말씀대로 살아낼 수 있도록 순간순간 동행하시며 친히 인도하여 주시옵소서. 이 아이의 삶을 통해 하나님 홀로 영광 받으소서.

오! 살아계신 아버지 하나님,
이 아이가 하나님의 사람으로 헌신할 수 있도록 기쁨과 감사로 온전히 위탁하오며, 찬양받으실 우리 주 예수 그리스도의 이름으로 간절히 기도하옵나이다. 아멘.

✝ 오늘의 말씀을 묵상하며, 적용을 생각해 봅니다.

 "   "

 "자기존중감이 있는 부모와 교사는 아이들의 꿈이 그대로 실현될 수 있다고 확신을 줄 수 있는 믿음이 있습니다."

전지전능하신 사랑의 하나님, 은혜의 하나님, 평강의 하나님!
오늘도 부모(교사)로 부르심에 감사와 찬송을 드립니다.
주 예수 그리스도 안에서 먼저 나 자신이 하나님의 자녀임을 고백하고, 하나님 아버지의 사랑에 믿음과 순종으로 바르게 응답하는 삶을 살고 있는지를 돌아봅니다.
오직 하나님의 영광을 위하여, 이제 내게 명하신 말씀을 마음에 새기고 자녀에게 부지런히 가르치며, 맡겨주신 일을 말씀과 기도로 기쁘게 감당하고자 합니다.

세상을 이길 힘주시는 하나님,
눈동자같이 지키시는 사랑하는 ○○(이)를 위해 복음의 말씀을 들려주시옵소서.
귀 기울여 듣겠나이다.

> **"그러나 이 모든 일에 우리를 사랑하시는 이로 말미암아
> 우리가 넉넉히 이기느니라"**
>
> (롬 8:37)

거룩하신 성부·성자·성령, 능력의 하나님,
허락하신 삶의 현장에서 자녀와 함께 말씀기도를 드립니다. 하나님께서 들려주신 말씀을 먹고 말씀의 능력을 힘입어, 주 안에서 '승리를 믿으며' 아이의 생활을 돕고 일깨우겠습니다. 은혜 중에 말씀대로 살아낼 수 있도록 순간순간 동행하시며 친히 인도하여 주시옵소서. 이 아이의 삶을 통해 하나님 홀로 영광 받으소서.

오! 살아계신 아버지 하나님,
이 아이가 하나님의 사람으로 헌신할 수 있도록 기쁨과 감사로 온전히 위탁하오며, 찬양받으실 우리 주 예수 그리스도의 이름으로 간절히 기도하옵나이다. 아멘.

✝ 오늘의 말씀을 묵상하며, 적용을 생각해 봅니다.

 "   "

 "자기존중감이 있는 부모와 교사는 아이들의 삶을 변화시키고, 나아가 세상을 변화시킬 수 있다는 믿음이 있습니다."

전지전능하신 사랑의 하나님, 은혜의 하나님, 평강의 하나님!
오늘도 부모(교사)로 부르심에 감사와 찬송을 드립니다.
주 예수 그리스도 안에서 먼저 나 자신이 하나님의 자녀임을 고백하고, 하나님 아버지의 사랑에 믿음과 순종으로 바르게 응답하는 삶을 살고 있는지를 돌아봅니다.
오직 하나님의 영광을 위하여, 이제 내게 명하신 말씀을 마음에 새기고 자녀에게 부지런히 가르치며, 맡겨주신 일을 말씀과 기도로 기쁘게 감당하고자 합니다.

우리를 새롭게 빚어주시는 하나님,
눈동자같이 지키시는 사랑하는 ○○(이)를 위해 복음의 말씀을 들려주시옵소서.
귀 기울여 듣겠나이다.

> **"그런즉 누구든지 그리스도 안에 있으면
> 새로운 피조물이라
> 이전 것은 지나갔으니 보라 새 것이 되었도다"**
>
> (고후 5:17)

거룩하신 성부 · 성자 · 성령, 능력의 하나님,
허락하신 삶의 현장에서 자녀와 함께 말씀기도를 드립니다. 하나님께서 들려주신 말씀을 먹고 말씀의 능력을 힘입어, 주 안에서 '**축복의 도구로 자신을 볼 수 있도록**' 아이의 생활을 도우며 일깨우겠습니다. 은혜 중에 말씀대로 살아낼 수 있도록 순간순간 동행하시며 친히 인도하여 주시옵소서. 이 아이의 삶을 통해 하나님 홀로 영광 받으소서.

오! 살아계신 아버지 하나님,
이 아이가 하나님의 사람으로 헌신할 수 있도록 기쁨과 감사로 온전히 위탁하오며, 찬양받으실 우리 주 예수 그리스도의 이름으로 간절히 기도하옵나이다. 아멘.

✝ 오늘의 말씀을 묵상하며, 적용을 생각해 봅니다.

말씀 "＿＿＿＿＿＿＿＿＿＿＿＿＿＿＿＿＿＿＿＿"

적용 "자기존중감은 '자신에게 느끼는 기쁜 느낌'에 있습니다."

 # 열한번째 날

전지전능하신 사랑의 하나님, 은혜의 하나님, 평강의 하나님!
오늘도 부모(교사)로 부르심에 감사와 찬송을 드립니다.
주 예수 그리스도 안에서 먼저 나 자신이 하나님의 자녀임을 고백하고, 하나님 아버지의 사랑에 믿음과 순종으로 바르게 응답하는 삶을 살고 있는지를 돌아봅니다.
오직 하나님의 영광을 위하여, 이제 내게 명하신 말씀을 마음에 새기고 자녀에게 부지런히 가르치며, 맡겨주신 일을 말씀과 기도로 기쁘게 감당하고자 합니다.

나를 하나님의 자녀라 부르시는 아버지 하나님,
눈동자같이 지키시는 사랑하는 ○○(이)를 위해 복음의 말씀을 들려주시옵소서.
귀 기울여 듣겠나이다.

> **"사람들에게서 난 것도 아니요 사람으로 말미암은 것도 아니요
> 오직 예수 그리스도와 그를 죽은 자 가운데서 살리신
> 하나님 아버지로 말미암아 사도된 바울은"**
>
> (갈 1:1)

거룩하신 성부 · 성자 · 성령, 능력의 하나님,
허락하신 삶의 현장에서 자녀와 함께 말씀기도를 드립니다. 하나님께서 들려주신 말씀을 먹고 말씀의 능력을 힘입어, 주 안에서 '**자기정체감을 갖도록**' 아이의 생활을 도우며 일깨우겠습니다. 은혜 중에 말씀대로 살아낼 수 있도록 순간순간 동행하시며 친히 인도하여 주시옵소서. 이 아이의 삶을 통해 하나님 홀로 영광 받으소서.

오! 살아계신 아버지 하나님,
이 아이가 하나님의 사람으로 헌신할 수 있도록 기쁨과 감사로 온전히 위탁하오며, 찬양받으실 우리 주 예수 그리스도의 이름으로 간절히 기도하옵나이다. 아멘.

✝ 오늘의 말씀을 묵상하며, 적용을 생각해 봅니다.

말씀 "   "

적용 "자기존중감은 자신에 대한 긍정적이면서도 정확한 묘사에 있습니다."

Mom & Dad's 열두번째 날

전지전능하신 사랑의 하나님, 은혜의 하나님, 평강의 하나님!
오늘도 부모(교사)로 부르심에 감사와 찬송을 드립니다.
주 예수 그리스도 안에서 먼저 나 자신이 하나님의 자녀임을 고백하고, 하나님 아버지의 사랑에 믿음과 순종으로 바르게 응답하는 삶을 살고 있는지를 돌아봅니다.
오직 하나님의 영광을 위하여, 이제 내게 명하신 말씀을 마음에 새기고 자녀에게 부지런히 가르치며, 맡겨주신 일을 말씀과 기도로 기쁘게 감당하고자 합니다.

주 앞에 나오는 자를 내 모습 이대로 받아주시는 주님,
눈동자같이 지키시는 사랑하는 ○○(이)를 위해 복음의 말씀을 들려주시옵소서.
귀 기울여 듣겠나이다.

> **"사랑하는 자여
> 네 영혼이 잘됨 같이 네가 범사에 잘되고 강건하기를
> 내가 간구하노라"**
>
> (요삼 1:2)

거룩하신 성부 · 성자 · 성령, 능력의 하나님,
허락하신 삶의 현장에서 자녀와 함께 말씀기도를 드립니다. 하나님께서 들려주신 말씀을 먹고 말씀의 능력을 힘입어, 주 안에서 '**자기 긍정의 힘을 믿도록**' 아이의 생활을 도우며 일깨우겠습니다. 은혜 중에 말씀대로 살아낼 수 있도록 순간순간 동행하시며 친히 인도하여 주시옵소서. 이 아이의 삶을 통해 하나님 홀로 영광 받으소서.

오! 살아계신 아버지 하나님,
이 아이가 하나님의 사람으로 헌신할 수 있도록 기쁨과 감사로 온전히 위탁하오며, 찬양받으실 우리 주 예수 그리스도의 이름으로 간절히 기도하옵나이다. 아멘.

✝ 오늘의 말씀을 묵상하며, 적용을 생각해 봅니다.

말씀 "   "

적용 "자기존중감은 '내 모습 그대로 나는 좋다.'라고 하는 자기 사랑에 있습니다."

 # 열세번째 날

전지전능하신 사랑의 하나님, 은혜의 하나님, 평강의 하나님!
오늘도 부모(교사)로 부르심에 감사와 찬송을 드립니다.
주 예수 그리스도 안에서 먼저 나 자신이 하나님의 자녀임을 고백하고, 하나님 아버지의 사랑에 믿음과 순종으로 바르게 응답하는 삶을 살고 있는지를 돌아봅니다.
오직 하나님의 영광을 위하여, 이제 내게 명하신 말씀을 마음에 새기고 자녀에게 부지런히 가르치며, 맡겨주신 일을 말씀과 기도로 기쁘게 감당하고자 합니다.

창조주 하나님을 찬송케 하시는 예수님,
눈동자같이 지키시는 사랑하는 ○○(이)를 위해 복음의 말씀을 들려주시옵소서.
귀 기울여 듣겠나이다.

> **"그 기쁘신 뜻대로 우리를 예정하사
> 예수 그리스도로 말미암아 자기의 아들들이 되게 하셨으니
> 이는 그가 사랑하시는 자 안에서 우리에게 거저 주시는 바
> 그의 은혜의 영광을 찬송하게 하려는 것이라"**
>
> (엡 1:5-6)

거룩하신 성부·성자·성령, 능력의 하나님,
허락하신 삶의 현장에서 자녀와 함께 말씀기도를 드립니다. 하나님께서 들려주신 말씀을 먹고 말씀의 능력을 힘입어, 주 안에서 '창조주를 경외하도록' 아이의 생활을 도우며 일깨우겠습니다. 은혜 중에 말씀대로 살아낼 수 있도록 순간순간 동행하시며 친히 인도하여 주시옵소서. 이 아이의 삶을 통해 하나님 홀로 영광 받으소서.

오! 살아계신 아버지 하나님,
이 아이가 하나님의 사람으로 헌신할 수 있도록 기쁨과 감사로 온전히 위탁하오며, 찬양받으실 우리 주 예수 그리스도의 이름으로 간절히 기도하옵나이다. 아멘.

✝ 오늘의 말씀을 묵상하며, 적용을 생각해 봅니다.

 "   "

 "자기존중감은 창조주와 자신과의 바른 관계를 맺는 자신감에 있습니다."

전지전능하신 사랑의 하나님, 은혜의 하나님, 평강의 하나님!
오늘도 부모(교사)로 부르심에 감사와 찬송을 드립니다.
주 예수 그리스도 안에서 먼저 나 자신이 하나님의 자녀임을 고백하고, 하나님 아버지의 사랑에 믿음과 순종으로 바르게 응답하는 삶을 살고 있는지를 돌아봅니다.
오직 하나님의 영광을 위하여, 이제 내게 명하신 말씀을 마음에 새기고 자녀에게 부지런히 가르치며, 맡겨주신 일을 말씀과 기도로 기쁘게 감당하고자 합니다.

만물을 다스리라 명하신 하나님,
눈동자같이 지키시는 사랑하는 ○○(이)를 위해 복음의 말씀을 들려주시옵소서.
귀 기울여 듣겠나이다.

> **"하나님이 그들에게 복을 주시며 하나님이 그들에게 이르시되
> 생육하고 번성하여 땅에 충만하라, 땅을 정복하라,
> 바다의 물고기와 하늘의 새와 땅에 움직이는 모든 생물을
> 다스리라 하시니라"**
>
> (창 1:28)

거룩하신 성부 · 성자 · 성령, 능력의 하나님,
허락하신 삶의 현장에서 자녀와 함께 말씀기도를 드립니다. 하나님께서 들려주신 말씀을 먹고 말씀의 능력을 힘입어, 주 안에서 '창조물과의 관계 맺기를 감사하도록' 아이의 생활을 도우며 일깨우겠습니다. 은혜 중에 말씀대로 살아낼 수 있도록 순간순간 동행하시며 친히 인도하여 주시옵소서. 이 아이의 삶을 통해 하나님 홀로 영광 받으소서.

오! 살아계신 아버지 하나님,
이 아이가 하나님의 사람으로 헌신할 수 있도록 기쁨과 감사로 온전히 위탁하오며, 찬양받으실 우리 주 예수 그리스도의 이름으로 간절히 기도하옵나이다. 아멘.

✝ 오늘의 말씀을 묵상하며, 적용을 생각해 봅니다.

 **말씀** " "

 **적용** "자기존중감은 창조물과 자신과의 바른 관계를 맺는 자신감에 있습니다."

 # 열다섯번째 날

전지전능하신 사랑의 하나님, 은혜의 하나님, 평강의 하나님!
오늘도 부모(교사)로 부르심에 감사와 찬송을 드립니다.
주 예수 그리스도 안에서 먼저 나 자신이 하나님의 자녀임을 고백하고, 하나님 아버지의 사랑에 믿음과 순종으로 바르게 응답하는 삶을 살고 있는지를 돌아봅니다.
오직 하나님의 영광을 위하여, 이제 내게 명하신 말씀을 마음에 새기고 자녀에게 부지런히 가르치며, 맡겨주신 일을 말씀과 기도로 기쁘게 감당하고자 합니다.

겸손한 마음속에 머무시는 하나님,
눈동자같이 지키시는 사랑하는 ○○(이)를 위해 복음의 말씀을 들려주시옵소서.
귀 기울여 듣겠나이다.

**"피차 사랑의 빚 외에는
아무에게든지 아무 빚도 지지 말라
남을 사랑하는 자는 율법을 다 이루었느니라"**

(롬 13:8)

거룩하신 성부 · 성자 · 성령, 능력의 하나님,
허락하신 삶의 현장에서 자녀와 함께 말씀기도를 드립니다. 하나님께서 들려주신 말씀을 먹고 말씀의 능력을 힘입어, 주 안에서 '선한 이웃이 되도록' 아이의 생활을 도우며 일깨우겠습니다. 은혜 중에 말씀대로 살아낼 수 있도록 순간순간 동행하시며 친히 인도하여 주시옵소서. 이 아이의 삶을 통해 하나님 홀로 영광 받으소서.

오! 살아계신 아버지 하나님,
이 아이가 하나님의 사람으로 헌신할 수 있도록 기쁨과 감사로 온전히 위탁하오며, 찬양받으실 우리 주 예수 그리스도의 이름으로 간절히 기도하옵나이다. 아멘.

✝ 오늘의 말씀을 묵상하며, 적용을 생각해 봅니다.

말씀 "   "

적용 "자기존중감은 이웃과 자신과의 바른 관계를 맺는 자신감에 있습니다."

Mom & Dad's 열여섯번째 날

전지전능하신 사랑의 하나님, 은혜의 하나님, 평강의 하나님!
오늘도 부모(교사)로 부르심에 감사와 찬송을 드립니다.
주 예수 그리스도 안에서 먼저 나 자신이 하나님의 자녀임을 고백하고, 하나님 아버지의 사랑에 믿음과 순종으로 바르게 응답하는 삶을 살고 있는지를 돌아봅니다.
오직 하나님의 영광을 위하여, 이제 내게 명하신 말씀을 마음에 새기고 자녀에게 부지런히 가르치며, 맡겨주신 일을 말씀과 기도로 기쁘게 감당하고자 합니다.

아버지의 품으로 돌아오는 자를 기뻐하시는 하나님,
눈동자같이 지키시는 사랑하는 ○○(이)를 위해 복음의 말씀을 들려주시옵소서.
귀 기울여 듣겠나이다.

> **"나로 하여금 깨닫게 하여 주소서
> 내가 주의 법을 준행하며 전심으로 지키리이다"**
>
> (시 119:34)

거룩하신 성부 · 성자 · 성령, 능력의 하나님,
허락하신 삶의 현장에서 자녀와 함께 말씀기도를 드립니다. 하나님께서 들려주신 말씀을 먹고 말씀의 능력을 힘입어, 주 안에서 '법도를 지키는 자기 사랑을 하도록' 아이의 생활을 도우며 일깨우겠습니다. 은혜 중에 말씀대로 살아낼 수 있도록 순간순간 동행하시며 친히 인도하여 주시옵소서. 이 아이의 삶을 통해 하나님 홀로 영광 받으소서.

오! 살아계신 아버지 하나님,
이 아이가 하나님의 사람으로 헌신할 수 있도록 기쁨과 감사로 온전히 위탁하오며, 찬양받으실 우리 주 예수 그리스도의 이름으로 간절히 기도하옵나이다. 아멘.

✝ 오늘의 말씀을 묵상하며, 적용을 생각해 봅니다.

말씀 "   "

적용 "자기존중감은 자신이 자신과의 바른 관계를 맺는 자신감에 있습니다."

 # 열일곱번째 날

전지전능하신 사랑의 하나님, 은혜의 하나님, 평강의 하나님!
오늘도 부모(교사)로 부르심에 감사와 찬송을 드립니다.
주 예수 그리스도 안에서 먼저 나 자신이 하나님의 자녀임을 고백하고, 하나님 아버지의 사랑에 믿음과 순종으로 바르게 응답하는 삶을 살고 있는지를 돌아봅니다.
오직 하나님의 영광을 위하여, 이제 내게 명하신 말씀을 마음에 새기고 자녀에게 부지런히 가르치며, 맡겨주신 일을 말씀과 기도로 기쁘게 감당하고자 합니다.

힘과 능력으로 우리를 강건하게 하시는 하나님,
눈동자같이 지키시는 사랑하는 ○○(이)를 위해 복음의 말씀을 들려주시옵소서.
귀 기울여 듣겠나이다.

"그들은 독수리보다 빠르고 사자보다 강하였도다"

(삼하 1:23하)

거룩하신 성부 · 성자 · 성령, 능력의 하나님,
허락하신 삶의 현장에서 자녀와 함께 말씀기도를 드립니다. 하나님께서 들려주신 말씀을 먹고 말씀의 능력을 힘입어, 주 안에서 아이의 생활을 '**신체의 건강함을 도모하도록**' 도우며 일깨우겠습니다. 은혜 중에 말씀대로 살아낼 수 있도록 순간순간 동행하시며 친히 인도하여 주시옵소서. 이 아이의 삶을 통해 하나님 홀로 영광 받으소서.

오! 살아계신 아버지 하나님,
이 아이가 하나님의 사람으로 헌신할 수 있도록 기쁨과 감사로 온전히 위탁하오며, 찬양받으실 우리 주 예수 그리스도의 이름으로 간절히 기도하옵나이다. 아멘.

✝ 오늘의 말씀을 묵상하며, 적용을 생각해 봅니다.

 말씀 "　　　　　　　　　　　　　　　　　　"

 적용 "자기존중감이 높은 아이는 자신의 대 · 소근육, 감각기관을 이용하는 신체활용 능력에 대한 유능감을 즐깁니다."

전지전능하신 사랑의 하나님, 은혜의 하나님, 평강의 하나님!
오늘도 부모(교사)로 부르심에 감사와 찬송을 드립니다.
주 예수 그리스도 안에서 먼저 나 자신이 하나님의 자녀임을 고백하고, 하나님 아버지의 사랑에 믿음과 순종으로 바르게 응답하는 삶을 살고 있는지를 돌아봅니다. 오직 하나님의 영광을 위하여, 이제 내게 명하신 말씀을 마음에 새기고 자녀에게 부지런히 가르치며, 맡겨주신 일을 말씀과 기도로 기쁘게 감당하고자 합니다.

말씀을 사랑하는 자와 함께 하시는 하나님,
눈동자같이 지키시는 사랑하는 ○○(이)를 위해 복음의 말씀을 들려주시옵소서.
귀 기울여 듣겠나이다.

> "내가 사랑하는 주의 계명들을 스스로 즐거워하며
> 또 내가 사랑하는 주의 계명들을 향하여 내 손을 들고
> 주의 율례들을 작은 소리로 읊조리리이다"
>
> (시 119:47-48)

거룩하신 성부·성자·성령, 능력의 하나님,
허락하신 삶의 현장에서 자녀와 함께 말씀기도를 드립니다. 하나님께서 들려주신 말씀을 먹고 말씀의 능력을 힘입어, 주 안에서 아이의 생활을 '**지적 유능감을 즐길 수 있도록**' 도우며 일깨우겠습니다. 은혜 중에 말씀대로 살아낼 수 있도록 순간순간 동행하시며 친히 인도하여 주시옵소서. 이 아이의 삶을 통해 하나님 홀로 영광 받으소서.

오! 살아계신 아버지 하나님,
이 아이가 하나님의 사람으로 헌신할 수 있도록 기쁨과 감사로 온전히 위탁하오며, 찬양받으실 우리 주 예수 그리스도의 이름으로 간절히 기도하옵나이다. 아멘.

✝ 오늘의 말씀을 묵상하며, 적용을 생각해 봅니다.

 **말씀** "＿＿＿＿＿＿＿＿＿＿＿＿＿＿＿＿＿＿＿＿＿＿＿＿＿＿＿＿＿"

 **적용** "자기존중감이 높은 아이는 자신에게 생각하는 능력이 있다는 인지적 유능감을 즐깁니다."

 # 열아홉번째 날

전지전능하신 사랑의 하나님, 은혜의 하나님, 평강의 하나님!
오늘도 부모(교사)로 부르심에 감사와 찬송을 드립니다.
주 예수 그리스도 안에서 먼저 나 자신이 하나님의 자녀임을 고백하고, 하나님 아버지의 사랑에 믿음과 순종으로 바르게 응답하는 삶을 살고 있는지를 돌아봅니다.
오직 하나님의 영광을 위하여, 이제 내게 명하신 말씀을 마음에 새기고 자녀에게 부지런히 가르치며, 맡겨주신 일을 말씀과 기도로 기쁘게 감당하고자 합니다.

화평을 베푸시는 주님,
눈동자같이 지키시는 사랑하는 ○○(이)를 위해 복음의 말씀을 들려주시옵소서.
귀 기울여 듣겠나이다.

> **"주께서 내 마음을 넓히시면**
> **내가 주의 계명들의 길로 달려가리이다"**
>
> (시 119:32)

거룩하신 성부 · 성자 · 성령, 능력의 하나님,
허락하신 삶의 현장에서 자녀와 함께 말씀기도를 드립니다. 하나님께서 들려주신 말씀을 먹고 말씀의 능력을 힘입어, 주 안에서 '이웃을 환영하는 수용력을 키우도록' 아이의 생활을 도우며 일깨우겠습니다. 은혜 중에 말씀대로 살아낼 수 있도록 순간순간 동행하시며 친히 인도하여 주시옵소서. 이 아이의 삶을 통해 하나님 홀로 영광 받으소서.

오! 살아계신 아버지 하나님,
이 아이가 하나님의 사람으로 헌신할 수 있도록 기쁨과 감사로 온전히 위탁하오며, 찬양받으실 우리 주 예수 그리스도의 이름으로 간절히 기도하옵나이다. 아멘.

✝ 오늘의 말씀을 묵상하며, 적용을 생각해 봅니다.

말씀 "   "

적용 "자기존중감이 높은 아이는 또래와의 관계에서 인기가 있다는 자기 수용 능력에 대한 감각을 즐깁니다."

전지전능하신 사랑의 하나님, 은혜의 하나님, 평강의 하나님!
오늘도 부모(교사)로 부르심에 감사와 찬송을 드립니다.
주 예수 그리스도 안에서 먼저 나 자신이 하나님의 자녀임을 고백하고, 하나님 아버지의 사랑에 믿음과 순종으로 바르게 응답하는 삶을 살고 있는지를 돌아봅니다. 오직 하나님의 영광을 위하여, 이제 내게 명하신 말씀을 마음에 새기고 자녀에게 부지런히 가르치며, 맡겨주신 일을 말씀과 기도로 기쁘게 감당하고자 합니다.

나의 등 뒤에서 돌보시는 아버지 하나님,
눈동자같이 지키시는 사랑하는 ○○(이)를 위해 복음의 말씀을 들려주시옵소서.
귀 기울여 듣겠나이다.

> **"또 아비들아 너희 자녀를 노엽게 하지 말고
> 오직 주의 교훈과 훈계로 양육하라"**
>
> (엡 6:4)

거룩하신 성부 · 성자 · 성령, 능력의 하나님,
허락하신 삶의 현장에서 자녀와 함께 말씀기도를 드립니다. 하나님께서 들려주신 말씀을 먹고 말씀의 능력을 힘입어, 주 안에서 '**부모에게 기쁨이 되고 있음을 알려주며**' 아이의 생활을 돕고 일깨우겠습니다. 은혜 중에 말씀대로 살아낼 수 있도록 순간순간 동행하시며 친히 인도하여 주시옵소서. 이 아이의 삶을 통해 하나님 홀로 영광 받으소서.

오! 살아계신 아버지 하나님,
이 아이가 하나님의 사람으로 헌신할 수 있도록 기쁨과 감사로 온전히 위탁하오며, 찬양받으실 우리 주 예수 그리스도의 이름으로 간절히 기도하옵나이다. 아멘.

✝ 오늘의 말씀을 묵상하며, 적용을 생각해 봅니다.

말씀 "   "

적용 "자기존중감이 높은 아이는 부모와의 관계에서 사랑받고 있다는 자기 수용 능력에 대한 안정감을 즐깁니다."

Mom & Dad's 스물한번째 날

전지전능하신 사랑의 하나님, 은혜의 하나님, 평강의 하나님!
오늘도 부모(교사)로 부르심에 감사와 찬송을 드립니다.
주 예수 그리스도 안에서 먼저 나 자신이 하나님의 자녀임을 고백하고, 하나님 아버지의 사랑에 믿음과 순종으로 바르게 응답하는 삶을 살고 있는지를 돌아봅니다.
오직 하나님의 영광을 위하여, 이제 내게 명하신 말씀을 마음에 새기고 자녀에게 부지런히 가르치며, 맡겨주신 일을 말씀과 기도로 기쁘게 감당하고자 합니다.

자유와 기쁨을 베푸시는 주님,
눈동자같이 지키시는 사랑하는 ○○(이)를 위해 복음의 말씀을 들려주시옵소서.
귀 기울여 듣겠나이다.

> **"마음이 지혜로운 자는 명철하다 일컬음을 받고
> 입이 선한 자는 남의 학식을 더하게 하느니라"**
>
> (잠 16:21)

거룩하신 성부 · 성자 · 성령, 능력의 하나님,
허락하신 삶의 현장에서 자녀와 함께 말씀기도를 드립니다. 하나님께서 들려주신 말씀을 먹고 말씀의 능력을 힘입어, 주 안에서 '**지략을 구하는 자세를 갖추도록**' 아이의 생활을 도우며 일깨우겠습니다. 은혜 중에 말씀대로 살아낼 수 있도록 순간순간 동행하시며 친히 인도하여 주시옵소서. 이 아이의 삶을 통해 하나님 홀로 영광 받으소서.

오! 살아계신 아버지 하나님,
이 아이가 하나님의 사람으로 헌신할 수 있도록 기쁨과 감사로 온전히 위탁하오며, 찬양받으실 우리 주 예수 그리스도의 이름으로 간절히 기도하옵나이다. 아멘.

✝ 오늘의 말씀을 묵상하며, 적용을 생각해 봅니다.

말씀 "____"

적용 "자기존중감이 높은 아이는 도움이 필요할 때 부모와 교사에게 밝은 표정으로 도움을 요청합니다."

전지전능하신 사랑의 하나님, 은혜의 하나님, 평강의 하나님!
오늘도 부모(교사)로 부르심에 감사와 찬송을 드립니다.
주 예수 그리스도 안에서 먼저 나 자신이 하나님의 자녀임을 고백하고, 하나님 아버지의 사랑에 믿음과 순종으로 바르게 응답하는 삶을 살고 있는지를 돌아봅니다.
오직 하나님의 영광을 위하여, 이제 내게 명하신 말씀을 마음에 새기고 자녀에게 부지런히 가르치며, 맡겨주신 일을 말씀과 기도로 기쁘게 감당하고자 합니다.

부르짖는 기도에 응답하시는 하나님,
눈동자같이 지키시는 사랑하는 ○○(이)를 위해 복음의 말씀을 들려주시옵소서.
귀 기울여 듣겠나이다.

> **"이와 같이 성령도 우리의 연약함을 도우시나니**
> **우리는 마땅히 기도할 바를 알지 못하나**
> **오직 성령이 말할 수 없는 탄식으로**
> **우리를 위하여 친히 간구하시느니라"**
>
> (롬 8:26)

거룩하신 성부 · 성자 · 성령, 능력의 하나님,
허락하신 삶의 현장에서 자녀와 함께 말씀기도를 드립니다. 하나님께서 들려주신 말씀을 먹고 말씀의 능력을 힘입어, 주 안에서 아이의 생활을 '**도움을 요청할 줄 알도록**' 도우며 일깨우겠습니다. 은혜 중에 말씀대로 살아낼 수 있도록 순간순간 동행하시며 친히 인도하여 주시옵소서. 이 아이의 삶을 통해 하나님 홀로 영광 받으소서.

오! 살아계신 아버지 하나님,
이 아이가 하나님의 사람으로 헌신할 수 있도록 기쁨과 감사로 온전히 위탁하오며, 찬양받으실 우리 주 예수 그리스도의 이름으로 간절히 기도하옵나이다. 아멘.

✝ 오늘의 말씀을 묵상하며, 적용을 생각해 봅니다.

 "　　　　　　　　　　　　　　　　　　　　　"

 "자기존중감이 높은 아이는 도움이 필요할 때 친구에게 도움을 요청할 줄 압니다."

 스물세번째 날

전지전능하신 사랑의 하나님, 은혜의 하나님, 평강의 하나님!
오늘도 부모(교사)로 부르심에 감사와 찬송을 드립니다.
주 예수 그리스도 안에서 먼저 나 자신이 하나님의 자녀임을 고백하고, 하나님 아버지의 사랑에 믿음과 순종으로 바르게 응답하는 삶을 살고 있는지를 돌아봅니다.
오직 하나님의 영광을 위하여, 이제 내게 명하신 말씀을 마음에 새기고 자녀에게 부지런히 가르치며, 맡겨주신 일을 말씀과 기도로 기쁘게 감당하고자 합니다.

화평을 이루라 말씀하신 하나님,
눈동자같이 지키시는 사랑하는 ○○(이)를 위해 복음의 말씀을 들려주시옵소서.
귀 기울여 듣겠나이다.

> **"화평하게 하는 자는 복이 있나니**
> **그들이 하나님의 아들이라 일컬음을 받을 것임이요"**
>
> (마 5:9)

거룩하신 성부 · 성자 · 성령, 능력의 하나님,
허락하신 삶의 현장에서 자녀와 함께 말씀기도를 드립니다. 하나님께서 들려주신 말씀을 먹고 말씀의 능력을 힘입어, 주 안에서 아이의 생활을 '유머감각을 기르도록' 도우며 일깨우겠습니다. 은혜 중에 말씀대로 살아낼 수 있도록 순간순간 동행하시며 친히 인도하여 주시옵소서. 이 아이의 삶을 통해 하나님 홀로 영광 받으소서.

오! 살아계신 아버지 하나님,
이 아이가 하나님의 사람으로 헌신할 수 있도록 기쁨과 감사로 온전히 위탁하오며, 찬양받으실 우리 주 예수 그리스도의 이름으로 간절히 기도하옵나이다. 아멘.

✝ 오늘의 말씀을 묵상하며, 적용을 생각해 봅니다.

말씀 "   "

적용 "자기존중감이 높은 아이는 또래와의 관계에서 다른 친구들과 재미있게 잘 지냅니다."

Mom & Dad's 스물네번째 날

전지전능하신 사랑의 하나님, 은혜의 하나님, 평강의 하나님!
오늘도 부모(교사)로 부르심에 감사와 찬송을 드립니다.
주 예수 그리스도 안에서 먼저 나 자신이 하나님의 자녀임을 고백하고, 하나님 아버지의 사랑에 믿음과 순종으로 바르게 응답하는 삶을 살고 있는지를 돌아봅니다.
오직 하나님의 영광을 위하여, 이제 내게 명하신 말씀을 마음에 새기고 자녀에게 부지런히 가르치며, 맡겨주신 일을 말씀과 기도로 기쁘게 감당하고자 합니다.

우리 몸에 거하시는 하나님,
눈동자같이 지키시는 사랑하는 ○○(이)를 위해 복음의 말씀을 들려주시옵소서.
귀 기울여 듣겠나이다.

> **"너희 몸은 너희가 하나님께로부터 받은 바
> 너희 가운데 계신 성령의 전인 줄을 알지 못하느냐
> 너희는 너희 자신의 것이 아니라 값으로 산 것이 되었으니
> 그런즉 너희 몸으로 하나님께 영광을 돌리라"**
>
> (고전 6:19-20)

거룩하신 성부·성자·성령, 능력의 하나님,
허락하신 삶의 현장에서 자녀와 함께 말씀기도를 드립니다. 하나님께서 들려주신 말씀을 먹고 말씀의 능력을 힘입어, 주 안에서 아이의 생활을 '단정함을 배우도록' 도우며 일깨우겠습니다. 은혜 중에 말씀대로 살아낼 수 있도록 순간순간 동행하시며 친히 인도하여 주시옵소서. 이 아이의 삶을 통해 하나님 홀로 영광 받으소서.

오! 살아계신 아버지 하나님,
이 아이가 하나님의 사람으로 헌신할 수 있도록 기쁨과 감사로 온전히 위탁하오며, 찬양받으실 우리 주 예수 그리스도의 이름으로 간절히 기도하옵나이다. 아멘.

✝ 오늘의 말씀을 묵상하며, 적용을 생각해 봅니다.

말씀 "   "

적용 "자기존중감이 높은 아이는 공공장소에서 예의를 지킬 줄 알며, 단정한 모습을 보입니다."

전지전능하신 사랑의 하나님, 은혜의 하나님, 평강의 하나님!
오늘도 부모(교사)로 부르심에 감사와 찬송을 드립니다.
주 예수 그리스도 안에서 먼저 나 자신이 하나님의 자녀임을 고백하고, 하나님 아버지의 사랑에 믿음과 순종으로 바르게 응답하는 삶을 살고 있는지를 돌아봅니다.
오직 하나님의 영광을 위하여, 이제 내게 명하신 말씀을 마음에 새기고 자녀에게 부지런히 가르치며, 맡겨주신 일을 말씀과 기도로 기쁘게 감당하고자 합니다.

말씀을 지키도록 도우시는 성령 하나님,
눈동자같이 지키시는 사랑하는 ○○(이)를 위해 복음의 말씀을 들려주시옵소서.
귀 기울여 듣겠나이다.

> **"내가 성실한 길을 택하고
> 주의 규례들을 내 앞에 두었나이다"**
>
> (시 119:30)

거룩하신 성부 · 성자 · 성령, 능력의 하나님,
허락하신 삶의 현장에서 자녀와 함께 말씀기도를 드립니다. 하나님께서 들려주신 말씀을 먹고 말씀의 능력을 힘입어, 주 안에서 아이의 생활을 '행동조절능력을 배양하도록' 도우며 일깨우겠습니다. 은혜 중에 말씀대로 살아낼 수 있도록 순간순간 동행하시며 친히 인도하여 주시옵소서. 이 아이의 삶을 통해 하나님 홀로 영광 받으소서.

오! 살아계신 아버지 하나님,
이 아이가 하나님의 사람으로 헌신할 수 있도록 기쁨과 감사로 온전히 위탁하오며, 찬양받으실 우리 주 예수 그리스도의 이름으로 간절히 기도하옵나이다. 아멘.

✝ 오늘의 말씀을 묵상하며, 적용을 생각해 봅니다.

말씀 "   "

적용 "자기존중감이 높은 아이는 자신이 수행한 것에 대해 스스로 기준을 정하여 평가합니다."

전지전능하신 사랑의 하나님, 은혜의 하나님, 평강의 하나님!
오늘도 부모(교사)로 부르심에 감사와 찬송을 드립니다.
주 예수 그리스도 안에서 먼저 나 자신이 하나님의 자녀임을 고백하고, 하나님 아버지의 사랑에 믿음과 순종으로 바르게 응답하는 삶을 살고 있는지를 돌아봅니다.
오직 하나님의 영광을 위하여, 이제 내게 명하신 말씀을 마음에 새기고 자녀에게 부지런히 가르치며, 맡겨주신 일을 말씀과 기도로 기쁘게 감당하고자 합니다.

뉘우치는 자에게 긍휼을 베푸시는 주님,
눈동자같이 지키시는 사랑하는 ○○(이)를 위해 복음의 말씀을 들려주시옵소서.
귀 기울여 듣겠나이다.

> **"의로운 입술은 왕들이 기뻐하는 것이요
> 정직하게 말하는 자는 그들의 사랑을 입느니라"**
>
> (잠 16:13)

거룩하신 성부 · 성자 · 성령, 능력의 하나님,
허락하신 삶의 현장에서 자녀와 함께 말씀기도를 드립니다. 하나님께서 들려주신 말씀을 먹고 말씀의 능력을 힘입어, 주 안에서 아이의 생활을 '**용기의 덕을 갖추도록**' 도우며 일깨우겠습니다. 은혜 중에 말씀대로 살아낼 수 있도록 순간순간 동행하시며 친히 인도하여 주시옵소서. 이 아이의 삶을 통해 하나님 홀로 영광 받으소서.

오! 살아계신 아버지 하나님,
이 아이가 하나님의 사람으로 헌신할 수 있도록 기쁨과 감사로 온전히 위탁하오며, 찬양받으실 우리 주 예수 그리스도의 이름으로 간절히 기도하옵나이다. 아멘.

✝ 오늘의 말씀을 묵상하며, 적용을 생각해 봅니다.

말씀 "   "

적용 "자기존중감이 높은 아이는 자신이 무엇인가를 잘 수행하지 못한 경우에, 그 이유에 대해 용기 있게 말할 수 있습니다."

전지전능하신 사랑의 하나님, 은혜의 하나님, 평강의 하나님!
오늘도 부모(교사)로 부르심에 감사와 찬송을 드립니다.
주 예수 그리스도 안에서 먼저 나 자신이 하나님의 자녀임을 고백하고, 하나님 아버지의 사랑에 믿음과 순종으로 바르게 응답하는 삶을 살고 있는지를 돌아봅니다.
오직 하나님의 영광을 위하여, 이제 내게 명하신 말씀을 마음에 새기고 자녀에게 부지런히 가르치며, 맡겨주신 일을 말씀과 기도로 기쁘게 감당하고자 합니다.

주를 찬미케 하시는 하나님,
눈동자같이 지키시는 사랑하는 ○○(이)를 위해 복음의 말씀을 들려주시옵소서.
귀 기울여 듣겠나이다.

> "그에게 노래하며 그를 찬양하고
> 그의 모든 기사를 전할지어다
> 그의 성호를 자랑하라
> 여호와를 구하는 자마다 마음이 즐거울지로다"
>
> (대상 16:9-10)

거룩하신 성부 · 성자 · 성령, 능력의 하나님,
허락하신 삶의 현장에서 자녀와 함께 말씀기도를 드립니다. 하나님께서 들려주신 말씀을 먹고 말씀의 능력을 힘입어, 주 안에서 아이의 생활을 '**감정표현능력을 계발하도록**' 도우며 일깨우겠습니다. 은혜 중에 말씀대로 살아낼 수 있도록 순간순간 동행하시며 친히 인도하여 주시옵소서. 이 아이의 삶을 통해 하나님 홀로 영광 받으소서.

오! 살아계신 아버지 하나님,
이 아이가 하나님의 사람으로 헌신할 수 있도록 기쁨과 감사로 온전히 위탁하오며, 찬양받으실 우리 주 예수 그리스도의 이름으로 간절히 기도하옵나이다. 아멘.

✝ 오늘의 말씀을 묵상하며, 적용을 생각해 봅니다.

말씀 "   "

적용 "자기존중감이 높은 아이는 자신의 다양한 감정을 잘 표현합니다."

전지전능하신 사랑의 하나님, 은혜의 하나님, 평강의 하나님!
오늘도 부모(교사)로 부르심에 감사와 찬송을 드립니다.
주 예수 그리스도 안에서 먼저 나 자신이 하나님의 자녀임을 고백하고, 하나님 아버지의 사랑에 믿음과 순종으로 바르게 응답하는 삶을 살고 있는지를 돌아봅니다.
오직 하나님의 영광을 위하여, 이제 내게 명하신 말씀을 마음에 새기고 자녀에게 부지런히 가르치며, 맡겨주신 일을 말씀과 기도로 기쁘게 감당하고자 합니다.

여호와를 경외하는 자와 함께 하시는 하나님,
눈동자같이 지키시는 사랑하는 ○○(이)를 위해 복음의 말씀을 들려주시옵소서.
귀 기울여 듣겠나이다.

> **"내가 오늘 네 행복을 위하여 네게 명하는
> 여호와의 명령과 규례를 지킬 것이 아니냐"**
>
> (신 10:13)

거룩하신 성부 · 성자 · 성령, 능력의 하나님,
허락하신 삶의 현장에서 자녀와 함께 말씀기도를 드립니다. 하나님께서 들려주신 말씀을 먹고 말씀의 능력을 힘입어, 주 안에서 아이의 생활을 '**질서의식을 체득하도록**' 도우며 일깨우겠습니다. 은혜 중에 말씀대로 살아낼 수 있도록 순간순간 동행하시며 친히 인도하여 주시옵소서. 이 아이의 삶을 통해 하나님 홀로 영광 받으소서.

오! 살아계신 아버지 하나님,
이 아이가 하나님의 사람으로 헌신할 수 있도록 기쁨과 감사로 온전히 위탁하오며, 찬양받으실 우리 주 예수 그리스도의 이름으로 간절히 기도하옵나이다. 아멘.

✝ 오늘의 말씀을 묵상하며, 적용을 생각해 봅니다.

말씀 "＿＿＿＿＿＿＿＿＿＿＿＿＿＿＿＿＿＿＿＿＿＿＿"

적용 "자기존중감이 높은 아이는 부모와 교사의 질서 요구를 잘 따릅니다."

스물아홉번째 날

전지전능하신 사랑의 하나님, 은혜의 하나님, 평강의 하나님!
오늘도 부모(교사)로 부르심에 감사와 찬송을 드립니다.
주 예수 그리스도 안에서 먼저 나 자신이 하나님의 자녀임을 고백하고, 하나님 아버지의 사랑에 믿음과 순종으로 바르게 응답하는 삶을 살고 있는지를 돌아봅니다.
오직 하나님의 영광을 위하여, 이제 내게 명하신 말씀을 마음에 새기고 자녀에게 부지런히 가르치며, 맡겨주신 일을 말씀과 기도로 기쁘게 감당하고자 합니다.

진리의 말씀으로 살아내게 하시는 하나님,
눈동자같이 지키시는 사랑하는 ○○(이)를 위해 복음의 말씀을 들려주시옵소서.
귀 기울여 듣겠나이다.

> **"두려워하지 말라 내가 너와 함께 함이라**
> **놀라지 말라 나는 네 하나님이 됨이라**
> **내가 너를 굳세게 하리라 참으로 너를 도와주리라**
> **참으로 나의 의로운 오른손으로 너를 붙들리라"**
>
> (사 41:10)

거룩하신 성부 · 성자 · 성령, 능력의 하나님,
허락하신 삶의 현장에서 자녀와 함께 말씀기도를 드립니다. 하나님께서 들려주신 말씀을 먹고 말씀의 능력을 힘입어, 주 안에서 아이의 생활을 '담대함으로 행하도록' 도우며 일깨우겠습니다. 은혜 중에 말씀대로 살아낼 수 있도록 순간순간 동행하시며 친히 인도하여 주시옵소서. 이 아이의 삶을 통해 하나님 홀로 영광 받으소서.

오! 살아계신 아버지 하나님,
이 아이가 하나님의 사람으로 헌신할 수 있도록 기쁨과 감사로 온전히 위탁하오며, 찬양받으실 우리 주 예수 그리스도의 이름으로 간절히 기도하옵나이다. 아멘.

✝ 오늘의 말씀을 묵상하며, 적용을 생각해 봅니다.

말씀 "   "

적용 "자기존중감이 높은 아이는 다른 친구들이 규칙이나 질서에 어긋나는 행동을 할 때 무조건 따라하지 않습니다."

전지전능하신 사랑의 하나님, 은혜의 하나님, 평강의 하나님!
오늘도 부모(교사)로 부르심에 감사와 찬송을 드립니다.
주 예수 그리스도 안에서 먼저 나 자신이 하나님의 자녀임을 고백하고, 하나님 아버지의 사랑에 믿음과 순종으로 바르게 응답하는 삶을 살고 있는지를 돌아봅니다.
오직 하나님의 영광을 위하여, 이제 내게 명하신 말씀을 마음에 새기고 자녀에게 부지런히 가르치며, 맡겨주신 일을 말씀과 기도로 기쁘게 감당하고자 합니다.

전심으로 여호와를 섬기는 자를 기뻐하시는 하나님,
눈동자같이 지키시는 사랑하는 ○○(이)를 위해 복음의 말씀을 들려주시옵소서.
귀 기울여 듣겠나이다.

> **"이스라엘아 네 하나님 여호와께서 네게 요구하시는 것이 무엇이냐**
> **곧 네 하나님 여호와를 경외하여 그의 모든 도를 행하고**
> **그를 사랑하며 마음을 다하고 뜻을 다하여**
> **네 하나님 여호와를 섬기고"**
>
> (신 10:12)

거룩하신 성부 · 성자 · 성령, 능력의 하나님,
허락하신 삶의 현장에서 자녀와 함께 말씀기도를 드립니다. 하나님께서 들려주신 말씀을 먹고 말씀의 능력을 힘입어, 주 안에서 아이의 생활을 '**절차적 공정성을 지켜가도록**' 도우며 일깨우겠습니다. 은혜 중에 말씀대로 살아낼 수 있도록 순간순간 동행하시며 친히 인도하여 주시옵소서. 이 아이의 삶을 통해 하나님 홀로 영광 받으소서.

오! 살아계신 아버지 하나님,
이 아이가 하나님의 사람으로 헌신할 수 있도록 기쁨과 감사로 온전히 위탁하오며, 찬양받으실 우리 주 예수 그리스도의 이름으로 간절히 기도하옵나이다. 아멘.

✝ 오늘의 말씀을 묵상하며, 적용을 생각해 봅니다.

"   "

"자기존중감이 높은 아이는 자신의 일을 계획하고, 수행하고, 평가하는 일련의 과정을 잘 관리할 수 있습니다."

서른한번째 날

전지전능하신 사랑의 하나님, 은혜의 하나님, 평강의 하나님!
오늘도 부모(교사)로 부르심에 감사와 찬송을 드립니다.
주 예수 그리스도 안에서 먼저 나 자신이 하나님의 자녀임을 고백하고, 하나님 아버지의 사랑에 믿음과 순종으로 바르게 응답하는 삶을 살고 있는지를 돌아봅니다.
오직 하나님의 영광을 위하여, 이제 내게 명하신 말씀을 마음에 새기고 자녀에게 부지런히 가르치며, 맡겨주신 일을 말씀과 기도로 기쁘게 감당하고자 합니다.

이기적인 생각을 몰아내 주시는 성령 하나님,
눈동자같이 지키시는 사랑하는 ○○(이)를 위해 복음의 말씀을 들려주시옵소서.
귀 기울여 듣겠나이다.

> **"이 모든 것 위에 사랑을 더하라**
> **이는 온전하게 매는 띠니라"**
>
> (골 3:14)

거룩하신 성부 · 성자 · 성령, 능력의 하나님,
허락하신 삶의 현장에서 자녀와 함께 말씀기도를 드립니다. 하나님께서 들려주신 말씀을 먹고 말씀의 능력을 힘입어, 주 안에서 아이의 생활을 '치우치지 않는 마음을 익히도록' 도우며 일깨우겠습니다. 은혜 중에 말씀대로 살아낼 수 있도록 순간순간 동행하시며 친히 인도하여 주시옵소서. 이 아이의 삶을 통해 하나님 홀로 영광 받으소서.

오! 살아계신 아버지 하나님,
이 아이가 하나님의 사람으로 헌신할 수 있도록 기쁨과 감사로 온전히 위탁하오며, 찬양받으실 우리 주 예수 그리스도의 이름으로 간절히 기도하옵나이다. 아멘.

✝ 오늘의 말씀을 묵상하며, 적용을 생각해 봅니다.

 말씀 "   "

 적용 "자기존중감이 높은 아이는 상황을 고려하여 자신의 감정을 잘 조절할 줄 압니다."

"한 아이를 키우는 부모로서 아침에 아이와 함께 손잡고 그날의 말씀을 음미하며 하루를 시작하고, 저녁에 아이의 머리맡에서 경건한 기도로 말씀을 다시 되새기며 자녀를 사랑하는 법을 다시 배우렵니다."

엄마 5/ 명곤

9 Sep.

옳다함의 기도

"여호와는
자기를 경외하는 자들과
그의 인자하심을 바라는 자들을
기뻐하시는도다"

(시 147:11)

Mom & Dad's 첫번째 날

전지전능하신 사랑의 하나님, 은혜의 하나님, 평강의 하나님!
오늘도 부모(교사)로 부르심에 감사와 찬송을 드립니다.
주 예수 그리스도 안에서 먼저 나 자신이 하나님의 자녀임을 고백하고, 하나님 아버지의 사랑에 믿음과 순종으로 바르게 응답하는 삶을 살고 있는지를 돌아봅니다.
오직 하나님의 영광을 위하여, 이제 내게 명하신 말씀을 마음에 새기고 자녀에게 부지런히 가르치며, 맡겨주신 일을 말씀과 기도로 기쁘게 감당하고자 합니다.

진리의 영이신 성령 하나님,
눈동자같이 지키시는 사랑하는 ○○(이)를 위해 복음의 말씀을 들려주시옵소서.
귀 기울여 듣겠나이다.

> **"모든 성경은 하나님의 감동으로 된 것으로
> 교훈과 책망과 바르게 함과 의로 교육하기에 유익하니
> 이는 하나님의 사람으로 온전하게 하며
> 모든 선한 일을 행할 능력을 갖추게 하려 함이라"**
>
> (딤후 3:16-17)

거룩하신 성부 · 성자 · 성령, 능력의 하나님,
허락하신 삶의 현장에서 자녀와 함께 말씀기도를 드립니다. 하나님께서 들려주신 말씀을 먹고 말씀의 능력을 힘입어, 주 안에서 '하나님의 교훈과 훈계와 의로' 아이의 생활을 도우며 일깨우겠습니다. 은혜 중에 말씀대로 살아낼 수 있도록 순간순간 동행하시며 친히 인도하여 주시옵소서. 이 아이의 삶을 통해 하나님 홀로 영광 받으소서.

오! 살아계신 아버지 하나님,
이 아이가 하나님의 사람으로 옳다 여기심을 입을 수 있도록 기쁨과 감사로 온전히 위탁하오며, 찬양받으실 우리 주 예수 그리스도의 이름으로 기도하옵나이다. 아멘.

✝ 오늘의 말씀을 묵상하며, 적용을 생각해 봅니다.

 말씀 "______________________________"

 적용 "우리가 받은 축복은 많은 부모와 교사들이 진실로 헌신적이라는 것입니다. 부모와 교사들은 다음 세대에 그들의 삶을 줍니다."

Mom & Dad's 두번째 날

전지전능하신 사랑의 하나님, 은혜의 하나님, 평강의 하나님!
오늘도 부모(교사)로 부르심에 감사와 찬송을 드립니다.
주 예수 그리스도 안에서 먼저 나 자신이 하나님의 자녀임을 고백하고, 하나님 아버지의 사랑에 믿음과 순종으로 바르게 응답하는 삶을 살고 있는지를 돌아봅니다.
오직 하나님의 영광을 위하여, 이제 내게 명하신 말씀을 마음에 새기고 자녀에게 부지런히 가르치며, 맡겨주신 일을 말씀과 기도로 기쁘게 감당하고자 합니다.

거룩함으로 순종하도록 이끄시는 성령 하나님,
눈동자같이 지키시는 사랑하는 ○○(이)를 위해 복음의 말씀을 들려주시옵소서.
귀 기울여 듣겠나이다.

> **"또 그들을 위하여 내가 나를 거룩하게 하오니**
> **이는 그들도 진리로 거룩함을 얻게 하려 함이니이다"**
>
> (요 17:19)

거룩하신 성부 · 성자 · 성령, 능력의 하나님,
허락하신 삶의 현장에서 자녀와 함께 말씀기도를 드립니다. 하나님께서 들려주신 말씀을 먹고 말씀의 능력을 힘입어, 주 안에서 '진리의 나침반이 되어' 아이의 생활을 도우며 일깨우겠습니다. 은혜 중에 말씀대로 살아낼 수 있도록 순간순간 동행하시며 친히 인도하여 주시옵소서. 이 아이의 삶을 통해 하나님 홀로 영광 받으소서.

오! 살아계신 아버지 하나님,
이 아이가 하나님의 사람으로 옳다 여기심을 입을 수 있도록 기쁨과 감사로 온전히 위탁하오며, 찬양받으실 우리 주 예수 그리스도의 이름으로 기도하옵나이다. 아멘.

✝ 오늘의 말씀을 묵상하며, 적용을 생각해 봅니다.

 말씀 "_______________________________________"

 적용 "지혜로운 부모와 교사가 보여주는 삶은 아이들이 보는 삶의 지도입니다."

Mom & Dad's 세번째 날

전지전능하신 사랑의 하나님, 은혜의 하나님, 평강의 하나님!
오늘도 부모(교사)로 부르심에 감사와 찬송을 드립니다.
주 예수 그리스도 안에서 먼저 나 자신이 하나님의 자녀임을 고백하고, 하나님 아버지의 사랑에 믿음과 순종으로 바르게 응답하는 삶을 살고 있는지를 돌아봅니다.
오직 하나님의 영광을 위하여, 이제 내게 명하신 말씀을 마음에 새기고 자녀에게 부지런히 가르치며, 맡겨주신 일을 말씀과 기도로 기쁘게 감당하고자 합니다.

사랑을 주시는 예수님,
눈동자같이 지키시는 사랑하는 ○○(이)를 위해 복음의 말씀을 들려주시옵소서.
귀 기울여 듣겠나이다.

> "곧 내가 그들 안에 있고 아버지께서 내 안에 계시어
> 그들로 온전함을 이루어 하나가 되게 하려 함은
> 아버지께서 나를 보내신 것과 또 나를 사랑하심 같이
> 그들도 사랑하신 것을
> 세상으로 알게 하려 함이로소이다"

(요 17:23)

거룩하신 성부 · 성자 · 성령, 능력의 하나님,
허락하신 삶의 현장에서 자녀와 함께 말씀기도를 드립니다. 하나님께서 들려주신 말씀을 먹고 말씀의 능력을 힘입어, 주 안에서 '자녀의 삶의 존엄성을 인식하고' 아이의 생활을 도우며 일깨우겠습니다. 은혜 중에 말씀대로 살아낼 수 있도록 순간순간 동행하시며 친히 인도하여 주시옵소서. 이 아이의 삶을 통해 하나님 홀로 영광 받으소서.

오! 살아계신 아버지 하나님,
이 아이가 하나님의 사람으로 옳다 여기심을 입을 수 있도록 기쁨과 감사로 온전히 위탁하오며, 찬양받으실 우리 주 예수 그리스도의 이름으로 기도하옵나이다. 아멘.

✝ 오늘의 말씀을 묵상하며, 적용을 생각해 봅니다.

말씀 " "

적용 "지혜로운 부모와 교사는 아이들의 삶의 존엄성을 분명히 인식하고 있습니다."

Mom & Dad's 네번째 날

전지전능하신 사랑의 하나님, 은혜의 하나님, 평강의 하나님!
오늘도 부모(교사)로 부르심에 감사와 찬송을 드립니다.
주 예수 그리스도 안에서 먼저 나 자신이 하나님의 자녀임을 고백하고, 하나님 아
버지의 사랑에 믿음과 순종으로 바르게 응답하는 삶을 살고 있는지를 돌아봅니다.
오직 하나님의 영광을 위하여, 이제 내게 명하신 말씀을 마음에 새기고 자녀에게
부지런히 가르치며, 맡겨주신 일을 말씀과 기도로 기쁘게 감당하고자 합니다.

선한 목자이신 하나님,
눈동자같이 지키시는 사랑하는 ○○(이)를 위해 복음의 말씀을 들려주시옵소서.
귀 기울여 듣겠나이다.

> **"나는 선한 목자라 나는 내 양을 알고 양도 나를 아는 것이**
> **아버지께서 나를 아시고 내가 아버지를 아는 것 같으니**
> **나는 양을 위하여 목숨을 버리노라**
> **또 이 우리에 들지 아니한 다른 양들이 내게 있어 내가 인도하여야 할 터이니**
> **그들도 내 음성을 듣고 한 무리가 되어 한 목자에게 있으리라"**
>
> (요 10:14-16)

거룩하신 성부 · 성자 · 성령, 능력의 하나님,
허락하신 삶의 현장에서 자녀와 함께 말씀기도를 드립니다. 하나님께서 들려주신
말씀을 먹고 말씀의 능력을 힘입어, 주 안에서 '낙담치 않으며' 아이의 생활을 돕고
일깨우겠습니다. 은혜 중에 말씀대로 살아낼 수 있도록 순간순간 동행하시며 친히
인도하여 주시옵소서. 이 아이의 삶을 통해 하나님 홀로 영광 받으소서.

오! 살아계신 아버지 하나님,
이 아이가 하나님의 사람으로 옳다 여기심을 입을 수 있도록 기쁨과 감사로 온전히
위탁하오며, 찬양받으실 우리 주 예수 그리스도의 이름으로 기도하옵나이다. 아멘.

 ✝ 오늘의 말씀을 묵상하며, 적용을 생각해 봅니다.

말씀 "   "

적용 "지혜로운 부모와 교사는 아이들이 도움을 필요로 하고 있다는 것과 그들이 원하는 것이 내
가 생각하고 있는 것과 다를 수도 있다는 것을 인식하고 있습니다."

Mom & Dad's 다섯번째 날

전지전능하신 사랑의 하나님, 은혜의 하나님, 평강의 하나님!
오늘도 부모(교사)로 부르심에 감사와 찬송을 드립니다.
주 예수 그리스도 안에서 먼저 나 자신이 하나님의 자녀임을 고백하고, 하나님 아
버지의 사랑에 믿음과 순종으로 바르게 응답하는 삶을 살고 있는지를 돌아봅니다.
오직 하나님의 영광을 위하여, 이제 내게 명하신 말씀을 마음에 새기고 자녀에게
부지런히 가르치며, 맡겨주신 일을 말씀과 기도로 기쁘게 감당하고자 합니다.

사랑을 본받는 자 되라 말씀하시는 예수님,
눈동자같이 지키시는 사랑하는 ○○(이)를 위해 복음의 말씀을 들려주시옵소서.
귀 기울여 듣겠나이다.

> **"우리는 그리스도의 사도로서**
> **마땅히 권위를 주장할 수 있으나**
> **도리어 너희 가운데서 유순한 자가 되어**
> **유모가 자기 자녀를 기름과 같이 하였으니"**
>
> (살전 2:7)

거룩하신 성부 · 성자 · 성령, 능력의 하나님,
허락하신 삶의 현장에서 자녀와 함께 말씀기도를 드립니다. 하나님께서 들려주신
말씀을 먹고 말씀의 능력을 힘입어, 주 안에서 '유순한 태도로' 아이의 생활을 도우
며 일깨우겠습니다. 은혜 중에 말씀대로 살아낼 수 있도록 순간순간 동행하시며
친히 인도하여 주시옵소서. 이 아이의 삶을 통해 하나님 홀로 영광 받으소서.

오! 살아계신 아버지 하나님,
이 아이가 하나님의 사람으로 옳다 여기심을 입을 수 있도록 기쁨과 감사로 온전히
위탁하오며, 찬양받으실 우리 주 예수 그리스도의 이름으로 기도하옵나이다. 아멘.

✝ 오늘의 말씀을 묵상하며, 적용을 생각해 봅니다.

 "   "

 "지혜로운 부모와 교사는 아이들을 생활로 안내하고 도울 때에 언제나 친절을 잃지 않습
니다."

전지전능하신 사랑의 하나님, 은혜의 하나님, 평강의 하나님!
오늘도 부모(교사)로 부르심에 감사와 찬송을 드립니다.
주 예수 그리스도 안에서 먼저 나 자신이 하나님의 자녀임을 고백하고, 하나님 아버지의 사랑에 믿음과 순종으로 바르게 응답하는 삶을 살고 있는지를 돌아봅니다. 오직 하나님의 영광을 위하여, 이제 내게 명하신 말씀을 마음에 새기고 자녀에게 부지런히 가르치며, 맡겨주신 일을 말씀과 기도로 기쁘게 감당하고자 합니다.

맘과 정성을 다해 말씀을 따르라 명하시는 주님,
눈동자같이 지키시는 사랑하는 ○○(이)를 위해 복음의 말씀을 들려주시옵소서.
귀 기울여 듣겠나이다.

> **"오직 너희는 그리스도의 복음에 합당하게 생활하라**
> **이는 내가 너희에게 가 보나 떠나 있으나**
> **너희가 한마음으로 서서 한 뜻으로**
> **복음의 신앙을 위하여 협력하는 것과"**
>
> (빌 1:27)

거룩하신 성부 · 성자 · 성령, 능력의 하나님,
허락하신 삶의 현장에서 자녀와 함께 말씀기도를 드립니다. 하나님께서 들려주신 말씀을 먹고 말씀의 능력을 힘입어, 주 안에서 '가르침과 배움을 주고받으며' 아이의 생활을 돕고 일깨우겠습니다. 은혜 중에 말씀대로 살아낼 수 있도록 순간순간 동행하시며 친히 인도하여 주시옵소서. 이 아이의 삶을 통해 하나님 홀로 영광 받으소서.

오! 살아계신 아버지 하나님,
이 아이가 하나님의 사람으로 옳다 여기심을 입을 수 있도록 기쁨과 감사로 온전히 위탁하오며, 찬양받으실 우리 주 예수 그리스도의 이름으로 기도하옵나이다. 아멘.

✝ 오늘의 말씀을 묵상하며, 적용을 생각해 봅니다.

말씀 "   "

적용 "지혜로운 부모와 교사는 아이들을 가르치면서도 아이들로부터 배우는 자세를 잃지 않습니다."

전지전능하신 사랑의 하나님, 은혜의 하나님, 평강의 하나님!
오늘도 부모(교사)로 부르심에 감사와 찬송을 드립니다.
주 예수 그리스도 안에서 먼저 나 자신이 하나님의 자녀임을 고백하고, 하나님 아버지의 사랑에 믿음과 순종으로 바르게 응답하는 삶을 살고 있는지를 돌아봅니다.
오직 하나님의 영광을 위하여, 이제 내게 명하신 말씀을 마음에 새기고 자녀에게 부지런히 가르치며, 맡겨주신 일을 말씀과 기도로 기쁘게 감당하고자 합니다.

어서 돌아오라고 부르시며 기다리시는 주님,
눈동자같이 지키시는 사랑하는 ○○(이)를 위해 복음의 말씀을 들려주시옵소서.
귀 기울여 듣겠나이다.

> **"아비들아 너희 자녀를 노엽게 하지 말지니
> 낙심할까 함이라"**
>
> (골 3:21)

거룩하신 성부 · 성자 · 성령, 능력의 하나님,
허락하신 삶의 현장에서 자녀와 함께 말씀기도를 드립니다. 하나님께서 들려주신 말씀을 먹고 말씀의 능력을 힘입어, 주 안에서 '**품어주는 사랑으로**' 아이의 생활을 도우며 일깨우겠습니다. 은혜 중에 말씀대로 살아낼 수 있도록 순간순간 동행하시며 친히 인도하여 주시옵소서. 이 아이의 삶을 통해 하나님 홀로 영광 받으소서.

오! 살아계신 아버지 하나님,
이 아이가 하나님의 사람으로 옳다 여기심을 입을 수 있도록 기쁨과 감사로 온전히 위탁하오며, 찬양받으실 우리 주 예수 그리스도의 이름으로 기도하옵나이다. 아멘.

✝ 오늘의 말씀을 묵상하며, 적용을 생각해 봅니다.

 "   "

 "지혜로운 부모와 교사는 교육의 효과가 즉각적으로 나타나지 않아도 조급해하거나 쉽게 낙담하지 않으며 끝까지 믿고 기다려 줍니다."

전지전능하신 사랑의 하나님, 은혜의 하나님, 평강의 하나님!
오늘도 부모(교사)로 부르심에 감사와 찬송을 드립니다.
주 예수 그리스도 안에서 먼저 나 자신이 하나님의 자녀임을 고백하고, 하나님 아버지의 사랑에 믿음과 순종으로 바르게 응답하는 삶을 살고 있는지를 돌아봅니다.
오직 하나님의 영광을 위하여, 이제 내게 명하신 말씀을 마음에 새기고 자녀에게 부지런히 가르치며, 맡겨주신 일을 말씀과 기도로 기쁘게 감당하고자 합니다.

죄인에게 순결의 흰 옷을 입혀주시는 예수님,
눈동자같이 지키시는 사랑하는 ○○(이)를 위해 복음의 말씀을 들려주시옵소서.
귀 기울여 듣겠나이다.

> **"슬기로운 자의 책망은**
> **청종하는 귀에 금 고리와 정금 장식이니라"**
>
> (잠 25:12)

거룩하신 성부 · 성자 · 성령, 능력의 하나님,
허락하신 삶의 현장에서 자녀와 함께 말씀기도를 드립니다. 하나님께서 들려주신 말씀을 먹고 말씀의 능력을 힘입어, 주 안에서 '시야를 넓히도록 부드러운 음성으로' 아이의 생활을 도우며 일깨우겠습니다. 은혜 중에 말씀대로 살아낼 수 있도록 순간순간 동행하시며 친히 인도하여 주시옵소서. 이 아이의 삶을 통해 하나님 홀로 영광 받으소서.

오! 살아계신 아버지 하나님,
이 아이가 하나님의 사람으로 옳다 여기심을 입을 수 있도록 기쁨과 감사로 온전히 위탁하오며, 찬양받으실 우리 주 예수 그리스도의 이름으로 기도하옵나이다. 아멘.

✝ 오늘의 말씀을 묵상하며, 적용을 생각해 봅니다.

말씀 "   "

적용 "지혜로운 부모와 교사가 들려주는 사랑의 잔소리는 장래에 아이들의 인생에서 모든 선택의 바탕이 됩니다."

Mom & Dad's 아홉번째 날

전지전능하신 사랑의 하나님, 은혜의 하나님, 평강의 하나님!
오늘도 부모(교사)로 부르심에 감사와 찬송을 드립니다.
주 예수 그리스도 안에서 먼저 나 자신이 하나님의 자녀임을 고백하고, 하나님 아
버지의 사랑에 믿음과 순종으로 바르게 응답하는 삶을 살고 있는지를 돌아봅니다.
오직 하나님의 영광을 위하여, 이제 내게 명하신 말씀을 마음에 새기고 자녀에게
부지런히 가르치며, 맡겨주신 일을 말씀과 기도로 기쁘게 감당하고자 합니다.

기쁜 마음으로 구주 예수를 의지하는 믿음 주시는 하나님,
눈동자같이 지키시는 사랑하는 ○○(이)를 위해 복음의 말씀을 들려주시옵소서.
귀 기울여 듣겠나이다.

**"내 백성이여,
내 율법을 들으며
내 입의 말에 귀를 기울일지어다"**

(시 78:1)

거룩하신 성부 · 성자 · 성령, 능력의 하나님,
허락하신 삶의 현장에서 자녀와 함께 말씀기도를 드립니다. 하나님께서 들려주신
말씀을 먹고 말씀의 능력을 힘입어, 주 안에서 '적극적인 경청으로' 아이의 생활을
도우며 일깨우겠습니다. 은혜 중에 말씀대로 살아낼 수 있도록 순간순간 동행하시
며 친히 인도하여 주시옵소서. 이 아이의 삶을 통해 하나님 홀로 영광 받으소서.

오! 살아계신 아버지 하나님,
이 아이가 하나님의 사람으로 옳다 여기심을 입을 수 있도록 기쁨과 감사로 온전히
위탁하오며, 찬양받으실 우리 주 예수 그리스도의 이름으로 기도하옵나이다. 아멘.

✝ 오늘의 말씀을 묵상하며, 적용을 생각해 봅니다.

"____"

"지혜로운 부모와 교사는 들어주고, 들어주고, 또 들어줍니다. 지금, 아이의 말에 주의를 기
울이고 있다는 것을 보여줌으로 대화 분위기를 조성합니다."

 # 열번째 날

전지전능하신 사랑의 하나님, 은혜의 하나님, 평강의 하나님!
오늘도 부모(교사)로 부르심에 감사와 찬송을 드립니다.
주 예수 그리스도 안에서 먼저 나 자신이 하나님의 자녀임을 고백하고, 하나님 아버지의 사랑에 믿음과 순종으로 바르게 응답하는 삶을 살고 있는지를 돌아봅니다. 오직 하나님의 영광을 위하여, 이제 내게 명하신 말씀을 마음에 새기고 자녀에게 부지런히 가르치며, 맡겨주신 일을 말씀과 기도로 기쁘게 감당하고자 합니다.

평강의 복을 누리게 하시는 하나님,
눈동자같이 지키시는 사랑하는 ○○(이)를 위해 복음의 말씀을 들려주시옵소서.
귀 기울여 듣겠나이다.

> **"여호와는 그의 얼굴을 네게 비추사 은혜 베푸시기를 원하며**
> **여호와는 그 얼굴을 네게로 향하여 드사**
> **평강 주시기를 원하노라 할지니라 하라"**
>
> (민 6:25-26)

거룩하신 성부 · 성자 · 성령, 능력의 하나님,
허락하신 삶의 현장에서 자녀와 함께 말씀기도를 드립니다. 하나님께서 들려주신 말씀을 먹고 말씀의 능력을 힘입어, 주 안에서 '열린 눈으로 바라보며' 아이의 생활을 돕고 일깨우겠습니다. 은혜 중에 말씀대로 살아낼 수 있도록 순간순간 동행하시며 친히 인도하여 주시옵소서. 이 아이의 삶을 통해 하나님 홀로 영광 받으소서.

오! 살아계신 아버지 하나님,
이 아이가 하나님의 사람으로 옳다 여기심을 입을 수 있도록 기쁨과 감사로 온전히 위탁하오며, 찬양받으실 우리 주 예수 그리스도의 이름으로 기도하옵나이다. 아멘.

✝ 오늘의 말씀을 묵상하며, 적용을 생각해 봅니다.

말씀 "＿＿＿＿＿＿＿＿＿＿＿＿＿＿＿＿＿＿＿＿＿＿＿"

적용 "지혜로운 부모와 교사는 아이들과 눈을 맞추며 대화합니다."

 # 열한번째 날

전지전능하신 사랑의 하나님, 은혜의 하나님, 평강의 하나님!
오늘도 부모(교사)로 부르심에 감사와 찬송을 드립니다.
주 예수 그리스도 안에서 먼저 나 자신이 하나님의 자녀임을 고백하고, 하나님 아버지의 사랑에 믿음과 순종으로 바르게 응답하는 삶을 살고 있는지를 돌아봅니다.
오직 하나님의 영광을 위하여, 이제 내게 명하신 말씀을 마음에 새기고 자녀에게 부지런히 가르치며, 맡겨주신 일을 말씀과 기도로 기쁘게 감당하고자 합니다.

영원하고 의롭고 자애로우신 하나님,
눈동자같이 지키시는 사랑하는 ○○(이)를 위해 복음의 말씀을 들려주시옵소서.
귀 기울여 듣겠나이다.

**"너희는 여호와의 선하심을 맛보아 알지어다
그에게 피하는 자는 복이 있도다"**

(시 34:8)

거룩하신 성부 · 성자 · 성령, 능력의 하나님,
허락하신 삶의 현장에서 자녀와 함께 말씀기도를 드립니다. 하나님께서 들려주신 말씀을 먹고 말씀의 능력을 힘입어, 주 안에서 '메마르지 않은 마음으로' 아이의 생활을 도우며 일깨우겠습니다. 은혜 중에 말씀대로 살아낼 수 있도록 순간순간 동행하시며 친히 인도하여 주시옵소서. 이 아이의 삶을 통해 하나님 홀로 영광 받으소서.

오! 살아계신 아버지 하나님,
이 아이가 하나님의 사람으로 옳다 여기심을 입을 수 있도록 기쁨과 감사로 온전히 위탁하오며, 찬양받으실 우리 주 예수 그리스도의 이름으로 기도하옵나이다. 아멘.

✝ 오늘의 말씀을 묵상하며, 적용을 생각해 봅니다.

 " ____ "

 "지혜로운 부모와 교사는 아이들이 그들의 감정을 자연스럽게 표출할 수 있도록 아이들의 감정을 그대로 수용합니다."

열두번째 날

전지전능하신 사랑의 하나님, 은혜의 하나님, 평강의 하나님!
오늘도 부모(교사)로 부르심에 감사와 찬송을 드립니다.
주 예수 그리스도 안에서 먼저 나 자신이 하나님의 자녀임을 고백하고, 하나님 아버지의 사랑에 믿음과 순종으로 바르게 응답하는 삶을 살고 있는지를 돌아봅니다.
오직 하나님의 영광을 위하여, 이제 내게 명하신 말씀을 마음에 새기고 자녀에게 부지런히 가르치며, 맡겨주신 일을 말씀과 기도로 기쁘게 감당하고자 합니다.

부드러운 음성으로 우리를 부르시는 주님,
눈동자같이 지키시는 사랑하는 ○○(이)를 위해 복음의 말씀을 들려주시옵소서.
귀 기울여 듣겠나이다.

> **"세상에 금도 있고 진주도 많거니와
> 지혜로운 입술이 더욱 귀한 보배니라"**
>
> (잠 20:15)

거룩하신 성부 · 성자 · 성령, 능력의 하나님,
허락하신 삶의 현장에서 자녀와 함께 말씀기도를 드립니다. 하나님께서 들려주신 말씀을 먹고 말씀의 능력을 힘입어, 주 안에서 '소통의 분위기를 연출하며' 아이의 생활을 돕고 일깨우겠습니다. 은혜 중에 말씀대로 살아낼 수 있도록 순간순간 동행하시며 친히 인도하여 주시옵소서. 이 아이의 삶을 통해 하나님 홀로 영광 받으소서.

오! 살아계신 아버지 하나님,
이 아이가 하나님의 사람으로 옳다 여기심을 입을 수 있도록 기쁨과 감사로 온전히 위탁하오며, 찬양받으실 우리 주 예수 그리스도의 이름으로 기도하옵나이다. 아멘.

✝ 오늘의 말씀을 묵상하며, 적용을 생각해 봅니다.

말씀 "   "

적용 "지혜로운 부모와 교사는 아이들과 의사소통할 때 다양한 목소리의 톤, 몸짓 언어, 얼굴 표정을 사용합니다."

Mom & Dad's 열세번째 날

전지전능하신 사랑의 하나님, 은혜의 하나님, 평강의 하나님!
오늘도 부모(교사)로 부르심에 감사와 찬송을 드립니다.
주 예수 그리스도 안에서 먼저 나 자신이 하나님의 자녀임을 고백하고, 하나님 아버지의 사랑에 믿음과 순종으로 바르게 응답하는 삶을 살고 있는지를 돌아봅니다.
오직 하나님의 영광을 위하여, 이제 내게 명하신 말씀을 마음에 새기고 자녀에게 부지런히 가르치며, 맡겨주신 일을 말씀과 기도로 기쁘게 감당하고자 합니다.

성결한 샘물이신 주님,
눈동자같이 지키시는 사랑하는 ○○(이)를 위해 복음의 말씀을 들려주시옵소서.
귀 기울여 듣겠나이다.

> **"명철한 사람의 입의 말은 깊은 물과 같고**
> **지혜의 샘은 솟구쳐 흐르는 내와 같으니라"**
>
> (잠 18:4)

거룩하신 성부 · 성자 · 성령, 능력의 하나님,
허락하신 삶의 현장에서 자녀와 함께 말씀기도를 드립니다. 하나님께서 들려주신 말씀을 먹고 말씀의 능력을 힘입어, 주 안에서 '긍정적인 언어로' 아이의 생활을 도우며 일깨우겠습니다. 은혜 중에 말씀대로 살아낼 수 있도록 순간순간 동행하시며 친히 인도하여 주시옵소서. 이 아이의 삶을 통해 하나님 홀로 영광 받으소서.

오! 살아계신 아버지 하나님,
이 아이가 하나님의 사람으로 옳다 여기심을 입을 수 있도록 기쁨과 감사로 온전히 위탁하오며, 찬양받으실 우리 주 예수 그리스도의 이름으로 기도하옵나이다. 아멘.

✝ 오늘의 말씀을 묵상하며, 적용을 생각해 봅니다.

 **말씀** "　　　　　　　　　　　　　　　　　　　　　　　　"

 **적용** "지혜로운 부모와 교사는 아이들이 바르게 행동할 수 있도록 아이들의 행동에 대한 기대를 긍정적이고 명확한 언어로 설명합니다."

전지전능하신 사랑의 하나님, 은혜의 하나님, 평강의 하나님!
오늘도 부모(교사)로 부르심에 감사와 찬송을 드립니다.
주 예수 그리스도 안에서 먼저 나 자신이 하나님의 자녀임을 고백하고, 하나님 아버지의 사랑에 믿음과 순종으로 바르게 응답하는 삶을 살고 있는지를 돌아봅니다.
오직 하나님의 영광을 위하여, 이제 내게 명하신 말씀을 마음에 새기고 자녀에게 부지런히 가르치며, 맡겨주신 일을 말씀과 기도로 기쁘게 감당하고자 합니다.

우리의 연약함을 돌아보시는 하나님,
눈동자같이 지키시는 사랑하는 ○○(이)를 위해 복음의 말씀을 들려주시옵소서.
귀 기울여 듣겠나이다.

"만일 네 입술이 정직을 말하면 내 속이 유쾌하리라"

(잠 23:16)

거룩하신 성부 · 성자 · 성령, 능력의 하나님,
허락하신 삶의 현장에서 자녀와 함께 말씀기도를 드립니다. 하나님께서 들려주신 말씀을 먹고 말씀의 능력을 힘입어, 주 안에서 '**직면할 수 있는 힘을 키우도록**' 아이의 생활을 도우며 일깨우겠습니다. 은혜 중에 말씀대로 살아낼 수 있도록 순간순간 동행하시며 친히 인도하여 주시옵소서. 이 아이의 삶을 통해 하나님 홀로 영광 받으소서.

오! 살아계신 아버지 하나님,
이 아이가 하나님의 사람으로 옳다 여기심을 입을 수 있도록 기쁨과 감사로 온전히 위탁하오며, 찬양받으실 우리 주 예수 그리스도의 이름으로 기도하옵나이다. 아멘.

✝ 오늘의 말씀을 묵상하며, 적용을 생각해 봅니다.

말씀 "   "

적용 "지혜로운 부모와 교사는 아이들에게 적절한 시기와 적절한 행동과 관련된 유용한 칭찬과 지나치거나 건성으로 하는 불용한 칭찬을 구별하여 사용합니다."

 # 열다섯번째 날

전지전능하신 사랑의 하나님, 은혜의 하나님, 평강의 하나님!
오늘도 부모(교사)로 부르심에 감사와 찬송을 드립니다.
주 예수 그리스도 안에서 먼저 나 자신이 하나님의 자녀임을 고백하고, 하나님 아버지의 사랑에 믿음과 순종으로 바르게 응답하는 삶을 살고 있는지를 돌아봅니다.
오직 하나님의 영광을 위하여, 이제 내게 명하신 말씀을 마음에 새기고 자녀에게 부지런히 가르치며, 맡겨주신 일을 말씀과 기도로 기쁘게 감당하고자 합니다.

소망의 바다로 맘껏 저어오라 손짓하시는 예수님,
눈동자같이 지키시는 사랑하는 ○○(이)를 위해 복음의 말씀을 들려주시옵소서.
귀 기울여 듣겠나이다.

> **"그러나 네가 거기서 네 하나님 여호와를 찾게 되리니
> 만일 마음을 다하고 뜻을 다하여
> 그를 찾으면 만나리라"**
>
> (신 4:29)

거룩하신 성부 · 성자 · 성령, 능력의 하나님,
허락하신 삶의 현장에서 자녀와 함께 말씀기도를 드립니다. 하나님께서 들려주신 말씀을 먹고 말씀의 능력을 힘입어, 주 안에서 '열망의 힘을 알아가도록' 아이의 생활을 도우며 일깨우겠습니다. 은혜 중에 말씀대로 살아낼 수 있도록 순간순간 동행하시며 친히 인도하여 주시옵소서. 이 아이의 삶을 통해 하나님 홀로 영광 받으소서.

오! 살아계신 아버지 하나님,
이 아이가 하나님의 사람으로 옳다 여기심을 입을 수 있도록 기쁨과 감사로 온전히 위탁하오며, 찬양받으실 우리 주 예수 그리스도의 이름으로 기도하옵나이다. 아멘.

✝ 오늘의 말씀을 묵상하며, 적용을 생각해 봅니다.

 말씀 "   "

 적용 "지혜로운 부모와 교사는 아이들에게 최선을 다할 수 있도록 동기를 부여합니다."

전지전능하신 사랑의 하나님, 은혜의 하나님, 평강의 하나님!
오늘도 부모(교사)로 부르심에 감사와 찬송을 드립니다.
주 예수 그리스도 안에서 먼저 나 자신이 하나님의 자녀임을 고백하고, 하나님 아버지의 사랑에 믿음과 순종으로 바르게 응답하는 삶을 살고 있는지를 돌아봅니다.
오직 하나님의 영광을 위하여, 이제 내게 명하신 말씀을 마음에 새기고 자녀에게 부지런히 가르치며, 맡겨주신 일을 말씀과 기도로 기쁘게 감당하고자 합니다.

내 임금 예수 내 주님,
눈동자같이 지키시는 사랑하는 ○○(이)를 위해 복음의 말씀을 들려주시옵소서.
귀 기울여 듣겠나이다.

> **"내가 말하는 것을 생각해 보라**
> **주께서 범사에**
> **네게 총명을 주시리라"**
>
> (딤후 2:7)

거룩하신 성부 · 성자 · 성령, 능력의 하나님,
허락하신 삶의 현장에서 자녀와 함께 말씀기도를 드립니다. 하나님께서 들려주신 말씀을 먹고 말씀의 능력을 힘입어, 주 안에서 '신적 부드러움으로' 아이의 생활을 도우며 일깨우겠습니다. 은혜 중에 말씀대로 살아낼 수 있도록 순간순간 동행하시며 친히 인도하여 주시옵소서. 이 아이의 삶을 통해 하나님 홀로 영광 받으소서.

오! 살아계신 아버지 하나님,
이 아이가 하나님의 사람으로 옳다 여기심을 입을 수 있도록 기쁨과 감사로 온전히 위탁하오며, 찬양받으실 우리 주 예수 그리스도의 이름으로 기도하옵나이다. 아멘.

✝ 오늘의 말씀을 묵상하며, 적용을 생각해 봅니다.

말씀 "＿＿＿＿＿＿＿＿＿＿＿＿＿＿＿＿＿＿＿＿＿＿＿＿＿＿＿＿＿＿"

적용 "지혜로운 부모와 교사는 자신들이 아이들에게 어떻게 기억되기를 바라는지에 대하여 스스로 질문하는 시간을 갖습니다."

Mom & Dad's 열일곱번째 날

전지전능하신 사랑의 하나님, 은혜의 하나님, 평강의 하나님!
오늘도 부모(교사)로 부르심에 감사와 찬송을 드립니다.
주 예수 그리스도 안에서 먼저 나 자신이 하나님의 자녀임을 고백하고, 하나님 아버지의 사랑에 믿음과 순종으로 바르게 응답하는 삶을 살고 있는지를 돌아봅니다.
오직 하나님의 영광을 위하여, 이제 내게 명하신 말씀을 마음에 새기고 자녀에게 부지런히 가르치며, 맡겨주신 일을 말씀과 기도로 기쁘게 감당하고자 합니다.

거룩 거룩 거룩하신 하나님,
눈동자같이 지키시는 사랑하는 ○○(이)를 위해 복음의 말씀을 들려주시옵소서.
귀 기울여 듣겠나이다.

> **"내가 내 몸을 쳐 복종하게 함은
> 내가 남에게 전파한 후에
> 자신이 도리어 버림을 당할까 두려워함이로다"**
>
> (고전 9:27)

거룩하신 성부 · 성자 · 성령, 능력의 하나님,
허락하신 삶의 현장에서 자녀와 함께 말씀기도를 드립니다. 하나님께서 들려주신 말씀을 먹고 말씀의 능력을 힘입어, 주 안에서 '견디는 사랑으로' 아이의 생활을 도우며 일깨우겠습니다. 은혜 중에 말씀대로 살아낼 수 있도록 순간순간 동행하시며 친히 인도하여 주시옵소서. 이 아이의 삶을 통해 하나님 홀로 영광 받으소서.

오! 살아계신 아버지 하나님,
이 아이가 하나님의 사람으로 옳다 여기심을 입을 수 있도록 기쁨과 감사로 온전히 위탁하오며, 찬양받으실 우리 주 예수 그리스도의 이름으로 기도하옵나이다. 아멘.

✝ 오늘의 말씀을 묵상하며, 적용을 생각해 봅니다.

 **말씀** "＿＿＿＿＿＿＿＿＿＿＿＿＿＿＿＿＿＿＿＿＿＿＿＿＿＿＿＿＿"

 **적용** "지혜로운 부모와 교사는 자기 자신들을 절제하며 밝게 다스립니다."

전지전능하신 사랑의 하나님, 은혜의 하나님, 평강의 하나님!
오늘도 부모(교사)로 부르심에 감사와 찬송을 드립니다.
주 예수 그리스도 안에서 먼저 나 자신이 하나님의 자녀임을 고백하고, 하나님 아버지의 사랑에 믿음과 순종으로 바르게 응답하는 삶을 살고 있는지를 돌아봅니다.
오직 하나님의 영광을 위하여, 이제 내게 명하신 말씀을 마음에 새기고 자녀에게 부지런히 가르치며, 맡겨주신 일을 말씀과 기도로 기쁘게 감당하고자 합니다.

신랑 되신 예수님,
눈동자같이 지키시는 사랑하는 ○○(이)를 위해 복음의 말씀을 들려주시옵소서.
귀 기울여 듣겠나이다.

> **"그는 자기를 위하여 아름다운 이불을 지으며**
> **세마포와 자색 옷을 입으며"**
>
> (잠 31:22)

거룩하신 성부 · 성자 · 성령, 능력의 하나님,
허락하신 삶의 현장에서 자녀와 함께 말씀기도를 드립니다. 하나님께서 들려주신 말씀을 먹고 말씀의 능력을 힘입어, 주 안에서 '환한 얼굴빛으로' 아이의 생활을 도우며 일깨우겠습니다. 은혜 중에 말씀대로 살아낼 수 있도록 순간순간 동행하시며 친히 인도하여 주시옵소서. 이 아이의 삶을 통해 하나님 홀로 영광 받으소서.

오! 살아계신 아버지 하나님,
이 아이가 하나님의 사람으로 옳다 여기심을 입을 수 있도록 기쁨과 감사로 온전히 위탁하오며, 찬양받으실 우리 주 예수 그리스도의 이름으로 기도하옵나이다. 아멘.

✝ 오늘의 말씀을 묵상하며, 적용을 생각해 봅니다.

말씀 "   "

적용 "지혜로운 부모와 교사는 아이들 앞에서 깔끔한 외모에 신경 쓰는 모습을 보여줍니다."

열아홉번째 날

전지전능하신 사랑의 하나님, 은혜의 하나님, 평강의 하나님!
오늘도 부모(교사)로 부르심에 감사와 찬송을 드립니다.
주 예수 그리스도 안에서 먼저 나 자신이 하나님의 자녀임을 고백하고, 하나님 아버지의 사랑에 믿음과 순종으로 바르게 응답하는 삶을 살고 있는지를 돌아봅니다.
오직 하나님의 영광을 위하여, 이제 내게 명하신 말씀을 마음에 새기고 자녀에게 부지런히 가르치며, 맡겨주신 일을 말씀과 기도로 기쁘게 감당하고자 합니다.

우리를 깨끗케 하시는 하나님,
눈동자같이 지키시는 사랑하는 ○○(이)를 위해 복음의 말씀을 들려주시옵소서.
귀 기울여 듣겠나이다.

> **"이는 우리가 모든 경건과 단정함으로
> 고요하고 평안한 생활을 하려 함이라"**
>
> (딤전 2:2하)

거룩하신 성부 · 성자 · 성령, 능력의 하나님,
허락하신 삶의 현장에서 자녀와 함께 말씀기도를 드립니다. 하나님께서 들려주신 말씀을 먹고 말씀의 능력을 힘입어, 주 안에서 '예의를 보이며' 아이의 생활을 돕고 일깨우겠습니다. 은혜 중에 말씀대로 살아낼 수 있도록 순간순간 동행하시며 친히 인도하여 주시옵소서. 이 아이의 삶을 통해 하나님 홀로 영광 받으소서.

오! 살아계신 아버지 하나님,
이 아이가 하나님의 사람으로 옳다 여기심을 입을 수 있도록 기쁨과 감사로 온전히 위탁하오며, 찬양받으실 우리 주 예수 그리스도의 이름으로 기도하옵나이다. 아멘.

✝ 오늘의 말씀을 묵상하며, 적용을 생각해 봅니다.

말씀 "   "

적용 "지혜로운 부모와 교사는 아이들에게 공중도덕과 단정한 자세를 가르칩니다."

전지전능하신 사랑의 하나님, 은혜의 하나님, 평강의 하나님!
오늘도 부모(교사)로 부르심에 감사와 찬송을 드립니다.
주 예수 그리스도 안에서 먼저 나 자신이 하나님의 자녀임을 고백하고, 하나님 아버지의 사랑에 믿음과 순종으로 바르게 응답하는 삶을 살고 있는지를 돌아봅니다.
오직 하나님의 영광을 위하여, 이제 내게 명하신 말씀을 마음에 새기고 자녀에게 부지런히 가르치며, 맡겨주신 일을 말씀과 기도로 기쁘게 감당하고자 합니다.

삶의 지혜를 열어주시는 성령 하나님,
눈동자같이 지키시는 사랑하는 ○○(이)를 위해 복음의 말씀을 들려주시옵소서.
귀 기울여 듣겠나이다.

> **"밤이 새기 전에 일어나서 자기 집안사람들에게
> 음식을 나누어 주며 여종들에게 일을 정하여 맡기며
> 밭을 살펴 보고 사며 자기의 손으로 번 것을 가지고 포도원을 일구며 …
> 입을 열어 지혜를 베풀며 그의 혀로 인애의 법을 말하며"**
>
> (잠 31:15-16, 26)

거룩하신 성부·성자·성령, 능력의 하나님,
허락하신 삶의 현장에서 자녀와 함께 말씀기도를 드립니다. 하나님께서 들려주신 말씀을 먹고 말씀의 능력을 힘입어, 주 안에서 '**노동의 신성함으로 일하며 향상될 수 있도록**' 아이의 생활을 돕고 일깨우겠습니다. 은혜 중에 말씀대로 살아낼 수 있도록 순간순간 동행하시며 친히 인도하여 주시옵소서. 이 아이의 삶을 통해 하나님 홀로 영광 받으소서.

오! 살아계신 아버지 하나님,
이 아이가 하나님의 사람으로 옳다 여기심을 입을 수 있도록 기쁨과 감사로 온전히 위탁하오며, 찬양받으실 우리 주 예수 그리스도의 이름으로 기도하옵나이다. 아멘.

✝ 오늘의 말씀을 묵상하며, 적용을 생각해 봅니다.

 **말씀** " "

 **적용** "지혜로운 부모와 교사는 아이들에게 삶의 수단과 살아갈 재원을 제공할 뿐 아니라, 그들의 마음에 지혜를 쌓도록 온 힘을 다하여 애씁니다."

Mom & Dad's 스물한번째 날

전지전능하신 사랑의 하나님, 은혜의 하나님, 평강의 하나님!
오늘도 부모(교사)로 부르심에 감사와 찬송을 드립니다.
주 예수 그리스도 안에서 먼저 나 자신이 하나님의 자녀임을 고백하고, 하나님 아
버지의 사랑에 믿음과 순종으로 바르게 응답하는 삶을 살고 있는지를 돌아봅니다.
오직 하나님의 영광을 위하여, 이제 내게 명하신 말씀을 마음에 새기고 자녀에게
부지런히 가르치며, 맡겨주신 일을 말씀과 기도로 기쁘게 감당하고자 합니다.

주님의 무조건적인 사랑을 누리게 하시는 아버지 하나님,
눈동자같이 지키시는 사랑하는 ○○(이)를 위해 복음의 말씀을 들려주시옵소서.
귀 기울여 듣겠나이다.

**"선한 말은 꿀송이 같아서
마음에 달고 뼈에 양약이 되느니라"**

(잠 16:24)

거룩하신 성부 · 성자 · 성령, 능력의 하나님,
허락하신 삶의 현장에서 자녀와 함께 말씀기도를 드립니다. 하나님께서 들려주신
말씀을 먹고 말씀의 능력을 힘입어, 주 안에서 '화답함이 있는 대화로' 아이의 생활
을 도우며 일깨우겠습니다. 은혜 중에 말씀대로 살아낼 수 있도록 순간순간 동행하
시며 친히 인도하여 주시옵소서. 이 아이의 삶을 통해 하나님 홀로 영광 받으소서.

오! 살아계신 아버지 하나님,
이 아이가 하나님의 사람으로 옳다 여기심을 입을 수 있도록 기쁨과 감사로 온전히
위탁하오며, 찬양받으실 우리 주 예수 그리스도의 이름으로 기도하옵나이다. 아멘.

✝ 오늘의 말씀을 묵상하며, 적용을 생각해 봅니다.

"   "

"지혜로운 부모와 교사가 들려주는 진실한 사랑의 말은 아이들에게 감동을 안겨줍니다. 감
동은 사람을 성장시킵니다."

Mom & Dad's 스물두번째 날

전지전능하신 사랑의 하나님, 은혜의 하나님, 평강의 하나님!
오늘도 부모(교사)로 부르심에 감사와 찬송을 드립니다.
주 예수 그리스도 안에서 먼저 나 자신이 하나님의 자녀임을 고백하고, 하나님 아버지의 사랑에 믿음과 순종으로 바르게 응답하는 삶을 살고 있는지를 돌아봅니다.
오직 하나님의 영광을 위하여, 이제 내게 명하신 말씀을 마음에 새기고 자녀에게 부지런히 가르치며, 맡겨주신 일을 말씀과 기도로 기쁘게 감당하고자 합니다.

나의 기쁨 나의 소망이신 주님,
눈동자같이 지키시는 사랑하는 ○○(이)를 위해 복음의 말씀을 들려주시옵소서.
귀 기울여 듣겠나이다.

**"내 영혼을 소생시키시고
자기 이름을 위하여 의의 길로 인도하시는도다"**

(시 23:3)

거룩하신 성부 · 성자 · 성령, 능력의 하나님,
허락하신 삶의 현장에서 자녀와 함께 말씀기도를 드립니다. 하나님께서 들려주신 말씀을 먹고 말씀의 능력을 힘입어, 주 안에서 '**궁극적 승리를 믿는 마음으로**' 아이의 생활을 도우며 일깨우겠습니다. 은혜 중에 말씀대로 살아낼 수 있도록 순간순간 동행하시며 친히 인도하여 주시옵소서. 이 아이의 삶을 통해 하나님 홀로 영광 받으소서.

오! 살아계신 아버지 하나님,
이 아이가 하나님의 사람으로 옳다 여기심을 입을 수 있도록 기쁨과 감사로 온전히 위탁하오며, 찬양받으실 우리 주 예수 그리스도의 이름으로 기도하옵나이다. 아멘.

✝ 오늘의 말씀을 묵상하며, 적용을 생각해 봅니다.

 "   "

 "지혜로운 부모와 교사는 아이들에게 희망과 신념을 심어줍니다."

전지전능하신 사랑의 하나님, 은혜의 하나님, 평강의 하나님!
오늘도 부모(교사)로 부르심에 감사와 찬송을 드립니다.
주 예수 그리스도 안에서 먼저 나 자신이 하나님의 자녀임을 고백하고, 하나님 아버지의 사랑에 믿음과 순종으로 바르게 응답하는 삶을 살고 있는지를 돌아봅니다. 오직 하나님의 영광을 위하여, 이제 내게 명하신 말씀을 마음에 새기고 자녀에게 부지런히 가르치며, 맡겨주신 일을 말씀과 기도로 기쁘게 감당하고자 합니다.

나의 영혼 싸울 때 대장되어 주시는 하나님,
눈동자같이 지키시는 사랑하는 ○○(이)를 위해 복음의 말씀을 들려주시옵소서.
귀 기울여 듣겠나이다.

> **"그들이 평온함으로 말미암아 기뻐하는 중에**
> **여호와께서 그들이 바라는 항구로 인도하시는도다**
> **여호와의 인자하심과 인생에게 행하신 기적으로 말미암아**
> **그를 찬송할지로다"**
>
> (시 107:30-31)

거룩하신 성부 · 성자 · 성령, 능력의 하나님,
허락하신 삶의 현장에서 자녀와 함께 말씀기도를 드립니다. 하나님께서 들려주신 말씀을 먹고 말씀의 능력을 힘입어, 주 안에서 '사랑의 능력을 신뢰하는 믿음으로' 아이의 생활을 도우며 일깨우겠습니다. 은혜 중에 말씀대로 살아낼 수 있도록 순간순간 동행하시며 친히 인도하여 주시옵소서. 이 아이의 삶을 통해 하나님 홀로 영광 받으소서.

오! 살아계신 아버지 하나님,
이 아이가 하나님의 사람으로 옳다 여기심을 입을 수 있도록 기쁨과 감사로 온전히 위탁하오며, 찬양받으실 우리 주 예수 그리스도의 이름으로 기도하옵나이다. 아멘.

✝ 오늘의 말씀을 묵상하며, 적용을 생각해 봅니다.

"   "

"지혜로운 부모와 교사는 아이들을 인정해주고 포기하지 않는 끈질긴 기원으로 기적을 일으킵니다."

Mom & Dad's 스물네번째 날

전지전능하신 사랑의 하나님, 은혜의 하나님, 평강의 하나님!
오늘도 부모(교사)로 부르심에 감사와 찬송을 드립니다.
주 예수 그리스도 안에서 먼저 나 자신이 하나님의 자녀임을 고백하고, 하나님 아버지의 사랑에 믿음과 순종으로 바르게 응답하는 삶을 살고 있는지를 돌아봅니다.
오직 하나님의 영광을 위하여, 이제 내게 명하신 말씀을 마음에 새기고 자녀에게 부지런히 가르치며, 맡겨주신 일을 말씀과 기도로 기쁘게 감당하고자 합니다.

성령의 감화로 나를 붙들어 주시는 주님,
눈동자같이 지키시는 사랑하는 ○○(이)를 위해 복음의 말씀을 들려주시옵소서.
귀 기울여 듣겠나이다.

> **"성령이 비둘기 같은 형체로 그의 위에 강림하시더니**
> **하늘로부터 소리가 나기를**
> **너는 내 사랑하는 아들이라**
> **내가 너를 기뻐하노라 하시니라"**
>
> (눅 3:22)

거룩하신 성부 · 성자 · 성령, 능력의 하나님,
허락하신 삶의 현장에서 자녀와 함께 말씀기도를 드립니다. 하나님께서 들려주신 말씀을 먹고 말씀의 능력을 힘입어, 주 안에서 '반기는 사랑으로' 아이의 생활을 도우며 일깨우겠습니다. 은혜 중에 말씀대로 살아낼 수 있도록 순간순간 동행하시며 친히 인도하여 주시옵소서. 이 아이의 삶을 통해 하나님 홀로 영광 받으소서.

오! 살아계신 아버지 하나님,
이 아이가 하나님의 사람으로 옳다 여기심을 입을 수 있도록 기쁨과 감사로 온전히 위탁하오며, 찬양받으실 우리 주 예수 그리스도의 이름으로 기도하옵나이다. 아멘.

✝ 오늘의 말씀을 묵상하며, 적용을 생각해 봅니다.

말씀 "   "

적용 "지혜로운 부모와 교사는 아이들에게 친밀하고 즐겁게 사랑을 표현합니다."

Mom & Dad's 스물다섯번째 날

전지전능하신 사랑의 하나님, 은혜의 하나님, 평강의 하나님!
오늘도 부모(교사)로 부르심에 감사와 찬송을 드립니다.
주 예수 그리스도 안에서 먼저 나 자신이 하나님의 자녀임을 고백하고, 하나님 아버지의 사랑에 믿음과 순종으로 바르게 응답하는 삶을 살고 있는지를 돌아봅니다.
오직 하나님의 영광을 위하여, 이제 내게 명하신 말씀을 마음에 새기고 자녀에게 부지런히 가르치며, 맡겨주신 일을 말씀과 기도로 기쁘게 감당하고자 합니다.

예수만 섬기는 자라 부르시는 임마누엘의 하나님,
눈동자같이 지키시는 사랑하는 ○○(이)를 위해 복음의 말씀을 들려주시옵소서.
귀 기울여 듣겠나이다.

> **"나의 걸음이 주의 길을 굳게 지키고
> 실족하지 아니하였나이다"**
>
> (시 17:5)

거룩하신 성부 · 성자 · 성령, 능력의 하나님,
허락하신 삶의 현장에서 자녀와 함께 말씀기도를 드립니다. 하나님께서 들려주신 말씀을 먹고 말씀의 능력을 힘입어, 주 안에서 '**안녕을 굳게 지키며**' 아이의 생활을 돕고 일깨우겠습니다. 은혜 중에 말씀대로 살아낼 수 있도록 순간순간 동행하시며 친히 인도하여 주시옵소서. 이 아이의 삶을 통해 하나님 홀로 영광 받으소서.

오! 살아계신 아버지 하나님,
이 아이가 하나님의 사람으로 옳다 여기심을 입을 수 있도록 기쁨과 감사로 온전히 위탁하오며, 찬양받으실 우리 주 예수 그리스도의 이름으로 기도하옵나이다. 아멘.

✝ 오늘의 말씀을 묵상하며, 적용을 생각해 봅니다.

 "   "

 "지혜로운 부모와 교사는 일관성과 지속성을 가지고 아이들이 안정감과 자신감을 유지하도록 이끌어 줍니다."

Mom & Dad's 스물여섯번째 날

전지전능하신 사랑의 하나님, 은혜의 하나님, 평강의 하나님!
오늘도 부모(교사)로 부르심에 감사와 찬송을 드립니다.
주 예수 그리스도 안에서 먼저 나 자신이 하나님의 자녀임을 고백하고, 하나님 아버지의 사랑에 믿음과 순종으로 바르게 응답하는 삶을 살고 있는지를 돌아봅니다.
오직 하나님의 영광을 위하여, 이제 내게 명하신 말씀을 마음에 새기고 자녀에게 부지런히 가르치며, 맡겨주신 일을 말씀과 기도로 기쁘게 감당하고자 합니다.

친히 기도로 큰 본을 보여주신 주님,
눈동자같이 지키시는 사랑하는 ○○(이)를 위해 복음의 말씀을 들려주시옵소서.
귀 기울여 듣겠나이다.

> **"하나님이여 내게 응답하시겠으므로 내가 불렀사오니
> 내게 귀를 기울여 내 말을 들으소서"**
>
> (시 17:6)

거룩하신 성부 · 성자 · 성령, 능력의 하나님,
허락하신 삶의 현장에서 자녀와 함께 말씀기도를 드립니다. 하나님께서 들려주신 말씀을 먹고 말씀의 능력을 힘입어, 주 안에서 '답이 찾아지는 질문으로' 아이의 생활을 도우며 일깨우겠습니다. 은혜 중에 말씀대로 살아낼 수 있도록 순간순간 동행하시며 친히 인도하여 주시옵소서. 이 아이의 삶을 통해 하나님 홀로 영광 받으소서.

오! 살아계신 아버지 하나님,
이 아이가 하나님의 사람으로 옳다 여기심을 입을 수 있도록 기쁨과 감사로 온전히 위탁하오며, 찬양받으실 우리 주 예수 그리스도의 이름으로 기도하옵나이다. 아멘.

✝ 오늘의 말씀을 묵상하며, 적용을 생각해 봅니다.

"   "

"지혜로운 부모와 교사는 긍정적인 질문으로 아이들의 긍정적인 의도를 알아내고 찾아줍니다."

Mom & Dad's 스물일곱번째 날

전지전능하신 사랑의 하나님, 은혜의 하나님, 평강의 하나님!
오늘도 부모(교사)로 부르심에 감사와 찬송을 드립니다.
주 예수 그리스도 안에서 먼저 나 자신이 하나님의 자녀임을 고백하고, 하나님 아버지의 사랑에 믿음과 순종으로 바르게 응답하는 삶을 살고 있는지를 돌아봅니다.
오직 하나님의 영광을 위하여, 이제 내게 명하신 말씀을 마음에 새기고 자녀에게 부지런히 가르치며, 맡겨주신 일을 말씀과 기도로 기쁘게 감당하고자 합니다.

빛나는 면류관을 쓰시고 나를 찾아오시는 예수님,
눈동자같이 지키시는 사랑하는 ○○(이)를 위해 복음의 말씀을 들려주시옵소서.
귀 기울여 듣겠나이다.

**"여호와여
주는 겸손한 자의 소원을 들으셨사오니
그들의 마음을 준비하시며 귀를 기울여 들으시고"**

(시 10:17)

거룩하신 성부 · 성자 · 성령, 능력의 하나님,
허락하신 삶의 현장에서 자녀와 함께 말씀기도를 드립니다. 하나님께서 들려주신 말씀을 먹고 말씀의 능력을 힘입어, 주 안에서 '**공감하는 능력을 계발하며**' 아이의 생활을 돕고 일깨우겠습니다. 은혜 중에 말씀대로 살아낼 수 있도록 순간순간 동행하시며 친히 인도하여 주시옵소서. 이 아이의 삶을 통해 하나님 홀로 영광 받으소서.

오! 살아계신 아버지 하나님,
이 아이가 하나님의 사람으로 옳다 여기심을 입을 수 있도록 기쁨과 감사로 온전히 위탁하오며, 찬양받으실 우리 주 예수 그리스도의 이름으로 기도하옵나이다. 아멘.

✝ 오늘의 말씀을 묵상하며, 적용을 생각해 봅니다.

말씀 "   "

적용 "지혜로운 부모와 교사는 공감하고, 믿어주고, 인정하며, 격려하는 능력을 발휘합니다."

전지전능하신 사랑의 하나님, 은혜의 하나님, 평강의 하나님!
오늘도 부모(교사)로 부르심에 감사와 찬송을 드립니다.
주 예수 그리스도 안에서 먼저 나 자신이 하나님의 자녀임을 고백하고, 하나님 아버지의 사랑에 믿음과 순종으로 바르게 응답하는 삶을 살고 있는지를 돌아봅니다. 오직 하나님의 영광을 위하여, 이제 내게 명하신 말씀을 마음에 새기고 자녀에게 부지런히 가르치며, 맡겨주신 일을 말씀과 기도로 기쁘게 감당하고자 합니다.

나의 모든 것을 아시는 내 주 하나님,
눈동자같이 지키시는 사랑하는 ○○(이)를 위해 복음의 말씀을 들려주시옵소서.
귀 기울여 듣겠나이다.

> **"나에게 이르시기를 내 은혜가 네게 족하도다**
> **이는 내 능력이 약한 데서 온전하여짐이라 하신지라**
> **그러므로 도리어 크게 기뻐함으로**
> **나의 여러 약한 것들에 대하여 자랑하리니**
> **이는 그리스도의 능력이 내게 머물게 하려 함이라"**
>
> (고후 12:9)

거룩하신 성부 · 성자 · 성령, 능력의 하나님,
허락하신 삶의 현장에서 자녀와 함께 말씀기도를 드립니다. 하나님께서 들려주신 말씀을 먹고 말씀의 능력을 힘입어, 주 안에서 '**가능성을 찾아내어 주며 신장해 가도록**' 아이의 생활을 도우며 일깨우겠습니다. 은혜 중에 말씀대로 살아낼 수 있도록 순간순간 동행하시며 친히 인도하여 주시옵소서. 이 아이의 삶을 통해 하나님 홀로 영광 받으소서.

오! 살아계신 아버지 하나님,
이 아이가 하나님의 사람으로 옳다 여기심을 입을 수 있도록 기쁨과 감사로 온전히 위탁하오며, 찬양받으실 우리 주 예수 그리스도의 이름으로 기도하옵나이다. 아멘.

✝ 오늘의 말씀을 묵상하며, 적용을 생각해 봅니다.

"   "

"지혜로운 부모와 교사는 아이들의 강점과 약점을 알고 있으며, 아이들이 재능을 드러내도록 열심히 하는 태도를 길러줍니다."

 # 스물아홉번째 날

전지전능하신 사랑의 하나님, 은혜의 하나님, 평강의 하나님!
오늘도 부모(교사)로 부르심에 감사와 찬송을 드립니다.
주 예수 그리스도 안에서 먼저 나 자신이 하나님의 자녀임을 고백하고, 하나님 아버지의 사랑에 믿음과 순종으로 바르게 응답하는 삶을 살고 있는지를 돌아봅니다.
오직 하나님의 영광을 위하여, 이제 내게 명하신 말씀을 마음에 새기고 자녀에게 부지런히 가르치며, 맡겨주신 일을 말씀과 기도로 기쁘게 감당하고자 합니다.

내 능력의 주인이신 하나님,
눈동자같이 지키시는 사랑하는 ○○(이)를 위해 복음의 말씀을 들려주시옵소서.
귀 기울여 듣겠나이다.

> **"각각 은사를 받은 대로
> 하나님의 여러 가지 은혜를 맡은 선한 청지기같이
> 서로 봉사하라"**
>
> (벧전 4:10)

거룩하신 성부 · 성자 · 성령, 능력의 하나님,
허락하신 삶의 현장에서 자녀와 함께 말씀기도를 드립니다. 하나님께서 들려주신 말씀을 먹고 말씀의 능력을 힘입어, 주 안에서 **'청지기의 삶으로 충실함을 배우도록'** 아이의 생활을 도우며 일깨우겠습니다. 은혜 중에 말씀대로 살아낼 수 있도록 순간순간 동행하시며 친히 인도하여 주시옵소서. 이 아이의 삶을 통해 하나님 홀로 영광 받으소서.

오! 살아계신 아버지 하나님,
이 아이가 하나님의 사람으로 옳다 여기심을 입을 수 있도록 기쁨과 감사로 온전히 위탁하오며, 찬양받으실 우리 주 예수 그리스도의 이름으로 기도하옵나이다. 아멘.

✝ 오늘의 말씀을 묵상하며, 적용을 생각해 봅니다.

 **말씀** "   "

 **적용** "지혜로운 부모와 교사는 아이들에게 마땅히 해야 할 것과 개개인의 천부적 성품이나 타고난 소질이 잘 조화를 이루도록 가르칩니다."

Mom & Dad's 서른번째 날

전지전능하신 사랑의 하나님, 은혜의 하나님, 평강의 하나님!
오늘도 부모(교사)로 부르심에 감사와 찬송을 드립니다.
주 예수 그리스도 안에서 먼저 나 자신이 하나님의 자녀임을 고백하고, 하나님 아버지의 사랑에 믿음과 순종으로 바르게 응답하는 삶을 살고 있는지를 돌아봅니다.
오직 하나님의 영광을 위하여, 이제 내게 명하신 말씀을 마음에 새기고 자녀에게 부지런히 가르치며, 맡겨주신 일을 말씀과 기도로 기쁘게 감당하고자 합니다.

생명과 호흡의 말씀으로 역사하시는 여호와 하나님,
눈동자같이 지키시는 사랑하는 ○○(이)를 위해 복음의 말씀을 들려주시옵소서.
귀 기울여 듣겠나이다.

> **"여호와의 율법은 완전하여 영혼을 소성시키며
> 여호와의 증거는 확실하여 우둔한 자를 지혜롭게 하며
> 여호와의 교훈은 정직하여 마음을 기쁘게 하고
> 여호와의 계명은 순결하여 눈을 밝게 하시도다"**
>
> (시 19:7-8)

거룩하신 성부 · 성자 · 성령, 능력의 하나님,
허락하신 삶의 현장에서 자녀와 함께 말씀기도를 드립니다. 하나님께서 들려주신 말씀을 먹고 말씀의 능력을 힘입어, 주 안에서 '**말씀의 생활화를 위해**' 아이의 생활을 도우며 일깨우겠습니다. 은혜 중에 말씀대로 살아낼 수 있도록 순간순간 동행하시며 친히 인도하여 주시옵소서. 이 아이의 삶을 통해 하나님 홀로 영광 받으소서.

오! 살아계신 아버지 하나님,
이 아이가 하나님의 사람으로 옳다 여기심을 입을 수 있도록 기쁨과 감사로 온전히 위탁하오며, 찬양받으실 우리 주 예수 그리스도의 이름으로 기도하옵나이다. 아멘.

✝ 오늘의 말씀을 묵상하며, 적용을 생각해 봅니다.

 " ___________________________ "

 "지혜로운 부모와 교사는 아이들의 일상적 삶을 즐기도록 지원해줌으로써 아이들이 평범함 속에서도 세상의 지혜를 배우며 성숙해 가도록 돕습니다."

엘리사벳이 마리아가 문안함을 들으매 아이가 복중에서 뛰노는지라
엘리사벳이 성령의 충만함을 받아 큰 소리로 불러 이르되
여자 중에 네가 복이 있으며 네 태중의 아이도 복이 있도다
내 주의 어머니가 내게 나아오니 이 어찌 된 일인가
보라 네 문안하는 소리가 내 귀에 들릴 때에
아이가 내 복중에서 기쁨으로 뛰놀았도다
주께서 하신 말씀이 반드시 이루어지리라고 믿은 그 여자에게
복이 있도다

(누가복음 1:41-45)

"'매일 하나님의 말씀대로 살아가기 위해서 나는 어떻게 살아야 할까'를 자녀와 함께 이야기하는 10분의 시간은, 돈을 주고도 살 수 없는 가치 있는 믿음의 유산이 될 것입니다. 어린 시절에 아버지와 말씀으로 함께하는 시간의 진한 추억을 우리 아이들에게 줄 사랑의 선물로 준비하고 있습니다."

예비아빠 1/ 의재

10 ^{Oct.}

사랑의 기도

“하나님이 우리를 사랑하시는 사랑을
우리가 알고 믿었노니
하나님은 사랑이시라
사랑 안에 거하는 자는 하나님 안에 거하고
하나님도 그의 안에 거하시느니라”

(요일 4:16)

첫번째 날

전지전능하신 사랑의 하나님, 은혜의 하나님, 평강의 하나님!
오늘도 부모(교사)로 부르심에 감사와 찬송을 드립니다.
주 예수 그리스도 안에서 먼저 나 자신이 하나님의 자녀임을 고백하고, 하나님 아버지의 사랑에 믿음과 순종으로 바르게 응답하는 삶을 살고 있는지를 돌아봅니다.
오직 하나님의 영광을 위하여, 이제 내게 명하신 말씀을 마음에 새기고 자녀에게 부지런히 가르치며, 맡겨주신 일을 말씀과 기도로 기쁘게 감당하고자 합니다.

영광 받으실 여호와 하나님,
눈동자같이 지키시는 사랑하는 ○○(이)를 위해 복음의 말씀을 들려주시옵소서.
귀 기울여 듣겠나이다.

> **"나의 자녀들아 너희 속에
> 그리스도의 형상을 이루기까지
> 다시 너희를 위하여 해산하는 수고를 하노니"**
>
> (갈 4:19)

거룩하신 성부 · 성자 · 성령, 능력의 하나님,
허락하신 삶의 현장에서 자녀와 함께 말씀기도를 드립니다. 하나님께서 들려주신 말씀을 먹고 말씀의 능력을 힘입어, 주 안에서 '하나님께 순종하는 믿음으로' 아이의 생활을 도우며 일깨우겠습니다. 은혜 중에 말씀대로 살아낼 수 있도록 순간순간 동행하시며 친히 인도하여 주시옵소서. 이 아이의 삶을 통해 하나님 홀로 영광 받으소서.

오! 살아계신 아버지 하나님,
이 아이가 하나님의 사람으로 사랑받을 수 있도록 기쁨과 감사로 온전히 위탁하오며, 찬양받으실 우리 주 예수 그리스도의 이름으로 간절히 기도하옵나이다. 아멘.

✝ 오늘의 말씀을 묵상하며, 적용을 생각해 봅니다.

말씀 "   "

적용 "우리가 받은 축복은 많은 교사와 부모들이 진실로 헌신적이라는 것입니다. 교사와 부모들은 다음 세대에 그들의 삶을 줍니다."

전지전능하신 사랑의 하나님, 은혜의 하나님, 평강의 하나님!
오늘도 부모(교사)로 부르심에 감사와 찬송을 드립니다.
주 예수 그리스도 안에서 먼저 나 자신이 하나님의 자녀임을 고백하고, 하나님 아버지의 사랑에 믿음과 순종으로 바르게 응답하는 삶을 살고 있는지를 돌아봅니다.
오직 하나님의 영광을 위하여, 이제 내게 명하신 말씀을 마음에 새기고 자녀에게 부지런히 가르치며, 맡겨주신 일을 말씀과 기도로 기쁘게 감당하고자 합니다.

주를 찬양하고 경배하게 하시는 영화로우신 하나님,
눈동자같이 지키시는 사랑하는 ○○(이)를 위해 복음의 말씀을 들려주시옵소서.
귀 기울여 듣겠나이다.

> **"내가 여호와의 인자하심을 영원히 노래하며**
> **주의 성실하심을**
> **내 입으로 대대에 알게 하리이다"**
>
> (시 89:1)

거룩하신 성부·성자·성령, 능력의 하나님,
허락하신 삶의 현장에서 자녀와 함께 말씀기도를 드립니다. 하나님께서 들려주신 말씀을 먹고 말씀의 능력을 힘입어, 주 안에서 '추억의 시간 선물을 준비하고' 아이의 생활을 도우며 일깨우겠습니다. 은혜 중에 말씀대로 살아낼 수 있도록 순간순간 동행하시며 친히 인도하여 주시옵소서. 이 아이의 삶을 통해 하나님 홀로 영광 받으소서.

오! 살아계신 아버지 하나님,
이 아이가 하나님의 사람으로 사랑받을 수 있도록 기쁨과 감사로 온전히 위탁하오며, 찬양받으실 우리 주 예수 그리스도의 이름으로 간절히 기도하옵나이다. 아멘.

✝ 오늘의 말씀을 묵상하며, 적용을 생각해 봅니다.

말씀 "   "

적용 "부모와 자녀가 함께 나눈 시간은 자녀에게 세상을 살아가는 데 좋은 추억이 됩니다."

Mom & Dad's 세번째 날

전지전능하신 사랑의 하나님, 은혜의 하나님, 평강의 하나님!
오늘도 부모(교사)로 부르심에 감사와 찬송을 드립니다.
주 예수 그리스도 안에서 먼저 나 자신이 하나님의 자녀임을 고백하고, 하나님 아버지의 사랑에 믿음과 순종으로 바르게 응답하는 삶을 살고 있는지를 돌아봅니다.
오직 하나님의 영광을 위하여, 이제 내게 명하신 말씀을 마음에 새기고 자녀에게 부지런히 가르치며, 맡겨주신 일을 말씀과 기도로 기쁘게 감당하고자 합니다.

주의 교훈으로 나를 새롭게 만들어 주시는 하나님,
눈동자같이 지키시는 사랑하는 ○○(이)를 위해 복음의 말씀을 들려주시옵소서.
귀 기울여 듣겠나이다.

> "네 하나님 여호와께서 네게 주신 땅에서
> 그 토지의 모든 소산의 맏물을 거둔 후에 그것을 가져다가 광주리에 담고
> 네 하나님 여호와께서 그의 이름을 두시려고 택하신 곳으로
> 그것을 가지고 가서, 너는 그것을 네 하나님 여호와 앞에 두고
> 네 하나님 여호와 앞에 경배할 것이며"
>
> (신 26:2,10하)

거룩하신 성부·성자·성령, 능력의 하나님,
허락하신 삶의 현장에서 자녀와 함께 말씀기도를 드 립니다. 들려주신 말씀을 먹고 말씀의 능력을 힘입어, 주 안에서 '경배가 있는 감사를 배우도록' 아이의 생활을 도우며 일깨우겠습니다. 은혜 중에 말씀대로 살아낼 수 있도록 순간순간 동행하시며 친히 인도하여 주시옵소서. 이 아이의 삶을 통해 하나님 홀로 영광 받으소서.

오! 살아계신 아버지 하나님,
이 아이가 하나님의 사람으로 사랑받을 수 있도록 기쁨과 감사로 온전히 위탁하오며, 찬양받으실 우리 주 예수 그리스도의 이름으로 간절히 기도하옵나이다. 아멘.

✝ 오늘의 말씀을 묵상하며, 적용을 생각해 봅니다.

말씀 "   "

적용 "가을에 여행을 떠나 보세요. 각종 열매들을 보며, 수고함의 가치와 수확의 기쁨과 감사의 마음을 알게 됩니다."

Mom & Dad's 네번째 날

전지전능하신 사랑의 하나님, 은혜의 하나님, 평강의 하나님!
오늘도 부모(교사)로 부르심에 감사와 찬송을 드립니다.
주 예수 그리스도 안에서 먼저 나 자신이 하나님의 자녀임을 고백하고, 하나님 아
버지의 사랑에 믿음과 순종으로 바르게 응답하는 삶을 살고 있는지를 돌아봅니다.
오직 하나님의 영광을 위하여, 이제 내게 명하신 말씀을 마음에 새기고 자녀에게
부지런히 가르치며, 맡겨주신 일을 말씀과 기도로 기쁘게 감당하고자 합니다.

영광의 왕이신 여호와 하나님,
눈동자같이 지키시는 사랑하는 ○○(이)를 위해 복음의 말씀을 들려주시옵소서.
귀 기울여 듣겠나이다.

> **"만일 여호와를 섬기는 것이 너희에게 좋지 않게 보이거든**
> **너희 조상들이 강 저쪽에서 섬기던 신들이든지**
> **또는 너희가 거주하는 땅에 있는 아모리 족속의 신들이든지**
> **너희가 섬길 자를 오늘 택하라**
> **오직 나와 내 집은 여호와를 섬기겠노라 하니"**
>
> (수 24:15)

거룩하신 성부 · 성자 · 성령, 능력의 하나님,
허락하신 삶의 현장에서 자녀와 함께 말씀기도를 드립니다. 하나님께서 들려주신
말씀을 먹고 말씀의 능력을 힘입어, 주 안에서 '확증된 믿음으로' 아이의 생활을 도
우며 일깨우겠습니다. 은혜 중에 말씀대로 살아낼 수 있도록 순간순간 동행하시며
친히 인도하여 주시옵소서. 이 아이의 삶을 통해 하나님 홀로 영광 받으소서.

오! 살아계신 아버지 하나님,
이 아이가 하나님의 사람으로 사랑받을 수 있도록 기쁨과 감사로 온전히 위탁하오
며, 찬양받으실 우리 주 예수 그리스도의 이름으로 간절히 기도하옵나이다. 아멘.

✝ 오늘의 말씀을 묵상하며, 적용을 생각해 봅니다.

말씀 "   "

적용 "부모는 자녀의 교육을 위한 교육환경 조성자의 역할을 합니다."

 # 다섯번째 날

전지전능하신 사랑의 하나님, 은혜의 하나님, 평강의 하나님!
오늘도 부모(교사)로 부르심에 감사와 찬송을 드립니다.
주 예수 그리스도 안에서 먼저 나 자신이 하나님의 자녀임을 고백하고, 하나님 아버지의 사랑에 믿음과 순종으로 바르게 응답하는 삶을 살고 있는지를 돌아봅니다.
오직 하나님의 영광을 위하여, 이제 내게 명하신 말씀을 마음에 새기고 자녀에게 부지런히 가르치며, 맡겨주신 일을 말씀과 기도로 기쁘게 감당하고자 합니다.

천지만물을 창조하시고 복 주시는 하나님,
눈동자같이 지키시는 사랑하는 ○○(이)를 위해 복음의 말씀을 들려주시옵소서.
귀 기울여 듣겠나이다.

> **"네 하나님 여호와께서 네게 기업으로 주신 땅에서
> 네가 반드시 복을 받으리니
> 너희 중에 가난한 자가 없으리라"**
>
> (신 15:5)

거룩하신 성부 · 성자 · 성령, 능력의 하나님,
허락하신 삶의 현장에서 자녀와 함께 말씀기도를 드립니다. 하나님께서 들려주신 말씀을 먹고 말씀의 능력을 힘입어, 주 안에서 **'자연이 소산을 내는 땅으로 보존될 수 있도록'** 아이의 생활을 도우며 일깨우겠습니다. 은혜 중에 말씀대로 살아낼 수 있도록 순간순간 동행하시며 친히 인도하여 주시옵소서. 이 아이의 삶을 통해 하나님 홀로 영광 받으소서.

오! 살아계신 아버지 하나님,
이 아이가 하나님의 사람으로 사랑받을 수 있도록 기쁨과 감사로 온전히 위탁하오며, 찬양받으실 우리 주 예수 그리스도의 이름으로 간절히 기도하옵나이다. 아멘.

✝ 오늘의 말씀을 묵상하며, 적용을 생각해 봅니다.

 **말씀** "   "

 **적용** "자연의 아름다움이 살아있는 좋은 환경은 아이들에게 남겨줄 소중한 유산입니다."

전지전능하신 사랑의 하나님, 은혜의 하나님, 평강의 하나님!
오늘도 부모(교사)로 부르심에 감사와 찬송을 드립니다.
주 예수 그리스도 안에서 먼저 나 자신이 하나님의 자녀임을 고백하고, 하나님 아버지의 사랑에 믿음과 순종으로 바르게 응답하는 삶을 살고 있는지를 돌아봅니다.
오직 하나님의 영광을 위하여, 이제 내게 명하신 말씀을 마음에 새기고 자녀에게 부지런히 가르치며, 맡겨주신 일을 말씀과 기도로 기쁘게 감당하고자 합니다.

천지를 다스리시는 권능을 찬양케 하시는 하나님,
눈동자같이 지키시는 사랑하는 ○○(이)를 위해 복음의 말씀을 들려주시옵소서.
귀 기울여 듣겠나이다.

> **"왕의 모든 옷은 몰약과 침향과 육계의 향기가 있으며
> 상아궁에서 나오는 현악은 왕을 즐겁게 하도다"**
>
> (시 45:8)

거룩하신 성부 · 성자 · 성령, 능력의 하나님,
허락하신 삶의 현장에서 자녀와 함께 말씀기도를 드립니다. 하나님께서 들려주신 말씀을 먹고 말씀의 능력을 힘입어, 주 안에서 '자연친화적 상쾌함으로 생활하도록' 아이의 생활을 도우며 일깨우겠습니다. 은혜 중에 말씀대로 살아낼 수 있도록 순간순간 동행하시며 친히 인도하여 주시옵소서. 이 아이의 삶을 통해 하나님 홀로 영광 받으소서.

오! 살아계신 아버지 하나님,
이 아이가 하나님의 사람으로 사랑받을 수 있도록 기쁨과 감사로 온전히 위탁하오며, 찬양받으실 우리 주 예수 그리스도의 이름으로 간절히 기도하옵나이다. 아멘.

✝ 오늘의 말씀을 묵상하며, 적용을 생각해 봅니다.

말씀 "   "

적용 "하루일과 중 야외에서 햇빛을 받으며 자연과 더불어 놀이하는 시간은 아이에게 긴장감을 해소시켜주고, 즐거운 마음으로 생활할 수 있게 합니다."

 # 일곱번째 날

전지전능하신 사랑의 하나님, 은혜의 하나님, 평강의 하나님!
오늘도 부모(교사)로 부르심에 감사와 찬송을 드립니다.
주 예수 그리스도 안에서 먼저 나 자신이 하나님의 자녀임을 고백하고, 하나님 아버지의 사랑에 믿음과 순종으로 바르게 응답하는 삶을 살고 있는지를 돌아봅니다.
오직 하나님의 영광을 위하여, 이제 내게 명하신 말씀을 마음에 새기고 자녀에게 부지런히 가르치며, 맡겨주신 일을 말씀과 기도로 기쁘게 감당하고자 합니다.

우리의 삶을 주관하시는 주 하나님,
눈동자같이 지키시는 사랑하는 ○○(이)를 위해 복음의 말씀을 들려주시옵소서.
귀 기울여 듣겠나이다.

> "형통한 날에는 기뻐하고 곤고한 날에는 되돌아 보아라
> 이 두 가지를 하나님이 병행하게 하사
> 사람이 그의 장래 일을
> 능히 헤아려 알지 못하게 하셨느니라"
>
> (전 7:14)

거룩하신 성부 · 성자 · 성령, 능력의 하나님,
허락하신 삶의 현장에서 자녀와 함께 말씀기도를 드립니다. 하나님께서 들려주신 말씀을 먹고 말씀의 능력을 힘입어, 주 안에서 '미래를 준비하는 현재의 삶을 살도록' 아이의 생활을 도우며 일깨우겠습니다. 은혜 중에 말씀대로 살아낼 수 있도록 순간순간 동행하시며 친히 인도하여 주시옵소서. 이 아이의 삶을 통해 하나님 홀로 영광 받으소서.

오! 살아계신 아버지 하나님,
이 아이가 하나님의 사람으로 사랑받을 수 있도록 기쁨과 감사로 온전히 위탁하오며, 찬양받으실 우리 주 예수 그리스도의 이름으로 간절히 기도하옵나이다. 아멘.

✝ 오늘의 말씀을 묵상하며, 적용을 생각해 봅니다.

말씀 "   "

적용 "아이들과 함께 문화로의 여행 경험을 가집니다. 문화로의 여행은 각양각색의 예술 작품들과 다양한 삶의 모습에서 감동과 도전을 느끼게 합니다."

전지전능하신 사랑의 하나님, 은혜의 하나님, 평강의 하나님!
오늘도 부모(교사)로 부르심에 감사와 찬송을 드립니다.
주 예수 그리스도 안에서 먼저 나 자신이 하나님의 자녀임을 고백하고, 하나님 아버지의 사랑에 믿음과 순종으로 바르게 응답하는 삶을 살고 있는지를 돌아봅니다.
오직 하나님의 영광을 위하여, 이제 내게 명하신 말씀을 마음에 새기고 자녀에게 부지런히 가르치며, 맡겨주신 일을 말씀과 기도로 기쁘게 감당하고자 합니다.

말씀을 주야로 묵상하는 자를 형통하게 하시는 하나님,
눈동자같이 지키시는 사랑하는 ○○(이)를 위해 복음의 말씀을 들려주시옵소서.
귀 기울여 듣겠나이다.

> **"평생에 자기 옆에 두고 읽어**
> **그의 하나님 여호와 경외하기를 배우며**
> **이 율법의 모든 말과 이 규례를 지켜 행할 것이라"**
>
> (신 17:19)

거룩하신 성부 · 성자 · 성령, 능력의 하나님,
허락하신 삶의 현장에서 자녀와 함께 말씀기도를 드립니다. 하나님께서 들려주신 말씀을 먹고 말씀의 능력을 힘입어, 주 안에서 '**말씀의 치유력을 맛보도록**' 아이의 생활을 도우며 일깨우겠습니다. 은혜 중에 말씀대로 살아낼 수 있도록 순간순간 동행하시며 친히 인도하여 주시옵소서. 이 아이의 삶을 통해 하나님 홀로 영광 받으소서.

오! 살아계신 아버지 하나님,
이 아이가 하나님의 사람으로 사랑받을 수 있도록 기쁨과 감사로 온전히 위탁하오며, 찬양받으실 우리 주 예수 그리스도의 이름으로 간절히 기도하옵나이다. 아멘.

✝ 오늘의 말씀을 묵상하며, 적용을 생각해 봅니다.

말씀 "   "

적용 "부모가 자녀에게 매일 말씀과 책을 읽어주는 것은 좋은 친구를 만들어 주는 것입니다."

Mom & Dad's 아홉번째 날

전지전능하신 사랑의 하나님, 은혜의 하나님, 평강의 하나님!
오늘도 부모(교사)로 부르심에 감사와 찬송을 드립니다.
주 예수 그리스도 안에서 먼저 나 자신이 하나님의 자녀임을 고백하고, 하나님 아버지의 사랑에 믿음과 순종으로 바르게 응답하는 삶을 살고 있는지를 돌아봅니다.
오직 하나님의 영광을 위하여, 이제 내게 명하신 말씀을 마음에 새기고 자녀에게 부지런히 가르치며, 맡겨주신 일을 말씀과 기도로 기쁘게 감당하고자 합니다.

말씀으로 천지를 지으신 여호와 하나님,
눈동자같이 지키시는 사랑하는 ○○(이)를 위해 복음의 말씀을 들려주시옵소서.
귀 기울여 듣겠나이다.

> **"너희는 여호와의 책에서 찾아 읽어 보라**
> **이것들 가운데서 빠진 것이 하나도 없고 제 짝이 없는 것이 없으리니**
> **이는 여호와의 입이 이를 명령하셨고**
> **그의 영이 이것들을 모으셨음이라"**
>
> (사 34:16)

거룩하신 성부 · 성자 · 성령, 능력의 하나님,
허락하신 삶의 현장에서 자녀와 함께 말씀기도를 드립니다. 하나님께서 들려주신 말씀을 먹고 말씀의 능력을 힘입어, 주 안에서 '말씀이 있는 이야기에 귀 기울이도록' 아이의 생활을 도우며 일깨우겠습니다. 은혜 중에 말씀대로 살아낼 수 있도록 순간순간 동행하시며 친히 인도하여 주시옵소서. 이 아이의 삶을 통해 하나님 홀로 영광 받으소서.

오! 살아계신 아버지 하나님,
이 아이가 하나님의 사람으로 사랑받을 수 있도록 기쁨과 감사로 온전히 위탁하오며, 찬양받으실 우리 주 예수 그리스도의 이름으로 간절히 기도하옵나이다. 아멘.

✝ 오늘의 말씀을 묵상하며, 적용을 생각해 봅니다.

말씀 "   "

적용 "자녀에게 성경과 위인전과 자서전을 들려주는 부모의 손은 능력 있는 손입니다. 좋은 책과 친숙해지는 경험을 통해 책보는 것을 즐기고, 책을 소중하게 대하는 태도를 기르도록 합니다."

Mom & Dad's 열번째 날

전지전능하신 사랑의 하나님, 은혜의 하나님, 평강의 하나님!
오늘도 부모(교사)로 부르심에 감사와 찬송을 드립니다.
주 예수 그리스도 안에서 먼저 나 자신이 하나님의 자녀임을 고백하고, 하나님 아버지의 사랑에 믿음과 순종으로 바르게 응답하는 삶을 살고 있는지를 돌아봅니다.
오직 하나님의 영광을 위하여, 이제 내게 명하신 말씀을 마음에 새기고 자녀에게 부지런히 가르치며, 맡겨주신 일을 말씀과 기도로 기쁘게 감당하고자 합니다.

나의 간구하는 기도에 귀 기울여 주시는 좋으신 하나님,
눈동자같이 지키시는 사랑하는 ○○(이)를 위해 복음의 말씀을 들려주시옵소서.
귀 기울여 듣겠나이다.

> **"아무 것도 염려하지 말고 다만 모든 일에 기도와 간구로,
> 너희 구할 것을 감사함으로 하나님께 아뢰라
> 그리하면 모든 지각에 뛰어난 하나님의 평강이
> 그리스도 예수 안에서
> 너희 마음과 생각을 지키시리라"**
>
> (빌 4:6-7)

거룩하신 성부 · 성자 · 성령, 능력의 하나님,
허락하신 삶의 현장에서 자녀와 함께 말씀기도를 드립니다. 하나님께서 들려주신 말씀을 먹고 말씀의 능력을 힘입어, 주 안에서 '**감사가 성품이 되도록**' 아이의 생활을 도우며 일깨우겠습니다. 은혜 중에 말씀대로 살아낼 수 있도록 순간순간 동행하시며 친히 인도하여 주시옵소서. 이 아이의 삶을 통해 하나님 홀로 영광 받으소서.

오! 살아계신 아버지 하나님,
이 아이가 하나님의 사람으로 사랑받을 수 있도록 기쁨과 감사로 온전히 위탁하오며, 찬양받으실 우리 주 예수 그리스도의 이름으로 간절히 기도하옵나이다. 아멘.

✝ 오늘의 말씀을 묵상하며, 적용을 생각해 봅니다.

말씀 "   "

적용 "긍정적 정서는 자신감을 배우는 학습 매체입니다."

Mom & Dad's 열한번째 날

전지전능하신 사랑의 하나님, 은혜의 하나님, 평강의 하나님!
오늘도 부모(교사)로 부르심에 감사와 찬송을 드립니다.
주 예수 그리스도 안에서 먼저 나 자신이 하나님의 자녀임을 고백하고, 하나님 아버지의 사랑에 믿음과 순종으로 바르게 응답하는 삶을 살고 있는지를 돌아봅니다.
오직 하나님의 영광을 위하여, 이제 내게 명하신 말씀을 마음에 새기고 자녀에게 부지런히 가르치며, 맡겨주신 일을 말씀과 기도로 기쁘게 감당하고자 합니다.

사랑으로 나를 다스려 주시는 성령 하나님,
눈동자같이 지키시는 사랑하는 ○○(이)를 위해 복음의 말씀을 들려주시옵소서.
귀 기울여 듣겠나이다.

> **"오직 성령의 열매는 사랑과 희락과 화평과
> 오래 참음과 자비와 양선과 충성과 온유와 절제니
> 이같은 것을 금지할 법이 없느니라"**
>
> (갈 5:22-23)

거룩하신 성부·성자·성령, 능력의 하나님,
허락하신 삶의 현장에서 자녀와 함께 말씀기도를 드립니다. 하나님께서 들려주신 말씀을 먹고 말씀의 능력을 힘입어, 주 안에서 '하나님의 온전한 사랑을 전하며' 아이의 생활을돕고 일깨우겠습니다. 은혜 중에 말씀대로 살아낼 수 있도록 순간순간 동행하시며 친히 인도하여 주시옵소서. 이 아이의 삶을 통해 하나님 홀로 영광 받으소서.

오! 살아계신 아버지 하나님,
이 아이가 하나님의 사람으로 사랑받을 수 있도록 기쁨과 감사로 온전히 위탁하오며, 찬양받으실 우리 주 예수 그리스도의 이름으로 간절히 기도하옵나이다. 아멘.

✝ 오늘의 말씀을 묵상하며, 적용을 생각해 봅니다.

 **말씀** "   "

 **적용** "좋은 성품게서 바른 의사 결정이 나옵니다."

열두번째 날

전지전능하신 사랑의 하나님, 은혜의 하나님, 평강의 하나님!
오늘도 부모(교사)로 부르심에 감사와 찬송을 드립니다.
주 예수 그리스도 안에서 먼저 나 자신이 하나님의 자녀임을 고백하고, 하나님 아버지의 사랑에 믿음과 순종으로 바르게 응답하는 삶을 살고 있는지를 돌아봅니다.
오직 하나님의 영광을 위하여, 이제 내게 명하신 말씀을 마음에 새기고 자녀에게 부지런히 가르치며, 맡겨주신 일을 말씀과 기도로 기쁘게 감당하고자 합니다.

말씀의 역사를 간증케 하시는 하나님,
눈동자같이 지키시는 사랑하는 ○○(이)를 위해 복음의 말씀을 들려주시옵소서.
귀 기울여 듣겠나이다.

> **"이 율법책을 네 입에서 떠나지 말게 하며**
> **주야로 그것을 묵상하여**
> **그 안에 기록된 대로 다 지켜 행하라**
> **그리하면 네 길이 평탄하게 될 것이며 네가 형통하리라"**
>
> (수 1:8)

거룩하신 성부 · 성자 · 성령, 능력의 하나님,
허락하신 삶의 현장에서 자녀와 함께 말씀기도를 드립니다. 하나님께서 들려주신 말씀을 먹고 말씀의 능력을 힘입어, 주 안에서 '어린 시절에 말씀으로 준비되도록' 아이의 생활을 도우며 일깨우겠습니다. 은혜 중에 말씀대로 살아낼 수 있도록 순간순간 동행하시며 친히 인도하여 주시옵소서. 이 아이의 삶을 통해 하나님 홀로 영광 받으소서.

오! 살아계신 아버지 하나님,
이 아이가 하나님의 사람으로 사랑받을 수 있도록 기쁨과 감사로 온전히 위탁하오며, 찬양받으실 우리 주 예수 그리스도의 이름으로 간절히 기도하옵나이다. 아멘.

✝ 오늘의 말씀을 묵상하며, 적용을 생각해 봅니다.

말씀 " _______________________________________ "

적용 "성공적인 삶은 어릴 때부터 철저하게 영혼과 마음과 몸의 건강함을 준비하는 삶으로 시작됩니다."

Mom & Dad's 열세번째 날

전지전능하신 사랑의 하나님, 은혜의 하나님, 평강의 하나님!
오늘도 부모(교사)로 부르심에 감사와 찬송을 드립니다.
주 예수 그리스도 안에서 먼저 나 자신이 하나님의 자녀임을 고백하고, 하나님 아버지의 사랑에 믿음과 순종으로 바르게 응답하는 삶을 살고 있는지를 돌아봅니다.
오직 하나님의 영광을 위하여, 이제 내게 명하신 말씀을 마음에 새기고 자녀에게 부지런히 가르치며, 맡겨주신 일을 말씀과 기도로 기쁘게 감당하고자 합니다.

진리의 말씀으로 자유케 하시는 하나님,
눈동자같이 지키시는 사랑하는 ○○(이)를 위해 복음의 말씀을 들려주시옵소서.
귀 기울여 듣겠나이다.

> **"인애와 진리가 같이 만나고
> 의와 화평이 서로 입맞추었으며
> 진리는 땅에서 솟아나고 의는 하늘에서 굽어 보도다"**
>
> (시 85:10-11)

거룩하신 성부 · 성자 · 성령, 능력의 하나님,
허락하신 삶의 현장에서 자녀와 함께 말씀기도를 드립니다. 하나님께서 들려주신 말씀을 먹고 말씀의 능력을 힘입어, 주 안에서 '**말씀의 열매를 맺도록**' 아이의 생활을 도우며 일깨우겠습니다. 은혜 중에 말씀대로 살아낼 수 있도록 순간순간 동행하시며 친히 인도하여 주시옵소서. 이 아이의 삶을 통해 하나님 홀로 영광 받으소서.

오! 살아계신 다버지 하나님,
이 아이가 하나님의 사람으로 사랑받을 수 있도록 기쁨과 감사로 온전히 위탁하오며, 찬양받으실 우리 주 예수 그리스도의 이름으로 간절히 기도하옵나이다. 아멘.

✝ 오늘의 말씀을 묵상하며, 적용을 생각해 봅니다.

 "   "

 "웃음에는 친절이, 사랑에는 노력이, 열정에는 인내가, 행복에는 신뢰가 들어 있습니다."

전지전능하신 사랑의 하나님, 은혜의 하나님, 평강의 하나님!
오늘도 부모(교사)로 부르심에 감사와 찬송을 드립니다.
주 예수 그리스도 안에서 먼저 나 자신이 하나님의 자녀임을 고백하고, 하나님 아버지의 사랑에 믿음과 순종으로 바르게 응답하는 삶을 살고 있는지를 돌아봅니다.
오직 하나님의 영광을 위하여, 이제 내게 명하신 말씀을 마음에 새기고 자녀에게 부지런히 가르치며, 맡겨주신 일을 말씀과 기도로 기쁘게 감당하고자 합니다.

하나님의 진리 등대 되어 주의 사랑 비추게 하시는 하나님,
눈동자같이 지키시는 사랑하는 ○○(이)를 위해 복음의 말씀을 들려주시옵소서.
귀 기울여 듣겠나이다.

> **"자녀들아**
> **우리가 말과 혀로만 사랑하지 말고**
> **행함과 진실함으로 하자"**
>
> (요일 3:18)

거룩하신 성부 · 성자 · 성령, 능력의 하나님,
허락하신 삶의 현장에서 자녀와 함께 말씀기도를 드립니다. 하나님께서 들려주신 말씀을 먹고 말씀의 능력을 힘입어, 주 안에서 아이의 생활을 '**민주 시민이 될 수 있도록**' 도우며 일깨우겠습니다. 은혜 중에 말씀대로 살아낼 수 있도록 순간순간 동행하시며 친히 인도하여 주시옵소서. 이 아이의 삶을 통해 하나님 홀로 영광 받으소서.

오! 살아계신 아버지 하나님,
이 아이가 하나님의 사람으로 사랑받을 수 있도록 기쁨과 감사로 온전히 위탁하오며, 찬양받으실 우리 주 예수 그리스도의 이름으로 간절히 기도하옵나이다. 아멘.

✝ 오늘의 말씀을 묵상하며, 적용을 생각해 봅니다.

말씀 "   "

적용 "인류 구성원인 민주시민의 자질은 자기존중감, 책임감, 용기, 협동심입니다."

전지전능하신 사랑의 하나님, 은혜의 하나님, 평강의 하나님!
오늘도 부모(교사)로 부르심에 감사와 찬송을 드립니다.
주 예수 그리스도 안에서 먼저 나 자신이 하나님의 자녀임을 고백하고, 하나님 아버지의 사랑에 믿음과 순종으로 바르게 응답하는 삶을 살고 있는지를 돌아봅니다. 오직 하나님의 영광을 위하여, 이제 내게 명하신 말씀을 마음에 새기고 자녀에게 부지런히 가르치며, 맡겨주신 일을 말씀과 기도로 기쁘게 감당하고자 합니다.

하늘 보좌에 계신 주님,
눈동자같이 지키시는 사랑하는 ○○(이)를 위해 복음의 말씀을 들려주시옵소서.
귀 기울여 듣겠나이다.

> **"다윗이 이르되**
> **사울의 집에 아직도 남은 사람이 있느냐**
> **내가 요나단으로 말미암아**
> **그 사람에게 은총을 베풀리라 하니라"**
>
> (삼하 9:1)

거룩하신 성부 · 성자 · 성령, 능력의 하나님,
허락하신 삶의 현장에서 자녀와 함께 말씀기도를 드립니다. 하나님께서 들려주신 말씀을 먹고 달씀의 능력을 힘입어, 주 안에서 아이의 생활을 '베풂을 실천하도록' 도우며 일깨우겠습니다. 은혜 중에 말씀대로 살아낼 수 있도록 순간순간 동행하시며 친히 인도하여 주시옵소서. 이 아이의 삶을 통해 하나님 홀로 영광 받으소서.

오! 살아계신 아버지 하나님,
이 아이가 하나님의 사람으로 사랑받을 수 있도록 기쁨과 감사로 온전히 위탁하오며, 찬양받으실 우리 주 예수 그리스도의 이름으로 간절히 기도하옵나이다. 아멘.

✝ 오늘의 말씀을 묵상하며, 적용을 생각해 봅니다.

말씀 "   "

적용 "친절은 부드러운 마음으로 자기존중감을 창출합니다."

전지전능하신 사랑의 하나님, 은혜의 하나님, 평강의 하나님!
오늘도 부모(교사)로 부르심에 감사와 찬송을 드립니다.
주 예수 그리스도 안에서 먼저 나 자신이 하나님의 자녀임을 고백하고, 하나님 아버지의 사랑에 믿음과 순종으로 바르게 응답하는 삶을 살고 있는지를 돌아봅니다. 오직 하나님의 영광을 위하여, 이제 내게 명하신 말씀을 마음에 새기고 자녀에게 부지런히 가르치며, 맡겨주신 일을 말씀과 기도로 기쁘게 감당하고자 합니다.

믿음의 경주를 도우시는 성령 하나님,
눈동자같이 지키시는 사랑하는 ○○(이)를 위해 복음의 말씀을 들려주시옵소서.
귀 기울여 듣겠나이다.

> **"그러므로 너희가 더욱 힘써
> 너희 믿음에 덕을, 덕에 지식을, 지식에 절제를,
> 절제에 인내를, 인내에 경건을"**
>
> (벧후 1:5-6)

거룩하신 성부 · 성자 · 성령, 능력의 하나님,
허락하신 삶의 현장에서 자녀와 함께 말씀기도를 드립니다. 하나님께서 들려주신 말씀을 먹고 말씀의 능력을 힘입어, 주 안에서 아이의 생활을 '**노력하는 것을 노력하도록**' 도우며 일깨우겠습니다. 은혜 중에 말씀대로 살아낼 수 있도록 순간순간 동행하시며 친히 인도하여 주시옵소서. 이 아이의 삶을 통해 하나님 홀로 영광 받으소서.

오! 살아계신 아버지 하나님,
이 아이가 하나님의 사람으로 사랑받을 수 있도록 기쁨과 감사로 온전히 위탁하오며, 찬양받으실 우리 주 예수 그리스도의 이름으로 간절히 기도하옵나이다. 아멘.

✝ 오늘의 말씀을 묵상하며, 적용을 생각해 봅니다.

말씀 "   "

적용 "노력은 진실한 마음으로 책임감을 창출합니다."

열일곱번째 날

전지전능하신 사랑의 하나님, 은혜의 하나님, 평강의 하나님!
오늘도 부모(교사)로 부르심에 감사와 찬송을 드립니다.
주 예수 그리스도 안에서 먼저 나 자신이 하나님의 자녀임을 고백하고, 하나님 아버지의 사랑에 믿음과 순종으로 바르게 응답하는 삶을 살고 있는지를 돌아봅니다.
오직 하나님의 영광을 위하여, 이제 내게 명하신 말씀을 마음에 새기고 자녀에게 부지런히 가르치며, 맡겨주신 일을 말씀과 기도로 기쁘게 감당하고자 합니다.

주의 음성을 들으며 용기 있게 십자가 앞으로 나오게 하시는 하나님,
눈동자같이 지키시는 사랑하는 ○○(이)를 위해 복음의 말씀을 들려주시옵소서.
귀 기울여 듣겠나이다.

> **"믿음의 주요 또 온전하게 하시는 이인 예수를 바라보자**
> **그는 그 앞에 있는 기쁨을 위하여**
> **십자가를 참으사 부끄러움을 개의치 아니하시더니**
> **하나님 보좌 우편에 앉으셨느니라"**
>
> (히 12:2)

거룩하신 성부 · 성자 · 성령, 능력의 하나님,
허락하신 삶의 현장에서 자녀와 함께 말씀기도를 드립니다. 하나님께서 들려주신 말씀을 먹고 말씀의 능력을 힘입어, 주 안에서 아이의 생활을 **'주의 발자취를 따르는 용기와 인내를 배우도록'** 도우며 일깨우겠습니다. 은혜 중에 말씀대로 살아낼 수 있도록 순간순간 동행하시며 친히 인도하여 주시옵소서. 이 아이의 삶을 통해 하나님 홀로 영광 받으소서.

오! 살아계신 아버지 하나님,
이 아이가 하나님의 사람으로 사랑받을 수 있도록 기쁨과 감사로 온전히 위탁하오며, 찬양받으실 우리 주 예수 그리스도의 이름으로 간절히 기도하옵나이다. 아멘.

✝ 오늘의 말씀을 묵상하며, 적용을 생각해 봅니다.

 "＿＿＿＿＿＿＿＿＿＿＿＿＿＿＿＿＿＿＿＿＿"

 "인내는 용감한 마음으로 용기를 창출합니다."

전지전능하신 사랑의 하나님, 은혜의 하나님, 평강의 하나님!
오늘도 부모(교사)로 부르심에 감사와 찬송을 드립니다.
주 예수 그리스도 안에서 먼저 나 자신이 하나님의 자녀임을 고백하고, 하나님 아버지의 사랑에 믿음과 순종으로 바르게 응답하는 삶을 살고 있는지를 돌아봅니다.
오직 하나님의 영광을 위하여, 이제 내게 명하신 말씀을 마음에 새기고 자녀에게 부지런히 가르치며, 맡겨주신 일을 말씀과 기도로 기쁘게 감당하고자 합니다.

위로의 성령님,
눈동자같이 지키시는 사랑하는 ○○(이)를 위해 복음의 말씀을 들려주시옵소서.
귀 기울여 듣겠나이다.

> **"경건에 형제 우애를,
> 형제 우애에 사랑을 더하라"**
>
> (벧후 1:7)

거룩하신 성부 · 성자 · 성령, 능력의 하나님,
허락하신 삶의 현장에서 자녀와 함께 말씀기도를 드립니다. 하나님께서 들려주신 말씀을 먹고 말씀의 능력을 힘입어, 주 안에서 아이의 생활을 '**신뢰하며 상호 협력하도록**' 도우며 일깨우겠습니다. 은혜 중에 말씀대로 살아낼 수 있도록 순간순간 동행하시며 친히 인도하여 주시옵소서. 이 아이의 삶을 통해 하나님 홀로 영광 받으소서.

오! 살아계신 아버지 하나님,
이 아이가 하나님의 사람으로 사랑받을 수 있도록 기쁨과 감사로 온전히 위탁하오며, 찬양받으실 우리 주 예수 그리스도의 이름으로 간절히 기도하옵나이다. 아멘.

✝ 오늘의 말씀을 묵상하며, 적용을 생각해 봅니다.

말씀 "   "

적용 "신뢰는 넉넉한 마음으로 협동심을 창출합니다."

 # 열아홉번째 날

전지전능하신 사랑의 하나님, 은혜의 하나님, 평강의 하나님!
오늘도 부모(교사)로 부르심에 감사와 찬송을 드립니다.
주 예수 그리스도 안에서 먼저 나 자신이 하나님의 자녀임을 고백하고, 하나님 아버지의 사랑에 믿음과 순종으로 바르게 응답하는 삶을 살고 있는지를 돌아봅니다.
오직 하나님의 영광을 위하여, 이제 내게 명하신 말씀을 마음에 새기고 자녀에게 부지런히 가르치며, 맡겨주신 일을 말씀과 기도로 기쁘게 감당하고자 합니다.

구원 받은 확신을 주신 성령 하나님,
눈동자같이 지키시는 사랑하는 ○○(이)를 위해 복음의 말씀을 들려주시옵소서.
귀 기울여 듣겠나이다.

> **"이 모든 일에 전심 전력하여**
> **너의 성숙함을 모든 사람에게 나타나게 하라**
> **네가 네 자신과 가르침을 살펴 이 일을 계속하라**
> **이것을 행함으로 네 자신과 네게 듣는 자를 구원하리라"**
>
> (딤전 4:15-16)

거룩하신 성부 · 성자 · 성령, 능력의 하나님,
허락하신 삶의 현장에서 자녀와 함께 말씀기도를 드립니다. 하나님께서 들려주신 말씀을 먹고 말씀의 능력을 힘입어, 주 안에서 아이의 생활을 '자기실현을 이루도록' 도우며 일깨우겠습니다. 은혜 중에 말씀대로 살아낼 수 있도록 순간순간 동행하시며 친히 인도하여 주시옵소서. 이 아이의 삶을 통해 하나님 홀로 영광 받으소서.

오! 살아계신 아버지 하나님,
이 아이가 하나님의 사람으로 사랑받을 수 있도록 기쁨과 감사로 온전히 위탁하오며, 찬양받으실 우리 주 예수 그리스도의 이름으로 간절히 기도하옵나이다. 아멘.

✝ 오늘의 말씀을 묵상하며, 적용을 생각해 봅니다.

 **말씀** "＿＿＿＿＿＿＿＿＿＿＿＿＿＿＿＿＿＿＿＿＿"

 **적용** "자기실현을 이루는 사람은 새로운 경험을 잘 받아들이고 개방적인 태도를 보이며, 수행능력의 탁월성을 키워갑니다."

Mom & Dad's 스무번째 날

전지전능하신 사랑의 하나님, 은혜의 하나님, 평강의 하나님!
오늘도 부모(교사)로 부르심에 감사와 찬송을 드립니다.
주 예수 그리스도 안에서 먼저 나 자신이 하나님의 자녀임을 고백하고, 하나님 아버지의 사랑에 믿음과 순종으로 바르게 응답하는 삶을 살고 있는지를 돌아봅니다.
오직 하나님의 영광을 위하여, 이제 내게 명하신 말씀을 마음에 새기고 자녀에게 부지런히 가르치며, 맡겨주신 일을 말씀과 기도로 기쁘게 감당하고자 합니다.

약속하신 말씀 위에서 주를 찬송케 하시는 하나님,
눈동자같이 지키시는 사랑하는 ○○(이)를 위해 복음의 말씀을 들려주시옵소서.
귀 기울여 듣겠나이다.

> **"망령되고 허탄한 신화를 버리고 경건에 이르도록 네 자신을 연단하라**
> **육체의 연단은 약간의 유익이 있으나**
> **경건은 범사에 유익하니**
> **금생과 내생에 약속이 있느니라"**
>
> (딤전 4:7-8)

거룩하신 성부 · 성자 · 성령, 능력의 하나님,
허락하신 삶의 현장에서 자녀와 함께 말씀기도를 드립니다. 하나님께서 들려주신 말씀을 먹고 말씀의 능력을 힘입어, 주 안에서 '**은사를 계발할 수 있도록**' 아이의 생활을 도우며 일깨우겠습니다. 은혜 중에 말씀대로 살아낼 수 있도록 순간순간 동행하시며 친히 인도하여 주시옵소서. 이 아이의 삶을 통해 하나님 홀로 영광 받으소서.

오! 살아계신 아버지 하나님,
이 아이가 하나님의 사람으로 사랑받을 수 있도록 기쁨과 감사로 온전히 위탁하오며, 찬양받으실 우리 주 예수 그리스도의 이름으로 간절히 기도하옵나이다. 아멘.

 오늘의 말씀을 묵상하며, 적용을 생각해 봅니다.

말씀 "＿＿＿＿＿＿＿＿＿＿＿＿＿＿＿＿＿＿＿＿＿＿＿"

적용 "개인의 진보에는 '천성, 훈련, 연습'의 세 요소가 필요합니다."

Mom & Dad's 스물한번째 날

전지전능하신 사랑의 하나님, 은혜의 하나님, 평강의 하나님!
오늘도 부모(교사)로 부르심에 감사와 찬송을 드립니다.
주 예수 그리스도 안에서 먼저 나 자신이 하나님의 자녀임을 고백하고, 하나님 아버지의 사랑에 믿음과 순종으로 바르게 응답하는 삶을 살고 있는지를 돌아봅니다.
오직 하나님의 영광을 위하여, 이제 내게 명하신 말씀을 마음에 새기고 자녀에게 부지런히 가르치며, 맡겨주신 일을 말씀과 기도로 기쁘게 감당하고자 합니다.

주의 이름으로 행해지는 모든 일을 번성케 하시는 하나님,
눈동자같이 지키시는 사랑하는 ○○(이)를 위해 복음의 말씀을 들려주시옵소서.
귀 기울여 듣겠나이다.

> "마치 독수리가 자기의 보금자리를 어지럽게 하며
> 자기의 새끼 위에 너풀거리며
> 그의 날개를 펴서 새끼를 받으며
> 그의 날개 위에 그것을 업는 것 같이"
>
> (신 32:11)

거룩하신 성부 · 성자 · 성령, 능력의 하나님,
허락하신 삶의 현장에서 자녀와 함께 말씀기도를 드립니다. 하나님께서 들려주신 말씀을 먹고 말씀의 능력을 힘입어, 주 안에서 '준비된 인재로 자라도록' 아이의 생활을 도우며 일깨우겠습니다. 은혜 중에 말씀대로 살아낼 수 있도록 순간순간 동행하시며 친히 인도하여 주시옵소서. 이 아이의 삶을 통해 하나님 홀로 영광 받으소서.

오! 살아계신 아버지 하나님,
이 아이가 하나님의 사람으로 사랑받을 수 있도록 기쁨과 감사로 온전히 위탁하오며, 찬양받으실 우리 주 예수 그리스도의 이름으로 간절히 기도하옵나이다. 아멘.

✝ 오늘의 말씀을 묵상하며, 적용을 생각해 봅니다.

말씀   "   "

적용   "훈련은 인재 양성을 위한 주요법칙의 하나입니다."

Mom & Dad's 스물두번째 날

전지전능하신 사랑의 하나님, 은혜의 하나님, 평강의 하나님!
오늘도 부모(교사)로 부르심에 감사와 찬송을 드립니다.
주 예수 그리스도 안에서 먼저 나 자신이 하나님의 자녀임을 고백하고, 하나님 아버지의 사랑에 믿음과 순종으로 바르게 응답하는 삶을 살고 있는지를 돌아봅니다.
오직 하나님의 영광을 위하여, 이제 내게 명하신 말씀을 마음에 새기고 자녀에게 부지런히 가르치며, 맡겨주신 일을 말씀과 기도로 기쁘게 감당하고자 합니다.

우리를 일꾼으로 쓰시는 포도원의 주인이신 하나님,
눈동자같이 지키시는 사랑하는 ○○(이)를 위해 복음의 말씀을 들려주시옵소서.
귀 기울여 듣겠나이다.

> **"사도의 표가 된 것은 내가 너희 가운데서
> 모든 참음과 표적과 기사와 능력을 행한 것이라"**
>
> (고후 12:12)

거룩하신 성부 · 성자 · 성령, 능력의 하나님,
허락하신 삶의 현장에서 자녀와 함께 말씀기도를 드립니다. 하나님께서 들려주신 말씀을 먹고 말씀의 능력을 힘입어, 주 안에서 '올바른 자리에 세움을 받도록' 아이의 생활을 도우며 일깨우겠습니다. 은혜 중에 말씀대로 살아낼 수 있도록 순간순간 동행하시며 친히 인도하여 주시옵소서. 이 아이의 삶을 통해 하나님 홀로 영광 받으소서.

오! 살아계신 아버지 하나님,
이 아이가 하나님의 사람으로 사랑받을 수 있도록 기쁨과 감사로 온전히 위탁하오며, 찬양받으실 우리 주 예수 그리스도의 이름으로 간절히 기도하옵나이다. 아멘.

✝ 오늘의 말씀을 묵상하며, 적용을 생각해 봅니다.

말씀 "____"

적용 "리더의 조건에서 중요한 것은 이미지 메이킹과 충실한 실천능력입니다."

전지전능하신 사랑의 하나님, 은혜의 하나님, 평강의 하나님!
오늘도 부모(교사)로 부르심에 감사와 찬송을 드립니다.
주 예수 그리스도 안에서 먼저 나 자신이 하나님의 자녀임을 고백하고, 하나님 아버지의 사랑에 믿음과 순종으로 바르게 응답하는 삶을 살고 있는지를 돌아봅니다.
오직 하나님의 영광을 위하여, 이제 내게 명하신 말씀을 마음에 새기고 자녀에게 부지런히 가르치며, 맡겨주신 일을 말씀과 기도로 기쁘게 감당하고자 합니다.

두려움에서 해방되는 낙천적인 영을 주시는 하나님,
눈동자같이 지키시는 사랑하는 ○○(이)를 위해 복음의 말씀을 들려주시옵소서.
귀 기울여 듣겠나이다.

> **"그리스도의 평강이 너희 마음을 주장하게 하라**
> **너희는 평강을 위하여 한 몸으로 부르심을 받았나니**
> **너희는 또한 감사하는 자가 되라"**
>
> (골 3:15)

거룩하신 성부 · 성자 · 성령, 능력의 하나님,
허락하신 삶의 현장에서 자녀와 함께 말씀기도를 드립니다. 하나님께서 들려주신 말씀을 먹고 말씀의 능력을 힘입어, 주 안에서 '감사에 깨어있는 자가 되도록' 아이의 생활을 도우며 일깨우겠습니다. 은혜 중에 말씀대로 살아낼 수 있도록 순간순간 동행하시며 친히 인도하여 주시옵소서. 이 아이의 삶을 통해 하나님 홀로 영광 받으소서.

오! 살아계신 아버지 하나님,
이 아이가 하나님의 사람으로 사랑받을 수 있도록 기쁨과 감사로 온전히 위탁하오며, 찬양받으실 우리 주 예수 그리스도의 이름으로 간절히 기도하옵나이다. 아멘.

✝ 오늘의 말씀을 묵상하며, 적용을 생각해 봅니다.

말씀 "＿＿＿＿＿＿＿＿＿＿＿＿＿＿＿＿＿＿＿＿＿＿＿＿＿＿＿"

적용 "긍정적 사고와 감사하는 마음은 이미지 메이킹과 리더십의 필요충분조건입니다."

Mom & Dad's 스물네번째 날

전지전능하신 사랑의 하나님, 은혜의 하나님, 평강의 하나님!
오늘도 부모(교사)로 부르심에 감사와 찬송을 드립니다.
주 예수 그리스도 안에서 먼저 나 자신이 하나님의 자녀임을 고백하고, 하나님 아버지의 사랑에 믿음과 순종으로 바르게 응답하는 삶을 살고 있는지를 돌아봅니다.
오직 하나님의 영광을 위하여, 이제 내게 명하신 말씀을 마음에 새기고 자녀에게 부지런히 가르치며, 맡겨주신 일을 말씀과 기도로 기쁘게 감당하고자 합니다.

변함없는 기쁨의 주님,
눈동자같이 지키시는 사랑하는 ○○(이)를 위해 복음의 말씀을 들려주시옵소서.
귀 기울여 듣겠나이다.

> **"큰 집에는 금 그릇과 은 그릇뿐 아니라 나무 그릇과 질그릇도 있어**
> **귀하게 쓰는 것도 있고 천하게 쓰는 것도 있나니**
> **그러므로 누구든지 이런 것에서 자기를 깨끗하게 하면**
> **귀히 쓰는 그릇이 되어 거룩하고 주인의 쓰심에 합당하며**
> **모든 선한 일에 준비함이 되리라"**
>
> (딤후 2:20-21)

거룩하신 성부 · 성자 · 성령, 능력의 하나님,
허락하신 삶의 현장에서 자녀와 함께 말씀기도를 드립니다. 하나님께서 들려주신 말씀을 먹고 말씀의 능력을 힘입어, 주 안에서 '쓰임에 합당한 본질을 추구하도록' 아이의 생활을 도우며 일깨우겠습니다. 은혜 중에 말씀대로 살아낼 수 있도록 순간순간 동행하시며 친히 인도하여 주시옵소서. 이 아이의 삶을 통해 하나님 홀로 영광 받으소서.

오! 살아계신 아버지 하나님,
이 아이가 하나님의 사람으로 사랑받을 수 있도록 기쁨과 감사로 온전히 위탁하오며, 찬양받으실 우리 주 예수 그리스도의 이름으로 간절히 기도하옵나이다. 아멘.

✝ 오늘의 말씀을 묵상하며, 적용을 생각해 봅니다.

 **말씀** "   "

 **적용** "본질적인 가치와 다양성을 존중하는 세계관은 글로벌 스탠다드입니다."

전지전능하신 사랑의 하나님, 은혜의 하나님, 평강의 하나님!
오늘도 부모(교사)로 부르심에 감사와 찬송을 드립니다.
주 예수 그리스도 안에서 먼저 나 자신이 하나님의 자녀임을 고백하고, 하나님 아버지의 사랑에 믿음과 순종으로 바르게 응답하는 삶을 살고 있는지를 돌아봅니다. 오직 하나님의 영광을 위하여, 이제 내게 명하신 말씀을 마음에 새기고 자녀에게 부지런히 가르치며, 맡겨주신 일을 말씀과 기도로 기쁘게 감당하고자 합니다.

정직한 자를 구원하시는 공의의 하나님,
눈동자같이 지키시는 사랑하는 ○○(이)를 위해 복음의 말씀을 들려주시옵소서.
귀 기울여 듣겠나이다.

> **"그의 손이 하는 일은 진실과 정의이며
> 그의 법도는 다 확실하니 영원무궁토록 정하신 바요
> 진실과 정의로 행하신 바로다"**
>
> (시 111:7-8)

거룩하신 성부 · 성자 · 성령, 능력의 하나님,
허락하신 삶의 현장에서 자녀와 함께 말씀기도를 드립니다. 하나님께서 들려주신 말씀을 먹고 말씀의 능력을 힘입어, 주 안에서 '진실을 견고히 붙잡도록' 아이의 생활을 도우며 일깨우겠습니다. 은혜 중에 말씀대로 살아낼 수 있도록 순간순간 동행하시며 친히 인도하여 주시옵소서. 이 아이의 삶을 통해 하나님 홀로 영광 받으소서.

오! 살아계신 아버지 하나님,
이 아이가 하나님의 사람으로 사랑받을 수 있도록 기쁨과 감사로 온전히 위탁하오며, 찬양받으실 우리 주 예수 그리스도의 이름으로 간절히 기도하옵나이다. 아멘.

✝ 오늘의 말씀을 묵상하며, 적용을 생각해 봅니다.

말씀 "   "

적용 "진실한 말과 행동은 반드시 지켜가야 할 본질적인 가치입니다."

Mom & Dad's 스물여섯번째 날

전지전능하신 사랑의 하나님, 은혜의 하나님, 평강의 하나님!
오늘도 부모(교사)로 부르심에 감사와 찬송을 드립니다.
주 예수 그리스도 안에서 먼저 나 자신이 하나님의 자녀임을 고백하고, 하나님 아버지의 사랑에 믿음과 순종으로 바르게 응답하는 삶을 살고 있는지를 돌아봅니다.
오직 하나님의 영광을 위하여, 이제 내게 명하신 말씀을 마음에 새기고 자녀에게 부지런히 가르치며, 맡겨주신 일을 말씀과 기도로 기쁘게 감당하고자 합니다.

날 구속하신 주 하나님,
눈동자같이 지키시는 사랑하는 ○○(이)를 위해 복음의 말씀을 들려주시옵소서.
귀 기울여 듣겠나이다.

> **"그러므로 형제들아
> 우리가 예수의 피를 힘입어
> 성소에 들어갈 담력을 얻었나니"**
>
> (히 10:19)

거룩하신 성부·성자·성령, 능력의 하나님,
허락하신 삶의 현장에서 자녀와 함께 말씀기도를 드립니다. 하나님께서 들려주신 말씀을 먹고 말씀의 능력을 힘입어, 주 안에서 '**단호한 통찰력을 다지도록**' 아이의 생활을 도우며 일깨우겠습니다. 은혜 중에 말씀대로 살아낼 수 있도록 순간순간 동행하시며 친히 인도하여 주시옵소서. 이 아이의 삶을 통해 하나님 홀로 영광 받으소서.

오! 살아계신 아버지 하나님,
이 아이가 하나님의 사람으로 사랑받을 수 있도록 기쁨과 감사로 온전히 위탁하오며, 찬양받으실 우리 주 예수 그리스도의 이름으로 간절히 기도하옵나이다. 아멘.

✝ 오늘의 말씀을 묵상하며, 적용을 생각해 봅니다.

말씀 " ________________________________ "

적용 "당당함은 글로벌 시대가 요구하는 인재의 조건입니다."

Mom & Dad's 스물일곱번째 날

전지전능하신 사랑의 하나님, 은혜의 하나님, 평강의 하나님!
오늘도 부모(교사)로 부르심에 감사와 찬송을 드립니다.
주 예수 그리스도 안에서 먼저 나 자신이 하나님의 자녀임을 고백하고, 하나님 아버지의 사랑에 믿음과 순종으로 바르게 응답하는 삶을 살고 있는지를 돌아봅니다.
오직 하나님의 영광을 위하여, 이제 내게 명하신 말씀을 마음에 새기고 자녀에게 부지런히 가르치며, 맡겨주신 일을 말씀과 기도로 기쁘게 감당하고자 합니다.

나의 모든 염려와 근심을 맡아 주시는 주님,
눈동자같이 지키시는 사랑하는 ○○(이)를 위해 복음의 말씀을 들려주시옵소서.
귀 기울여 듣겠나이다.

> **"그러므로 우리는 긍휼하심을 받고**
> **때를 따라 돕는 은혜를 얻기 위하여**
> **은혜의 보좌 앞에 담대히 나아갈 것이니라"**
>
> (히 4:16)

거룩하신 성부 · 성자 · 성령, 능력의 하나님,
허락하신 삶의 현장에서 자녀와 함께 말씀기도를 드립니다. 하나님께서 들려주신 말씀을 먹고 말씀의 능력을 힘입어, 주 안에서 '믿음으로 살아가는 은혜를 구하도록' 아이의 생활을 도우며 일깨우겠습니다. 은혜 중에 말씀대로 살아낼 수 있도록 순간순간 동행하시며 친히 인도하여 주시옵소서. 이 아이의 삶을 통해 하나님 홀로 영광 받으소서.

오! 살아계신 아버지 하나님,
이 아이가 하나님의 사람으로 사랑받을 수 있도록 기쁨과 감사로 온전히 위탁하오며, 찬양받으실 우리 주 예수 그리스도의 이름으로 간절히 기도하옵나이다. 아멘.

✝ 오늘의 말씀을 묵상하며, 적용을 생각해 봅니다.

 말씀 " "

 적용 "도전극복의지는 글로벌 시대가 요구하는 인재의 조건입니다."

전지전능하신 사랑의 하나님, 은혜의 하나님, 평강의 하나님!
오늘도 부모(교사)로 부르심에 감사와 찬송을 드립니다.
주 예수 그리스도 안에서 먼저 나 자신이 하나님의 자녀임을 고백하고, 하나님 아버지의 사랑에 믿음과 순종으로 바르게 응답하는 삶을 살고 있는지를 돌아봅니다. 오직 하나님의 영광을 위하여, 이제 내게 명하신 말씀을 마음에 새기고 자녀에게 부지런히 가르치며, 맡겨주신 일을 말씀과 기도로 기쁘게 감당하고자 합니다.

무거운 짐을 주께 맡기는 믿음을 주시는 하나님,
눈동자같이 지키시는 사랑하는 ○○(이)를 위해 복음의 말씀을 들려주시옵소서.
귀 기울여 듣겠나이다.

> **"너희에게 인내가 필요함은
> 너희가 하나님의 뜻을 행한 후에
> 약속하신 것을 받기 위함이라"**
>
> (히 10:36)

거룩하신 성부 · 성자 · 성령, 능력의 하나님,
허락하신 삶의 현장에서 자녀와 함께 말씀기도를 드립니다. 하나님께서 들려주신 말씀을 먹고 말씀의 능력을 힘입어, 주 안에서 '**부름 받은 뜻에 충실하도록**' 아이의 생활을 도우며 일깨우겠습니다. 은혜 중에 말씀대로 살아낼 수 있도록 순간순간 동행하시며 친히 인도하여 주시옵소서. 이 아이의 삶을 통해 하나님 홀로 영광 받으소서.

오! 살아계신 아버지 하나님,
이 아이가 하나님의 사람으로 사랑받을 수 있도록 기쁨과 감사로 온전히 위탁하오며, 찬양받으실 우리 주 예수 그리스도의 이름으로 간절히 기도하옵나이다. 아멘.

✝ 오늘의 말씀을 묵상하며, 적용을 생각해 봅니다.

말씀 "＿＿＿＿＿＿＿＿＿＿＿＿＿＿＿＿＿＿＿＿＿＿＿＿＿＿＿"

적용 "끝까지 수고함을 견디는 능력은 글로벌 시대가 요구하는 인재의 조건입니다."

전지전능하신 사랑의 하나님, 은혜의 하나님, 평강의 하나님!
오늘도 부모(교사)로 부르심에 감사와 찬송을 드립니다.
주 예수 그리스도 안에서 먼저 나 자신이 하나님의 자녀임을 고백하고, 하나님 아버지의 사랑에 믿음과 순종으로 바르게 응답하는 삶을 살고 있는지를 돌아봅니다.
오직 하나님의 영광을 위하여, 이제 내게 명하신 말씀을 마음에 새기고 자녀에게 부지런히 가르치며, 맡겨주신 일을 말씀과 기도로 기쁘게 감당하고자 합니다.

어디에나 계시는 분이신 하나님,
눈동자같이 지키시는 사랑하는 ○○(이)를 위해 복음의 말씀을 들려주시옵소서.
귀 기울여 듣겠나이다.

> **"너는 마땅히 공의만을 따르라**
> **그리하면 네가 살겠고**
> **네 하나님 여호와께서 네게 주시는 땅을 차지하리라"**
>
> (신 16:20)

거룩하신 성부·성자·성령, 능력의 하나님,
허락하신 삶의 현장에서 자녀와 함께 말씀기도를 드립니다. 하나님께서 들려주신 말씀을 먹고 말씀의 능력을 힘입어, 주 안에서 '청지기 정신을 따르도록' 아이의 생활을 도우며 일깨우겠습니다. 은혜 중에 말씀대로 살아낼 수 있도록 순간순간 동행하시며 친히 인도하여 주시옵소서. 이 아이의 삶을 통해 하나님 홀로 영광 받으소서.

오! 살아계신 아버지 하나님,
이 아이가 하나님의 사람으로 사랑받을 수 있도록 기쁨과 감사로 온전히 위탁하오며, 찬양받으실 우리 주 예수 그리스도의 이름으로 간절히 기도하옵나이다. 아멘.

✝ 오늘의 말씀을 묵상하며, 적용을 생각해 봅니다.

 **말씀** "＿＿＿＿＿＿＿＿＿＿＿＿＿＿＿＿＿＿＿＿＿＿＿＿"

 **적용** "정직성과 투명성은 도덕성의 핵심이며, 글로벌 시대가 요구하는 인재의 조건입니다."

전지전능하신 사랑의 하나님, 은혜의 하나님, 평강의 하나님!
오늘도 부모(교사)로 부르심에 감사와 찬송을 드립니다.
주 예수 그리스도 안에서 먼저 나 자신이 하나님의 자녀임을 고백하고, 하나님 아버지의 사랑에 믿음과 순종으로 바르게 응답하는 삶을 살고 있는지를 돌아봅니다. 오직 하나님의 영광을 위하여, 이제 내게 명하신 말씀을 마음에 새기고 자녀에게 부지런히 가르치며, 맡겨주신 일을 말씀과 기도로 기쁘게 감당하고자 합니다.

우리를 세상의 빛으로 소금으로 인도하시는 하나님,
눈동자같이 지키시는 사랑하는 ○○(이)를 위해 복음의 말씀을 들려주시옵소서.
귀 기울여 듣겠나이다.

> **"이는 성도를 온전하게 하여
> 봉사의 일을 하게 하며
> 그리스도의 몸을 세우려 하심이라"**
>
> (엡 4:12)

거룩하신 성부 · 성자 · 성령, 능력의 하나님,
허락하신 삶의 현장에서 자녀와 함께 말씀기도를 드립니다. 하나님께서 들려주신 말씀을 먹고 말씀의 능력을 힘입어, 주 안에서 '이웃에게 채우는 손길을 펼치도록' 아이의 생활을 도우며 일깨우겠습니다. 은혜 중에 말씀대로 살아낼 수 있도록 순간순간 동행하시며 친히 인도하여 주시옵소서. 이 아이의 삶을 통해 하나님 홀로 영광 받으소서.

오! 살아계신 아버지 하나님,
이 아이가 하나님의 사람으로 사랑받을 수 있도록 기쁨과 감사로 온전히 위탁하오며, 찬양받으실 우리 주 예수 그리스도의 이름으로 간절히 기도하옵나이다. 아멘.

✝ 오늘의 말씀을 묵상하며, 적용을 생각해 봅니다.

말씀 "________________________________"

적용 "봉사 정신은 감성지능의 핵으로 글로벌 시대가 요구하는 인재의 조건입니다."

전지전능하신 사랑의 하나님, 은혜의 하나님, 평강의 하나님!
오늘도 부모(교사)로 부르심에 감사와 찬송을 드립니다.
주 예수 그리스도 안에서 먼저 나 자신이 하나님의 자녀임을 고백하고, 하나님 아버지의 사랑에 믿음과 순종으로 바르게 응답하는 삶을 살고 있는지를 돌아봅니다. 오직 하나님의 영광을 위하여, 이제 내게 명하신 말씀을 마음에 새기고 자녀에게 부지런히 가르치며, 맡겨주신 일을 말씀과 기도로 기쁘게 감당하고자 합니다.

나의 부족함을 사랑으로 갈무리하시는 하나님,
눈동자같이 지키시는 사랑하는 ○○(이)를 위해 복음의 말씀을 들려주시옵소서.
귀 기울여 듣겠나이다.

> **"철이 철을 날카롭게 하는 것같이
> 사람이 그의 친구의 얼굴을 빛나게 하느니라"**
>
> (잠 27:17)

거룩하신 성부 · 성자 · 성령, 능력의 하나님,
허락하신 삶의 현장에서 자녀와 함께 말씀기도를 드립니다. 하나님께서 들려주신 말씀을 먹고 말씀의 능력을 힘입어, 주 안에서 '이웃의 손을 힘있게 잡고 함께 할 수 있도록' 아이의 생활을 도우며 일깨우겠습니다. 은혜 중에 말씀대로 살아낼 수 있도록 순간순간 동행하시며 친히 인도하여 주시옵소서. 이 아이의 삶을 통해 하나님 홀로 영광 받으소서.

오! 살아계신 아버지 하나님,
이 아이가 하나님의 사람으로 사랑받을 수 있도록 기쁨과 감사로 온전히 위탁하오며, 찬양받으실 우리 주 예수 그리스도의 이름으로 간절히 기도하옵나이다. 아멘.

✝ 오늘의 말씀을 묵상하며, 적용을 생각해 봅니다.

말씀 "   "

적용 "인간관계를 통한 협력적 참여와 공동 작업 효과의 창출능력은 글로벌 시대가 요구하는 인재의 조건입니다."

"오늘 하루 어떻게 보내셨는지요?

아이들과 힘겨루기 하며 하루 종일 힘드셨나요?

아이들의 애교와 재롱에 많이 즐겁고 기쁘셨나요?

사랑이 담긴 말씀을 대하며 속상하고 아픈 마음을 다스리고, 기쁨과 감사를 키워가고

싶습니다."

교사 3/ 수옥

11 ^{Nov.}

증인의 기도

"새 계명을 너희에게 주노니 서로 사랑하라
내가 너희를 사랑한 것 같이 너희도 서로 사랑하라
너희가 서로 사랑하면 이로써 모든 사람이
너희가 내 제자인 줄 알리라"

(요 13:34-35)

전지전능하신 사랑의 하나님, 은혜의 하나님, 평강의 하나님!
오늘도 부모(교사)로 부르심에 감사와 찬송을 드립니다.
주 예수 그리스도 안에서 먼저 나 자신이 하나님의 자녀임을 고백하고, 하나님 아버지의 사랑에 믿음과 순종으로 바르게 응답하는 삶을 살고 있는지를 돌아봅니다.
오직 하나님의 영광을 위하여, 이제 내게 명하신 말씀을 마음에 새기고 자녀에게 부지런히 가르치며, 맡겨주신 일을 말씀과 기도로 기쁘게 감당하고자 합니다.

그 진리이신 하나님,
눈동자같이 지키시는 사랑하는 ○○(이)를 위해 복음의 말씀을 들려주시옵소서.
귀 기울여 듣겠나이다.

> **"모든 성경은 하나님의 감동으로 된 것으로
> 교훈과 책망과 바르게 함과 의로 교육하기에 유익하니
> 이는 하나님의 사람으로 온전하게 하며
> 모든 선한 일을 행할 능력을 갖추게 하려 함이라"**
>
> (딤후 3:16-17)

거룩하신 성부 · 성자 · 성령, 능력의 하나님,
허락하신 삶의 현장에서 자녀와 함께 말씀기도를 드립니다. 하나님께서 들려주신 말씀을 먹고 말씀의 능력을 힘입어, 주 안에서 '하나님의 교훈과 훈계와 의로' 아이의 생활을 도우며 일깨우겠습니다. 은혜 중에 말씀대로 살아낼 수 있도록 순간순간 동행하시며 친히 인도하여 주시옵소서. 이 아이의 삶을 통해 하나님 홀로 영광 받으소서.

오! 살아계신 아버지 하나님,
이 아이가 하나님의 사람으로 증인될 수 있도록 기쁨과 감사로 온전히 위탁하오며, 찬양받으실 우리 주 예수 그리스도의 이름으로 간절히 기도하옵나이다. 아멘.

✝ 오늘의 말씀을 묵상하며, 적용을 생각해 봅니다.

 **말씀** "   "

 **적용** "우리가 받은 축복은 많은 부모와 교사들이 진실로 헌신적이라는 것입니다. 부모와 교사들은 다음 세대에 그들의 삶을 줍니다."

Mom & Dad's 두번째 날

전지전능하신 사랑의 하나님, 은혜의 하나님, 평강의 하나님!
오늘도 부모(교사)로 부르심에 감사와 찬송을 드립니다.
주 예수 그리스도 안에서 먼저 나 자신이 하나님의 자녀임을 고백하고, 하나님 아버지의 사랑에 믿음과 순종으로 바르게 응답하는 삶을 살고 있는지를 돌아봅니다.
오직 하나님의 영광을 위하여, 이제 내게 명하신 말씀을 마음에 새기고 자녀에게 부지런히 가르치며, 맡겨주신 일을 말씀과 기도로 기쁘게 감당하고자 합니다.

앞의 즐거움을 바라보며 십자가의 수치를 참으신 주 예수님,
눈동자같이 지키시는 사랑하는 ○○(이)를 위해 복음의 말씀을 들려주시옵소서.
귀 기울여 듣겠나이다.

> **"주께서 너희 마음을 인도하여
> 하나님의 사랑과
> 그리스도의 인내에 들어가게 하시기를 원하노라"**
>
> (살후 3:5)

거룩하신 성부 · 성자 · 성령, 능력의 하나님,
허락하신 삶의 현장에서 자녀와 함께 말씀기도를 드립니다. 하나님께서 들려주신 말씀을 먹고 말씀의 능력을 힘입어, 주 안에서 '**자원하는 마음이 지속되도록**' 아이의 생활을 도우며 일깨우겠습니다. 은혜 중에 말씀대로 살아낼 수 있도록 순간순간 동행하시며 친히 인도하여 주시옵소서. 이 아이의 삶을 통해 하나님 홀로 영광 받으소서.

오! 살아계신 아버지 하나님,
이 아이가 하나님의 사람으로 증인될 수 있도록 기쁨과 감사로 온전히 위탁하오며, 찬양받으실 우리 주 예수 그리스도의 이름으로 간절히 기도하옵나이다. 아멘.

✝ 오늘의 말씀을 묵상하며, 적용을 생각해 봅니다.

말씀 " "

적용 "노력을 할 수 있다는 것은 최고의 유능함입니다."

전지전능하신 사랑의 하나님, 은혜의 하나님, 평강의 하나님!
오늘도 부모(교사)로 부르심에 감사와 찬송을 드립니다.
주 예수 그리스도 안에서 먼저 나 자신이 하나님의 자녀임을 고백하고, 하나님 아버지의 사랑에 믿음과 순종으로 바르게 응답하는 삶을 살고 있는지를 돌아봅니다. 오직 하나님의 영광을 위하여, 이제 내게 명하신 말씀을 마음에 새기고 자녀에게 부지런히 가르치며, 맡겨주신 일을 말씀과 기도로 기쁘게 감당하고자 합니다.

말씀의 능력으로 자라나게 하시는 하나님,
눈동자같이 지키시는 사랑하는 ○○(이)를 위해 복음의 말씀을 들려주시옵소서.
귀 기울여 듣겠나이다.

> **"나에게 백성을 모으라**
> **내가 그들에게 내 말을 들려주어**
> **그들이 세상에 사는 날 동안 나를 경외함을 배우게 하며**
> **그 자녀에게 가르치게 하리라"**
>
> (신 4:10하)

거룩하신 성부 · 성자 · 성령, 능력의 하나님,
허락하신 삶의 현장에서 자녀와 함께 말씀기도를 드립니다. 하나님께서 들려주신 말씀을 먹고 말씀의 능력을 힘입어, 주 안에서 아이의 생활을 '**배움의 수고를 다하도록**' 도우며 일깨우겠습니다. 은혜 중에 말씀대로 살아낼 수 있도록 순간순간 동행하시며 친히 인도하여 주시옵소서. 이 아이의 삶을 통해 하나님 홀로 영광 받으소서.

오! 살아계신 아버지 하나님,
이 아이가 하나님의 사람으로 증인될 수 있도록 기쁨과 감사로 온전히 위탁하오며, 찬양받으실 우리 주 예수 그리스도의 이름으로 간절히 기도하옵나이다. 아멘.

✝ 오늘의 말씀을 묵상하며, 적용을 생각해 봅니다.

 말씀 "   "

 적용 "자녀에게 스스로 배우려고 꾸준히 노력하는 태도를 길러 줍니다."

전지전능하신 사랑의 하나님, 은혜의 하나님, 평강의 하나님!
오늘도 부모(교사)로 부르심에 감사와 찬송을 드립니다.
주 예수 그리스도 안에서 먼저 나 자신이 하나님의 자녀임을 고백하고, 하나님 아버지의 사랑에 믿음과 순종으로 바르게 응답하는 삶을 살고 있는지를 돌아봅니다.
오직 하나님의 영광을 위하여, 이제 내게 명하신 말씀을 마음에 새기고 자녀에게 부지런히 가르치며, 맡겨주신 일을 말씀과 기도로 기쁘게 감당하고자 합니다.

날마다 주께로 더 가까이 가게 인도하시는 하나님,
눈동자같이 지키시는 사랑하는 ○○(이)를 위해 복음의 말씀을 들려주시옵소서.
귀 기울여 듣겠나이다.

> **"또 너희에게 명한 것 같이**
> **조용히 자기 일을 하고**
> **너희 손으로 일하기를 힘쓰라"**
>
> (살전 4:11)

거룩하신 성부 · 성자 · 성령, 능력의 하나님,
허락하신 삶의 현장에서 자녀와 함께 말씀기도를 드립니다. 하나님께서 들려주신 말씀을 먹고 말씀의 능력을 힘입어, 주 안에서 '일상의 반복을 즐기도록' 아이의 생활을 도우며 일깨우겠습니다. 은혜 중에 말씀대로 살아낼 수 있도록 순간순간 동행하시며 친히 인도하여 주시옵소서. 이 아이의 삶을 통해 하나님 홀로 영광 받으소서.

오! 살아계신 아버지 하나님,
이 아이가 하나님의 사람으로 증인될 수 있도록 기쁨과 감사로 온전히 위탁하오며, 찬양받으실 우리 주 예수 그리스도의 이름으로 간절히 기도하옵나이다. 아멘.

✝ 오늘의 말씀을 묵상하며, 적용을 생각해 봅니다.

말씀 "   "

적용 "반복하는 것을 즐기는 사람은 계속적으로 성장과 변화를 새롭게 열어갑니다."

전지전능하신 사랑의 하나님, 은혜의 하나님, 평강의 하나님!
오늘도 부모(교사)로 부르심에 감사와 찬송을 드립니다.
주 예수 그리스도 안에서 먼저 나 자신이 하나님의 자녀임을 고백하고, 하나님 아버지의 사랑에 믿음과 순종으로 바르게 응답하는 삶을 살고 있는지를 돌아봅니다.
오직 하나님의 영광을 위하여, 이제 내게 명하신 말씀을 마음에 새기고 자녀에게 부지런히 가르치며, 맡겨주신 일을 말씀과 기도로 기쁘게 감당하고자 합니다.

한 걸음 한 걸음 주 예수와 함께 걷게 하시는 하나님,
눈동자같이 지키시는 사랑하는 ○○(이)를 위해 복음의 말씀을 들려주시옵소서.
귀 기울여 듣겠나이다.

> **"부지런하여 게으르지 말고
> 열심을 품고 주를 섬기라"**
>
> (롬 12:11)

거룩하신 성부 · 성자 · 성령, 능력의 하나님,
허락하신 삶의 현장에서 자녀와 함께 말씀기도를 드립니다. 하나님께서 들려주신 말씀을 먹고 말씀의 능력을 힘입어, 주 안에서 '역경에도 순경에도 성실을 다하도록' 아이의 생활을 도우며 일깨우겠습니다. 은혜 중에 말씀대로 살아낼 수 있도록 순간순간 동행하시며 친히 인도하여 주시옵소서. 이 아이의 삶을 통해 하나님 홀로 영광 받으소서.

오! 살아계신 아버지 하나님,
이 아이가 하나님의 사람으로 증인될 수 있도록 기쁨과 감사로 온전히 위탁하오며, 찬양받으실 우리 주 예수 그리스도의 이름으로 간절히 기도하옵나이다. 아멘.

✝ 오늘의 말씀을 묵상하며, 적용을 생각해 봅니다.

말씀 "   "

적용 "성실함은 성공을 위한 텃밭입니다."

전지전능하신 사랑의 하나님, 은혜의 하나님, 평강의 하나님!
오늘도 부모(교사)로 부르심에 감사와 찬송을 드립니다.
주 예수 그리스도 안에서 먼저 나 자신이 하나님의 자녀임을 고백하고, 하나님 아버지의 사랑에 믿음과 순종으로 바르게 응답하는 삶을 살고 있는지를 돌아봅니다.
오직 하나님의 영광을 위하여, 이제 내게 명하신 말씀을 마음에 새기고 자녀에게 부지런히 가르치며, 맡겨주신 일을 말씀과 기도로 기쁘게 감당하고자 합니다.

십자가 군병된 자에게 개가를 부르게 하시는 하나님,
눈동자같이 지키시는 사랑하는 ○○(이)를 위해 복음의 말씀을 들려주시옵소서.
귀 기울여 듣겠나이다.

**"여호와 앞에 잠잠하고 참고 기다리라
자기 길이 형통하며 악한 꾀를 이루는 자 때문에
불평하지 말지어다"**

(시 37:7)

거룩하신 성부 · 성자 · 성령, 능력의 하나님,
허락하신 삶의 현장에서 자녀와 함께 말씀기도를 드립니다. 하나님께서 들려주신 말씀을 먹고 말씀의 능력을 힘입어, 주 안에서 '내적 평온을 유지하도록' 아이의 생활을 도우며 일깨우겠습니다. 은혜 중에 말씀대로 살아낼 수 있도록 순간순간 동행하시며 친히 인도하여 주시옵소서. 이 아이의 삶을 통해 하나님 홀로 영광 받으소서.

오! 살아계신 아버지 하나님,
이 아이가 하나님의 사람으로 증인될 수 있도록 기쁨과 감사로 온전히 위탁하오며, 찬양받으실 우리 주 예수 그리스도의 이름으로 간절히 기도하옵나이다. 아멘.

✝ 오늘의 말씀을 묵상하며, 적용을 생각해 봅니다.

 **말씀** "   "

 **적용** "인내는 성공의 디딤돌이며, 조급함은 걸림돌입니다."

전지전능하신 사랑의 하나님, 은혜의 하나님, 평강의 하나님!
오늘도 부모(교사)로 부르심에 감사와 찬송을 드립니다.
주 예수 그리스도 안에서 먼저 나 자신이 하나님의 자녀임을 고백하고, 하나님 아버지의 사랑에 믿음과 순종으로 바르게 응답하는 삶을 살고 있는지를 돌아봅니다.
오직 하나님의 영광을 위하여, 이제 내게 명하신 말씀을 마음에 새기고 자녀에게 부지런히 가르치며, 맡겨주신 일을 말씀과 기도로 기쁘게 감당하고자 합니다.

애쓰고 수고하는 자에게 복에 복을 더하시는 하나님,
눈동자같이 지키시는 사랑하는 ○○(이)를 위해 복음의 말씀을 들려주시옵소서.
귀 기울여 듣겠나이다.

> **"여호와께서 명령하사**
> **네 창고와 네 손으로 하는 모든 일에 복을 내리시고**
> **네 하나님 여호와께서 네게 주시는 땅에서**
> **네게 복을 주실 것이며"**
>
> (신 28:8)

거룩하신 성부 · 성자 · 성령, 능력의 하나님,
허락하신 삶의 현장에서 자녀와 함께 말씀기도를 드립니다. 하나님께서 들려주신 말씀을 먹고 말씀의 능력을 힘입어, 주 안에서 '**수고하는 손의 복을 알도록**' 아이의 생활을 도우며 일깨우겠습니다. 은혜 중에 말씀대로 살아낼 수 있도록 순간순간 동행하시며 친히 인도하여 주시옵소서. 이 아이의 삶을 통해 하나님 홀로 영광 받으소서.

오! 살아계신 아버지 하나님,
이 아이가 하나님의 사람으로 증인될 수 있도록 기쁨과 감사로 온전히 위탁하오며, 찬양받으실 우리 주 예수 그리스도의 이름으로 간절히 기도하옵나이다. 아멘.

✝ 오늘의 말씀을 묵상하며, 적용을 생각해 봅니다.

말씀 "   "

적용 "직접 체험하여 얻은 지식과 배움은 실제적인 행함을 통해 일어나며, 아이의 세상이 바뀌는 경험입니다."

전지전능하신 사랑의 하나님, 은혜의 하나님, 평강의 하나님!
오늘도 부모(교사)로 부르심에 감사와 찬송을 드립니다.
주 예수 그리스도 안에서 먼저 나 자신이 하나님의 자녀임을 고백하고, 하나님 아버지의 사랑에 믿음과 순종으로 바르게 응답하는 삶을 살고 있는지를 돌아봅니다.
오직 하나님의 영광을 위하여, 이제 내게 명하신 말씀을 마음에 새기고 자녀에게 부지런히 가르치며, 맡겨주신 일을 말씀과 기도로 기쁘게 감당하고자 합니다.

사랑의 참 능력을 친히 보여주신 그리스도 예수님,
눈동자같이 지키시는 사랑하는 ○○(이)를 위해 복음의 말씀을 들려주시옵소서.
귀 기울여 듣겠나이다.

> **"내 계명은
> 곧 내가 너희를 사랑한 것같이
> 너희도 서로 사랑하라 하는 이것이니라"**
>
> (요 15:12)

거룩하신 성부 · 성자 · 성령, 능력의 하나님,
허락하신 삶의 현장에서 자녀와 함께 말씀기도를 드립니다. 하나님께서 들려주신 말씀을 먹고 말씀의 능력을 힘입어, 주 안에서 '마음을 채우는 공존의 사랑을 배우도록' 아이의 생활을 도우며 일깨우겠습니다. 은혜 중에 말씀대로 살아낼 수 있도록 순간순간 동행하시며 친히 인도하여 주시옵소서. 이 아이의 삶을 통해 하나님 홀로 영광 받으소서.

오! 살아계신 아버지 하나님,
이 아이가 하나님의 사람으로 증인될 수 있도록 기쁨과 감사로 온전히 위탁하오며, 찬양받으실 우리 주 예수 그리스도의 이름으로 간절히 기도하옵나이다. 아멘.

✝ 오늘의 말씀을 묵상하며, 적용을 생각해 봅니다.

말씀　"　　　　　　　　　　　　　　　　　　　　　"
____

적용　"사람은 누구나 자아실현에 대한 욕구를 가지고 있습니다. 이 욕구는 자신과 타인을 존중하며 채워갑니다."

Mom & Dad's 아홉번째 날

전지전능하신 사랑의 하나님, 은혜의 하나님, 평강의 하나님!
오늘도 부모(교사)로 부르심에 감사와 찬송을 드립니다.
주 예수 그리스도 안에서 먼저 나 자신이 하나님의 자녀임을 고백하고, 하나님 아버지의 사랑에 믿음과 순종으로 바르게 응답하는 삶을 살고 있는지를 돌아봅니다.
오직 하나님의 영광을 위하여, 이제 내게 명하신 말씀을 마음에 새기고 자녀에게 부지런히 가르치며, 맡겨주신 일을 말씀과 기도로 기쁘게 감당하고자 합니다.

겸손한 자에게 은총을 베푸시는 하나님,
눈동자같이 지키시는 사랑하는 ○○(이)를 위해 복음의 말씀을 들려주시옵소서.
귀 기울여 듣겠나이다.

> **"하나님은 교만한 자를 대적하시되**
> **겸손한 자들에게는 은혜를 주시느니라"**
>
> (벧전 5:5하)

거룩하신 성부 · 성자 · 성령, 능력의 하나님,
허락하신 삶의 현장에서 자녀와 함께 말씀기도를 드립니다. 하나님께서 들려주신 말씀을 먹고 말씀의 능력을 힘입어, 주 안에서 '겸손이 가져오는 존귀의 은혜를 입도록' 아이의 생활을 도우며 일깨우겠습니다. 은혜 중에 말씀대로 살아낼 수 있도록 순간순간 동행하시며 친히 인도하여 주시옵소서. 이 아이의 삶을 통해 하나님 홀로 영광 받으소서.

오! 살아계신 아버지 하나님,
이 아이가 하나님의 사람으로 증인될 수 있도록 기쁨과 감사로 온전히 위탁하오며, 찬양받으실 우리 주 예수 그리스도의 이름으로 간절히 기도하옵나이다. 아멘.

✝ 오늘의 말씀을 묵상하며, 적용을 생각해 봅니다.

말씀 "　　　　　　　　　　　　　　　　　　　　"

적용 "교만한 사람에게는 수치가 따르지만, 겸손한 사람에게는 사랑과 존귀가 따릅니다."

전지전능하신 사랑의 하나님, 은혜의 하나님, 평강의 하나님!
오늘도 부모(교사)로 부르심에 감사와 찬송을 드립니다.
주 예수 그리스도 안에서 먼저 나 자신이 하나님의 자녀임을 고백하고, 하나님 아버지의 사랑에 믿음과 순종으로 바르게 응답하는 삶을 살고 있는지를 돌아봅니다. 오직 하나님의 영광을 위하여, 이제 내게 명하신 말씀을 마음에 새기고 자녀에게 부지런히 가르치며, 맡겨주신 일을 말씀과 기도로 기쁘게 감당하고자 합니다.

친히 섬김을 보여주시고 섬기라 하시는 주님,
눈동자같이 지키시는 사랑하는 ○○(이)를 위해 복음의 말씀을 들려주시옵소서.
귀 기울여 듣겠나이다.

**"그러나 온유한 자들은 땅을 차지하며
풍성한 화평으로 즐거워하리로다"**

(시 37:11)

거룩하신 성부 · 성자 · 성령, 능력의 하나님,
허락하신 삶의 현장에서 자녀와 함께 말씀기도를 드립니다. 하나님께서 들려주신 말씀을 먹고 말씀의 능력을 힘입어, 주 안에서 '기꺼운 섬김의 자세를 갖도록' 아이의 생활을 도우며 일깨우겠습니다. 은혜 중에 말씀대로 살아낼 수 있도록 순간순간 동행하시며 친히 인도하여 주시옵소서. 이 아이의 삶을 통해 하나님 홀로 영광 받으소서.

오! 살아계신 아버지 하나님,
이 아이가 하나님의 사람으로 증인될 수 있도록 기쁨과 감사로 온전히 위탁하오며, 찬양받으실 우리 주 예수 그리스도의 이름으로 간절히 기도하옵나이다. 아멘.

✝ 오늘의 말씀을 묵상하며, 적용을 생각해 봅니다.

말씀 "   "

적용 "공손함을 배운 아이는 타인으로부터 귀히 여김을 받습니다."

 # 열한번째 날

전지전능하신 사랑의 하나님, 은혜의 하나님, 평강의 하나님!
오늘도 부모(교사)로 부르심에 감사와 찬송을 드립니다.
주 예수 그리스도 안에서 먼저 나 자신이 하나님의 자녀임을 고백하고, 하나님 아버지의 사랑에 믿음과 순종으로 바르게 응답하는 삶을 살고 있는지를 돌아봅니다.
오직 하나님의 영광을 위하여, 이제 내게 명하신 말씀을 마음에 새기고 자녀에게 부지런히 가르치며, 맡겨주신 일을 말씀과 기도로 기쁘게 감당하고자 합니다.

나의 생명의 말씀이신 여호와 하나님,
눈동자같이 지키시는 사랑하는 ○○(이)를 위해 복음의 말씀을 들려주시옵소서.
귀 기울여 듣겠나이다.

> **"복 있는 사람은 악인들의 꾀를 따르지 아니하며
> 죄인들의 길에 서지 아니하며
> 오만한 자들의 자리에 앉지 아니하고
> 오직 여호와의 율법을 즐거워하여
> 그의 율법을 주야로 묵상하는도다"**
>
> (시 1:1-2)

거룩하신 성부 · 성자 · 성령, 능력의 하나님,
허락하신 삶의 현장에서 자녀와 함께 말씀기도를 드립니다. 하나님께서 들려주신 말씀을 먹고 말씀의 능력을 힘입어, 주 안에서 '**말씀의 빛을 따르도록**' 아이의 생활을 도우며 일깨우겠습니다. 은혜 중에 말씀대로 살아낼 수 있도록 순간순간 동행하시며 친히 인도하여 주시옵소서. 이 아이의 삶을 통해 하나님 홀로 영광 받으소서.

오! 살아계신 아버지 하나님,
이 아이가 하나님의 사람으로 증인될 수 있도록 기쁨과 감사로 온전히 위탁하오며, 찬양받으실 우리 주 예수 그리스도의 이름으로 간절히 기도하옵나이다. 아멘.

✝ 오늘의 말씀을 묵상하며, 적용을 생각해 봅니다.

 "＿＿＿＿＿＿＿＿＿＿＿＿＿＿＿＿＿＿＿＿＿＿"

 "바른 생각과 선택, 용기와 결단들이 기품 있는 인격을 만듭니다."

전지전능하신 사랑의 하나님, 은혜의 하나님, 평강의 하나님!
오늘도 부모(교사)로 부르심에 감사와 찬송을 드립니다.
주 예수 그리스도 안에서 먼저 나 자신이 하나님의 자녀임을 고백하고, 하나님 아버지의 사랑에 믿음과 순종으로 바르게 응답하는 삶을 살고 있는지를 돌아봅니다.
오직 하나님의 영광을 위하여, 이제 내게 명하신 말씀을 마음에 새기고 자녀에게 부지런히 가르치며, 맡겨주신 일을 말씀과 기도로 기쁘게 감당하고자 합니다.

예배를 기뻐 받으시는 하나님,
눈동자같이 지키시는 사랑하는 ○○(이)를 위해 복음의 말씀을 들려주시옵소서.
귀 기울여 듣겠나이다.

> **"오직 나는 주의 풍성한 사랑을 힘입어**
> **주의 집에 들어가**
> **주를 경외함으로 성전을 향하여 예배하리이다"**
>
> (시 5:7)

거룩하신 성부 · 성자 · 성령, 능력의 하나님,
허락하신 삶의 현장에서 자녀와 함께 말씀기도를 드립니다. 하나님께서 들려주신 말씀을 먹고 말씀의 능력을 힘입어, 주 안에서 '생활의 거룩함이 배어있도록' 아이의 생활을 도우며 일깨우겠습니다. 은혜 중에 말씀대로 살아낼 수 있도록 순간순간 동행하시며 친히 인도하여 주시옵소서. 이 아이의 삶을 통해 하나님 홀로 영광 받으소서.

오! 살아계신 아버지 하나님,
이 아이가 하나님의 사람으로 증인될 수 있도록 기쁨과 감사로 온전히 위탁하오며, 찬양받으실 우리 주 예수 그리스도의 이름으로 간절히 기도하옵나이다. 아멘.

✝ 오늘의 말씀을 묵상하며, 적용을 생각해 봅니다.

말씀 "＿＿＿＿＿＿＿＿＿＿＿＿＿＿＿＿＿＿＿＿＿"

적용 "'인사, 감사, 봉사'는 참된 행복의 밑거름이 됩니다."

전지전능하신 사랑의 하나님, 은혜의 하나님, 평강의 하나님!
오늘도 부모(교사)로 부르심에 감사와 찬송을 드립니다.
주 예수 그리스도 안에서 먼저 나 자신이 하나님의 자녀임을 고백하고, 하나님 아버지의 사랑에 믿음과 순종으로 바르게 응답하는 삶을 살고 있는지를 돌아봅니다.
오직 하나님의 영광을 위하여, 이제 내게 명하신 말씀을 마음에 새기고 자녀에게 부지런히 가르치며, 맡겨주신 일을 말씀과 기도로 기쁘게 감당하고자 합니다.

하늘 뜻이 이 땅 위에 이루어질 때까지 함께 하시는 하나님,
눈동자같이 지키시는 사랑하는 ○○(이)를 위해 복음의 말씀을 들려주시옵소서.
귀 기울여 듣겠나이다.

> "항상 기뻐하라 쉬지 말고 기도하라 범사에 감사하라
> 이것이 그리스도 예수 안에서
> 너희를 향하신 하나님의 뜻이니라"
>
> (살전 5:16-18)

거룩하신 성부 · 성자 · 성령, 능력의 하나님,
허락하신 삶의 현장에서 자녀와 함께 말씀기도를 드립니다. 하나님께서 들려주신 말씀을 먹고 말씀의 능력을 힘입어, 주 안에서 '감사의 낙헌제를 드리도록' 아이의 생활을 도우며 일깨우겠습니다. 은혜 중에 말씀대로 살아낼 수 있도록 순간순간 동행하시며 친히 인도하여 주시옵소서. 이 아이의 삶을 통해 하나님 홀로 영광 받으소서.

오! 살아계신 아버지 하나님,
이 아이가 하나님의 사람으로 증인될 수 있도록 기쁨과 감사로 온전히 위탁하오며, 찬양받으실 우리 주 예수 그리스도의 이름으로 간절히 기도하옵나이다. 아멘.

✝ 오늘의 말씀을 묵상하며, 적용을 생각해 봅니다.

말씀 "   "

적용 "감사할 줄 아는 아이는 축복받은 아이입니다."

 # 열네번째 날

전지전능하신 사랑의 하나님, 은혜의 하나님, 평강의 하나님!
오늘도 부모(교사)로 부르심에 감사와 찬송을 드립니다.
주 예수 그리스도 안에서 먼저 나 자신이 하나님의 자녀임을 고백하고, 하나님 아버지의 사랑에 믿음과 순종으로 바르게 응답하는 삶을 살고 있는지를 돌아봅니다. 오직 하나님의 영광을 위하여, 이제 내게 명하신 말씀을 마음에 새기고 자녀에게 부지런히 가르치며, 맡겨주신 일을 말씀과 기도로 기쁘게 감당하고자 합니다.

믿는 자들의 구주이신 하나님,
눈동자같이 지키시는 사랑하는 ○○(이)를 위해 복음의 말씀을 들려주시옵소서.
귀 기울여 듣겠나이다.

> **"내가 궁핍하므로 말하는 것이 아니니라
> 어떠한 형편에든지 나는 자족하기를 배웠노니"**
>
> (빌 4:11)

거룩하신 성부 · 성자 · 성령, 능력의 하나님,
허락하신 삶의 현장에서 자녀와 함께 말씀기도를 드립니다. 하나님께서 들려주신 말씀을 먹고 말씀의 능력을 힘입어, 주 안에서 '**자족의 은총을 입도록**' 아이의 생활을 도우며 일깨우겠습니다. 은혜 중에 말씀대로 살아낼 수 있도록 순간순간 동행하시며 친히 인도하여 주시옵소서. 이 아이의 삶을 통해 하나님 홀로 영광 받으소서.

오! 살아계신 아버지 하나님,
이 아이가 하나님의 사람으로 증인될 수 있도록 기쁨과 감사로 온전히 위탁하오며, 찬양받으실 우리 주 예수 그리스도의 이름으로 간절히 기도하옵나이다. 아멘.

✝ 오늘의 말씀을 묵상하며, 적용을 생각해 봅니다.

말씀 "   "

적용 "아이는 작은 것에 만족하는 것에서부터 세상에 만족이 있다는 것을 배웁니다."

 # 열다섯번째 날

전지전능하신 사랑의 하나님, 은혜의 하나님, 평강의 하나님!
오늘도 부모(교사)로 부르심에 감사와 찬송을 드립니다.
주 예수 그리스도 안에서 먼저 나 자신이 하나님의 자녀임을 고백하고, 하나님 아버지의 사랑에 믿음과 순종으로 바르게 응답하는 삶을 살고 있는지를 돌아봅니다.
오직 하나님의 영광을 위하여, 이제 내게 명하신 말씀을 마음에 새기고 자녀에게 부지런히 가르치며, 맡겨주신 일을 말씀과 기도로 기쁘게 감당하고자 합니다.

더 높은 곳을 향하여 날마다 나아가게 하시는 하나님,
눈동자같이 지키시는 사랑하는 ○○(이)를 위해 복음의 말씀을 들려주시옵소서.
귀 기울여 듣겠나이다.

> **"오직 나그네를 대접하며 선행을 좋아하며**
> **신중하며 의로우며 거룩하며 절제하며"**
>
> (딛 1:8)

거룩하신 성부 · 성자 · 성령, 능력의 하나님,
허락하신 삶의 현장에서 자녀와 함께 말씀기도를 드립니다. 하나님께서 들려주신 말씀을 먹고 말씀의 능력을 힘입어, 주 안에서 '공공의 선을 위해 절제를 배우도록' 아이의 생활을 도우며 일깨우겠습니다. 은혜 중에 말씀대로 살아낼 수 있도록 순간순간 동행하시며 친히 인도하여 주시옵소서. 이 아이의 삶을 통해 하나님 홀로 영광 받으소서.

오! 살아계신 아버지 하나님,
이 아이가 하나님의 사람으로 증인될 수 있도록 기쁨과 감사로 온전히 위탁하오며, 찬양받으실 우리 주 예수 그리스도의 이름으로 간절히 기도하옵나이다. 아멘.

✝ 오늘의 말씀을 묵상하며, 적용을 생각해 봅니다.

말씀 "___________________________________"

적용 "아이는 보다 큰 만족을 위하여 어릴 때부터 만족을 지연하는 능력과 절제하는 능력을 습득하는 것이 필요합니다."

Mom & Dad's 열여섯번째 날

전지전능하신 사랑의 하나님, 은혜의 하나님, 평강의 하나님!
오늘도 부모(교사)로 부르심에 감사와 찬송을 드립니다.
주 예수 그리스도 안에서 먼저 나 자신이 하나님의 자녀임을 고백하고, 하나님 아버지의 사랑에 믿음과 순종으로 바르게 응답하는 삶을 살고 있는지를 돌아봅니다.
오직 하나님의 영광을 위하여, 이제 내게 명하신 말씀을 마음에 새기고 자녀에게 부지런히 가르치며, 맡겨주신 일을 말씀과 기도로 기쁘게 감당하고자 합니다.

놀라운 주의 평화를 선물로 주시는 아버지 하나님,
눈동자같이 지키시는 사랑하는 ○○(이)를 위해 복음의 말씀을 들려주시옵소서.
귀 기울여 듣겠나이다.

> **"하나님이 우리에게 주신 것은
> 두려워하는 마음이 아니요
> 오직 능력과 사랑과 절제하는 마음이니"**
>
> (딤후 1:7)

거룩하신 성부 · 성자 · 성령, 능력의 하나님,
허락하신 삶의 현장에서 자녀와 함께 말씀기도를 드립니다. 하나님께서 들려주신 말씀을 먹고 말씀의 능력을 힘입어, 주 안에서 '충만한 사랑으로' 아이의 생활을 도우며 일깨우겠습니다. 은혜 중에 말씀대로 살아낼 수 있도록 순간순간 동행하시며 친히 인도하여 주시옵소서. 이 아이의 삶을 통해 하나님 홀로 영광 받으소서.

오! 살아계신 아버지 하나님,
이 아이가 하나님의 사람으로 증인될 수 있도록 기쁨과 감사로 온전히 위탁하오며, 찬양받으실 우리 주 예수 그리스도의 이름으로 간절히 기도하옵나이다. 아멘.

✝ 오늘의 말씀을 묵상하며, 적용을 생각해 봅니다.

말씀 "＿＿＿＿＿＿＿＿＿＿＿＿＿＿＿＿＿＿＿＿＿＿＿＿＿＿"

적용 "**아이의 지나친** 두려움이나 탐심은 사랑의 결핍이나 사랑의 결손에서 옵니다."

전지전능하신 사랑의 하나님, 은혜의 하나님, 평강의 하나님!
오늘도 부모(교사)로 부르심에 감사와 찬송을 드립니다.
주 예수 그리스도 안에서 먼저 나 자신이 하나님의 자녀임을 고백하고, 하나님 아버지의 사랑에 믿음과 순종으로 바르게 응답하는 삶을 살고 있는지를 돌아봅니다.
오직 하나님의 영광을 위하여, 이제 내게 명하신 말씀을 마음에 새기고 자녀에게 부지런히 가르치며, 맡겨주신 일을 말씀과 기도로 기쁘게 감당하고자 합니다.

말씀을 청종하는 자를 기뻐하시는 하나님,
눈동자같이 지키시는 사랑하는 ○○(이)를 위해 복음의 말씀을 들려주시옵소서.
귀 기울여 듣겠나이다.

> **"내 아들아 네 아비의 훈계를 들으며**
> **네 어미의 법을 떠나지 말라"**
>
> (잠 1:8)

거룩하신 성부 · 성자 · 성령, 능력의 하나님,
허락하신 삶의 현장에서 자녀와 함께 말씀기도를 드립니다. 하나님께서 들려주신 말씀을 먹고 말씀의 능력을 힘입어, 주 안에서 아이의 생활을 '듣고자 하는 의지를 발휘하도록' 도우며 일깨우겠습니다. 은혜 중에 말씀대로 살아낼 수 있도록 순간순간 동행하시며 친히 인도하여 주시옵소서. 이 아이의 삶을 통해 하나님 홀로 영광 받으소서.

오! 살아계신 아버지 하나님,
이 아이가 하나님의 사람으로 증인될 수 있도록 기쁨과 감사로 온전히 위탁하오며, 찬양받으실 우리 주 예수 그리스도의 이름으로 간절히 기도하옵나이다. 아멘.

✝ 오늘의 말씀을 묵상하며, 적용을 생각해 봅니다.

말씀 "   "

적용 "사람을 움직이는 힘은 입이 아니라 귀입니다."

전지전능하신 사랑의 하나님, 은혜의 하나님, 평강의 하나님!
오늘도 부모(교사)로 부르심에 감사와 찬송을 드립니다.
주 예수 그리스도 안에서 먼저 나 자신이 하나님의 자녀임을 고백하고, 하나님 아버지의 사랑에 믿음과 순종으로 바르게 응답하는 삶을 살고 있는지를 돌아봅니다.
오직 하나님의 영광을 위하여, 이제 내게 명하신 말씀을 마음에 새기고 자녀에게 부지런히 가르치며, 맡겨주신 일을 말씀과 기도로 기쁘게 감당하고자 합니다.

희망과 믿음 안에서 주님과 동행하게 하시는 소망의 하나님,
눈동자같이 지키시는 사랑하는 ○○(이)를 위해 복음의 말씀을 들려주시옵소서.
귀 기울여 듣겠나이다.

> **"우리가 다 실수가 많으니**
> **만일 말에 실수가 없는 자라면 곧 온전한 사람이라**
> **능히 온 몸도 굴레 씌우리라"**
>
> (약 3:2)

거룩하신 성부 · 성자 · 성령, 능력의 하나님,
허락하신 삶의 현장에서 자녀와 함께 말씀기도를 드립니다. 하나님께서 들려주신 말씀을 먹고 말씀의 능력을 힘입어, 주 안에서 '실패로 쉽게 좌절하지 않도록 격려하며' 아이의 생활을 돕고 일깨우겠습니다. 은혜 중에 말씀대로 살아낼 수 있도록 순간순간 동행하시며 친히 인도하여 주시옵소서. 이 아이의 삶을 통해 하나님 홀로 영광 받으소서.

오! 살아계신 아버지 하나님,
이 아이가 하나님의 사람으로 증인될 수 있도록 기쁨과 감사로 온전히 위탁하오며, 찬양받으실 우리 주 예수 그리스도의 이름으로 간절히 기도하옵나이다. 아멘.

✝ 오늘의 말씀을 묵상하며, 적용을 생각해 봅니다.

 **말씀** "   "

 **적용** "실수나 실패했을 때에 듣는 한마디 격려는 성공했을 때의 열 마디 칭찬보다 큰 힘을 발휘하며, 실패를 이겨낼 수 있게 합니다."

 # 열아홉번째 날

전지전능하신 사랑의 하나님, 은혜의 하나님, 평강의 하나님!
오늘도 부모(교사)로 부르심에 감사와 찬송을 드립니다.
주 예수 그리스도 안에서 먼저 나 자신이 하나님의 자녀임을 고백하고, 하나님 아버지의 사랑에 믿음과 순종으로 바르게 응답하는 삶을 살고 있는지를 돌아봅니다.
오직 하나님의 영광을 위하여, 이제 내게 명하신 말씀을 마음에 새기고 자녀에게 부지런히 가르치며, 맡겨주신 일을 말씀과 기도로 기쁘게 감당하고자 합니다.

우리를 한결같은 눈으로 지켜보시는 하나님,
눈동자같이 지키시는 사랑하는 ○○(이)를 위해 복음의 말씀을 들려주시옵소서.
귀 기울여 듣겠나이다.

> **"내 형제들아 영광의 주
> 곧 우리 주 예수 그리스도에 대한 믿음을 너희가 가졌으니
> 사람을 차별하여 대하지 말라"**
>
> (약 2:1)

거룩하신 성부·성자·성령, 능력의 하나님,
허락하신 삶의 현장에서 자녀와 함께 말씀기도를 드립니다. 하나님께서 들려주신 말씀을 먹고 말씀의 능력을 힘입어, 주 안에서 '**존재한다는 단순하고 순전한 기쁨으로**' 아이의 생활을 도우며 일깨우겠습니다. 은혜 중에 말씀대로 살아낼 수 있도록 순간순간 동행하시며 친히 인도하여 주시옵소서. 이 아이의 삶을 통해 하나님 홀로 영광 받으소서.

오! 살아계신 아버지 하나님,
이 아이가 하나님의 사람으로 증인될 수 있도록 기쁨과 감사로 온전히 위탁하오며, 찬양받으실 우리 주 예수 그리스도의 이름으로 간절히 기도하옵나이다. 아멘.

✝ 오늘의 말씀을 묵상하며, 적용을 생각해 봅니다.

 **말씀** "   "

 **적용** "부모는 자녀를 대할 때, 상대적인 비교보다 자녀의 독자적인 개성을 진심으로 존중해야 합니다."

전지전능하신 사랑의 하나님, 은혜의 하나님, 평강의 하나님!
오늘도 부모(교사)로 부르심에 감사와 찬송을 드립니다.
주 예수 그리스도 안에서 먼저 나 자신이 하나님의 자녀임을 고백하고, 하나님 아버지의 사랑에 믿음과 순종으로 바르게 응답하는 삶을 살고 있는지를 돌아봅니다.
오직 하나님의 영광을 위하여, 이제 내게 명하신 말씀을 마음에 새기고 자녀에게 부지런히 가르치며, 맡겨주신 일을 말씀과 기도로 기쁘게 감당하고자 합니다.

그 손 못 자국 만지며 승리케 하시는 하나님,
눈동자같이 지키시는 사랑하는 ○○(이)를 위해 복음의 말씀을 들려주시옵소서.
귀 기울여 듣겠나이다.

> **"또 약속하신 이는 미쁘시니**
> **우리가 믿는 도리의 소망을 움직이지 말며 굳게 잡고**
> **서로 돌아보아 사랑과 선행을 격려하며"**
>
> (히 10:23-24)

거룩하신 성부 · 성자 · 성령, 능력의 하나님,
허락하신 삶의 현장에서 자녀와 함께 말씀기도를 드립니다. 하나님께서 들려주신 말씀을 먹고 말씀의 능력을 힘입어, 주 안에서 '할 수 있다는 희망을 굳게 잡도록' 아이의 생활을 도우며 일깨우겠습니다. 은혜 중에 말씀대로 살아낼 수 있도록 순간순간 동행하시며 친히 인도하여 주시옵소서. 이 아이의 삶을 통해 하나님 홀로 영광 받으소서.

오! 살아계신 아버지 하나님,
이 아이가 하나님의 사람으로 증인될 수 있도록 기쁨과 감사로 온전히 위탁하오며, 찬양받으실 우리 주 예수 그리스도의 이름으로 간절히 기도하옵나이다. 아멘.

✝ 오늘의 말씀을 묵상하며, 적용을 생각해 봅니다.

말씀 "   "

적용 "아이가 할 수 없는 것에 집착하여 말하기보다 잘할 수 있는 것에 먼저 관심을 가져주고 활력을 북돋워 주어야 합니다."

Mom & Dad's 스물한번째 날

전지전능하신 사랑의 하나님, 은혜의 하나님, 평강의 하나님!
오늘도 부모(교사)로 부르심에 감사와 찬송을 드립니다.
주 예수 그리스도 안에서 먼저 나 자신이 하나님의 자녀임을 고백하고, 하나님 아버지의 사랑에 믿음과 순종으로 바르게 응답하는 삶을 살고 있는지를 돌아봅니다.
오직 하나님의 영광을 위하여, 이제 내게 명하신 말씀을 마음에 새기고 자녀에게 부지런히 가르치며, 맡겨주신 일을 말씀과 기도로 기쁘게 감당하고자 합니다.

강한 성이요 방패와 병기가 되시는 하나님,
눈동자같이 지키시는 사랑하는 ○○(이)를 위해 복음의 말씀을 들려주시옵소서.
귀 기울여 듣겠나이다.

> **"그러므로 내 사랑하는 형제들아 견실하며 흔들리지 말고
> 항상 주의 일에 더욱 힘쓰는 자들이 되라
> 이는 너희 수고가 주 안에서 헛되지 않은 줄 앎이라"**
>
> (고전 15:58)

거룩하신 성부 · 성자 · 성령, 능력의 하나님,
허락하신 삶의 현장에서 자녀와 함께 말씀기도를 드립니다. 하나님께서 들려주신 말씀을 먹고 말씀의 능력을 힘입어, 주 안에서 '성취감을 이루도록' 아이의 생활을 도우며 일깨우겠습니다. 은혜 중에 말씀대로 살아낼 수 있도록 순간순간 동행하시며 친히 인도하여 주시옵소서. 이 아이의 삶을 통해 하나님 홀로 영광 받으소서.

오! 살아계신 아버지 하나님,
이 아이가 하나님의 사람으로 증인될 수 있도록 기쁨과 감사로 온전히 위탁하오며, 찬양받으실 우리 주 예수 그리스도의 이름으로 간절히 기도하옵나이다. 아멘.

✝ 오늘의 말씀을 묵상하며, 적용을 생각해 봅니다.

말씀　"　　　　　　　　　　　　　　　　　　　　"

적용　"크든 작든 매일매일 아이가 무엇인가를 해보려는 의지, 끝까지 해내는 의지를 발휘하도록 기대하며 용기를 줍니다."

Mom & Dad's 스물두번째 날

전지전능하신 사랑의 하나님, 은혜의 하나님, 평강의 하나님!
오늘도 부모(교사)로 부르심에 감사와 찬송을 드립니다.
주 예수 그리스도 안에서 먼저 나 자신이 하나님의 자녀임을 고백하고, 하나님 아버지의 사랑에 믿음과 순종으로 바르게 응답하는 삶을 살고 있는지를 돌아봅니다.
오직 하나님의 영광을 위하여, 이제 내게 명하신 말씀을 마음에 새기고 자녀에게 부지런히 가르치며, 맡겨주신 일을 말씀과 기도로 기쁘게 감당하고자 합니다.

주님의 친절한 팔로 영원히 안아주시는 주님,
눈동자같이 지키시는 사랑하는 ○○(이)를 위해 복음의 말씀을 들려주시옵소서.
귀 기울여 듣겠나이다.

> **"네 하나님 여호와께서 돌보아 주시는 땅이라**
> **연초부터 연말까지 네 하나님 여호와의 눈이**
> **항상 그 위에 있느니라"**
>
> (신 11:12)

거룩하신 성부 · 성자 · 성령, 능력의 하나님,
허락하신 삶의 현장에서 자녀와 함께 말씀기도를 드립니다. 하나님께서 들려주신 말씀을 먹고 말씀의 능력을 힘입어, 주 안에서 '**가족 공동체의 예식을 알도록**' 아이의 생활을 도우며 일깨우겠습니다. 은혜 중에 말씀대로 살아낼 수 있도록 순간순간 동행하시며 친히 인도하여 주시옵소서. 이 아이의 삶을 통해 하나님 홀로 영광 받으소서.

오! 살아계신 아버지 하나님,
이 아이가 하나님의 사람으로 증인될 수 있도록 기쁨과 감사로 온전히 위탁하오며, 찬양받으실 우리 주 예수 그리스도의 이름으로 간절히 기도하옵나이다. 아멘.

✝ 오늘의 말씀을 묵상하며, 적용을 생각해 봅니다.

말씀 "   "

적용 "오늘 '우리 가족 이벤트 · 알림판' 내용은 무엇인지 관심을 갖고 점검합니다."

전지전능하신 사랑의 하나님, 은혜의 하나님, 평강의 하나님!
오늘도 부모(교사)로 부르심에 감사와 찬송을 드립니다.
주 예수 그리스도 안에서 먼저 나 자신이 하나님의 자녀임을 고백하고, 하나님 아버지의 사랑에 믿음과 순종으로 바르게 응답하는 삶을 살고 있는지를 돌아봅니다. 오직 하나님의 영광을 위하여, 이제 내게 명하신 말씀을 마음에 새기고 자녀에게 부지런히 가르치며, 맡겨주신 일을 말씀과 기도로 기쁘게 감당하고자 합니다.

주님의 마음을 본받아 살면서 거룩하심을 이루게 하시는 성령 하나님,
눈동자같이 지키시는 사랑하는 ○○(이)를 위해 복음의 말씀을 들려주시옵소서.
귀 기울여 듣겠나이다.

**"너는 센 머리 앞에서 일어서고
노인의 얼굴을 공경하며
네 하나님을 경외하라 나는 여호와이니라"**

(레 19:32)

거룩하신 성부 · 성자 · 성령, 능력의 하나님,
허락하신 삶의 현장에서 자녀와 함께 말씀기도를 드립니다. 하나님께서 들려주신 말씀을 먹고 말씀의 능력을 힘입어, 주 안에서 '동행하는 사랑의 신비한 은혜를 갈구하며' 아이의 생활을 돕고 일깨우겠습니다. 은혜 중에 말씀대로 살아낼 수 있도록 순간순간 동행하시며 친히 인도하여 주시옵소서. 이 아이의 삶을 통해 하나님 홀로 영광 받으소서.

오! 살아계신 아버지 하나님,
이 아이가 하나님의 사람으로 증인될 수 있도록 기쁨과 감사로 온전히 위탁하오며, 찬양받으실 우리 주 예수 그리스도의 이름으로 간절히 기도하옵나이다. 아멘.

✝ 오늘의 말씀을 묵상하며, 적용을 생각해 봅니다.

말씀 "   "

적용 "부모가 자녀와 함께 자주 조부모님을 찾아뵙게 되면 자녀는 효와 공경과 순종과 충성을 배웁니다."

전지전능하신 사랑의 하나님, 은혜의 하나님, 평강의 하나님!
오늘도 부모(교사)로 부르심에 감사와 찬송을 드립니다.
주 예수 그리스도 안에서 먼저 나 자신이 하나님의 자녀임을 고백하고, 하나님 아버지의 사랑에 믿음과 순종으로 바르게 응답하는 삶을 살고 있는지를 돌아봅니다. 오직 하나님의 영광을 위하여, 이제 내게 명하신 말씀을 마음에 새기고 자녀에게 부지런히 가르치며, 맡겨주신 일을 말씀과 기도로 기쁘게 감당하고자 합니다.

충성하는 자에게 능력을 주시는 하나님,
눈동자같이 지키시는 사랑하는 ○○(이)를 위해 복음의 말씀을 들려주시옵소서.
귀 기울여 듣겠나이다.

> **"이는 우리 복음이 너희에게 말로만 이른 것이 아니라**
> **또한 능력과 성령과 큰 확신으로 된 것임이라**
> **우리가 너희 가운데서 너희를 위하여 어떤 사람이 된 것은**
> **너희가 아는 바와 같으니라"**
>
> (살전 1:5)

거룩하신 성부·성자·성령, 능력의 하나님,
허락하신 삶의 현장에서 자녀와 함께 말씀기도를 드립니다. 하나님께서 들려주신 말씀을 먹고 말씀의 능력을 힘입어, 주 안에서 아이의 생활을 '유쾌한 마음과 행동을 보이도록' 도우며 일깨우겠습니다. 은혜 중에 말씀대로 살아낼 수 있도록 순간순간 동행하시며 친히 인도하여 주시옵소서. 이 아이의 삶을 통해 하나님 홀로 영광 받으소서.

오! 살아계신 아버지 하나님,
이 아이가 하나님의 사람으로 증인될 수 있도록 기쁨과 감사로 온전히 위탁하오며, 찬양받으실 우리 주 예수 그리스도의 이름으로 간절히 기도하옵나이다. 아멘.

✝ 오늘의 말씀을 묵상하며, 적용을 생각해 봅니다.

말씀 "   "

적용 "행동은 말보다 마음을 더 움직입니다. 좋은 습관과 좋은 표정은 경쟁력 있는 능력입니다."

전지전능하신 사랑의 하나님, 은혜의 하나님, 평강의 하나님!
오늘도 부모(교사)로 부르심에 감사와 찬송을 드립니다.
주 예수 그리스도 안에서 먼저 나 자신이 하나님의 자녀임을 고백하고, 하나님 아버지의 사랑에 믿음과 순종으로 바르게 응답하는 삶을 살고 있는지를 돌아봅니다.
오직 하나님의 영광을 위하여, 이제 내게 명하신 말씀을 마음에 새기고 자녀에게 부지런히 가르치며, 맡겨주신 일을 말씀과 기도로 기쁘게 감당하고자 합니다.

불길 같은 주 성령 하나님,
눈동자같이 지키시는 사랑하는 ○○(이)를 위해 복음의 말씀을 들려주시옵소서.
귀 기울여 듣겠나이다.

> **"이에 유다와 베냐민 족장들과 제사장들과 레위 사람들과
> 그 마음이 하나님께 감동을 받고 올라가서
> 예루살렘에 여호와의 성전을 건축하고자 하는 자가
> 다 일어나니"**
>
> (스 1:5)

거룩하신 성부 · 성자 · 성령, 능력의 하나님,
허락하신 삶의 현장에서 자녀와 함께 말씀기도를 드립니다. 하나님께서 들려주신 말씀을 먹고 말씀의 능력을 힘입어, 주 안에서 '감동을 전염시킬 수 있도록' 아이의 생활을 도우며 일깨우겠습니다. 은혜 중에 말씀대로 살아낼 수 있도록 순간순간 동행하시며 친히 인도하여 주시옵소서. 이 아이의 삶을 통해 하나님 홀로 영광 받으소서.

오! 살아계신 아버지 하나님,
이 아이가 하나님의 사람으로 증인될 수 있도록 기쁨과 감사로 온전히 위탁하오며, 찬양받으실 우리 주 예수 그리스도의 이름으로 간절히 기도하옵나이다. 아멘.

✝ 오늘의 말씀을 묵상하며, 적용을 생각해 봅니다.

말씀 "   "

적용 "감동할 줄 아는 아이는 다른 사람을 감동시킵니다."

Mom & Dad's 스물여섯번째 날

전지전능하신 사랑의 하나님, 은혜의 하나님, 평강의 하나님!
오늘도 부모(교사)로 부르심에 감사와 찬송을 드립니다.
주 예수 그리스도 안에서 먼저 나 자신이 하나님의 자녀임을 고백하고, 하나님 아버지의 사랑에 믿음과 순종으로 바르게 응답하는 삶을 살고 있는지를 돌아봅니다.
오직 하나님의 영광을 위하여, 이제 내게 명하신 말씀을 마음에 새기고 자녀에게 부지런히 가르치며, 맡겨주신 일을 말씀과 기도로 기쁘게 감당하고자 합니다.

창조해 주신 아름다운 세계에서 살게 하시는 하나님,
눈동자같이 지키시는 사랑하는 ○○(이)를 위해 복음의 말씀을 들려주시옵소서.
귀 기울여 듣겠나이다.

> **"하나님께서 지으신 모든 것이 선하매**
> **감사함으로 받으면 버릴 것이 없나니**
> **하나님의 말씀과 기도로 거룩하여짐이라"**
>
> (딤전 4:4-5)

거룩하신 성부 · 성자 · 성령, 능력의 하나님,
허락하신 삶의 현장에서 자녀와 함께 말씀기도를 드립니다. 하나님께서 들려주신 말씀을 먹고 말씀의 능력을 힘입어, 주 안에서 '**영감 넘치는 삶의 기회를 선용할 수 있도록**' 아이의 생활을 도우며 일깨우겠습니다. 은혜 중에 말씀대로 살아낼 수 있도록 순간순간 동행하시며 친히 인도하여 주시옵소서. 이 아이의 삶을 통해 하나님 홀로 영광 받으소서.

오! 살아계신 아버지 하나님,
이 아이가 하나님의 사람으로 증인될 수 있도록 기쁨과 감사로 온전히 위탁하오며, 찬양받으실 우리 주 예수 그리스도의 이름으로 간절히 기도하옵나이다. 아멘.

✝ 오늘의 말씀을 묵상하며, 적용을 생각해 봅니다.

말씀 "   "

적용 "세상의 모든 것들에 깃들어 있는 진 · 선 · 미의 비밀을 찾아내어, 삶에서 신비로운 경외감과 환희를 체험할 수 있는 기회는 우리 아이들에게 활짝 열려 있으며, 매 순간순간 새롭게 다가옵니다."

Mom & Dad's 스물일곱번째 날

전지전능하신 사랑의 하나님, 은혜의 하나님, 평강의 하나님!
오늘도 부모(교사)로 부르심에 감사와 찬송을 드립니다.
주 예수 그리스도 안에서 먼저 나 자신이 하나님의 자녀임을 고백하고, 하나님 아버지의 사랑에 믿음과 순종으로 바르게 응답하는 삶을 살고 있는지를 돌아봅니다.
오직 하나님의 영광을 위하여, 이제 내게 명하신 말씀을 마음에 새기고 자녀에게 부지런히 가르치며, 맡겨주신 일을 말씀과 기도로 기쁘게 감당하고자 합니다.

주 예수를 믿는 힘으로 온 세상을 이기게 하시는 하나님,
눈동자같이 지키시는 사랑하는 ○○(이)를 위해 복음의 말씀을 들려주시옵소서.
귀 기울여 듣겠나이다.

> **"여호수아가 요단에서 가져온 그 열두 돌을 길갈에 세우고
> 이스라엘 자손들에게 말하여 이르되 후일에 너희의 자손들이
> 그들의 아버지에게 묻기를 이 돌들은 무슨 뜻이니이까 하거든
> 너희는 너희의 자손들에게 알게 하여 이르기를
> 이스라엘이 마른 땅을 밟고 이 요단을 건넜음이라"**
>
> (수 4:20-22)

거룩하신 성부 · 성자 · 성령, 능력의 하나님,
허락하신 삶의 현장에서 자녀와 함께 말씀기도를 드립니다. 하나님께서 들려주신 말씀을 먹고 말씀의 능력을 힘입어, 주 안에서 '은택을 입은 오늘을 기뻐하도록' 아이의 생활을 도우며 일깨우겠습니다. 은혜 중에 말씀대로 살아낼 수 있도록 순간순간 동행하시며 친히 인도하여 주시옵소서. 이 아이의 삶을 통해 하나님 홀로 영광 받으소서.

오! 살아계신 아버지 하나님,
이 아이가 하나님의 사람으로 증인될 수 있도록 기쁨과 감사로 온전히 위탁하오며, 찬양받으실 우리 주 예수 그리스도의 이름으로 간절히 기도하옵나이다. 아멘.

✝ 오늘의 말씀을 묵상하며, 적용을 생각해 봅니다.

 "   "

 "부모와 교사는 아이들이 살아가는 삶의 이야기를 여러 형태의 기록으로 담아줍니다. 기록된 일화들이 삶을 돌아볼 때 기쁨과 새 기운을 얻게 할 것입니다."

Mom & Dad's 스물여덟번째 날

전지전능하신 사랑의 하나님, 은혜의 하나님, 평강의 하나님!
오늘도 부모(교사)로 부르심에 감사와 찬송을 드립니다.
주 예수 그리스도 안에서 먼저 나 자신이 하나님의 자녀임을 고백하고, 하나님 아버지의 사랑에 믿음과 순종으로 바르게 응답하는 삶을 살고 있는지를 돌아봅니다.
오직 하나님의 영광을 위하여, 이제 내게 명하신 말씀을 마음에 새기고 자녀에게 부지런히 가르치며, 맡겨주신 일을 말씀과 기도로 기쁘게 감당하고자 합니다.

영혼의 갈망을 사랑으로 감화시키시는 하나님,
눈동자같이 지키시는 사랑하는 ○○(이)를 위해 복음의 말씀을 들려주시옵소서.
귀 기울여 듣겠나이다.

> **"주께 합당하게 행하여 범사에 기쁘시게 하고**
> **모든 선한 일에 열매를 맺게 하시며**
> **하나님을 아는 것에 자라게 하시고**
> **그의 영광의 힘을 따라 모든 능력으로 능하게 하시며**
> **기쁨으로 모든 견딤과 오래 참음에 이르게 하시고"**
>
> (골 1:10-11)

거룩하신 성부 · 성자 · 성령, 능력의 하나님,
허락하신 삶의 현장에서 자녀와 함께 말씀기도를 드립니다. 하나님께서 들려주신 말씀을 먹고 말씀의 능력을 힘입어, 주 안에서 '삶의 향기를 풍기도록' 아이의 생활을 도우며 일깨우겠습니다. 은혜 중에 말씀대로 살아낼 수 있도록 순간순간 동행하시며 친히 인도하여 주시옵소서. 이 아이의 삶을 통해 하나님 홀로 영광 받으소서.

오! 살아계신 아버지 하나님,
이 아이가 하나님의 사람으로 증인될 수 있도록 기쁨과 감사로 온전히 위탁하오며, 찬양받으실 우리 주 예수 그리스도의 이름으로 간절히 기도하옵나이다. 아멘.

✝ 오늘의 말씀을 묵상하며, 적용을 생각해 봅니다.

"＿＿＿＿＿＿＿＿＿＿＿＿＿＿＿＿＿＿＿＿＿＿＿＿＿"

"감탄할 줄 아는 아이는 창의적인 아이로 자랍니다."

전지전능하신 사랑의 하나님, 은혜의 하나님, 평강의 하나님!
오늘도 부모(교사)로 부르심에 감사와 찬송을 드립니다.
주 예수 그리스도 안에서 먼저 나 자신이 하나님의 자녀임을 고백하고, 하나님 아버지의 사랑에 믿음과 순종으로 바르게 응답하는 삶을 살고 있는지를 돌아봅니다.
오직 하나님의 영광을 위하여, 이제 내게 명하신 말씀을 마음에 새기고 자녀에게 부지런히 가르치며, 맡겨주신 일을 말씀과 기도로 기쁘게 감당하고자 합니다.

경배와 찬양을 기뻐 받으시는 하나님,
눈동자같이 지키시는 사랑하는 ○○(이)를 위해 복음의 말씀을 들려주시옵소서.
귀 기울여 듣겠나이다.

> **"할렐루야 그의 성소에서 하나님을 찬양하며**
> **그의 권능의 궁창에서 그를 찬양할지어다**
> **그의 능하신 행동을 찬양하며**
> **그의 지극히 위대하심을 따라 찬양할지어다"**
>
> (시 150:1-2)

거룩하신 성부 · 성자 · 성령, 능력의 하나님,
허락하신 삶의 현장에서 자녀와 함께 말씀기도를 드립니다. 하나님께서 들려주신 말씀을 먹고 말씀의 능력을 힘입어, 주 안에서 '찬양소리로' 아이의 생활을 도우며 일깨우겠습니다. 은혜 중에 말씀대로 살아낼 수 있도록 순간순간 동행하시며 친히 인도하여 주시옵소서. 이 아이의 삶을 통해 하나님 홀로 영광 받으소서.

오! 살아계신 아버지 하나님,
이 아이가 하나님의 사람으로 증인될 수 있도록 기쁨과 감사로 온전히 위탁하오며, 찬양받으실 우리 주 예수 그리스도의 이름으로 간절히 기도하옵나이다. 아멘.

✝ 오늘의 말씀을 묵상하며, 적용을 생각해 봅니다.

말씀 "____"

적용 "아이들과 함께 음악으로의 여행 경험을 가집니다. 음악으로의 여행은 아이들이 세상을 건강하게 살아가는 방법을 알게 합니다."

전지전능하신 사랑의 하나님, 은혜의 하나님, 평강의 하나님!
오늘도 부모(교사)로 부르심에 감사와 찬송을 드립니다.
주 예수 그리스도 안에서 먼저 나 자신이 하나님의 자녀임을 고백하고, 하나님 아버지의 사랑에 믿음과 순종으로 바르게 응답하는 삶을 살고 있는지를 돌아봅니다. 오직 하나님의 영광을 위하여, 이제 내게 명하신 말씀을 마음에 새기고 자녀에게 부지런히 가르치며, 맡겨주신 일을 말씀과 기도로 기쁘게 감당하고자 합니다.

분주한 삶에 지치지 않도록 도우시는 하나님,
눈동자같이 지키시는 사랑하는 ○○(이)를 위해 복음의 말씀을 들려주시옵소서.
귀 기울여 듣겠나이다.

> **"그러므로 내일 일을 위하여 염려하지 말라**
> **내일 일은 내일이 염려할 것이요**
> **한 날의 괴로움은 그 날로 족하니라"**
>
> (마 6:34)

거룩하신 성부 · 성자 · 성령, 능력의 하나님,
허락하신 삶의 현장에서 자녀와 함께 말씀기도를 드립니다. 하나님께서 들려주신 말씀을 먹고 말씀의 능력을 힘입어, 주 안에서 '날마다 주시는 축복을 감사할 수 있게' 아이의 생활을 도우며 일깨우겠습니다. 은혜 중에 말씀대로 살아낼 수 있도록 순간순간 동행하시며 친히 인도하여 주시옵소서. 이 아이의 삶을 통해 하나님 홀로 영광 받으소서.

오! 살아계신 아버지 하나님,
이 아이가 하나님의 사람으로 증인될 수 있도록 기쁨과 감사로 온전히 위탁하오며, 찬양받으실 우리 주 예수 그리스도의 이름으로 간절히 기도하옵나이다. 아멘.

✝ 오늘의 말씀을 묵상하며, 적용을 생각해 봅니다.

 **말씀** "＿＿＿＿＿＿＿＿＿＿＿＿＿＿＿＿＿＿＿＿＿＿＿＿＿＿"

 **적용** "아이가 밝은 마음으로 '지금, 여기에서' 하루하루를 성실하게 생활하도록 이끌어 줍니다."

마리아의 찬가

마리아가 이르되
내 영혼이 주를 찬양하며
내 마음이 하나님 내 구주를 기뻐하였음은
그의 여종의 비천함을 돌보셨음이라
보라 이제 후로는 만세에 나를 복이 있다 일컬으리로다
능하신 이가 큰 일을 내게 행하셨으니 그 이름이 거룩하시며
긍휼하심이 두려워하는 자에게 대대로 이르는도다
그의 팔로 힘을 보이사 마음의 생각이 교만한 자들을 흩으셨고
권세 있는 자를 그 위에서 내리치셨으며 비천한 자를 높이셨고
주리는 자를 좋은 것으로 배불리셨으며 부자는 빈 손으로 보내셨도다
그 종 이스라엘을 도우사 긍휼히 여기시고 기억하시되
우리 조상에게 말씀하신 것과 같이
아브라함과 그 자손에게 영원히 하시리로다 하니라

(누가복음 1:46-55)

"부모됨으로 내 아이에게 삶을 안내하려면 무엇보다 그 아이의 존재 자체를 인정하고 존중하며, 바르게 살아가도록 사랑 안에서 품격 있는 인격체로 이끌어 주는 것이 필요합니다. 그에 더하여 마음으로 온전히 전달되는 말씀이 생명수가 되도록 하루하루 아이를 위해 간구하노라면 내 아이뿐 아니라 내 아이가 살아갈 세상도 좋은 세상이 되리라 믿습니다."

엄마 6/ 혜선

12 Dec.

영광의 기도

“또 내게 말씀하시되 이루었도다
나는 알파와 오메가요 처음과 마지막이라
내가 생명수 샘물을 목마른 자에게 값없이 주리니
이기는 자는 이것들을 상속으로 받으리라
나는 그의 하나님이 되고 그는 내 아들이 되리라”

(계 21:6-7)

Mom & Dad's 첫번째 날

전지전능하신 사랑의 하나님, 은혜의 하나님, 평강의 하나님!
오늘도 부모(교사)로 부르심에 감사와 찬송을 드립니다.
주 예수 그리스도 안에서 먼저 나 자신이 하나님의 자녀임을 고백하고, 하나님 아
버지의 사랑에 믿음과 순종으로 바르게 응답하는 삶을 살고 있는지를 돌아봅니다.
오직 하나님의 영광을 위하여, 이제 내게 명하신 말씀을 마음에 새기고 자녀에게
부지런히 가르치며, 맡겨주신 일을 말씀과 기도로 기쁘게 감당하고자 합니다.

그 생명이신 하나님,
눈동자같이 지키시는 사랑하는 ○○(이)를 위해 복음의 말씀을 들려주시옵소서.
귀 기울여 듣겠나이다.

> **"나의 자녀들아 너희 속에**
> **그리스도의 형상을 이루기까지**
> **다시 너희를 위하여 해산하는 수고를 하노니"**
>
> (갈 4:19)

거룩하신 성부 · 성자 · 성령, 능력의 하나님,
허락하신 삶의 현장에서 자녀와 함께 말씀기도를 드립니다. 하나님께서 들려주신
말씀을 먹고 말씀의 능력을 힘입어, 주 안에서 '하나님께 순종하는 믿음으로' 아이
의 생활을 도우며 일깨우겠습니다. 은혜 중에 말씀대로 살아낼 수 있도록 순간순
간 동행하시며 친히 인도하여 주시옵소서. 이 아이의 삶을 통해 하나님 홀로 영광
받으소서.

오! 살아계신 아버지 하나님,
이 아이가 하나님의 사람으로 영광 나타낼 수 있도록 기쁨과 감사로 온전히 위탁하
오며, 찬양받으실 우리 주 예수 그리스도의 이름으로 간절히 기도하옵나이다. 아멘.

✝ 오늘의 말씀을 묵상하며, 적용을 생각해 봅니다.

말씀 "   "

적용 "우리가 받은 축복은 많은 교사와 부모들이 진실로 헌신적이라는 것입니다. 교사와 부모들
은 다음 세대에 그들의 삶을 줍니다."

Mom & Dad's 두번째 날

전지전능하신 사랑의 하나님, 은혜의 하나님, 평강의 하나님!
오늘도 부모(교사)로 부르심에 감사와 찬송을 드립니다.
주 예수 그리스도 안에서 먼저 나 자신이 하나님의 자녀임을 고백하고, 하나님 아버지의 사랑에 믿음과 순종으로 바르게 응답하는 삶을 살고 있는지를 돌아봅니다.
오직 하나님의 영광을 위하여, 이제 내게 명하신 말씀을 마음에 새기고 자녀에게 부지런히 가르치며, 맡겨주신 일을 말씀과 기도로 기쁘게 감당하고자 합니다.

나를 영접해주시는 복되신 하나님,
눈동자같이 지키시는 사랑하는 ○○(이)를 위해 복음의 말씀을 들려주시옵소서.
귀 기울여 듣겠나이다.

> *"모든 겸손과 온유로 하고*
> *오래 참음으로 사랑 가운데서 서로 용납하고*
> *평안의 매는 줄로 성령이 하나 되게 하신 것을*
> *힘써 지키라"*
>
> (엡 4:2-3)

거룩하신 성부·성자·성령, 능력의 하나님,
허락하신 삶의 현장에서 자녀와 함께 말씀기도를 드립니다. 하나님께서 들려주신 말씀을 먹고 말씀의 능력을 힘입어, 주 안에서 '성령이 인생의 길동무가 되도록' 아이의 생활을 도우며 일깨우겠습니다. 은혜 중에 말씀대로 살아낼 수 있도록 순간순간 동행하시며 친히 인도하여 주시옵소서. 이 아이의 삶을 통해 하나님 홀로 영광 받으소서.

오! 살아계신 아버지 하나님,
이 아이가 하나님의 사람으로 영광 나타낼 수 있도록 기쁨과 감사로 온전히 위탁하오며, 찬양받으실 우리 주 예수 그리스도의 이름으로 간절히 기도하옵나이다. 아멘.

✝ 오늘의 말씀을 묵상하며, 적용을 생각해 봅니다.

말씀 " "

적용 "조건 없는 사랑은 온유함과 관용이 있는 아름다운 동행입니다."

전지전능하신 사랑의 하나님, 은혜의 하나님, 평강의 하나님!
오늘도 부모(교사)로 부르심에 감사와 찬송을 드립니다.
주 예수 그리스도 안에서 먼저 나 자신이 하나님의 자녀임을 고백하고, 하나님 아버지의 사랑에 믿음과 순종으로 바르게 응답하는 삶을 살고 있는지를 돌아봅니다.
오직 하나님의 영광을 위하여, 이제 내게 명하신 말씀을 마음에 새기고 자녀에게 부지런히 가르치며, 맡겨주신 일을 말씀과 기도로 기쁘게 감당하고자 합니다.

나를 후대하시는 신실하신 하나님,
눈동자같이 지키시는 사랑하는 ○○(이)를 위해 복음의 말씀을 들려주시옵소서.
귀 기울여 듣겠나이다.

> "너희 중에 지혜와 총명이 있는 자가 누구냐
> 그는 선행으로 말미암아
> 지혜의 온유함으로 그 행함을 보일지니라"
>
> (약 3:13)

거룩하신 성부 · 성자 · 성령, 능력의 하나님,
허락하신 삶의 현장에서 자녀와 함께 말씀기도를 드립니다. 하나님께서 들려주신 말씀을 먹고 말씀의 능력을 힘입어, 주 안에서 '온유한 행함을 귀하게 여기도록' 아이의 생활을 도우며 일깨우겠습니다. 은혜 중에 말씀대로 살아낼 수 있도록 순간순간 동행하시며 친히 인도하여 주시옵소서. 이 아이의 삶을 통해 하나님 홀로 영광 받으소서.

오! 살아계신 아버지 하나님,
이 아이가 하나님의 사람으로 영광 나타낼 수 있도록 기쁨과 감사로 온전히 위탁하오며, 찬양받으실 우리 주 예수 그리스도의 이름으로 간절히 기도하옵나이다. 아멘.

✝ 오늘의 말씀을 묵상하며, 적용을 생각해 봅니다.

말씀 "   "

적용 "최고보다는 최선이 사람을 감동시킵니다."

전지전능하신 사랑의 하나님, 은혜의 하나님, 평강의 하나님!

오늘도 부모(교사)로 부르심에 감사와 찬송을 드립니다.

주 예수 그리스도 안에서 먼저 나 자신이 하나님의 자녀임을 고백하고, 하나님 아버지의 사랑에 믿음과 순종으로 바르게 응답하는 삶을 살고 있는지를 돌아봅니다. 오직 하나님의 영광을 위하여, 이제 내게 명하신 말씀을 마음에 새기고 자녀에게 부지런히 가르치며, 맡겨주신 일을 말씀과 기도로 기쁘게 감당하고자 합니다.

영혼을 소생케 하시는 거룩한 영이신 하나님,

눈동자같이 지키시는 사랑하는 ○○(이)를 위해 복음의 말씀을 들려주시옵소서.

귀 기울여 듣겠나이다.

> **"끝으로 형제들아 무엇에든지 참되며**
> **무엇에든지 경건하며 무엇에든지 옳으며**
> **무엇에든지 정결하며 무엇에든지 사랑 받을 만하며**
> **무엇에든지 칭찬 받을 만하며**
> **무슨 덕이 있든지 무슨 기림이 있든지 이것들을 생각하라"**
>
> (빌 4:8)

거룩하신 성부 · 성자 · 성령, 능력의 하나님,

허락하신 삶의 현장에서 자녀와 함께 말씀기도를 드립니다. 하나님께서 들려주신 말씀을 먹고 말씀의 능력을 힘입어, 주 안에서 '한결같으신 하나님의 의에 기대도록' 아이의 생활을 도우며 일깨우겠습니다. 은혜 중에 말씀대로 살아낼 수 있도록 순간순간 동행하시며 친히 인도하여 주시옵소서. 이 아이의 삶을 통해 하나님 홀로 영광 받으소서.

오! 살아계신 아버지 하나님,

이 아이가 하나님의 사람으로 영광 나타낼 수 있도록 기쁨과 감사로 온전히 위탁하오며, 찬양받으실 우리 주 예수 그리스도의 이름으로 간절히 기도하옵나이다. 아멘.

✝ 오늘의 말씀을 묵상하며, 적용을 생각해 봅니다.

말씀 "   "

적용 "공정함과 기본원칙은 꼭 지켜져야 합니다. 그 열매는 마음의 평정과 질서와 화목입니다."

전지전능하신 사랑의 하나님, 은혜의 하나님, 평강의 하나님!
오늘도 부모(교사)로 부르심에 감사와 찬송을 드립니다.
주 예수 그리스도 안에서 먼저 나 자신이 하나님의 자녀임을 고백하고, 하나님 아버지의 사랑에 믿음과 순종으로 바르게 응답하는 삶을 살고 있는지를 돌아봅니다.
오직 하나님의 영광을 위하여, 이제 내게 명하신 말씀을 마음에 새기고 자녀에게 부지런히 가르치며, 맡겨주신 일을 말씀과 기도로 기쁘게 감당하고자 합니다.

내 마음을 기쁘게 해주시는 선함의 원천이신 하나님,
눈동자같이 지키시는 사랑하는 ○○(이)를 위해 복음의 말씀을 들려주시옵소서.
귀 기울여 듣겠나이다.

> **"또 화목제를 드리고 거기에서 먹으며
> 네 하나님 여호와 앞에서 즐거워하라"**
>
> (신 27:7)

거룩하신 성부 · 성자 · 성령, 능력의 하나님,
허락하신 삶의 현장에서 자녀와 함께 말씀기도를 드립니다. 하나님께서 들려주신 말씀을 먹고 말씀의 능력을 힘입어, 주 안에서 '화목의 복됨을 알도록' 아이의 생활을 도우며 일깨우겠습니다. 은혜 중에 말씀대로 살아낼 수 있도록 순간순간 동행하시며 친히 인도하여 주시옵소서. 이 아이의 삶을 통해 하나님 홀로 영광 받으소서.

오! 살아계신 아버지 하나님,
이 아이가 하나님의 사람으로 영광 나타낼 수 있도록 기쁨과 감사로 온전히 위탁하오며, 찬양받으실 우리 주 예수 그리스도의 이름으로 간절히 기도하옵나이다. 아멘.

✝ 오늘의 말씀을 묵상하며, 적용을 생각해 봅니다.

 **말씀** "   "

 **적용** "화목하게 사는 법을 가르쳐 주는 것은 부유하게 사는 법을 가르쳐 주는 것입니다."

전지전능하신 사랑의 하나님, 은혜의 하나님, 평강의 하나님!
오늘도 부모(교사)로 부르심에 감사와 찬송을 드립니다.
주 예수 그리스도 안에서 먼저 나 자신이 하나님의 자녀임을 고백하고, 하나님 아버지의 사랑에 믿음과 순종으로 바르게 응답하는 삶을 살고 있는지를 돌아봅니다.
오직 하나님의 영광을 위하여, 이제 내게 명하신 말씀을 마음에 새기고 자녀에게 부지런히 가르치며, 맡겨주신 일을 말씀과 기도로 기쁘게 감당하고자 합니다.

내 손의 수고를 감찰하시는 하나님,
눈동자같이 지키시는 사랑하는 ○○(이)를 위해 복음의 말씀을 들려주시옵소서.
귀 기울여 듣겠나이다.

> **"손을 게으르게 놀리는 자는 가난하게 되고
> 손이 부지런한 자는 부하게 되느니라"**
>
> (잠 10:4)

거룩하신 성부 · 성자 · 성령, 능력의 하나님,
허락하신 삶의 현장에서 자녀와 함께 말씀기도를 드립니다. 하나님께서 들려주신 말씀을 먹고 말씀의 능력을 힘입어, 주 안에서 '일하시는 하나님의 모범을 따르도록' 아이의 생활을 도우며 일깨우겠습니다. 은혜 중에 말씀대로 살아낼 수 있도록 순간순간 동행하시며 친히 인도하여 주시옵소서. 이 아이의 삶을 통해 하나님 홀로 영광 받으소서.

오! 살아계신 아버지 하나님,
이 아이가 하나님의 사람으로 영광 나타낼 수 있도록 기쁨과 감사로 온전히 위탁하오며, 찬양받으실 우리 주 예수 그리스도의 이름으로 간절히 기도하옵나이다. 아멘.

✝ 오늘의 말씀을 묵상하며, 적용을 생각해 봅니다.

말씀 "＿＿＿＿＿＿＿＿＿＿＿＿＿＿＿＿＿＿＿＿＿＿＿"

적용 "부지런한 사람의 손은 남을 다스리지만, 게으른 사람의 손은 남의 부림을 받습니다."

Mom & Dad's 일곱번째 날

전지전능하신 사랑의 하나님, 은혜의 하나님, 평강의 하나님!
오늘도 부모(교사)로 부르심에 감사와 찬송을 드립니다.
주 예수 그리스도 안에서 먼저 나 자신이 하나님의 자녀임을 고백하고, 하나님 아버지의 사랑에 믿음과 순종으로 바르게 응답하는 삶을 살고 있는지를 돌아봅니다.
오직 하나님의 영광을 위하여, 이제 내게 명하신 말씀을 마음에 새기고 자녀에게 부지런히 가르치며, 맡겨주신 일을 말씀과 기도로 기쁘게 감당하고자 합니다.

나의 눈을 밝히시는 하나님,
눈동자같이 지키시는 사랑하는 ○○(이)를 위해 복음의 말씀을 들려주시옵소서.
귀 기울여 듣겠나이다.

> **"그런즉 너희가 어떻게 행할지를 자세히 주의하여
> 지혜 없는 자 같이 하지 말고
> 오직 지혜 있는 자 같이 하여"**
>
> (엡 5:15)

거룩하신 성부 · 성자 · 성령, 능력의 하나님,
허락하신 삶의 현장에서 자녀와 함께 말씀기도를 드립니다. 하나님께서 들려주신 말씀을 먹고 말씀의 능력을 힘입어, 주 안에서 '유혹에서 승리할 수 있는 지혜를 배우도록' 아이의 생활을 도우며 일깨우겠습니다. 은혜 중에 말씀대로 살아낼 수 있도록 순간순간 동행하시며 친히 인도하여 주시옵소서. 이 아이의 삶을 통해 하나님 홀로 영광 받으소서.

오! 살아계신 아버지 하나님,
이 아이가 하나님의 사람으로 영광 나타낼 수 있도록 기쁨과 감사로 온전히 위탁하오며, 찬양받으실 우리 주 예수 그리스도의 이름으로 간절히 기도하옵나이다. 아멘.

✝ 오늘의 말씀을 묵상하며, 적용을 생각해 봅니다.

" ____ "

"어려서부터 자녀가 꼭 이겨야 하는 경쟁자는 자기 자신인 것을 알게 하는 것도 필요합니다."

전지전능하신 사랑의 하나님, 은혜의 하나님, 평강의 하나님!
오늘도 부모(교사)로 부르심에 감사와 찬송을 드립니다.
주 예수 그리스도 안에서 먼저 나 자신이 하나님의 자녀임을 고백하고, 하나님 아버지의 사랑에 믿음과 순종으로 바르게 응답하는 삶을 살고 있는지를 돌아봅니다.
오직 하나님의 영광을 위하여, 이제 내게 명하신 말씀을 마음에 새기고 자녀에게 부지런히 가르치며, 맡겨주신 일을 말씀과 기도로 기쁘게 감당하고자 합니다.

나를 말씀으로 소성케 하시는 하나님,
눈동자같이 지키시는 사랑하는 ○○(이)를 위해 복음의 말씀을 들려주시옵소서.
귀 기울여 듣겠나이다.

**"내게 능력 주시는 자 안에서
내가 모든 것을 할 수 있느니라"**

(빌 4:13)

거룩하신 성부 · 성자 · 성령, 능력의 하나님,
허락하신 삶의 현장에서 자녀와 함께 말씀기도를 드립니다. 하나님께서 들려주신 말씀을 먹고 말씀의 능력을 힘입어, 주 안에서 '하나님께서 보시기에 **심히 좋은 자됨으로 찬양할 수 있도록**' 아이의 생활을 도우며 일깨우겠습니다. 은혜 중에 말씀대로 살아낼 수 있도록 순간순간 동행하시며 친히 인도하여 주시옵소서. 이 아이의 삶을 통해 하나님 홀로 영광 받으소서.

오! 살아계신 아버지 하나님,
이 아이가 하나님의 사람으로 영광 나타낼 수 있도록 기쁨과 감사로 온전히 위탁하오며, 찬양받으실 우리 주 예수 그리스도의 이름으로 간절히 기도하옵나이다. 아멘.

✝ 오늘의 말씀을 묵상하며, 적용을 생각해 봅니다.

말씀 "   "

적용 "사람의 행동과 태도는 자기 자신을 어떻게 생각하는가에 달려 있습니다."

Mom & Dad's 아홉번째 날

전지전능하신 사랑의 하나님, 은혜의 하나님, 평강의 하나님!
오늘도 부모(교사)로 부르심에 감사와 찬송을 드립니다.
주 예수 그리스도 안에서 먼저 나 자신이 하나님의 자녀임을 고백하고, 하나님 아버지의 사랑에 믿음과 순종으로 바르게 응답하는 삶을 살고 있는지를 돌아봅니다.
오직 하나님의 영광을 위하여, 이제 내게 명하신 말씀을 마음에 새기고 자녀에게 부지런히 가르치며, 맡겨주신 일을 말씀과 기도로 기쁘게 감당하고자 합니다.

나의 피난처시요 방패이신 하나님,
눈동자같이 지키시는 사랑하는 ○○(이)를 위해 복음의 말씀을 들려주시옵소서.
귀 기울여 듣겠나이다.

> **"지혜가 너를 선한 자의 길로 행하게 하며**
> **또 의인의 길을 지키게 하리니**
> **대저 정직한 자는 땅에 거하며**
> **완전한 자는 땅에 남아 있으리라"**
>
> (잠 2:20-21)

거룩하신 성부 · 성자 · 성령, 능력의 하나님,
허락하신 삶의 현장에서 자녀와 함께 말씀기도를 드립니다. 하나님께서 들려주신 말씀을 먹고 믿음의 능력을 힘입어, 주 안에서 '마음의 모든 올바름을 지켜나갈 수 있도록' 아이의 생활을 도우며 일깨우겠습니다. 은혜 중에 말씀대로 살아낼 수 있도록 순간순간 동행하시며 친히 인도하여 주시옵소서. 이 아이의 삶을 통해 하나님 홀로 영광 받으소서.

오! 살아계신 아버지 하나님,
이 아이가 하나님의 사람으로 영광 나타낼 수 있도록 기쁨과 감사로 온전히 위탁하오며, 찬양받으실 우리 주 예수 그리스도의 이름으로 간절히 기도하옵나이다. 아멘.

✝ 오늘의 말씀을 묵상하며, 적용을 생각해 봅니다.

 "   "

 "자신을 지켜갈 수 있도록 정신과 언어를 지속적으로 가르치고 훈련합니다."

전지전능하신 사랑의 하나님, 은혜의 하나님, 평강의 하나님!
오늘도 부모(교사)로 부르심에 감사와 찬송을 드립니다.
주 예수 그리스도 안에서 먼저 나 자신이 하나님의 자녀임을 고백하고, 하나님 아버지의 사랑에 믿음과 순종으로 바르게 응답하는 삶을 살고 있는지를 돌아봅니다.
오직 하나님의 영광을 위하여, 이제 내게 명하신 말씀을 마음에 새기고 자녀에게 부지런히 가르치며, 맡겨주신 일을 말씀과 기도로 기쁘게 감당하고자 합니다.

말씀의 빛에 다니게 하시는 하나님,
눈동자같이 지키시는 사랑하는 ○○(이)를 위해 복음의 말씀을 들려주시옵소서.
귀 기울여 듣겠나이다.

> **"그런즉 네 하나님 여호와를 사랑하여**
> **그가 주신 책무와 법도와 규례와 명령을 항상 지키라"**
>
> (신 11:1)

거룩하신 성부 · 성자 · 성령, 능력의 하나님,
허락하신 삶의 현장에서 자녀와 함께 말씀기도를 드립니다. 하나님께서 들려주신 말씀을 먹고 말씀의 능력을 힘입어, 주 안에서 아이의 생활을 '부르심에 따라 근면함과 성실함을 추구하도록' 도우며 일깨우겠습니다. 은혜 중에 말씀대로 살아낼 수 있도록 순간순간 동행하시며 친히 인도하여 주시옵소서. 이 아이의 삶을 통해 하나님 홀로 영광 받으소서.

오! 살아계신 아버지 하나님,
이 아이가 하나님의 사람으로 영광 나타낼 수 있도록 기쁨과 감사로 온전히 위탁하오며, 찬양받으실 우리 주 예수 그리스도의 이름으로 간절히 기도하옵나이다. 아멘.

✝ 오늘의 말씀을 묵상하며, 적용을 생각해 봅니다.

말씀 " ________________________ "

적용 "욕구와 욕망이 다르다는 것은 부모가 자녀에게 만족하는 마음과 선한 마음을 가르치기 위해 알려주어야 하는 것 중의 하나입니다."

열한번째 날

전지전능하신 사랑의 하나님, 은혜의 하나님, 평강의 하나님!
오늘도 부모(교사)로 부르심에 감사와 찬송을 드립니다.
주 예수 그리스도 안에서 먼저 나 자신이 하나님의 자녀임을 고백하고, 하나님 아버지의 사랑에 믿음과 순종으로 바르게 응답하는 삶을 살고 있는지를 돌아봅니다.
오직 하나님의 영광을 위하여, 이제 내게 명하신 말씀을 마음에 새기고 자녀에게 부지런히 가르치며, 맡겨주신 일을 말씀과 기도로 기쁘게 감당하고자 합니다.

주를 경외케 하는 말씀으로 역사하시는 하나님,
눈동자같이 지키시는 사랑하는 ○○(이)를 위해 복음의 말씀을 들려주시옵소서.
귀 기울여 듣겠나이다.

> **"이에 스스로 돌이켜 이르되**
> **내 아버지에게는 양식이 풍족한 품꾼이 얼마나 많은가**
> **나는 여기서 주려 죽는구나**
> **내가 일어나 아버지께 가서 이르기를**
> **아버지 내가 하늘과 아버지께 죄를 지었사오니"**
>
> (눅 15:17-18)

거룩하신 성부 · 성자 · 성령, 능력의 하나님,
허락하신 삶의 현장에서 자녀와 함께 말씀기도를 드립니다. 하나님께서 들려주신 말씀을 먹고 말씀의 능력을 힘입어, 주 안에서 아이의 생활을 '정열을 통제할 수 있도록' 도우며 일깨우겠습니다. 은혜 중에 말씀대로 살아낼 수 있도록 순간순간 동행하시며 친히 인도하여 주시옵소서. 이 아이의 삶을 통해 하나님 홀로 영광 받으소서.

오! 살아계신 아버지 하나님,
이 아이가 하나님의 사람으로 영광 나타낼 수 있도록 기쁨과 감사로 온전히 위탁하오며, 찬양받으실 우리 주 예수 그리스도의 이름으로 간절히 기도하옵나이다. 아멘.

✝ 오늘의 말씀을 묵상하며, 적용을 생각해 봅니다.

말씀 "   "

적용 "잘못된 선택은 지금이라도 다시 하면 됩니다. 좌절도 발전을 위해 필요한 경험입니다."

Mom & Dad's 열두번째 날

전지전능하신 사랑의 하나님, 은혜의 하나님, 평강의 하나님!
오늘도 부모(교사)로 부르심에 감사와 찬송을 드립니다.
주 예수 그리스도 안에서 먼저 나 자신이 하나님의 자녀임을 고백하고, 하나님 아버지의 사랑에 믿음과 순종으로 바르게 응답하는 삶을 살고 있는지를 돌아봅니다.
오직 하나님의 영광을 위하여, 이제 내게 명하신 말씀을 마음에 새기고 자녀에게 부지런히 가르치며, 맡겨주신 일을 말씀과 기도로 기쁘게 감당하고자 합니다.

영원무궁토록 왕이신 하나님,
눈동자같이 지키시는 사랑하는 ○○(이)를 위해 복음의 말씀을 들려주시옵소서.
귀 기울여 듣겠나이다.

> **"지혜가 제일이니 지혜를 얻으라 네가 얻은 모든 것을 가지고 명철을 얻을지니라**
> **그를 높이라 그리하면 그가 너를 높이 들리라**
> **만일 그를 품으면 그가 너를 영화롭게 하리라**
> **그가 아름다운 관을 네 머리에 두겠고**
> **영화로운 면류관을 네게 주리라 하셨느니라"**
>
> (잠 4:7-9)

거룩하신 성부 · 성자 · 성령, 능력의 하나님,
허락하신 삶의 현장에서 자녀와 함께 말씀기도를 드립니다. 하나님께서 들려주신 말씀을 먹고 말씀의 능력을 힘입어, 주 안에서 '하늘 뜻으로 생각을 진실되게 지키도록' 아이의 생활을 도우며 일깨우겠습니다. 은혜 중에 말씀대로 살아낼 수 있도록 순간순간 동행하시며 친히 인도하여 주시옵소서. 이 아이의 삶을 통해 하나님 홀로 영광 받으소서.

오! 살아계신 아버지 하나님,
이 아이가 하나님의 사람으로 영광 나타낼 수 있도록 기쁨과 감사로 온전히 위탁하오며, 찬양받으실 우리 주 예수 그리스도의 이름으로 간절히 기도하옵나이다. 아멘.

✝ 오늘의 말씀을 묵상하며, 적용을 생각해 봅니다.

 " _______________________ "

 "지혜와 바른 판단과 슬기를 얻는 것은 감춰진 보화를 찾는 것과 같습니다."

열세번째 날

전지전능하신 사랑의 하나님, 은혜의 하나님, 평강의 하나님!
오늘도 부모(교사)로 부르심에 감사와 찬송을 드립니다.
주 예수 그리스도 안에서 먼저 나 자신이 하나님의 자녀임을 고백하고, 하나님 아버지의 사랑에 믿음과 순종으로 바르게 응답하는 삶을 살고 있는지를 돌아봅니다.
오직 하나님의 영광을 위하여, 이제 내게 명하신 말씀을 마음에 새기고 자녀에게 부지런히 가르치며, 맡겨주신 일을 말씀과 기도로 기쁘게 감당하고자 합니다.

경건한 자를 택하시는 거룩하신 하나님,
눈동자같이 지키시는 사랑하는 ○○(이)를 위해 복음의 말씀을 들려주시옵소서.
귀 기울여 듣겠나이다.

**"사람들이 너를 낮추거든 너는 교만했노라고 말하라
하나님은 겸손한 자를 구원하시리라"**

(욥 22:29)

거룩하신 성부 · 성자 · 성령, 능력의 하나님,
허락하신 삶의 현장에서 자녀와 함께 말씀기도를 드립니다. 하나님께서 들려주신 말씀을 먹고 달씀의 능력을 힘입어, 주 안에서 아이의 생활을 '저녁이 올 때 부끄럽지 않도록' 도우며 일깨우겠습니다. 은혜 중에 말씀대로 살아낼 수 있도록 순간순간 동행하시며 친히 인도하여 주시옵소서. 이 아이의 삶을 통해 하나님 홀로 영광 받으소서.

오! 살아계신 아버지 하나님,
이 아이가 하나님의 사람으로 영광 나타낼 수 있도록 기쁨과 감사로 온전히 위탁하오며, 찬양받으실 우리 주 예수 그리스도의 이름으로 간절히 기도하옵나이다. 아멘.

✝ 오늘의 말씀을 묵상하며, 적용을 생각해 봅니다.

말씀 "   "

적용 "겨울에 여행을 떠나 보세요. 세상에 있는 것들이 있는 그대로 보여주는 모습을 보면서 겸손을 생각하게 됩니다."

전지전능하신 사랑의 하나님, 은혜의 하나님, 평강의 하나님!
오늘도 부모(교사)로 부르심에 감사와 찬송을 드립니다.
주 예수 그리스도 안에서 먼저 나 자신이 하나님의 자녀임을 고백하고, 하나님 아버지의 사랑에 믿음과 순종으로 바르게 응답하는 삶을 살고 있는지를 돌아봅니다.
오직 하나님의 영광을 위하여, 이제 내게 명하신 말씀을 마음에 새기고 자녀에게 부지런히 가르치며, 맡겨주신 일을 말씀과 기도로 기쁘게 감당하고자 합니다.

나의 간구를 들으시는 구원의 하나님,
눈동자같이 지키시는 사랑하는 ○○(이)를 위해 복음의 말씀을 들려주시옵소서.
귀 기울여 듣겠나이다.

> **"우리가 아직 죄인 되었을 때에**
> **그리스도께서 우리를 위하여 죽으심으로**
> **하나님께서 우리에 대한**
> **자기의 사랑을 확증하셨느니라"**
>
> (롬 5:8)

거룩하신 성부 · 성자 · 성령, 능력의 하나님,
허락하신 삶의 현장에서 자녀와 함께 말씀기도를 드립니다. 하나님께서 들려주신 말씀을 먹고 말씀의 능력을 힘입어, 주 안에서 '십자가의 사랑을 일용 양식으로 주심을 감사하며' 아이의 생활을 돕고 일깨우겠습니다. 은혜 중에 말씀대로 살아낼 수 있도록 순간순간 동행하시며 친히 인도하여 주시옵소서. 이 아이의 삶을 통해 하나님 홀로 영광 받으소서.

오! 살아계신 아버지 하나님,
이 아이가 하나님의 사람으로 영광 나타낼 수 있도록 기쁨과 감사로 온전히 위탁하오며, 찬양받으실 우리 주 예수 그리스도의 이름으로 간절히 기도하옵나이다. 아멘.

✝ 오늘의 말씀을 묵상하며, 적용을 생각해 봅니다.

말씀 "   "

적용 "자족하는 인생의 맛과 멋을 추구하는 부모는 부모의 방식대로 판단하고 성급하게 자녀의 인생을 채근하고 싶어지는 무례함과 무지함의 유혹을 침착하게 극복합니다."

 # 열다섯 번째 날

전지전능하신 사랑의 하나님, 은혜의 하나님, 평강의 하나님!
오늘도 부모(교사)로 부르심에 감사와 찬송을 드립니다.
주 예수 그리스도 안에서 먼저 나 자신이 하나님의 자녀임을 고백하고, 하나님 아버지의 사랑에 믿음과 순종으로 바르게 응답하는 삶을 살고 있는지를 돌아봅니다.
오직 하나님의 영광을 위하여, 이제 내게 명하신 말씀을 마음에 새기고 자녀에게 부지런히 가르치며, 맡겨주신 일을 말씀과 기도로 기쁘게 감당하고자 합니다.

인자와 긍휼이 풍성하신 자비의 하나님,
눈동자같이 지키시는 사랑하는 ○○(이)를 위해 복음의 말씀을 들려주시옵소서.
귀 기울여 듣겠나이다.

> **"나는 마음이 온유하고 겸손하니**
> **나의 멍에를 메고 내게 배우라**
> **그리하면 너희 마음이 쉼을 얻으리니**
> **이는 내 멍에는 쉽고 내 짐은 가벼움이라 하시니라"**
>
> (마 11:29-30)

거룩하신 성부 · 성자 · 성령, 능력의 하나님,
허락하신 삶의 현장에서 자녀와 함께 말씀기도를 드립니다. 하나님께서 들려주신 말씀을 먹고 말씀의 능력을 힘입어, 주 안에서 '정신을 다듬는 침착함을 배우도록' 아이의 생활을 도우며 일깨우겠습니다. 은혜 중에 말씀대로 살아낼 수 있도록 순간순간 동행하시며 친히 인도하여 주시옵소서. 이 아이의 삶을 통해 하나님 홀로 영광 받으소서.

오! 살아계신 아버지 하나님,
이 아이가 하나님의 사람으로 영광 나타낼 수 있도록 기쁨과 감사로 온전히 위탁하오며, 찬양받으실 우리 주 예수 그리스도의 이름으로 간절히 기도하옵나이다. 아멘.

✝ 오늘의 말씀을 묵상하며, 적용을 생각해 봅니다.

"   "

"참지혜는 바른 지식과 바른 통찰력에서 나오며, 인간에게 침착함을 선물합니다."

전지전능하신 사랑의 하나님, 은혜의 하나님, 평강의 하나님!
오늘도 부모(교사)로 부르심에 감사와 찬송을 드립니다.
주 예수 그리스도 안에서 먼저 나 자신이 하나님의 자녀임을 고백하고, 하나님 아버지의 사랑에 믿음과 순종으로 바르게 응답하는 삶을 살고 있는지를 돌아봅니다.
오직 하나님의 영광을 위하여, 이제 내게 명하신 말씀을 마음에 새기고 자녀에게 부지런히 가르치며, 맡겨주신 일을 말씀과 기도로 기쁘게 감당하고자 합니다.

보혈의 능력을 찬송케 하시는 하나님,
눈동자같이 지키시는 사랑하는 ○○(이)를 위해 복음의 말씀을 들려주시옵소서.
귀 기울여 듣겠나이다.

> **"모든 지킬 만한 것 중에 더욱 네 마음을 지키라
> 생명의 근원이 이에서 남이니라"**
>
> (잠 4:23)

거룩하신 성부 · 성자 · 성령, 능력의 하나님,
허락하신 삶의 현장에서 자녀와 함께 말씀기도를 드립니다. 하나님께서 들려주신 말씀을 먹고 말씀의 능력을 힘입어, 주 안에서 '하나님의 마음과 교제하도록' 아이의 생활을 도우며 일깨우겠습니다. 은혜 중에 말씀대로 살아낼 수 있도록 순간순간 동행하시며 친히 인도하여 주시옵소서. 이 아이의 삶을 통해 하나님 홀로 영광 받으소서.

오! 살아계신 아버지 하나님,
이 아이가 하나님의 사람으로 영광 나타낼 수 있도록 기쁨과 감사로 온전히 위탁하오며, 찬양받으실 우리 주 예수 그리스도의 이름으로 간절히 기도하옵나이다. 아멘.

✝ 오늘의 말씀을 묵상하며, 적용을 생각해 봅니다.

말씀 "＿＿＿＿＿＿＿＿＿＿＿＿＿＿＿＿＿＿＿＿＿＿"

적용 "마음을 지키는 것은 생명을 지키는 것입니다."

Mom & Dad's 열일곱번째 날

전지전능하신 사랑의 하나님, 은혜의 하나님, 평강의 하나님!
오늘도 부모(교사)로 부르심에 감사와 찬송을 드립니다.
주 예수 그리스도 안에서 먼저 나 자신이 하나님의 자녀임을 고백하고, 하나님 아
버지의 사랑에 믿음과 순종으로 바르게 응답하는 삶을 살고 있는지를 돌아봅니다.
오직 하나님의 영광을 위하여, 이제 내게 명하신 말씀을 마음에 새기고 자녀에게
부지런히 가르치며, 맡겨주신 일을 말씀과 기도로 기쁘게 감당하고자 합니다.

만유의 주재가 되시는 여호와 유일하신 참 하나님,
눈동자같이 지키시는 사랑하는 ○○(이)를 위해 복음의 말씀을 들려주시옵소서.
귀 기울여 듣겠나이다.

**"겸손과 여호와를 경외함의 보상은
재물과 영광과 생명이니라"**

(잠 22:4)

거룩하신 성부 · 성자 · 성령, 능력의 하나님,
허락하신 삶의 현장에서 자녀와 함께 말씀기도를 드립니다. 하나님께서 들려주신
말씀을 먹고 말씀의 능력을 힘입어, 주 안에서 '참된 겸손이 주는 영광을 누릴 수 있
도록' 아이의 생활을 도우며 일깨우겠습니다. 은혜 중에 말씀대로 살아낼 수 있도
록 순간순간 동행하시며 친히 인도하여 주시옵소서. 이 아이의 삶을 통해 하나님
홀로 영광 받으소서.

오! 살아계신 아버지 하나님,
이 아이가 하나님의 사람으로 영광 나타낼 수 있도록 기쁨과 감사로 온전히 위탁하
오며, 찬양받으실 우리 주 예수 그리스도의 이름으로 간절히 기도하옵나이다. 아멘.

✝ 오늘의 말씀을 묵상하며, 적용을 생각해 봅니다.

 "   "

 "깨달음이 있는 삶에서 배우는 겸손은 기쁨과 자유와 존귀를 얻게 합니다."

전지전능하신 사랑의 하나님, 은혜의 하나님, 평강의 하나님!
오늘도 부모(교사)로 부르심에 감사와 찬송을 드립니다.
주 예수 그리스도 안에서 먼저 나 자신이 하나님의 자녀임을 고백하고, 하나님 아버지의 사랑에 믿음과 순종으로 바르게 응답하는 삶을 살고 있는지를 돌아봅니다. 오직 하나님의 영광을 위하여, 이제 내게 명하신 말씀을 마음에 새기고 자녀에게 부지런히 가르치며, 맡겨주신 일을 말씀과 기도로 기쁘게 감당하고자 합니다.

우리의 수고를 통해 영광 받으시길 바라시는 하나님,
눈동자같이 지키시는 사랑하는 ○○(이)를 위해 복음의 말씀을 들려주시옵소서.
귀 기울여 듣겠나이다.

> **"지혜 있는 자는 듣고 학식이 더할 것이요**
> **명철한 자는 지략을 얻을 것이라"**
>
> (잠 1:5)

거룩하신 성부·성자·성령, 능력의 하나님,
허락하신 삶의 현장에서 자녀와 함께 말씀기도를 드립니다. 하나님께서 들려주신 말씀을 먹고 말씀의 능력을 힘입어, 주 안에서 '배움에 대한 신실한 열망을 갖도록' 아이의 생활을 도우며 일깨우겠습니다. 은혜 중에 말씀대로 살아낼 수 있도록 순간순간 동행하시며 친히 인도하여 주시옵소서. 이 아이의 삶을 통해 하나님 홀로 영광 받으소서.

오! 살아계신 아버지 하나님,
이 아이가 하나님의 사람으로 영광 나타낼 수 있도록 기쁨과 감사로 온전히 위탁하오며, 찬양받으실 우리 주 예수 그리스도의 이름으로 간절히 기도하옵나이다. 아멘.

✝ 오늘의 말씀을 묵상하며, 적용을 생각해 봅니다.

말씀 "   "

적용 "지식이란 얕으면 곧 잊힙니다. 마음 편하게 할 수 있는 배움은 없습니다."

 열아홉번째 날

전지전능하신 사랑의 하나님, 은혜의 하나님, 평강의 하나님!
오늘도 부모(교사)로 부르심에 감사와 찬송을 드립니다.
주 예수 그리스도 안에서 먼저 나 자신이 하나님의 자녀임을 고백하고, 하나님 아버지의 사랑에 믿음과 순종으로 바르게 응답하는 삶을 살고 있는지를 돌아봅니다.
오직 하나님의 영광을 위하여, 이제 내게 명하신 말씀을 마음에 새기고 자녀에게 부지런히 가르치며, 맡겨주신 일을 말씀과 기도로 기쁘게 감당하고자 합니다.

말씀으로 창조하시고 구속하시며 지혜롭게 하시는 하나님,
눈동자같이 지키시는 사랑하는 ○○(이)를 위해 복음의 말씀을 들려주시옵소서.
귀 기울여 듣겠나이다.

> **"마땅히 행할 길을 아이에게 가르치라
> 그리하면 늙어도 그것을 떠나지 아니 하리라"**
>
> (잠 22:6)

거룩하신 성부 · 성자 · 성령, 능력의 하나님,
허락하신 삶의 현장에서 자녀와 함께 말씀기도를 드립니다. 하나님께서 들려주신 말씀을 먹고 말씀의 능력을 힘입어, 주 안에서 '마땅히 행할 길을 의식하며 살아가도록' 아이의 생활을 도우며 일깨우겠습니다. 은혜 중에 말씀대로 살아낼 수 있도록 순간순간 동행하시며 친히 인도하여 주시옵소서. 이 아이의 삶을 통해 하나님 홀로 영광 받으소서.

오! 살아계신 아버지 하나님,
이 아이가 하나님의 사람으로 영광 나타낼 수 있도록 기쁨과 감사로 온전히 위탁하오며, 찬양받으실 우리 주 예수 그리스도의 이름으로 간절히 기도하옵나이다. 아멘.

✝ 오늘의 말씀을 묵상하며, 적용을 생각해 봅니다.

말씀 "   "

적용 "지식은 사라져도 삶의 태도는 남아 있습니다."

Mom & Dad's 스무번째 날

전지전능하신 사랑의 하나님, 은혜의 하나님, 평강의 하나님!
오늘도 부모(교사)로 부르심에 감사와 찬송을 드립니다.
주 예수 그리스도 안에서 먼저 나 자신이 하나님의 자녀임을 고백하고, 하나님 아버지의 사랑에 믿음과 순종으로 바르게 응답하는 삶을 살고 있는지를 돌아봅니다.
오직 하나님의 영광을 위하여, 이제 내게 명하신 말씀을 마음에 새기고 자녀에게 부지런히 가르치며, 맡겨주신 일을 말씀과 기도로 기쁘게 감당하고자 합니다.

풍성한 인자와 화평을 힘입게 하시는 하나님,
눈동자같이 지키시는 사랑하는 ○○(이)를 위해 복음의 말씀을 들려주시옵소서.
귀 기울여 듣겠나이다.

> **"믿는 무리가 한마음과 한 뜻이 되어**
> **모든 물건을 서로 통용하고**
> **자기 재물을 조금이라도 자기 것이라 하는 이가**
> **하나도 없더라"**
>
> (행 4:32)

거룩하신 성부·성자·성령, 능력의 하나님,
허락하신 삶의 현장에서 자녀와 함께 말씀기도를 드립니다. 하나님께서 들려주신 말씀을 먹고 말씀의 능력을 힘입어, 주 안에서 '하나되게 하시는 성령의 비밀한 능력을 알도록' 아이의 생활을 도우며 일깨우겠습니다. 은혜 중에 말씀대로 살아낼 수 있도록 순간순간 동행하시며 친히 인도하여 주시옵소서. 이 아이의 삶을 통해 하나님 홀로 영광 받으소서.

오! 살아계신 아버지 하나님,
이 아이가 하나님의 사람으로 영광 나타낼 수 있도록 기쁨과 감사로 온전히 위탁하오며, 찬양받으실 우리 주 예수 그리스도의 이름으로 간절히 기도하옵나이다. 아멘.

✝ 오늘의 말씀을 묵상하며, 적용을 생각해 봅니다.

말씀 "   "

적용 "사람은 서로 손을 잡고 사랑으로 의지하며 서로 나누고 사는 것이 최상의 진리임을 아이가 어려서부터 생활로 깨우치도록 교육해야 합니다."

Mom & Dad's 스물한번째 날

전지전능하신 사랑의 하나님, 은혜의 하나님, 평강의 하나님!
오늘도 부모(교사)로 부르심에 감사와 찬송을 드립니다.
주 예수 그리스도 안에서 먼저 나 자신이 하나님의 자녀임을 고백하고, 하나님 아버지의 사랑에 믿음과 순종으로 바르게 응답하는 삶을 살고 있는지를 돌아봅니다. 오직 하나님의 영광을 위하여, 이제 내게 명하신 말씀을 마음에 새기고 자녀에게 부지런히 가르치며, 맡겨주신 일을 말씀과 기도로 기쁘게 감당하고자 합니다.

영원히 찬양받으실 여호와 하나님,
눈동자같이 지키시는 사랑하는 ○○(이)를 위해 복음의 말씀을 들려주시옵소서.
귀 기울여 듣겠나이다.

> **"나를 능하게 하신
> 그리스도 예수 우리 주께 내가 감사함은
> 나를 충성되이 여겨 내게 직분을 맡기심이니"**
>
> (딤전 1:12)

거룩하신 성부 · 성자 · 성령, 능력의 하나님,
허락하신 삶의 현장에서 자녀와 함께 말씀기도를 드립니다. 하나님께서 들려주신 말씀을 먹고 말씀의 능력을 힘입어, 주 안에서 '성령의 섬세한 움직임을 깨달아 알도록' 아이의 생활을 도우며 일깨우겠습니다. 은혜 중에 말씀대로 살아낼 수 있도록 순간순간 동행하시며 친히 인도하여 주시옵소서. 이 아이의 삶을 통해 하나님 홀로 영광 받으소서.

오! 살아계신 아버지 하나님,
이 아이가 하나님의 사람으로 영광 나타낼 수 있도록 기쁨과 감사로 온전히 위탁하오며, 찬양받으실 우리 주 예수 그리스도의 이름으로 간절히 기도하옵나이다. 아멘.

✝ 오늘의 말씀을 묵상하며, 적용을 생각해 봅니다.

말씀 "＿＿＿＿＿＿＿＿＿＿＿＿＿＿＿＿＿＿＿＿＿＿＿＿＿"

적용 "'감사, 감동, 감탄'은 인생을 의미 있게 만들고 변화를 일으키는 효소입니다."

전지전능하신 사랑의 하나님, 은혜의 하나님, 평강의 하나님!
오늘도 부모(교사)로 부르심에 감사와 찬송을 드립니다.
주 예수 그리스도 안에서 먼저 나 자신이 하나님의 자녀임을 고백하고, 하나님 아버지의 사랑에 믿음과 순종으로 바르게 응답하는 삶을 살고 있는지를 돌아봅니다. 오직 하나님의 영광을 위하여, 이제 내게 명하신 말씀을 마음에 새기고 자녀에게 부지런히 가르치며, 맡겨주신 일을 말씀과 기도로 기쁘게 감당하고자 합니다.

평강의 복을 주시는 하나님,
눈동자같이 지키시는 사랑하는 ○○(이)를 위해 복음의 말씀을 들려주시옵소서.
귀 기울여 듣겠나이다.

> **"믿음이 없이는 하나님을 기쁘시게 하지 못하나니**
> **하나님께 나아가는 자는 반드시 그가 계신 것과**
> **또한 그가 자기를 찾는 자들에게 상 주시는 이심을 믿어야 할지니라"**
>
> (히 11:6)

거룩하신 성부 · 성자 · 성령, 능력의 하나님,
허락하신 삶의 현장에서 자녀와 함께 말씀기도를 드립니다. 하나님께서 들려주신 말씀을 먹고 말씀의 능력을 힘입어, 주 안에서 '하나님의 영원한 사랑을 믿는 믿음으로 살아가도록' 아이의 생활을 도우며 일깨우겠습니다. 은혜 중에 말씀대로 살아낼 수 있도록 순간순간 동행하시며 친히 인도하여 주시옵소서. 이 아이의 삶을 통해 하나님 홀로 영광 받으소서.

오! 살아계신 아버지 하나님,
이 아이가 하나님의 사람으로 영광 나타낼 수 있도록 기쁨과 감사로 온전히 위탁하오며, 찬양받으실 우리 주 예수 그리스도의 이름으로 간절히 기도하옵나이다. 아멘.

✝ 오늘의 말씀을 묵상하며, 적용을 생각해 봅니다.

말씀 "   "

적용 "누군가에게 사랑받고 있다는 믿음은 온 세상에 사랑이 있음을 알게 합니다."

Mom & Dad's 스물세번째 날

전지전능하신 사랑의 하나님, 은혜의 하나님, 평강의 하나님!
오늘도 부모(고사)로 부르심에 감사와 찬송을 드립니다.
주 예수 그리스도 안에서 먼저 나 자신이 하나님의 자녀임을 고백하고, 하나님 아버지의 사랑에 믿음과 순종으로 바르게 응답하는 삶을 살고 있는지를 돌아봅니다.
오직 하나님의 영광을 위하여, 이제 내게 명하신 말씀을 마음에 새기고 자녀에게 부지런히 가르치며, 맡겨주신 일을 말씀과 기도로 기쁘게 감당하고자 합니다.

충만케 하시는 만군의 여호와 하나님,
눈동자같이 지키시는 사랑하는 ○○(이)를 위해 복음의 말씀을 들려주시옵소서.
귀 기울여 듣겠나이다.

> **"보라 자식들은 여호와의 기업이요
> 태의 열매는 그의 상급이로다"**
>
> (시 127:3)

거룩하신 성부 · 성자 · 성령, 능력의 하나님,
허락하신 삶의 현장에서 자녀와 함께 말씀기도를 드립니다. 하나님께서 들려주신 말씀을 먹고 말씀의 능력을 힘입어, 주 안에서 '자녀의 필요를 넉넉히 공급해 주시는 하나님의 사랑으로' 아이의 생활을 도우며 일깨우겠습니다. 은혜 중에 말씀대로 살아낼 수 있도록 순간순간 동행하시며 친히 인도하여 주시옵소서. 이 아이의 삶을 통해 하나님 홀로 영광 받으소서.

오! 살아계신 아버지 하나님,
이 아이가 하나님의 사람으로 영광 나타낼 수 있도록 기쁨과 감사로 온전히 위탁하오며, 찬양받으실 우리 주 예수 그리스도의 이름으로 간절히 기도하옵나이다. 아멘.

✝ 오늘의 말씀을 묵상하며, 적용을 생각해 봅니다.

말씀 "________________"

적용 "함께 놀아주는 부모, 좋아하는 음식을 요리해주는 부모, 작은 일도 축하해주는 부모는 성공한 자녀들이 감사로 고백하는 부모의 모습입니다."

Mom & Dad's 스물네번째 날

전지전능하신 사랑의 하나님, 은혜의 하나님, 평강의 하나님!
오늘도 부모(교사)로 부르심에 감사와 찬송을 드립니다.
주 예수 그리스도 안에서 먼저 나 자신이 하나님의 자녀임을 고백하고, 하나님 아버지의 사랑에 믿음과 순종으로 바르게 응답하는 삶을 살고 있는지를 돌아봅니다.
오직 하나님의 영광을 위하여, 이제 내게 명하신 말씀을 마음에 새기고 자녀에게 부지런히 가르치며, 맡겨주신 일을 말씀과 기도로 기쁘게 감당하고자 합니다.

구원의 보좌이신 하나님,
눈동자같이 지키시는 사랑하는 ○○(이)를 위해 복음의 말씀을 들려주시옵소서.
귀 기울여 듣겠나이다.

> **"그가 아버지의 마음을 자녀에게로 돌이키게 하고
> 자녀들의 마음을 그들의 아버지에게로 돌이키게 하리라"**
>
> (말 4:6상)

거룩하신 성부·성자·성령, 능력의 하나님,
허락하신 삶의 현장에서 자녀와 함께 말씀기도를 드립니다. 하나님께서 들려주신 말씀을 먹고 말씀의 능력을 힘입어, 주 안에서 '어려서부터 하나님과의 사귐을 기뻐하도록' 아이의 생활을 도우며 일깨우겠습니다. 은혜 중에 말씀대로 살아낼 수 있도록 순간순간 동행하시며 친히 인도하여 주시옵소서. 이 아이의 삶을 통해 하나님 홀로 영광 받으소서.

오! 살아계신 아버지 하나님,
이 아이가 하나님의 사람으로 영광 나타낼 수 있도록 기쁨과 감사로 온전히 위탁하오며, 찬양받으실 우리 주 예수 그리스도의 이름으로 간절히 기도하옵나이다. 아멘.

✝ 오늘의 말씀을 묵상하며, 적용을 생각해 봅니다.

말씀 " ____________________ "

적용 "자녀들의 어린 시절을 바르게 가꾸어준 부모는 아름다운 인생을 살게 됩니다."

Mom & Dad's 스물다섯번째 날

전지전능하신 사랑의 하나님, 은혜의 하나님, 평강의 하나님!
오늘도 부모(교사)로 부르심에 감사와 찬송을 드립니다.
주 예수 그리스도 안에서 먼저 나 자신이 하나님의 자녀임을 고백하고, 하나님 아버지의 사랑에 믿음과 순종으로 바르게 응답하는 삶을 살고 있는지를 돌아봅니다.
오직 하나님의 영광을 위하여, 이제 내게 명하신 말씀을 마음에 새기고 자녀에게 부지런히 가르치며, 맡겨주신 일을 말씀과 기도로 기쁘게 감당하고자 합니다.

만복의 근원이신 사랑의 하나님,
눈동자같이 지키시는 사랑하는 ○○(이)를 위해 복음의 말씀을 들려주시옵소서.
귀 기울여 듣겠나이다.

> **"하나님이 세상을 이처럼 사랑하사**
> **독생자를 주셨으니**
> **이는 그를 믿는 자마다 멸망하지 않고**
> **영생을 얻게 하려 하심이라"**
>
> (요 3:16)

거룩하신 성부 · 성자 · 성령, 능력의 하나님,
허락하신 삶의 현장에서 자녀와 함께 말씀기도를 드립니다. 하나님께서 들려주신 말씀을 먹고 말씀의 능력을 힘입어, 주 안에서 '독생자를 주신 하늘 아버지의 생명력을 받아' 아이의 생활을 도우며 일깨우겠습니다. 은혜 중에 말씀대로 살아낼 수 있도록 순간순간 동행하시며 친히 인도하여 주시옵소서. 이 아이의 삶을 통해 하나님 홀로 영광 받으소서.

오! 살아계신 아버지 하나님,
이 아이가 하나님의 사람으로 영광 나타낼 수 있도록 기쁨과 감사로 온전히 위탁하오며, 찬양받으실 우리 주 예수 그리스도의 이름으로 간절히 기도하옵나이다. 아멘.

✝ 오늘의 말씀을 묵상하며, 적용을 생각해 봅니다.

말씀 "   "

적용 "자녀들에게 줄 수 있는 최고의 선물은 내 자녀의 부모됨을 즐기며 행복해 하는 모습입니다. 그 모습에는 생명의 향기가 있습니다."

전지전능하신 사랑의 하나님, 은혜의 하나님, 평강의 하나님!
오늘도 부모(교사)로 부르심에 감사와 찬송을 드립니다.
주 예수 그리스도 안에서 먼저 나 자신이 하나님의 자녀임을 고백하고, 하나님 아버지의 사랑에 믿음과 순종으로 바르게 응답하는 삶을 살고 있는지를 돌아봅니다. 오직 하나님의 영광을 위하여, 이제 내게 명하신 말씀을 마음에 새기고 자녀에게 부지런히 가르치며, 맡겨주신 일을 말씀과 기도로 기쁘게 감당하고자 합니다.

나의 산업이신 영원한 의의 하나님,
눈동자같이 지키시는 사랑하는 ○○(이)를 위해 복음의 말씀을 들려주시옵소서.
귀 기울여 듣겠나이다.

> **"너희 안에서 행하시는 이는 하나님이시니
> 자기의 기쁘신 뜻을 위하여
> 너희에게 소원을 두고 행하게 하시나니"**
>
> (빌 2:13)

거룩하신 성부 · 성자 · 성령, 능력의 하나님,
허락하신 삶의 현장에서 자녀와 함께 말씀기도를 드립니다. 하나님께서 들려주신 말씀을 먹고 말씀의 능력을 힘입어, 주 안에서 '하늘의 뜻을 삶으로 자녀에게 전하며' 아이의 생활을 돕고 일깨우겠습니다. 은혜 중에 말씀대로 살아낼 수 있도록 순간순간 동행하시며 친히 인도하여 주시옵소서. 이 아이의 삶을 통해 하나님 홀로 영광 받으소서.

오! 살아계신 아버지 하나님,
이 아이가 하나님의 사람으로 영광 나타낼 수 있도록 기쁨과 감사로 온전히 위탁하오며, 찬양받으실 우리 주 예수 그리스도의 이름으로 간절히 기도하옵나이다. 아멘.

✝ 오늘의 말씀을 묵상하며, 적용을 생각해 봅니다.

말씀 "   "

적용 "부모됨은 어떤 부모가 되고 싶은 지에 대한 부모 자신의 비전이 준비되는 대로 매일의 일상적 삶을 통해 성취되어 갑니다."

 # 스물일곱번째 날

전지전능하신 사랑의 하나님, 은혜의 하나님, 평강의 하나님!
오늘도 부모(교사)로 부르심에 감사와 찬송을 드립니다.
주 예수 그리스도 안에서 먼저 나 자신이 하나님의 자녀임을 고백하고, 하나님 아버지의 사랑에 믿음과 순종으로 바르게 응답하는 삶을 살고 있는지를 돌아봅니다.
오직 하나님의 영광을 위하여, 이제 내게 명하신 말씀을 마음에 새기고 자녀에게 부지런히 가르치며, 맡겨주신 일을 말씀과 기도로 기쁘게 감당하고자 합니다.

분부하신 계명으로 충성케 하시는 소망의 하나님,
눈동자같이 지키시는 사랑하는 ○○(이)를 위해 복음의 말씀을 들려주시옵소서.
귀 기울여 듣겠나이다.

> "좋은 땅에 있다는 것은
> 착하고 좋은 마음으로 말씀을 듣고 지키어
> 인내로 결실하는 자니라"
>
> (눅 8:15)

거룩하신 성부 · 성자 · 성령, 능력의 하나님,
허락하신 삶의 현장에서 자녀와 함께 말씀기도를 드립니다. 하나님께서 들려주신 말씀을 먹고 말씀의 능력을 힘입어, 주 안에서 '모든 것을 받은 자처럼 믿음의 여유로움으로' 아이의 생활을 도우며 일깨우겠습니다. 은혜 중에 말씀대로 살아낼 수 있도록 순간순간 동행하시며 친히 인도하여 주시옵소서. 이 아이의 삶을 통해 하나님 홀로 영광 받으소서.

오! 살아계신 아버지 하나님,
이 아이가 하나님의 사람으로 영광 나타낼 수 있도록 기쁨과 감사로 온전히 위탁하오며, 찬양받으실 우리 주 예수 그리스도의 이름으로 간절히 기도하옵나이다. 아멘.

✝ 오늘의 말씀을 묵상하며, 적용을 생각해 봅니다.

 **말씀** "＿＿＿＿＿＿＿＿＿＿＿＿＿＿＿＿＿＿＿＿＿＿＿"

 **적용** "현명한 부모는 평범한 일상의 삶을 평범한 기분으로 기꺼이 살아내는 비범함이 있습니다."

전지전능하신 사랑의 하나님, 은혜의 하나님, 평강의 하나님!
오늘도 부모(교사)로 부르심에 감사와 찬송을 드립니다.
주 예수 그리스도 안에서 먼저 나 자신이 하나님의 자녀임을 고백하고, 하나님 아버지의 사랑에 믿음과 순종으로 바르게 응답하는 삶을 살고 있는지를 돌아봅니다.
오직 하나님의 영광을 위하여, 이제 내게 명하신 말씀을 마음에 새기고 자녀에게 부지런히 가르치며, 맡겨주신 일을 말씀과 기도로 기쁘게 감당하고자 합니다.

나의 의지가 되시는 부활의 하나님,
눈동자같이 지키시는 사랑하는 ○○(이)를 위해 복음의 말씀을 들려주시옵소서.
귀 기울여 듣겠나이다.

> **"볼지어다**
> **내가 세상 끝날까지**
> **너희와 항상 함께 있으리라 하시니라"**
>
> (마 28:20하)

거룩하신 성부 · 성자 · 성령, 능력의 하나님,
허락하신 삶의 현장에서 자녀와 함께 말씀기도를 드립니다. 하나님께서 들려주신 말씀을 먹고 말씀의 능력을 힘입어, 주 안에서 '나를 인쳐주시는 불멸에의 소망으로' 아이의 생활을 도우며 일깨우겠습니다. 은혜 중에 말씀대로 살아낼 수 있도록 순간순간 동행하시며 친히 인도하여 주시옵소서. 이 아이의 삶을 통해 하나님 홀로 영광 받으소서.

오! 살아계신 아버지 하나님,
이 아이가 하나님의 사람으로 영광 나타낼 수 있도록 기쁨과 감사로 온전히 위탁하오며, 찬양받으실 우리 주 예수 그리스도의 이름으로 간절히 기도하옵나이다. 아멘.

✝ 오늘의 말씀을 묵상하며, 적용을 생각해 봅니다.

말씀 "   "

적용 "자녀들은 부모의 영적, 정신적, 육체적 건강함을 필요로 합니다."

 스물아홉번째 날

전지전능하신 사랑의 하나님, 은혜의 하나님, 평강의 하나님!
오늘도 부모(교사)로 부르심에 감사와 찬송을 드립니다.
주 예수 그리스도 안에서 먼저 나 자신이 하나님의 자녀임을 고백하고, 하나님 아버지의 사랑에 믿음과 순종으로 바르게 응답하는 삶을 살고 있는지를 돌아봅니다.
오직 하나님의 영광을 위하여, 이제 내게 명하신 말씀을 마음에 새기고 자녀에게 부지런히 가르치며, 맡겨주신 일을 말씀과 기도로 기쁘게 감당하고자 합니다.

내 얼굴을 도우시는 나의 힘이 되신 하나님,
눈동자같이 지키시는 사랑하는 ○○(이)를 위해 복음의 말씀을 들려주시옵소서.
귀 기울여 듣겠나이다.

> **"자녀들아 주 안에서 너희 부모에게 순종하라 이것이 옳으니라**
> **네 아버지와 어머니를 공경하라**
> **이것은 약속이 있는 첫 계명이니**
> **이로써 네가 잘되고 땅에서 장수하리라"**
>
> (엡 6:1-3)

거룩하신 성부 · 성자 · 성령, 능력의 하나님,
허락하신 삶의 현장에서 자녀와 함께 말씀기도를 드립니다. 하나님께서 들려주신 말씀을 먹고 말씀의 능력을 힘입어, 주 안에서 '마르지 않는 하나님의 사랑에 의지하여' 아이의 생활을 도우며 일깨우겠습니다. 은혜 중에 말씀대로 살아낼 수 있도록 순간순간 동행하시며 친히 인도하여 주시옵소서. 이 아이의 삶을 통해 하나님 홀로 영광 받으소서.

오! 살아계신 아버지 하나님,
이 아이가 하나님의 사람으로 영광 나타낼 수 있도록 기쁨과 감사로 온전히 위탁하오며, 찬양받으실 우리 주 예수 그리스도의 이름으로 간절히 기도하옵나이다. 아멘.

✝ 오늘의 말씀을 묵상하며, 적용을 생각해 봅니다.

 **말씀** "   "

 **적용** "부모는 아직 자신의 부모됨에 만족스럽지 못할 때에도 스스로를 용서하며, 부모됨의 길을 늦추지도 중단하지도 말고 계속가야만 합니다."

 # 서른번째 날

전지전능하신 사랑의 하나님, 은혜의 하나님, 평강의 하나님!
오늘도 부모(교사)로 부르심에 감사와 찬송을 드립니다.
주 예수 그리스도 안에서 먼저 나 자신이 하나님의 자녀임을 고백하고, 하나님 아버지의 사랑에 믿음과 순종으로 바르게 응답하는 삶을 살고 있는지를 돌아봅니다.
오직 하나님의 영광을 위하여, 이제 내게 명하신 말씀을 마음에 새기고 자녀에게 부지런히 가르치며, 맡겨주신 일을 말씀과 기도로 기쁘게 감당하고자 합니다.

주의 이름이 온 땅에 아름다운 여호와 하나님,
눈동자같이 지키시는 사랑하는 ○○(이)를 위해 복음의 말씀을 들려주시옵소서.
귀 기울여 듣겠나이다.

> **"여호와를 경외함이 지혜의 근본이라**
> **그의 계명을 지키는 자는 다 훌륭한 지각을 가진 자이니**
> **여호와를 찬양함이 영원히 계속되리로다"**
>
> (시 111:10)

거룩하신 성부 · 성자 · 성령, 능력의 하나님,
허락하신 삶의 현장에서 자녀와 함께 말씀기도를 드립니다. 하나님께서 들려주신 말씀을 먹고 말씀의 능력을 힘입어, 주 안에서 '호흡을 다해 여호와 하나님을 찬양하며' 아이의 생활을 돕고 일깨우겠습니다. 은혜 중에 말씀대로 살아낼 수 있도록 순간순간 동행하시며 친히 인도하여 주시옵소서. 이 아이의 삶을 통해 하나님 홀로 영광 받으소서.

오! 살아계신 아버지 하나님,
이 아이가 하나님의 사람으로 영광 나타낼 수 있도록 기쁨과 감사로 온전히 위탁하오며, 찬양받으실 우리 주 예수 그리스도의 이름으로 간절히 기도하옵나이다. 아멘.

✝ 오늘의 말씀을 묵상하며, 적용을 생각해 봅니다.

 **말씀** "   "

 **적용** "부모가 자녀들에게 주는 삶의 감동은 그들이 살아가는 동안 빛이 되어 실족하지 않도록 안내해 줍니다."

 서른한번째 날

전지전능하신 사랑의 하나님, 은혜의 하나님, 평강의 하나님!
오늘도 부모(교사)로 부르심에 감사와 찬송을 드립니다.
주 예수 그리스도 안에서 먼저 나 자신이 하나님의 자녀임을 고백하고, 하나님 아버지의 사랑에 믿음과 순종으로 바르게 응답하는 삶을 살고 있는지를 돌아봅니다.
오직 하나님의 영광을 위하여, 이제 내게 명하신 말씀을 마음에 새기고 자녀에게 부지런히 가르치며, 맡겨주신 일을 말씀과 기도로 기쁘게 감당하고자 합니다.

나의 영광이신 여호와 하나님,
눈동자같이 지키시는 사랑하는 ○○(이)를 위해 복음의 말씀을 들려주시옵소서.
귀 기울여 듣겠나이다.

> **"또 두 사람이 함께 누우면 따뜻하거니와
> 한 사람이면 어찌 따뜻하랴
> 한 사람이면 패하겠거니와 두 사람이면 맞설 수 있나니
> 세 겹 줄은 쉽게 끊어지지 아니하느니라"**
>
> (전 4:11-12)

거룩하신 성부 · 성자 · 성령, 능력의 하나님,
허락하신 삶의 현장에서 자녀와 함께 말씀기도를 드립니다. 하나님께서 들려주신 말씀을 먹고 말씀의 능력을 힘입어, 주 안에서 '모든 영혼의 문들을 활짝 열어주시는 은혜를 사모하며' 아이의 생활을 돕고 일깨우겠습니다. 은혜 중에 말씀대로 살아낼 수 있도록 순간순간 동행하시며 친히 인도하여 주시옵소서. 이 아이의 삶을 통해 하나님 홀로 영광 받으소서.

오! 살아계신 아버지 하나님,
이 아이가 하나님의 사람으로 영광 나타낼 수 있도록 기쁨과 감사로 온전히 위탁하오며, 찬양받으실 우리 주 예수 그리스도의 이름으로 간절히 기도하옵나이다. 아멘.

✝ 오늘의 말씀을 묵상하며, 적용을 생각해 봅니다.

말씀 " _______________________________________ "

적용 "우리 함께하는 세상에서 진정한 승리를 얻게 하기 위해 다음 세대에게 바른 가치가 무엇인지를 먼저 가르칩니다."

나오는 글

어머니의 말씀 기도의 능력은 지금 현재의 삶 속에 늘 살아있습니다. 하나님과 함께하는 삶으로 성도, 여성, 아내, 어머니, 할머니, 그리고 누군가의 이웃이 되어, 한결같은 모습을 보여주시는 어머니에게서 소녀가 배운 가장 큰 덕목은 순종이었습니다.

어머니에게 순종할 수 있었기에 하나님께 순종하는 것이 쉬웠습니다.
하나님께 순종할 수 있었기에 선하신 하나님께서 명하신 세상살이에서 감사를 잃지 않고, 굽이굽이 인생의 골짜기마다 요구되어지는 여러 모습을 그 나름으로 그냥 흘러가며 욕심내지 않고 살아낼 수 있었습니다. 순종함으로 믿게 되고 믿음으로 순종하게 되어, 그럼에도 불구하고 새롭게 시작하고 또다시 새롭게 시작하며 낯선 삶의 현장에서도 꿋꿋하게 흘러가듯이 살아낼 수 있었습니다.

매일매일 말씀에 대한 갈망을 채우는 의식을 계속하는 장성한 소녀에게, 새벽에 만나는 하나님, 생활 중에 만나는 하나님, 잠자리에 들기 전에 만나는 하나님, 그분이 함께 하시니까요.

‘두려워하지 말라’, ‘믿기만 하라’, ‘내가 너를 끝까지 사랑하리라’ 말씀하시는 하나님께 내 모습 그대로 모든 것을 단순히 내어 맡겼습니다. 그리고 순종하는 중에 말씀을 귀 기울여 듣는 마음을 은혜의 선물로 받게 되고, 바로 그분 구주 예수 그리스도와 성령님을 만나게 되었습니다. 만남이 있는 그 정점에서 나를 향하신 하나님의 특별한 개별적 은총의 꿈이 있는 역사가 시작되고, 하나님을 기뻐하며 서로 나누고 섬기는 선한 이웃들과 함께 나와 너 그리고 우리의 삶을 사랑하며, '지금 여기에서' 이루어져 가고 있습니다.

꿈꾸는 세상을 품을 수 있도록 눈물을 흘리게도 하시고 눈물을 말끔히 거두어 가기도 하시며, 마지막에는 예수 그리스도 안에서 내 몫에 태인 십자가에 입 맞추며 기뻐하고 즐거워하며 찬송하게 하시는 은밀한 사랑의 기적이 계속되고 있습니다. 나와 너 그리고 우리의 참된 삶을 통해 하나님께 영광되기를…….

하나님 아버지, 감사합니다.
지금 이대로 좋습니다.
하나님 한 분만으로 만족합니다.

하나님 나라에 이를 때까지
세상 한복판,
세워 놓으신 자리 자리에서
말씀의 능력을 힘입어 승리하겠습니다.

제 작은 삶의 소문이
하나님 나라의 확장에 쓰임받기를 기도합니다.

오직 하나님의 영광을 위하여!
사랑하며 살아내겠습니다.
할렐루야!!!

남기는 마음 글

감사합니다!
Mom & Dad의 나누고 싶은 마음을 이 여백에 담습니다.

인간의 본질과 가치

교육의 방향

부모와 교사가 만드는 학습의 장

부모됨의 행복

가족과 삶의 향기

하나님의 마음 닮기